제3판

청소년복지론

노 혁

교육과학사

서/문

청소년복지론을 출간한 지 8년의 시간이 흘렀다. 그럼에도 불구하고 아직 청소년복지가 어떤 학문체계와 내용을 담고 있어야 하는지에 대한 고민은 여전하다. 그것은 실천적인 응용과학이 갖고 있는 한계이며, 청소년복지가 독립학문이 아닌 실용적 분야를 체계화시키는 과정에 있기 때문일 것이다.

청소년을 어떻게 규정하는지에 따라 다르겠지만, 아동과 청소년은 연속적인 발달과정 속에서 임의로 형성된 개념이다. 그러나 그들이 갖는 심리·사회·정서적인 위치와 위상은 다르다. 특히 사회 환경의 변화에 따라 청소년은 소비주체이면서 생산주체로 사회전면에 점차 등장하고 있다. 이렇게 청소년을 둘러싼 급격한 사회변화를 빈번히 언급하면서도 청소년에 대한 성인의 인식은 기껏해야 그들에 대한 너그러움을 잘 포장하는 데 만족해하고 청소년을 위한다는 명분 아래 언어적 유희를 남발하고 있다는 인상을 지울 수 없다.

또 다시 청소년복지론을 개정한다. 한 차례 개정을 통해서도 체계적인 교재로서 보다는 청소년복지에 익숙한 한 사람의 짧은 넋두리에 불구하다는 자괴감을 떨칠 수 없었다. 아직도 미진하지만 조금 더 정리된 청소년복지론을 구성하고자 하였다.

꽤 많은 자료들을 종합적으로 정리하고 논리적으로 구성하는 데 능력의 한계를 느낀다. 그렇지만 2002년 청소년복지론 출간 이후 청소년복지에 대하여 필자의 부족한 능력을 보완해 줄 수 있는 학자와 실천가들이 많아져서 반가운 마음이다. 앞으로도 함께 고민하는 과정에서 좀 더 명료한 청소년복지의 모습이 나타나기를 기대한다.

2차례 개정임에도 불구하고 아직도 분명하지 못한 문장과 인용한 문장에 대한 오해로 인해 잘못 표기하고 자료가 누락되고 오탈자가 있다면 모두 저자의 책임이다. 앞으로도 지속적으로 개정할 것을 약속드린다. 청소년복지를 공부하는 선후배 학자와 현장실무자분들의 격려와 편달을 부탁한다. 끝으로 개정판을 출간해 준 교육과학사에 감사를 드린다.

2010년 8월 31일
저자 노 혁

차/례

제9장 청소년복지관련법과 제도

제10장 청소년과 복지서비스영역(교육·노동·문화)

제11장 청소년문제와 복지개입(빈곤)

제12장 청소년문제와 복지개입(장애)

제13장 청소년문제와 복지개입(비행)

제14장 청소년문제와 복지개입(학업중퇴)

제15장 청소년문제와 복지개입(사이버공간)

청소년의 이해

제 1 장

1 청소년의 개관

1) 청소년과 청소년기의 개념

청소년(adolescent)은 청소년기(adolescence)에 있는 사람을 말한다. 청소년기란 용어는 본래 라틴어의 adolescere에서 유래한 것으로 '성장하다'라는 의미이다. 청소년기는 아동(childhood)과 성인(adult) 사이에 있는 심리적인 공간(space)이다. 이러한 청소년기에는 생애 전반에서 가장 역동적인 신체적 · 심리적 · 정서적 · 인지적 성장이 이루어진다. 즉, 몸과 마음이 커지는 시기이다. 또한 부모로부터 정서, 경제적인 독립이 일어나며, 사회는 한 사람의 사회 성원으로서 책임성(responsibilities) 있는 행동을 기대한다.

산업사회 이전 시대에는 청소년기가 매우 짧았다. 농경사회에서 청소년기는 그리 큰 의미가 없었다. 사회와 문화에 따라 차이가 있겠지만, 보통 아동에서 성년이 되는 유무형의 의식을 거쳐서 성인으로 받아들여졌다. 그러나 산업사회가 되면서 숙련된 노동력이 필요했고, 이에 따라 장기간의 훈련과 교육기간을 거치는 과정이 요구되었다. 따라서 자연스럽게 아동과는 달리 생애발달과정에서 사회 성원으로서의 준비기간에 대한 구분이 생기게 되었다. 이에 따라서 청소년기와 청소년이라는 용어가 등장하였다.

청소년은 영어로 adolescence와 youth로 주로 표현된다. adolescence는 생리와 심리적 발달의 관점에서 청소년을 말하고 있으며, youth는 사회적 성격을 내포하는 뜻으로 사용하기도 하지만, 때로는 adolescence와 청년을 포괄하는 개념으로 보기도 한다.

이러한 청소년기를 특징짓는 두 가지 중요한 용어는 사춘기(puberty)와 성숙(mature)이다. 사춘기는 청소년기의 시작을 알리는 결정적인 용어이고 성숙은 성인이 되었다는 징표로 볼 수 있다. 신체와 심리적 변화의 측면에서 청소년기는 사춘기와 성숙기 사이에 있는 생애기간으로 규정할 수 있다.

(1) 사춘기

사춘기는 생리적·심리적·정서적으로 청소년기의 시작을 알리는 용어이다. 사춘기는 신체적인 성장과 이차 성징(二次 性徵)의 발달을 특징으로 들 수 있다. 남아의 경우는 체모(體毛)가 생기고, 변성(變聲)이 되며, 여아는 생리가 시작되는 시기인데, 이것은 관찰하기 쉬운 현상이다. 그렇지만 사춘기는 실제로 많은 신체적 변화를 겪는 복잡한 성장과정이므로, 쉽게 관찰할 수 있는 변화는 작은 부분에 불과하다. 또한 사춘기가 성적(性的) 성숙과 연관되어 있다는 것은 잘 알려진 사실이다. 그러나 이 시기에는 생식계의 변화나 2차 성징뿐만 아니라 심장과 심혈관계의 변화, 호흡계에 영향을 미치는 폐의 변화, 근육의 힘과 크기의 변화 등이 동반된다. 따라서 사춘기는 넓은 의미의 신체적 사건이며(강영배 외 역, 2006), 신체와 심리성장 간의 불균형이 시작되는 시기이다. 즉 사춘기는 이전의 성장과는 전혀 다른 양상의 급격한 신체적 변화를 보이며, 심리적으로는 이러한 변화를 수용해야 하는 부담이 생기는 때이다. 이러한 사춘기는 청소년기를 알리는 비교적 분명한 특징이다.

(2) 성숙

성인기의 시작을 나타내는 성숙은 쉽게 정의 내리기 힘든 개념이다. 성숙이 무엇인지, 성숙한 상태는 어떤 특징이 나타나는지를 쉽게 알 수는 없다. 성숙은 완전한 사람됨을 뜻한다. 성인으로서의 책임과 역할을 충분히 감당할 수 있는 정도를 말한다. 다시 말해 어떤 사람이 성숙하다는 것은 그 사람이 성인으로서 기대되는 사회적, 인지적, 정서적인 자원을 가지고 있다는 뜻이다. 이러한 자원들은 독립성과 책임성, 좋은 판단과 대처기술 등을 포함한다. 그러나 우리는 이러한 질적인 부분을 평가하는 데 어려움이 있다. 흔히 연령구분에 따른 청소년과 성인 차이는 성숙의 의미를 적용하기는 어렵다. 왜냐하면 성숙한 청소년이 있듯이 성숙하지 못한 성인도 있기 때문이다. 따라서 청소년기의 시작을 알리는 사춘기와 같이 객관적이고 명확한 특징을 알기 힘들다.

2) 청소년의 연령 범위

아동과 청소년은 활발한 성장과 발달단계에 놓여 있기 때문에 다른 생애단계(중·장년기, 노년기 등)에 비해 매우 역동적인 특징을 나타낸다.

발달심리학적 관점에서 보면 아동기는 의존적 성향이 강한 시기인 반면 청소년기는 신체와 심리 그리고 정서적으로 격동적이며 급변하여 자아정체성을 발견해 나가는 시기로 구분하고 있다. 따라서 아동을 보는 준거로 청소년을 이해하는 데는 한계를 갖는다. 이는 청소년기를 독립적으로 구분해야 하는 당위성을 말해준다.

아동에 대한 법적인 연령구분을 보면 유(乳)아기(출생에서 1세까지), 유(幼)아기(1세에서 초등학교 입학까지), 소년기(취학 시기에서 18세까지)로 구분되어 있다. 아동복지법에서는 18세 미만의 사람을 아동으로 규정하고 있으며, 청소년 연령에 대한 법적 기준은 1987년에 제정된 청소년육성법에서 9세에서 24세까지로 규정하였으며 이러한 기준은 1991년에 제정된 청소년기본법에도 계속 이어지고 있다. 따라서 법적 보호에 있어 9세에서 18세까지는 아동인 동시에 청소년으로 중첩되어 있다. 그러나 이러한 9세에서 24세까지 보는 청소년기본법상의 연령 개념이 사회통념으로 쉽게 받아들여지기는 어렵다. 이러한 법적 연령은 정치 · 사회적이며 정책적인 측면에서 설정[1)]되어 있기 때문에 일반적으로 이해하는 아동과 청소년에 대해 갖는 연령범위와는 차이를 보인다. 보편적으로 아동은 초등학교 연령층을 그 대상범위로 삼고, 청소년은 중 · 고등학교 학생연령에 해당하는 대상으로 인식하고 있다. 이와 같은 기준에서라면 아동은 0~11세 정도까지 청소년은 12~18세 정도까지로 범위를 정할 수 있을 것이다. 그럼에도 불구하고 청소년기가 시작하는 연령을 규정하는 것은 힘든 일이다. 아동후기와 청소년의 초기에는 신체적 · 심리적 · 정서적으로 매우 급격한 발달이 진행되며 아동기와 청소년기의 성격 · 심리적 · 사회적 특성을 동시에 갖기 때문이다.

이 책에서는 청소년을 12세부터 18세의 연령층으로 한정한다. 이 연령층은 세 단계로 구분할 수 있다. 청소년초기는 12세~14세, 청소년중기 15세~16세, 청소년후기 17~18세로 나눌 수 있다.

---

1) 일반적인 사회통념과 사회정치정책적 측면이 다른 이유는 청소년을 구체적인 정책 및 이해관계의 대상으로 보는가 아니면 불특정 다수인으로 보는가의 차이이다. 즉, 국가나 사회는 참여권의 한계 및 지원과 규정의 대상집단으로 보아 다양한 정치 및 정책적 이해관계에 따라서 연령을 규정하지만, 일반적인 사회통념은 청소년을 특정목적을 위한 대상으로서 보다는 단순히 아동과 성인을 구별하는 하나의 형식적인 용어로 사용하기 때문이다.

〈표 1-1〉 청소년기의 연령구분에 따른 특징

구분	초기(12세~14세)	중기(15세~16세)	후기(17세~18세)
특징	갑자기 변하는 신체적 변화에 당황하게 되며, 점차 이성에 대한 관심이 싹트기 시작한다. 이때부터 여성과 남성의 사회적 역할을 어느 정도 인지하면서 성적인 정체감이 생긴다. 이때에는 특정한 대상의 이성이 아닌 나와는 다른 성(性)에 대한 호기심과 동경에 사로잡힌다.	부모에게서 독립하려는 경향을 보이는 동시에 신체와 심리 발달의 불균형으로 인해 심한 갈등을 겪는다. 아울러 사회적 압력으로부터 적응해야 하는 새로운 과제가 나타난다. 이 시기에 청소년은 소위 어른들이 보는 '이유 없는 반항'을 하고, 성적인 관심 대상이 구체화하면서 주변의 이성에게 온갖 관심을 쏟는다.	'나'를 둘러싼 세계에 대해서 고민하고 자아발견을 위한 질문과 답을 찾으려 한다. "나는 무엇인가?", "삶과 죽음이란 무엇인가?", "진실과 거짓의 차이는 무엇인가?", "이 세상은 살 가치가 있는 것일까?", "신은 존재하는가?" 등 자아의 정체성을 확립하기 위해 자신과 타인 그리고 세계에 대한 끊임없는 질문 속에서 나름의 가치관과 인생관을 정립한다.

청소년연령범위와 관련하여 민법은 19세 미만을 미성년자로, 형법은 14세 미만을 형사미성년자로 규정하여 성인과 구별하고 있다. 근로기준법에는 "18세 미만의 자는 도덕상 또는 보건상 위험한 사업에 사용하지 못한다"로 규정하고 있으며, 소년법에 따르면 19세 미만을 소년으로 지칭하고 있다.

〈표 1-2〉 청소년관계법에 나온 청소년 관련 연령범위

법령	연령범위	명칭
청소년기본법(청소년복지지원법, 청소년활동진흥법)	9세 이상 24세 이하	청소년
청소년보호법	19세 미만	청소년
아동복지법	18세 미만	아동

소년법	19세 미만	소년
민법	19세 미만	미성년자
형법	14세 미만	형사미성년자
근로기준법	15세 미만(초중등학교교육법에 따른 중학교에 재학 중인 18세 미만 포함)	연소자

2 청소년기의 발달

1) 발달상의 특징

청소년 전기(前期)는 집단을 형성하고 소속과 안정을 느끼며, 나아가 또래집단의 정체성이 생겨난다. 이 시기에는 지적(知的)인 추구를 계속하게 되고 학습을 통하여 다양한 기술과 역량을 키우고 성장해 나간다.

청소년 후기(後期)에 들어서면 급격한 신체적 변화를 겪게 되고, 성정체성(sexual identity)이 생기며, 추상적 사고(abstract thinking)를 하게 된다.

성역할의 발달은 개인에 따라 차이를 보이지만, 청소년 후기까지 성 역할의 존재와 영향력을 부인할 수는 없다. 청소년기는 성(gender)과 관련된 신념과 사고가 수용되거나 강화되거나 또는 초월할 수 있는 독특한 시간이다(Mudark, 2000).

2) 발달심리학에서의 청소년기

발달심리학의 관점에서 청소년기는 자아의 독립과 함께 모든 에너지가 자아의 성장과 발달에 집중되어 사회적 성격형성과 성숙이 이루어지는 시기이다. 프로이트, 에릭슨, 피아제 등 발달심리학에서 주요한 세 학자를 통해 청소년기의 발달특징을 간략히 살펴본다.

(1) 프로이트(Freud)

인간의 성격구조와 발달에 큰 영향을 미친 프로이트는 신체현상과 같이 정신 안에 일어나는 현상도 우연한 것이 아니라 반드시 인과법칙을 가진다는 정신결정론(psychic determinism)을 주장하였다. 또한 무의식의 개념을 가설로 인생초기가 기본적 성격형성에 결정적 역할을 하는 시기라고 주장했다. 그는 구강기, 항문기, 남근기 순서로 성장단계를 구분하였고 이 이후는 오이디푸스 콤플렉스(oedipus complex)가 해결된 이후 성적 흥미가 제한되어 있고 성격 특징이 생리적으로 노골화되지 않게 되어 잠복기라고 지칭하고 있다. 이후 청소년기는 생식기에 들어서며 성적인 관심이 성기에 집중되고 다시 성적 발달이 일어나고 성적인 문제로 갈등을 겪는 시기로 보고 있다.

(2) 에릭슨(Erikson)

비교적 발달단계의 특징을 세분하고 있는 에릭슨에 따르면 청소년기는 자아정체성이 확립되는 시기이다. 이 시기에 발달과업을 원만히 성취하면 자아정체성(identity)이 형성되지만, 그렇지 못하면 자아정체성 혼란(identity diffusion)을 일으킨다. 그가 말하는 발달과업(developmental tasks)은 올바른 성

역할, 가족으로부터의 독립 그리고 인격의 통합 등이다.

이 시기에는 또래집단과 리더십이 중요한 관계모델이며, 자기를 잘 아는 일이 중요한 과제가 된다.

(3) 피아제(Piaget)

지적 성장이론을 정립한 피아제에 따르면 청소년기는 구체적 조작기를 넘어서 형식적 조작기에 이르는 시기이다. 구체적 조작기에서 아동들이 시간, 공간적으로 '현재(now)', '여기(here)'에서 진행되고 있는 사실과 직접적인 경험을 통해서 인지를 획득하는 등 사실 그 자체에 대해 논리적으로 사고를 한다면, 형식적 조작기에서 청소년들은 추상적 추론이 가능하다. 즉, 현실적 세계를 경험하지 않더라도 추상적으로 사고(가상성에 기초한 사고)를 할 수 있게 된다. 또 이 시기의 청소년들은 조합적 사고가 가능하다. 즉 하나의 문제를 해결하기 위해 여러 방면의 해결책을 논리적으로 조합하여 문제를 해결할 수 있는 사고가 가능하다. 이와 함께 연역적 사고도 할 수 있게 된다.

〈표 1-3〉 유아기에서 청소년기까지의 발달차트 요약

연령	유아기 (乳兒期)	유아기 (幼兒期)	학령전기 (學齡前期)	학령기 (學齡期)	청소년기 (青少年期)
발달상의 특징	-부모와 다른 사람과 구분해서 다른 반응을 보임 -낯가림 -격리 불안 -걷고 말하기 시작	-신체적 독립 -말하기 -배변훈련	-사회와 성역할의 습득 -사회적 가치와 신념의 학습 -형제 간의 경쟁 -초자아형성	-또래집단 놀이 -또래와 집단 정체성 형성 -지적 추구와 기능의 성장	-신체변화 -성적행동 -추상적 사고의 발달

발달과업		-사회적 결속과 애착 -신뢰와 안정감	-개별화 -자율성	-사회화 -역할학습	-자존감 -생산역량 -우월성 -집단정체감	-자아정체성 -성 역할 -가족으로부터의 독립 -인격의 통합과 성숙
발단 단계	Freud	구강기	항문기	남근기 (성기기)	잠복기	생식기
	Erikson	기본신뢰감 대 불신	자율성 대 수치와 의심	창조성 대 죄의식	근면성 대 열등감	자아정체성 대 자아정체성 혼미
	Piaget	감각운동기	전개념적 사고	직관적 사고	구체적 조작	형식적 조작
적절한 환경지원		-애정과 사랑 -적절한 양육	-충동감정을 통제할 수 있는 교육 -자아조절 활동 격려 -자율성의 존중 -자기주장에 대한 인내심	-다양한 사회적 역할과 문화적 가치에 대한 공개 -적합한 성역할 모델 제공 -또래와의 상호작용 역량 학습	-생산과 성공의 경험 제공 -지적인 자극과 학교교육 -또래와의 상호작용과 또래집단활동에 참여 유도	-일의 융통성 이해 -근면성을 수용하고 관용을 학습 -삶의 기쁨 이해 -개별화 및 자율성에 대한 용기와 격려

※ 이정균, 1987. 『정신의학』에서 인용하여 정리함.

3 청소년기 특징

청소년기의 특징을 신체와 심리, 사회적 특성으로 구분하여 살펴보면 다음과 같다.

1) 신체적 특징

(1) 신장과 체중의 증가이다.

청소년기는 신장과 체중이 급속히 변화한다. 이러한 변화는 남녀가 약간의 차이를 보인다. 여성은 남성보다 약 2~3년 정도 앞서 신체적 성숙을 하는데, 그만큼 발달도 일찍 정지된다. 특히 여성은 이 시기에 체지방이 증가하여 둥근 외모를 갖게 되고 신장이 급격히 커지며 몸무게와 체형의 증가가 이루어진다. 반면, 남성은 지방질 감소로 보다 '모가 난' 외모를 지니게 되며 남성 호르몬인 안드로겐의 분비가 증가하여 어깨뼈가 커지고 엉덩이에 비해 어깨가 넓어진다. 또한 남성은 각선이 직선적이고 허리가 넓으며 어깨의 폭이 넓어지고 여성은 각선이 완곡하고 허리가 가늘며 어깨의 폭이 좁고 몸통에 비해 다리가 짧아진다.

(2) 성적인 성숙이다.

성적인 변화는 청소년기에 있어 가장 커다란 사건이다. 사춘기 직전부터 성선(性腺) 자극 호르몬은 여성의 난소에 작용하여 에스트로겐(estrogen) 분비를 증가시키며, 남성의 고환에 작용하여 안드로겐(androgen) 분비를 증가시킴으로써 제2차 성징을 발현시킨다. 남성은 13~14세경, 여성은 12~13세경 이러한 현상이 나타나는데 이로써 여성과 남성성을 높여준다. 남성의 생식선인 고환은 11세에서 15세경부터 성숙을 시작하며 15세에서 19세 이후에야 완전히 성숙된 정자와 남성 호르몬을 분비한다. 여성의 경우에는 초경(menarche), 유방의 융기, 음모의 발생이 2차 성징으로 나타나는데 이것은 난소 호르몬인 에스트로겐의 작용에 의한 것이다. 최근에는 청소년들이 영양상태가 좋아짐에 따라 여성청소년의 초경이 점차 빨라지는 경향이 있다.

(3) 신체 내부의 변화이다.

청소년기에는 신체 외부뿐만 아니라 내부에서도 변화가 일어난다. 청소년의 성장하는 신체를 유지하기 위하여 소화기관, 심장 및 폐의 크기가 증가한다. 이에 따라 효율적으로 소화와 호흡, 그리고 순환이 이루어지며 신진대사가 원활해진다. 남성들은 여성들보다 심장과 허파가 크고, 혈액의 양도 많으며 혈압도 높은 차이를 나타낸다(김소야자, 2004).

2) 심리적 특징

청소년기는 풍부한 정서적 발달이 일어나는 시기이다. 감성이 풍부해지며, 자주성이 강해진다. 또한 자아정체성의 발달로 인해 부모와 가정에서 독립하려는 성향을 보이며, 스스로 선택하여 관계를 맺을 수 있는 친구나 또래집단과의 관계를 중요시하게 된다. 만일 이때 자아정체성 확립을 실패하게 되면 자신의 역할에 대한 혼란이 생긴다.

또한 청소년기는 질풍노도기라고 표현할 정도로 자기도취, 우울, 열등감, 수치심, 불안 등 부정적 정서가 휘몰아치는 시기이다. 이러한 부정적 정서는 크게 두 가지로 볼 수 있는데, 하나는 하루하루 급격히 변하는 신체적 발달에 대한 서툰 적응이고, 다른 하나는 가족이라는 테두리에서 벗어나 사회로의 발을 내딛음으로써 겪게 되는 긴장과 갈등을 들 수 있다.

그리고 청소년기는 지적 발달에 따라서 추상적 개념을 이해하고 논리적인 사고를 한다. 이에 따라 철학적 문제나 인생에 대한 진지한 고민이 시작되는 시기이다.

3) 사회적 특징

인간의 성장은 가정, 특히 어머니로부터 심리적, 정서적인 보호에서 벗어나 자신 스스로 서게 되는 과정이라고 해도 지나친 말이 아니다. 청소년기는 자아정체감을 확립하면서 가정으로부터의 의존에서 벗어나 독립하고자 하는 때이다.

이 시기에 청소년은 인지가 발달하는 한편, 사회 환경의 영향을 아동기에 비해 더 많이 받는다. 따라서 그동안 거의 무비판적으로 수용했던 부모와 그가 속한 가정의 가치관에 대해 의심을 하게 된다. 더구나 이상적(理想的)이고 진취적이며 순수한 사고를 추구하는 경향이 짙은 청소년은 기존의 세대와 사회의 가치에 대해 비판적 시각으로 바라본다.

이에 따라 부모와 기성세대와의 적지 않은 갈등을 겪게 된다. 물론 청소년은 가정에서 보호받고 가정으로부터 독립하려는 욕구 사이에 고민하기 때문에 청소년기에 갖는 가족 구성원과의 갈등과 괴리감은 발달과정상 불가피한 측면이 있다. 핵심은 이 시기에 청소년이 얼마나 적절히 신체, 정서적으로 점진적 독립을 획득하느냐에 따라 건강한 성장 여부가 달려 있다는 것이다.

또한 청소년기가 되면서 또래집단과의 놀이를 통하여 직접적인 상호작용과 관찰을 하게 되고 이는 사회화 과정의 기초가 된다. 또래집단은 청소년에게 소속감을 나타내고 새로운 규범과 행동기준에 준거가 되며, 또래의 지지와 이해는 청소년에게 강력한 버팀목이 된다.

4 청소년기 문제와 도전

청소년 또는 청소년기를 사회적인 세력으로 인정한 것은 그리 오래되지 않았다. 기원전 함무라비 법전에도 기록되었다는 "요즈음 젊은이들은 버릇이 없어서..."라는 말처럼 시대를 막론하고 청소년은 기성세대에게 그리 긍정적인 평가를 받지 못한 것으로 보인다. 비록 서구사회를 중심으로 이루어진 것이지만 청소년이 사회의 한 구성세력으로 인식된 것은 1900년대 들어와서일 것이다. 특히 두 차례의 세계대전을 겪으면서 젊은이들의 역할에 대한 사회적 관심은 그 이전과는 비교될 수 없을 정도로 커지게 되었다. 이후 전 세계에 몰아닥친 경제공황을 극복하고, 이어서 자본주의 경제발전이 가속화됨에 따라 생활이 풍족해졌다. 이처럼 사회 전반의 발전과 경제적 안정과 성장에 따른 사회적 여유는 청소년의 삶도 이전과는 다른 모습으로 만들게 된다. 즉 사회환경에 민감한 영향을 받는 청소년들은 다양한 사회변화와 발전의 과정을 통해서 새롭게 세상을 보는 안목과 의식이 생겼다. 한편 1950년대 이래 미국을 중심으로 기성세대의 고압적이고 권위적이며 형식적인 성향에 대한 저항정신이 생성되고 이와 맞물려 대중문화의 열풍이 일어나며 또한 반문화 운동(anti-cultural movement) 등이 생기면서 청소년은 청년에 포함되어 사회의 한 세력으로 등장한다. 더욱이 자본주의와 민주주의 그리고 대중 교육의 발전은 청소년이 사회적 힘을 갖는 데 결정적인 역할을 하였으며, 자본주의는 지속적인 자가발전을 위해서도 청소년을 주요한 사회의 구성원으로 인정할 수밖에 없는 상황이 되었다.

한편, 시대와 문화를 막론하고 청소년기는 문제로 감싸진 시기로 인식되어 왔다. 어른들은 청소년의 공격성, 무절제함, 기분, 이기심 등을 이해하기 힘들어한다. 또한 어른들은 청소년들이 사랑하는 방법부터 시작해서 슬픔을 표현하는 것까지 그리고 성공과 실패에 대한 그들의 생각과 태도까지 걱정스러워한다. 이러한 청소년문제는 성경에서부터 오늘날 인터넷에 이르기까지 끊임없이 등장하는 콘텐츠이다. 고대 이래로 청소년은 항상 도전적이고 신중하지 못하며 사회의 다양한 문제들을 일으키는 근원으로 여겨져 왔다. 그럼에도 오늘날 어른들은 왜 더욱더 그들의 청소년기와 비교해서 불확실하고 불안정한 상태에 놓인 것 같다고 인식하고 있을까? 또한 그로 인해 심각한 두려움을 느끼고 있을까?라는 질문은 새삼스럽지만 의미 있는 의문이다. 여기에는 몇 가지 이유들이 있으며, 이는 청소년복지의 방향을 설정하는 데 있어 기본적인 함의를 갖는다.

1) 사춘기의 저연령화

영양과 발육환경의 개선으로 이전보다 훨씬 사춘기가 일찍 도래하고 있다. 더욱 심각한 것은 정서와 심리적으로 준비가 되지 않는 상태에서 급격한 신체적 변화를 경험하는 것이다. 어느 누구도 왜 이렇듯 사춘기가 일찍 찾아오는지에 대해 충분히 설명하지 못한다. 그러나 여기에는 몇 가지 이유가 있어 보인다. 사춘기는 몸무게와 신장의 변화로 촉발되는데 오늘날 어린이는 이전보다 훨씬 빨리 크고 몸무게가 늘고 있다. 이와 같은 신체적인 변화는 심리적 안정이 되지 못한 상태에서 이전보다 더 많은 갈등과 고통을 겪는다. 또한 신체적인 변화를 수용할 수 없는 사회적 제약에서 청소년기 시작의 저연령화는 또 다른 사회문제를 수반할 수 있다. 성적 성숙과 사회적 개방에 따른 각종 성적 자극의 범람으로 인해 청소년들은 훨씬 일찍부터 어려움에 직면하게 된다. 청소년은 심리·정서적으로 불안정하며 가치규범이 내면화되지 않은 상태이므로 신체적인 조기성숙에 따른 유혹을 견디기 힘든 처지에 놓인다.

2) 청소년기의 연장

아동에서 성인으로의 전환과정은 인생의 어느 시기보다도 심리사회적인 긴장과 고통 그리고 갈등을 경험하는 시기이다. 청소년은 신체성장과 함께 일어나는 성적인 욕구를 성인이 될 때까지 통제 또는 유보시켜야 한다. 어느 사회든지 사회적 규범으로 혼인관계에 의한 성관계 이외의 것은 금지하고 있으며, 청소년기에 결혼을 하는 것은 청소년이 경제적으로 독립할 수 없고 완전한 사회화가 이루어지지 않았다는 면에서 제약받고 있다.

여기에 더하여 경제사회의 발전은 청소년에게 더 많은 교육기간을 요구하고 있다. 산업화 이후 보편적으로 체계화되어 진행되는 청소년의 교육기간은 고도의 숙련기술과 태도를 요구하는 후기산업사회와 지식정보사회로 전환되면서 더 많은 기술과 지식, 훈련에 시간을 요구하므로 예전의 농경시대에 비해서는 물론 이전의 산업사회에 비해서 장기화되고 있다. 따라서 이러한 정황은 청소년기를 더욱 길게 만든다.

3) 성적 위험의 증가

신체적 성장이 점차 빨라지면서 청소년의 성적 경험도 조기화되는 것에 반해 청소년을 둘러싼 위험한 환경이 더욱 많아지고 있다. 이전에 비해서 10대 청소년의 성적 습관은 심각하게 변화하고 있다. 10대 청소년의 성이 드러나는 문화적 환경도 변화하고 있으며 10대는 그 이전에 살았던 청소년에 비해서 더욱 많이 성적 행위가 조기화되는 경향이 있다.

이러한 변화는 오늘날의 성이 얼마나 위험한 것인지 알고 있기 때문에 부모를 매우 불안하고 두렵게 만든다. 부모가 이러한 위험한 성적 환경으로부터 청소년을 완벽하게 보호하는 것을 고민하는 동안 통계수치는 청소년들의 성적 질병이 수백만 건의 사례가 있다는 것을 보여주고 있다. 이러한 질병은 기존의 윤리와 절제된 행동으로 통제하기에는 그 정도를 넘어서고 있다. 성의 상업화와 도처에 놓인 유해환경은 청소년들 사이의 성적인 위험수위를 넘어서 어른들이 개입하고 있는(원조교제 등) 매우 심각한 상황에 직면하고 있다. 이러한 성적 위험성은 지속적으로 증가할 것이다. 왜냐하면 사회발전이 남녀 간의 성적 평등화와 종족을 보존하는 다소 원시적인 성 본연의 기능에 대한 관심보다는 성의 왜곡된 사회적 기능(쾌락의 도구)의 활성화를 지속적으로 조장할 수밖에 없기 때문이다. 적어도 우리는 이미 성적 위험에 대해서 진실을 보일까 봐 거짓에 거짓을 더하는 무의식적인 작화증(confabulation)에 빠져 있다.

4) 손상되는 윤리

부모들이 청소년에게 사회적인 윤리, 가치, 그리고 기준 등을 가르치는 일이 더욱 어려워졌다. 이미 변화하는 문화에 의해서 이러한 가치들은 침식당하고 있다. 기성세대는 시민정신, 개인의 책임, 자기 통제 등 전통적인 덕목들이 손상되고 있는 데 대한 걱정을 많이 한다. 그러나 어느 누구도 어떻게 청소년들에게 사회가 원하는 가치들을 가르쳐야 하는지 알지 못한다.

아동기에 가졌던 도덕적인 틀은 초기 청소년기에 흐트러지기 시작한다. 이 시기에 청소년들은 그들 자신이 생각하고 있는 새로운 구조로 도덕적인 틀을 대체한다. 낡아빠진 기둥은 이제 청소년들의 판단에 따라 쓰러지든가 다시 일어서든가 하는 운명에 놓이게 된다. 그들은 이제 자신들의 세계에 의지하여 판단한다. 초기 청소년은 힘이 센 사람을 찾는다. 예를 들어 스타운동선수, 연예인스타, 좋아하는 선생님과 오빠, 누나 등을 찾는다. 예를 들면 대중스타나 좋아하는 선생님, 선배 등의 행동을 판단의 준거로 삼는다. 하지만 시간이 흐르면서 청소년은 그들의 생각과 행동을 의심하면서 자신의 세계를 구축한다. 때로는 이러한 대중스타나 선배 등 청소년이 갖는 우상이 윤리적으로 몰락하면 청소년들은 매우 혼란스러워한다. 왜냐하면 이 시기에 청소년은 가족으로부터 점차 독립적 의지를 보이고 자신의 생활과 문화 환경을 조성해 가기 때문이다. 정치·사회적 부패에 대한 계속적인 과시 모델이 확산되고, 마약 중독 스타와 범죄적인 성향이 가득한 배우 등의 현란한 몸짓과 생활은 청소년이 부모를 대신할 수 있는 가족의 품으로부터 벗어나 숭배할 새로운 성인을 찾으려는 때에 청소년에게 새로운 우상이 된다. 어느 순간 이러한 모습들이 더 이상 청소년에게 의미를 찾을 수 없게 되면, 그들은 냉소적이 되고 공허함을 느낀다. 그들이 우상으로부터 벗어날 연령이 되었을 때는 이미 그들은 삶이 어떤 진흙에 빠져 헤어 나오기 힘든 상황에 직면한다.

5) 경제적 압력의 증가

오늘날 부모들은 생존을 위한 커다란 경제적 압력에 직면해 있다. 이 압력은 청소년의 발달과 생활까지 손상시킬 수 있다. 이제는 맞벌이가 전형적인 형태가 되었다. 그러나 최근에 와서는 여기에 더해서 한 가지 이상의 직업을 갖는 부모들이 많아졌다. 어떤 경우는 정식직업보다 과외로 일해서 얻는 수입이 더 많을 만큼 한 가지 이상의 직업을 갖는 것이 흔한 일로 보인다. 그에 따라서 많은 부모들은 직업에 너무 많은 시간을 빼앗긴다. 이로 인해 집안의 청소년들을 돌보는 시간을 갖기 어려워졌다. 집안에서 갖는 시간 자체가 밖에서 소비하는 시간보다 극히 적기 때문에 구조적으로 힘들어졌다. 실제 미국의 경우에는 지난 30년간 부모가 집안에서 자녀와 함께하는 시간을 갖는 비율이 35%나 감소하였다고 보고된다. 이에 따라 자연스럽게 청소년들이 부모의 통제로부터 떠나게 되었지만 그들이 밖에서 경험하는 세계는 더욱 위험스러워졌다. 게다가 우리 지역사회가 청소년들에게 안전한 환경을 제공하는 기회는 거의 없어지거나 그들을 보살피는 자비로운 어른도 없어져간다. 그래서 청소년은 자신들 마음대로 생활을 꾸려나간다. 너무 빠르게 청소년이 부모들의 통제와 감독으로부터 벗어나고 안전성이 결핍된 세상과 연결된다. 이와 같은 일들은 모든 면에서 손상받기 쉬운 청소년기 동안 청소년들을 정서적・신체적으로 돌보는 것이 얼마나 중요한 것인가를 말해주지만 많은 시간을 밖에서 보내야 하는 부모들은 자녀들에게 신경을 쓸 수 있는 시간이 원천적으로 없다는 것을 말해준다. 여기에 더해서 우리 사회의 부모들이 더 이상 청소년만 돌볼 수 없게 되었다. 그들은 청소년과 동시에 노인들도 경제적・정서적으로 부양해야 하는 책임과 현실에 부딪치고 있다.

한편, 저출산・고령화사회가 급속히 진전됨에 따라 청소년들에게도 그들이 성인이 되는 미래사회에 갖는 경제적 부담이 증가하고 있다. 지금의 성인보다 더 많은 사회경제적 부담을 해야 하며 이는 개인에게 더 큰 생산성과 효율성을 요구함으로써 사회적으로뿐만 아니라 청소년들에게도 잠재적이며 매우 현실적인 압박으로 다가오고 있다.

6) 다양한 가족형태의 등장

우리 사회도 점차 이혼율이 증가하고 있으며 이로 인해 결손가정 비율이 높아지고 있다. 한편, 재혼가정들의 형태가 가족생활의 새로운 정서적 압력을 가져오고 있다.

이미 핵가족이 보편적인 가족형태로 자리 잡고 있지만 이러한 가족형태는 이제 이혼가정, 결손가정, 한부모가정, 재결합가정 등 복잡한 여러 형태의 가족 모양으로 또한 변화되고 있다. 가족구조의 변화가 부모들에게 더 많은 선택과 자아 성장과 발전의 기회를 제공하는 면이 있는 반면에 많은 부모들이 배우자에 의해서 유기되는 감정을 느끼고 나아가 심각한 불안과 우울한 감정을 갖게 된다. 여기에 더하여 가정에서 자녀가 필요로 하는 안정감과 안락감을 침식당하게 된다. 문제는 이렇게 다양한 선택적 가족형태가 청소년에게 더 많은 영향을 미친다는 것이다.

더욱이 새터민과 다문화 가정 등은 또 다른 모습으로 청소년문화에 영향을 주고 있다. 이러한 현상은 청소년들에게 세계시민으로서 다양한 문화현상을 포용할 수 있는 기회를 줄 수 있다. 더불어 청소년들에게 다름을 쉽게 받아들이지 못하는 전통적인 사회적 관습을 깨고 새로운 환경을 만들어 나가야 하는 도전 과제도 함께 제시하고 있다.

청소년복지의 개념

제2장

1 청소년복지에 관한 짧은 고찰

청소년복지란 무엇일까? 아동복지와는 다른 것이 무엇이기에 또 다른 대상영역으로 청소년복지를 이야기할까? 청소년들에게 어떤 방향에서 복지적 접근과 지원을 해야 하는 것일까?

여기에 대한 답은 그리 명확하지 않다. 청소년복지의 역사적 배경에서도 뚜렷한 답이나 실마리는 나타나지 않는다.

다원화되고 실용적 가치가 더욱 강조되는 21세기 사회에서 실천학문은 형식으로나 내용으로 끝없이 분화하고 변화한다. 새로운 학문과 영역이 탄생하기 위해서는 적지 않은 시간에 걸쳐 현실에 적용하고 또한 과학적 검증을 통해 체계를 만들어 가야 한다. 그러나 오늘날 실천과학들은 패러다임 전환의 필요성을 동감하는 선도적인 과학자들에 의해서, 또는 외부의 정책적 환경의 변화에 따라서, 끊임없이 변화하는 사회의 욕구에 따라, 탄력적인 변신과 생성을 반복하고 있다. 이미 전통적으로 이해하는 학문의 배타적인 정체성보다는 인접과학과의 상호협력과 경쟁 아래 실제적인 가치와 독자성을 갖추고 있는지가 보다 큰 관심인 사회에 살고 있다.

이런 관점에서 본다면 청소년복지는 언제, 어디서 시작했는지 분명하지는 않지만, 어느새 우리 앞에 다가와 있는 하나의 실체이다. 그러면 복지(그것이 사회복지분야에서든, 다른 학문적 환경에서 복지를 언급하든 상관없이)에서 청소년복지가 갖는 위상과 방향 그리고 무엇을 할 수 있으며, 해야 할 것인가를 정리해야만 스스로 정체성을 확보할 수 있을 것이다. 그러기 위해서 사회복지의 관점에서 본다면 청소년복지가 굳이 아동복지영역과 달라야 하는 이유를 설명해야 한다.

청소년복지의 철학적 기초는 '함께' 속의 '함께' 이다. 청소년기는 아동기와 달리 일방적 지원만이 요구되는 시기가 아니다. 그렇지만 부모에게서 경제 · 정서적 의존으로부터 완전히 벗어날 수 있을 만큼 홀로 설 수 있는 때도 아니다. 또한 청소년의 미래가 그들이 갖는 의지와 노력에 따라 무한히 성장하고 발전할 수 있을 만큼 잠재적인 사회 영향력이 큰 시기이다. 따라서 청소년복지를 아동복지와 노인복지처럼 아동과 노인 등 특정대상을 '위한' 복지로 접근하는 데는 한계가 있다.

한편, 청소년은 가장 격동적인 생애 전환기에 있다는 면에서 가시적인 실체가 없으면서도 때론 사회 문제의 중심이 된다. 그런데 이러한 청소년을 보는 사회에서의 시각은 이중적이다. 사회는 참으로 야속하게도 청소년에게 '문제를 일으키지 말고 조용히 살자'라고 권유하면서도, 한편으로는 '이제는 너희도 사회의 성원으로서 엄연한 역할과 책임을 갖고 살아야 한다'라는 말도 동시에 강조하고 있다.

이와 같은 시각에서 보면, 청소년복지는 '청소년과 사회를 위해 청소년과 함께하는 복지'가 되어야 한다. 청소년은 성인이 아니다. 그렇다고 아동도 아니다. 아동은 청소년에게는 과거이며 성인은 미래이다. 과거를 무시할 수는 없다. 따라서 청소년에게도 아동복지의 연장선상에서 복지적 지원이 이루어져야 한다. 성인이 만들어 놓은 불편하고 왜곡된 사회 환경으로부터 보호받아야 하며, 청소년과 그들이 속한 가정이 빈곤 등으로 인해 곤란에 빠져 있다면 긴급하게 도와야 한다. 한편, 미래는 새롭게 만들어나갈 수 있는 가능성이 큰 공간이다. 청소년을 위한 복지지원은 청소년이 어떤 환경과 위치에 있더라도 하나의 사회에서 수동적 존재가 아닌 적극적인 사회성원으로서 인정하고 역할을 다할 수 있도록 도와야 한다. 이를 위해서는 청소년에게 복지가 하나의 권리로서 인식될 수 있도록 개입해야 하며, 복지적 권익을 위한 자기 옹호를 할 수 있는 역량을 키워내도록 힘써야 한다. 자기를 스스로 만들어 나가는 한편, 임파워먼트 전략을 통해 청소년이 스스로 역량이 강화되도록 돕는 일도 필요하지만, 이에 더하여 다양한 복지기반을 마련함으로써 역량이 갖추어질 수 있는 기회를 제공해야 한다. 아울러 청소년의 참여를 통하여 사회적 연대의식을 높임으로써 혼자만의 행복과 복지가 아니라 그들이 사회의 복지수준을 높여야 하는 책임감을 가질 수 있는 기초를 만들어 주어야 한다.

궁극적으로 청소년복지의 지향점은 청소년의 사회적 안정과 자아정체성 확립에 일차적 목표를 두어야 한다. 이를 토대로 아동과 노인을 포함한 다양한 사회 구성원들이 '함께 살아가는' 이라는 문제를 한번쯤 고민함으로써 복지적 정의(正義)를 세우는 통로가 되어야 한다. 청소년 개인에게는 자신의 생애설계에서 청소년기가 갖는 비중을 알고 욕구를 잘 충족하는 훈련을 통하여 다른 사람과 함께 행복한 공간 속에서 미래 자신의 복지를 향유하는 역량을 갖출 수 있도록 하는 데에 초점을 맞추어야 하는 것이다.

2 사회복지와 청소년복지

사회복지(social welfare)는 인간의 행복을 꾀하는 실천학문이다. 넓은 뜻에서 사회복지의 정의를 말하면, 한 사회와 국민의 건강하고 안전하며 안정된 생활을 영위하는 데 필요한 사회보장 및 사회안전망 등 복리(福利)를 향상시키기 위해 힘쓰는 사업이나 관련된 제도와 정책을 일컫는다. 한편, 좁은 의미에서 사회복지는 인간의 행복과 복리를 추구하기 위한 전문직인 활동과 방법 그리고 기술(art)을 말한다. 이처럼 좁은 뜻에서 사회복지를 사회사업(social work) 또는 사회복지실천(social work practice)이라고 부른다.

사회복지실천의 초점은 사람들과 환경에 존재하는 체계들 사이의 상호작용이다. 사람들은 그들의 소망을 실현하고 생활과업에 대처하는 데 필요한 물질적, 정서적, 영적 자원 및 서비스 기회를 획득하는 데 도움을 받기 위해 체계들에 의존한다(김융일 · 조흥식 · 김연옥, 1999; Pincus & Minahan, 1973; Zastrow, 2000). 또한 NASW(National Association of Social Worker, 1999)의 정의에 따르면 "사회복지실천(사회사업)은 개인, 집단, 지역사회가 자신의 사회적 기능 수행능력과 자신의 목적에 대한 사회조직을 유리하게 하는 작업을 향상시키거나 복원하는 것을 도와주는 전문적인 직업 활동이다."라고 명기하고 있다.

이러한 사회복지실천은 몇 가지 실제적인 접근방법이 형성되면서 전문적인 영역을 갖게 되었다. 그 시작은 개별사회사업(social case work)이다. 그 후 집단사회사업(social group work), 지역사회조직사업(community organization) 등의 방법론이 연구되고, 이와 함께 사회복지행정(social welfare administration), 사회복지정책(social welfare policy), 사회계획(social plan) 등이 학문적으로 체계화되면서 사회복지실천은 독자적인 방법론을 갖게 되었다. 그 후 사회복지실천의 기술적 접근방법은 실천과학의 특성을 살려 다양한 학문과 교류하면서 새로운 체계와 이론을 도입하게 된다. 그로부터 사회복지실천을 위한 통합적인 방법을 모색하게 되었고, 오늘날 사회복지는 인간을 전문적으로 돕는 방법으로서 윤리와 가치 그리고 철학을 바탕으로 다양한 지식과 이론 그리고 기술을 실천하는 다각적인 방안을 모색하고 있다.

사회복지는 대상중심의 학문이다. 그 대상은 사회적인 약자와 소외된 사람들이다. 아동, 노인, 여성, 장애인 등 연령, 성, 신체와 정신적 조건 때문에 불이익을 받는 계층에 대해서 사회복지실천 방법을 동원하여 각종 제도와 정책 마련 및 행정 서비스 전달과 실제 사업을 병행하고 있다. 또한 대상에 대한 관심뿐만 아니라 인간이 갖고 있는 제반 문제에 개입을 하고 있는데, 정신의료사회사업, 산업사회사업, 교정사회사업, 학교사회사업 등이 그 대표적인 경우이다.

청소년복지는 사회복지의 한 대상 분야로 볼 수 있다. 그렇지만 한편으로, 청소년복지는 청소년을 주 대상으로 하는 실천학문에서도 주요한 분야가 될 수 있다. 아동학이나 청소년학 또는 가정학과 연계된 분야로도 이해할 수 있다.

이 책에서는 사회복지학을 기초로 한 청소년복지의 영역을 주로 다루게 될 것이다. 사회복지는 오랜 기간 동안 '도움이 필요한 사람'을 대상으로 실천적 방법과 정책을 모색하고 체계화한 학문이며, 청소년복지는 복지를 청소년에게 실천하는 분야이므로, 청소년복지를 포괄적으로 이해하는 데 사회복지가 주요한 실천적이며 개념적인 구조가 될 수 있다고 보기 때문이다.

3 사회복지의 이해

생존에 필요한 요구가 충족되고 다른 사람으로부터 피해를 입지 않고, 공공의 질서와 규칙을 준수하며 누구나 항상 행복할 수 있다면 복지사회일 것이다. 그런 사회에서는 사회복지적 개입의 필요성이 거의 없거나 또는 약할 것이다. 그러나 불행인지 다행인지 인간은 다르다. 신체 · 심리 · 사회적인 여건과 기회 · 문화적 환경 등이 다르다.

처음부터 신호를 위반할 수밖에 없는 사람들이 있다. 만일 신호가 짧은데 걸음이 느리거나 거동이 불편한 노인 또는 빨리 걸을 수 없는 장애를 가진 사람이라면 보편적인 사회적 합의에 의한 약속을 지킬 수가 없다. 그렇다고 그들을 배려해서 사회 전체가 소수들의 편익에 맞출 수는 없다. 예를 들어 장애인을 위해 계단 대신 램프를 설치하는 것 등 장애인과 비장애인이 함께 사용해도 하등의 사회경제적 손실이 없는 것도 있지만, 모든 신호를 가장 걸음이 느린 질병을 가진 노인에게 맞추어 길게 준다면 사회적 손실비용은 상당할 것이다. 또한 편익에 맞추어서 다른 사람에게도 불편함이 없는가를 판단하는 것도 복지의 역할이다. 이는 복지가 갖는 원천적인 딜레마 중의 하나이다. 사실 인간이 갖고 있는 차이(差異)에서 본다면 일정한 기준을 갖고 사회가 움직인다고 해도 일정 부분은 항상 불편한 사람이 발생하기 마련이다. 왜냐하면 모든 사람의 욕구를 맞추기 위해서는 아마도 그 사람 수효만큼의 독립적인 사회가 필요하기 때문이다. 이처럼 구조적으로 신호를 위반할 수밖에 없는 사람이 있는가 하면 그렇지 않더라도 사람들은 신호를 위반하기도 한다. 제시간에 가지 않으면 국가에서 주는 복지급여를 탈 수 없어 신호를 위반하기도 하고, 급한 일 때문에 불가피하게 신호를 무시하기도 한다. 또는 자신은 신호를 지키자는 사회적 약속에 동의한 적이 없다고 생각하는 소위 반사회적인 사람들도 일부러 신호를 지키지 않기도 한다. 어떤 이유에서라도 분명 신호를 지키지 않는 그들은 사회에 부적응적 행동을 취하거나 반사회적인 생각을 갖고 있는 사람들이라고 볼 수 있다. 이런 소수의 사람들에게 사회는 법에 의해 제재를 가하기도 하고, 경제 원칙에 따라서 도태시키기도 한다. 그러나 여전히 이러한 구조적 또는 기능적 다양성 때문에 사람들이 불이익을 당해야 하는가 하는 의문은 제기된다.

적어도 사회를 구성했을 때는 사회에 속해 있는 사람들에 대한 책임을 구성원 전체가 분담해야 한다. 국가와 사회 구성의 기본적 원리이다. 그렇다면 다수가 아닌 소수의 비정상적 사고와 행동, 환경을 갖고 있는 사람들은 어떻게 처우해야 하는가? 이들을 위해서 전통적으로 국가와 사회는 두 가지 측면에 관심을 갖고 지원해 왔다고 본다. 하나는 집단적인 양심이고 다른 하나는 사회혼란을 방지하고 체제를 유지하기 위한 사회 안정의 논리이다. 그것이 무엇이든 간에 사회복지는 이러한 관점을 담당하는 현대 전문직의 하나가 되고 있다. 사회복지는 소수의 사회적 약자와 소외된 사람들을 위해서 각종의 제도적 프로그램과 인간에 대한 실천적 서비스를 제공함으로써 그들을 돕고자 형성된 실천적 전문직이다. 그러면 이런 의문이 생긴다. 정상(正常)은 행복한가? 그것은 개인적인 몫일 수 있다. 그래서 개인의 복지를 넘어서 사회복지인 것이다. 혼자가 아닌 함께 살아가는 삶 속에서 행복을 추구하고 향유할 수 있도록 돕는 데 사회복지의 목적이 있다. 물론 행복의 개별적 수준과 차원을 이해하고자 노력하는 과정이 사회복지의 기능과 역할일 수 있지만 궁극적으로 복지는 개인 행복의 전제가 되는 사회적 행복, 다시 말해 정상적인 기준에서 잠시 일탈해 있거나 구조적으로 떨어져 있는 인간에게 그 범주에서 활동할 수 있는 기회와 능력 그리고 동기를 부여할 수 있도록 사람과 환경을 변화시키려는 의도적인 노력이다.

4 청소년복지의 정의

청소년복지는 사회복지의 한 분야이다. 사회복지는 영어로 social welfare인데 이것은 영어의 social이란 형용사에 'well'과 'fare'의 복합명사가 어우러진 것으로 '사회적으로 행복한 생활상태'를 의미한다. 복지(welfare)라는 말은 Webster 사전에 의하면 '안락하고 만족한 생활상태' 또는 '인간의 건강과 번영의 상태'라고 정의되어 있다. 이러한 어의의 이면에는 인간이 어떠한 상태에 놓여 있다 하더라도 가치 있는 한 사람으로서 행복을 누리며 충실한 삶을 살 수 있도록 하는 것이 우리들의 이상이며 생활목표가 된다는 사상이 깔려 있다. 이와 같은 생활을 실현하기 위해서는 모든 사람에게 신체적 · 지적 · 정신적 · 감정적 발달의 기회를 부여함이 필요하며 이것을 목적으로 하는 것이 사회복지의 실천이다(Encyclopedia of Social Work, 1965, 장인협, 1998. 재인용). 또한 'fare'(살아가다, 지내다)의 동사 'faring'이 갖는 의미대로 목적이나 목표의 개념이 추상적으로 끝나서는 안 되며 구체적인 제도나 서비스의 실천까지 포함하는 용어로서 사회복지가 사용되어야 함을 명확히 하고 있다. 요약하면 복지(welfare)는 인간생활의 이상상태를 의미하는 개념인 동시에 그 이상상태를 지향하는 실천 활동까지 포함하는 개념으로 받아들여야 할 것이다(장인협, 1998).

청소년복지는 사회복지의 개념적 틀 안에서 해석된다. 사회복지가 인간의 행복을 실천적으로 추구하는 활동이라는 점에서 볼 때 청소년복지는 청소년이 행복하게 잘 살아갈 수 있도록 돕는 제도와 실천적 기술이라고 정의될 수 있다. 그러나 아직 이론과 체계가 정립되어 있지 않은 실정에서 청소년복지를 이해하기 위해서는 우선 아동복지 체계를 살펴봄으로써 청소년복지의 지향점과 개념을 파악할 수 있을 것이다.

아동복지는 아동의 요구나 문제를 해결하기 위한 서비스이다. Kadushin (1980)은 광의의 아동복지를 모든 아동들의 행복 및 사회적응을 위해 심리적 · 사회적 · 생물학적 잠재력을 개발시켜 주기 위한 각종의 방법이며, 협의로는 특수한 문제, 즉 요구가 있는 아동과 그의 가족에 관련되어 있다고 본다. 또한 Friendlander와 Apte(1980)는 아동복지는 단지 빈곤, 방치, 유기, 질병, 결함 등을 지닌 아동 또는 환경에 적응하지 못하는 비행아동들에만 관심을 두는 것이 아니며, 모든 아동이 신체적 · 지적 · 정서적 발달에 있어서 안전하고 행복할 수 있도록 위험으로부터 지키고 보호할 수 있도록 공사(公私)의 제기관(諸機關)에서 실시하는 사회적 · 경제적 · 보건적 측면의 여러 가지 활동이라고 한다. 아동복지는 가정의 정상적 기능을 전제로 한다. 가정에서 부모의 보호가 없거나 그 기능을 다하지 못할 때, 가정의 기능을 다할 수 있도록 지원하거나 위탁가정이나 시설적 보호를 지원한다. 이와 함께 아동의 건강과 교육 그리고 유해환경으로부터의 보호 등은 국가의 책임이다. 특히 Kadushin(1980)은 아동복지를 주로 부모와 자녀 간의 사회적 역할 수행에서 찾으려고 했다. 역할 수행이 이루어지지 못할 때 그리고 개인의 역할이 지역사회의 기대에 어긋났을 때 아동복지의 대상이 된다고 보았다. 이처럼 아동복지는 아동에 대한 무조건적 보호의 이념을 바탕으로 그들의 일차적인 보호집단인 가정의 기능이 약화되었거나 파괴되었을 때 가정을 중심으로 아동의 행복과 정상적인 발달에 목표를 두고 있다. 이러한 점에서 보면 청소년복지도 아동복지의 연장선상에서 이해할 수 있겠지만, 아동과는 달리 청소년은 가정의 역할과 영향이 비교적 적고, 청소년 스스로 생산과 소비 그리고 문화 등 다양한 사회분야에 영향을 미칠 수 있다는 점에서 아동복지와 구분해서 청소년복지의 개념이 새롭게 정립되어야 한다.

아동과 청소년은 기성세대로부터 보호를 받아야 하는 시기이다. 그렇지만 아동과 청소년은 보호에 있어서 차이를 두어야 한다. 아동은 보호를 받을 권리가 어른들에 의해서 수동적으로 주어져 있는 반면, 청소년은 보호를 받는 주체적인 권리를 가진다. 아동은 부수적인 책임이 지워지지 않는 보호의 권리를 누리는 반면에 청소년은 일정한 사회적 책임이 주어진 보호를 누린다. 따라서 청소년들의 사회적 책임과 요구로 인해 발생되는 갈등은 사회참여와 협력의 수준에서 정확히 파악되고 해결 방안이 강구되어야 한다. 사실 청소년도 아동과 마찬가지로 일차적으로는 가정을 중심으로 복지적 모색이 이루어져야 한다. 그러나 아동보다는 훨씬 가정으로부터 일찍이 분리되는 시기적 특성으로 볼 때, 가정과 사회에 아동과는 달리 독자적인 영향을 미칠 수 있다. 다시 말해 청소년은 독립된 하위문화를 갖고 있으며 소비와 생산에 있어 아동에 비해 더욱 적극적으로 사회구성원으로서의 역할까지 수행하는 특성을 가진다고 볼 수 있다.

이와 같은 시각을 바탕으로 아동복지와 구분하여 청소년복지를 사회복지의 독립된 분야로 인식하고 그에 대한 독특한 접근방법과 분야를 발전시키려는 노력을 하고 있다.

Meyer(1985)는 청소년복지가 하나의 사회제도이며 전문직이어야 한다고 주장하고 있다. 또한, 김성이(1993)는 청소년복지는 가정이나 사회로부터 버려지거나 적응하지 못하는 청소년뿐만 아니라, 모든 청소년들의 안녕에 관심을 가진다. 청소년복지 활동은 청소년들의 기본적 욕구를 충족케 하고 정신적, 정서적, 신체적으로 최상의 발달을 기하기 위해서 청소년 자신들에게 직접적으로 또는 가정이나 사회를 통해서 간접적으로 제공되는 모든 사회 제도적, 전문적 활동을 말한다.

이러한 개념에 더하여 보다 적극적인 관점에서 청소년복지를 정의하면 다음과 같다.

"청소년복지는 청소년의 올바른 성장과 발달에 목적을 두고, 이를 위해서 사회와 청소년의 공동 노력과 참여를 전제로 이루어져야 한다. 지식정보화 사회에서 청소년들에게 일정의 사회적 역할과 책임을 부과하며 동시에 현재 청소년의 삶을 이해하여 보다 나은 여건을 마련해 주고 미래에 보다 좋은 환경에서 생활할 수 있도록 복지를 통해 자립기반과 자기개발을 할 수 있는 능력과 기회를 마련해 주는 제반의 복지활동이다."

▶ 소극적인 측면에서 청소년복지 ◀

사회적으로 소외되거나 적응에 실패한 청소년들에게 사회복지정책과 개별 서비스의 전달을 통해 사회구성원으로서 정당하게 생활하고 나아가 신체적·심리적·사회적 자립능력을 갖도록 돕는 복지.

▶ 적극적인 측면에서 청소년복지 ◀

성과 능력, 신체 및 정신과 사회적 조건에 관계없이 모든 청소년들이 인간답게 생활하는 데 필요한 권리와 책임을 갖게 하여 청소년으로서의 삶을 풍요롭게 누릴 수 있고 잠재적 능력을 개발하도록 돕는 복지.

5 청소년복지의 역사

청소년 또는 청소년기에 대한 독자성을 인정한 역사는 그리 오래되지 않았다. 1900년대에 들어오면서, 산업화에 따라 자본주의와 민주주의의 발전이 가속되고, 교육이 대중화됨으로써 청소년과 청소년기를 생애 발달의 주요한 단계로 인식하는 시기로 깨닫게 되었다. 이와 더불어 청소년이 갖는 사회적인 힘도 점차 커져 갔다. 특히 다원화 · 지식중심의 사회로 전환되는 오늘에 있어 개인과 사회의 창의적 역량은 그 어느 때보다도 강조되고 있다. 창의성은 산업사회에서 중요시되어 온 숙련에 따른 사회적 힘의 분배를 점차 무의미하게 만들고 있으며 이에 따라 청소년의 사회적 위상도 점점 높아지고 있다.

한편, 사회복지에서 청소년은 대상 연령구분에 대한 논란으로 아동복지와의 뚜렷한 구분이 어려워 독립적인 분야로 형성되기 쉽지 않았다. 아직도 사회복지에서 청소년은 아동복지법과 아동복지제도 안에서 다루어지고 있다. 이러한 흐름 속에서 청소년복지의 필요성과 독자성은 사회복지에서보다 국가청소년정책의 수립과 시행과정으로부터 제기되었다. 1988년 당시 체육청소년부(현 문화체육관광부)가 생기면서 그동안 흩어져 있던 청소년 관련 정책이 일관된 정책으로 추진될 수 있는 전환기를 맞이한다. 이어 1991년 청소년기본법이 제정되고, 뒤이어 청소년보호법이 마련되었는데, 청소년기본법에는 충분하지는 않지만 청소년을 위한 복지지원의 범위와 내용이 수록되었다. 이처럼 청소년복지는 사회복지에서 대상별 한 영역으로 연구 · 발전되었다기보다는 국가청소년정책의 한 부문으로 제시되면서 사회복지 분야의 관심을 촉발하게 되었다. 그 시작이야 어떻든 청소년을 위한 법과 제도 그리고 정책의 형성과 시행은 사회복지에서 청소년복지의 필요성을 인식시키고 하나의 분야로 정립할 수 있는 가능성을 열어주었다.

사회복지 관점에서 이 과정을 좀 더 구체적으로 살펴보면 우리나라의 청소년복지 발전은 크게 세 시기로 구분할 수 있다.

1) 청소년복지를 위한 태동기(1987년 이전)

이 시기는 아동복지법의 테두리 내에서 청소년에 대한 보호와 지원이 이루어진 시기이다. 특히 근로청소년, 비행청소년, 장애청소년 등 요보호청소년(아동)에 대한 복지지원에 초점이 맞추어졌다. 근로청소년과 장애청소년 등에게 경제적인 지원뿐만 아니라 교육적인 지원을 시작하여 청소년복지의 잠재적인 기반을 마련하였다. 그러나 장애청소년의 경우 청소년 후기연령층 장애청소년에 대한 교육기회와 여건은 여전히 열악했으며, 근로청소년도 산업체 부설학교를 통해 학업기회를 확보하고, 근로청소년회관과 임대아파트를 건립하는 등 많은 지원이 있었지만, 지속적인 산업화에 따른 노동력을 확보하는 데 필요한 최소한의 복지를 지원하는 데 그쳐, 근로청소년의 행복한 생활과 복지권(welfare rights)을 고려한 충분한 지원은 되지 못했다. 또한 비행청소년에 대한 보호와 선도가 이루어졌지만 그 주된 목적은 비행을 예방하기 위해 청소년을 통제하고 처벌하는 데 두었다. 그 대표적인 사례가 미성년자 보호법이라고 볼 수 있다. 이 법은 미성년자의 보호를 목적으로 제정되었으나 통제와 처벌을 위주로 한 법 집행의 강화 등으로 여전히 청소년을 문제를 일으키는 대상으로 인식하고 있다. 따라서 청소년이 사회로부터 받는 불이익에 대해서는 적극적으로 옹호해 주지는 못하고 있다.

이처럼 이 시기에는 청소년의 권리와 복지라는 인식보다는 긴급구호의 방편이나 사회 안정이라는 목표에 더 많은 초점이 맞추어졌다(이용교, 1999 : 284-286). 그러나 일정 연령(18세 미만) 청소년 노동에 대한 보호가 이루어지고 청소년비행의 사회적 선도방안이 확대되는 등 청소년의 생활을 둘러싼 새로운 관심들이 생겨남으로써 청소년복지를 태동시킬 수 있는 긍정적인 기틀을 제공했다고 평가할 수 있다.

2) 청소년복지의 포괄적인 관심기(1987년부터 1992년까지)

여전히 청소년을 아동복지법에 근거한 지원 대상으로 다루고 있지만, 이 시기에 들어서면서 청소년복지는 새로운 전기를 맞는다.

1987년 11월에 청소년육성법이 제정되고 이어 1991년에 이 법을 개정한 청소년기본법이 제정됨으로써 청소년정책은 기본 법제를 갖게 된다. 더욱이 청소년기본법을 모태로 2003년 제정된 청소년복지지원법[2]은 비록 청소년 관련 복지의 제한적인 규정이 제시되어 있지만, 청소년복지를 위한 별도의 법률로 의미를 갖는다. 이렇듯 청소년정책을 추진할 수 있는 제도가 마련되는 과정에서 청소년복지는 청소년정책의 한 부문으로서 제시된다. 이처럼 사회복지 분야가 아닌 청소년정책을 수립하고 시행하는 지점에서부터 청소년복지에 관심이 일어나기 시작했다. 이러한 관심은 사회복지 분야에서 청소년복지에 대한 활발하게 논의할 수 있는 환경을 촉발시키는 계기가 되었다.

그런데 이 시기에 실제 청소년정책에 나타난 청소년복지에 대한 규정은 사회복지의 시각에서 보면 매우 포괄적이고 미흡하게 제시되어 있어, 구색을 맞추기 위한 선언적 성격을 벗어나지 못한다고 평가될 수 있다. 다만 청소년 쉼터확충과 비행청소년을 위한 사회봉사명령제도의 활성화 그리고 청소년

---

2) 청소년복지지원법은 청소년기본법과 청소년보호법, 그리고 청소년활동진흥법과 함께 청소년 보호와 육성을 목표로 한 주요한 네 가지 법률이라 볼 수 있다. 청소년복지지원법은 2003년 12월 30일에 제정되었지만, 2년 후인 2005년 3월에 시행되었다. 그리고 청소년복지지원법은 제1조에 "청소년기본법 제49조 제4항의 규정에 따라 청소년복지증진에 관한 사항을 정함으로 목적으로 한다"라고 규정되어 있어 청소년기본법의 보완적 법률로서의 성격을 강하게 갖고 있다.

상담시설의 확대 등 청소년복지와 관련된 다양한 사업과 정책이 이루어져 청소년복지에 대한 포괄적인 관심을 가진 시기로 볼 수 있다.

3) 사회복지의 분야로서 청소년복지 정립기(1993년부터 현재)

1993년부터 시행된 청소년지도사 자격시험에 「청소년복지론」이 독립교과목으로 등장하면서 청소년지도자 자격시험교과목인 「청소년복지론」교재가 1993년에 한국청소년개발원(현 한국청소년정책연구원)에서 발간되었다. 이에 따라 사회복지에서도 청소년복지의 방향과 성격, 내용에 대한 논의가 진행되었다. 그 결과 사회복지(사업)대학교육협의회에서 1998년도에 정리한 사회복지학 교과목에 청소년복지가 독립교과목으로 채택되었다. 이로써 본격적으로 청소년복지의 정체성과 방향에 대한 관심을 기울이기 시작했다.

그렇지만 아직도 청소년복지가 사회복지에서 어떤 위상으로 정립되어야 하는지에 대한 충분한 논의는 이루어지지 않고 있다. 이제 청소년복지는 사회복지의 새로운 분야로서 성격과 방법 그리고 내용에 대한 경험이 축적되고, 깊이 있게 연구되어야 할 시점에 와 있다.

이와 함께 청소년복지를 주요 교과목으로 가르치는 청소년학과 아동 관련학과의 협력과 소통을 통하여 통섭적 관점에서 청소년복지의 내용과 방법을 표준화하는 작업도 필요한 일이 될 것이다. 또한 아동복지법과 연계하는 작업도 거시적인 복지안목에서는 진행되어야 할 일이다.

6 청소년복지의 사회적 기능

1) 사회문제 예방

사실보다 과장되었든 또는 축소되었든 청소년문제는 사회문제의 전형으로 받아들여져 왔다. 그 사회의 문제를 상징적으로 웅변하는 것이 청소년문제였다. 복지가 갖고 있는 기능 중의 하나는 가족 기능의 정상적 작동이다. 많은 청소년문제 배경에는 가정의 문제를 갖고 있다. 그러나 아동과는 달리 가정은 청소년에게 맹목적인 영향을 미치기보다는 청소년 생활의 중요한 근거인 동시에 지표이다. 물론 가정을 통한 청소년문제의 해결은 여전히 중요하다.

따라서 이와 함께 청소년복지는 청소년들에게 건강한 삶의 터전을 만들어주고 건전하게 성장할 수 있는 기회와 동기를 제공함으로써 사회문제를 예방하는 데 그 역할을 할 수 있을 것이다.

2) 세대 간의 갈등 조정 및 완화

고령화 사회로의 이행은 노인에 대한 사회적 부담을 가중시키고 있다. 이 부담은 저출산으로 인해 시간이 흐를수록 커질 전망이다. 이에 따라 청년세대와 기성세대(노인세대)와의 갈등은 가슴 아픈 현실이 될지도 모른다. 청소년복지는 청소년들에게 사회현상의 전환에 따른 불가피한 상황을 슬기롭게 받아들일 수 있는 환경을 조성해 줄 수 있다. 인간에 대한 복지권과 역사에서 나타난 각 세대의 숙명적인 도전 등을 이해하고 해결해 나가는 실마리를 제공해 줄 수 있다. 특히 청소년복지에서 경제적인 문제로 발생하는 세대 간의 갈등을 솔직히 표현하고 대처방법과 조정역량을 키워주는 데 기여할 수 있을 것이다.

3) 미래 노동인력의 보호 및 개발 역량 강화

현재 살고 있는 자본주의 사회에서 가장 중요한 요소는 자본이다. 그러나 노동이 뒷받침되지 않으면 자본은 생명력이 없어진다. 산업사회에서 중요한 것은 노동력이었다. 값싼 노동력은 국가와 사회발전의 밑거름이 되었고, 그를 통해 경제성장을 이룩했다. 그러나 지식정보화 사회가 도래한 오늘날에 있어 노동력은 또 다른 의미를 지닌다. 특정 분야에 숙련된 노동기술 이상의 노동 역량을 요구한다. 앞으로의 노동력은 창의성과 탄력성을 겸비하고 사회 전반을 조망하는 윤리성과 철학을 가져야 한다. 그래야 소수의 인력이 다수의 사람을 부양할 수 있다. 복지는 기본적으로 생산된 경제적 자원을 '잘 사용'하는 분야이다. 복지 자체가 직접 생산성을 가질 수는 없다. 그러나 청소년복지는 청소년의 건강한 삶과 그 삶을 토대로 자신의 욕구를 충족시킬 수 있는 동기와 역량을 지원한다. 이와 같은 토양이 장기적이고 간접적으로 경제적 생산성에 크게 기여할 수 있다.

이러한 점에서 청소년복지는 미래 양질의 노동인력을 보호하고 그들이 자립할 수 있는 역량을 강화하는 데 적극적인 개입을 한다.

4) 복지권에 대한 의식 고취

청소년복지는 사회복지의 일차적 대상인 빈곤과 정서적 곤란 등 위기와 취약계층 청소년을 우선해서 개입한다. 이에 더하여 청소년복지는 강력한 보편적이고 제도적인 복지를 지향한다. 즉, 청소년복지의 지향점은 모든 청소년들의 행복한 삶에 관심을 갖는 동시에, 그들이 자신의 욕구를 충족하는 방법과 역량을 갖추어 성인이 되어도 스스로 행복할 수 있도록 도모하는 데 있다.

이런 관점에서 청소년복지는 청소년들에게 권리로서의 복지를 강조한다. 정의와 평등의 기초로 한 인간의 기본적 권리로서 복지를 고찰하고 자신뿐만 아니라 다른 사람의 복지권을 지키고 향상시킬 수 있는 방향을 모색한다. 이와 같은 측면에서 청소년복지의 핵심적 과제는 복지권에 대한 의식을 고취시켜 실행할 수 있는 동기와 의지를 심어주는 일이다.

5) 복지교육의 활성화

청소년복지교육은 복지사회를 향한 사회참여의 통로인 동시에 청소년들의 현재의 생활과 미래의 삶을 창조적으로 만들어나갈 수 있는 과정이다. 청소년은 복지교육을 통하여 단순히 사회화되는 것이 아니라 스스로 사회 구성원으로서의 역할과 책임을 인식하고 배워간다. 이것은 자신을 사회의 중심에 두고 사회를 받아들이는 것에 대한 확고한 자기인식을 획득하는 과정이다(한국지역복지연구소 역, 2007. 참고). 이처럼 청소년복지는 청소년들의 복지권 고취와 사회참여에 중점을 두는 복지교육을 자연스럽게 이해하고 활성화시킬 수 있을 것이다.

7 청소년복지의 전개 방향

1) 물질적 복지에서 정신적 복지로

청소년의 행복한 삶을 전적으로 보장하기 위해서는 청소년복지가 단순히 물질적 원조에 그쳐서는 안 되며, 정신적, 심리적인 안녕도 함께 추구해야 한다. 물론 취약계층 청소년에게는 물질적인 지원이 우선되어야 하지만, 이와 함께 정신적 고통과 상처를 어루만져 줄 수 있는 복지지원이 병행되어야 한다(김성이, 1993).

2) 잔여적 복지에서 제도적 복지로

잔여적 복지는 사회복지의 한 이념적 모델로서 낙오된 이웃에게 복지서비스의 초점을 맞추는 것을 의미한다. 이에 반해 제도적 복지는 자본주의 시장경제의 불완전성을 인정하고 사회복지가 하나의 사회제도로서 기능을 하는 것을 말한다. 제도적 복지개념에서는 사회복지가 하나의 권리로서 인정된다. 복지국가를 표방하는 많은 국가들에서 제도적 복지개념을 지향하고 있으나, 실제의 복지정책과 서비스는 여전히 잔여적 복지개념의 수준을 탈피하지 못하고 있다. 청소년복지는 청소년의 복지권을 확립하고 실질적인 복지서비스와 환경을 조성함으로써 제도적 복지개념을 구현해야 한다. 왜냐하면 청소년복지가 미래 복지의 생산성을 모색할 수 있는 기반이 되기 때문이다.

3) 특수한 복지에서 포괄적 복지로

청소년복지서비스는 빈곤과 비행 등 특수한 문제를 안고 있는 취약계층 청소년뿐만 아니라 모든 청소년을 포괄해야 한다. 물론 복지의 일차적 지원대상인 취약계층 청소년에게 더 많은 지원이 이루어져야 하며, 아울러 모든 청소년에게 바람직한 성장과 발달에 요구되는 적절한 환경을 제공해야 한다. 이것은 청소년복지가 지향하는 저출산 사회에서 복지를 통한 청소년의 개발의 측면과 청소년 스스로 복지의 주체적 인식을 갖는다는 면에서 의미를 갖는다.

4) 욕구복지에서 필요 복지로

사회복지는 욕구에 대한 대응이다. 사람마다 욕구는 다르다. 청소년의 욕구도 서로 다르다. 청소년복지는 청소년이 인간으로서 가져야 하는 기본적인 욕구 충족을 가족 중심으로 지원하되, 개별 청소년이 갖는 독특한 욕구인 필요(want)에 주목해야 한다. 획일화하지 않고 청소년의 다양성을 이해하는 범위에서의 복지서비스는 청소년복지의 정체성을 확보하는 데 시사점이 될 것이다.

5) 의존적 복지에서 자립복지로

청소년기는 의존에서 자립으로 이행하는 시기이다. 복지라는 용어 자체에 의존성을 내포하고 있다. 이런 측면에서 볼 때 가장 격동적이고 저항적인 요소를 갖고 있는 청소년기에 보편적인 복지서비스가 과연 효과적일 수 있는지에 대한 논란이 있을 수 있다.

그러나 청소년복지가 사회안정과 구호의 역할 이상의 기여를 하기 위해서는 자립적인 복지 서비스 방법과 내용에 대한 관심과 개발이 필요하다. 청소년복지는 자립을 지향하는 새로운 형태의 복지서비스를 보여줄 가능성이 큰 복지영역이다.

청소년복지의 내용과 방법

제 3 장

1 청소년복지의 내용

1) 보호

(1) 개념

인간은 평등하다. 이 말은 현실과는 괴리가 있다. 그래서 당위적 개념으로 이해할 때가 많다. 더욱이 청소년은 평등하지 않다. 인간에 대한 평등을 말할 때는 인간이 스스로 존재하는 자존(自存)을 전제로 한다. 자존은 있는 그대로 존재하는 것이라기보다는 자신의 의지와 목표에 따라서 살아갈 수 있는 형태를 말한다. 이러한 자존은 자율의지대로 판단하고 행동하는 환경과 역량을 갖출 때 가능하다. 한편, 인간의 생명 자체는 평등하지만, 인간 개개인이 갖는 독특성은 이율배반적으로 평등성에 어려움을 준다. 이것은 생애를 살아가는데 나타나는 개인적 성향과 역량 그리고 인간 상호관계 등에 따라서 평등하기 힘들다는 사실을 반증한다. 더구나 아동, 청소년이나 노인과 같이 인간에게 발달 명칭 또는 사회적 역할이 주어지면 평등하지 못하다. 발달단계상 취약한 위치를 가질 수밖에 없는 이들은 다른 집단(성인)과 불평등한 구조에서 살아간다. 왜냐하면 사회는 성인을 중심으로 움직이기 때문이다.

실제 자본주의 사회에서 대다수의 청소년은 결과의 불평등을 갖고 있다. 그 이유는 청소년이 성인에 비해 사회 안에서 수동적인 존재로서 위치할 수밖에 없기 때문이다. 물론 이것은 자본제 사회에서 불가피한 원리이다. 이런 결과의 불평등은 생활의 불평등을 맞이하게 되고, 이러한 불평등의 고리는 순환된다. 결국 청소년은 기회의 불평등을 갖게 되고 이것은 곧 사회적 능력의 격차로 이어진다. 예를 들면, 부(富)가 세습되는 한, 교육을 통해서 기회의 불평등을 완화하려는 노력은 한계를 갖는다. 이와 같은 노력은 일정 수준 이상의 실현을 불가능하게 하며 또 다른 기회의 불평등을 낳게 된다. 그 대표적인 예가 빈곤계층 가정에 속한 청소년이다. 그들은 원하지 않는 기회의 불평등 환경을 안고 사회에 들어선다. 이와 같은 정황으로 본다면 청소년은 아동처럼 보호받아야 한다. 아울러 청소년보호의 사회적 책임은 강조되어야 한다.

청소년 보호의 일차적인 단위는 가정이 되어야 한다. 사회복지는 전통적으로 복지의 기초단위를 가정으로 상정해왔다. 이것은 복지서비스의 수월성을 갖기 위한 방편이라는 비판도 있겠지만, 꼭 그렇게 생각할 일도 아니다. 오늘날 인간의 행복에서 가정이 갖는 비중은 이전과는 달리 재조명되어야 한다. 비록 가정이 한 사람의 경제와 정서 및 사회화의 핵심적인 장(setting)이라는 의미가 퇴색하고 있지만, 다른 한편에서 가정은 강력한 삶의 보람을 안겨주는 동력이 될 수 있으며 정서적 기능 등 경제적 이상의 복지적 환경을 조성할 수 있는 기반이 된다.

이처럼 가정은 청소년 보호의 핵심적인 역할을 해야 한다. 따라서 가정의 기능을 존속하고 강화하는 것이 여전히 중요하다. 청소년은 가정에서 성장 발달에 필요한 규범을 터득하고 순응하여 가치를 내재화해야 한다. 하지만 현대사회에서 가정은 구조적 또는 기능적으로 적지 않은 결손의 형태를 갖고 있어 충분한 역할을 수행하지 못하고 있다. 그러므로 청소년보호를 위한 일차적인 정책은 다양한 방법과 측면에서 가정을 강화하는 데 두어야 한다. 가정에 대한 물질적인 지원만큼 가정에서의 상호관계 수립, 부모의 역할 교육과 청소년 보호 프로그램을 제공하여야 할 것이다.

(2) 내용

청소년은 사회로부터 보호받아야 한다. 아동기에 받았던 보호의 연장선상에서 청소년은 보호받아야 하며, 아동보다 더 많이 노출됨으로써 발생하는 유해환경 등 각종 사회적 위협으로부터 보호받아야 한다. 아동은 복지의 수월성을 위해서 가정을 중심으로 지원되고 보호되었다. 그러나 청소년은 아동과는 달리, 가정을 벗어나 사회적 영향을 많이 받는다. 반면 청소년은 적지 않은 사회적 영향력도 갖고 있다. 그렇다고 청소년에 대한 사회에서의 보호의무가 약화되어서는 안 된다. 오히려 청소년이 사회에 미칠 영향력을 고려할 때, 청소년은 빈곤과 같은 근원적인 문제 요인으로부터 안전판이 마련되어야 한다. 또한 사회의 유해한 환경과 약물, 학대와 방임 등으로부터 보호받아야 한다. 이러한 보호는 가정과 학교, 지역사회, 국가의 정책수준 모두를 포함한다. 그리고 이와 같은 보호는 매우 보편적인 수준과 범위 내에서 개별성이 최대한 고려된 가운데 이루어져야 한다.

살아가는 데 있어 개인이 무엇을 선택하는가는 참으로 중요하다. 그러나 인간이 어떤 사실이나 태도를 선택했다 하였을 때 남겨진 부분이 선택한 부분보다 하찮아지는 것은 아니다. 어떠한 청소년이 노는 것보다는 공부를 선택했을 때, 그는 자신의 현재 복지보다 다른 행위목표에 우선권을 부여하려고 선택했을지도 모른다. 그렇다고 해도 노는 것이 청소년의 삶이나 복지에 있어서 중요하지 않은 것은 아니다. 또 다른 중요한 쟁점은 다양한 실행에 대한 개인별 비교를 이용하는 데 복지와 행위측면이 매우 다른 역할을 담당할 수도 있다는 점과 관련된다. 사회가 개인의 복지에 대해 어떤 책임성을 받아들일 수도 있다. 특히 그의 복지수준이 아주 낮은 위험한 상황이라면 말이다. 그러나 이것이 사회가 이 사람의 다른 행위 목표의 향상에도 똑같은 관심을 보여야 한다는 점을 의미하지는 않는다. 예를 들어, 어느 누구도 굶주려선 안 된다. 또한 심각하지만 명백히 치료 가능한 질병에 대해 의학적 치료를 받지 못해서도 안 된다는 점을 보증하는 데 있어 사회가 다른 것에 우선해서 특별한 책임이 있다고 생각할 수도 있다. 그렇지만 이것은 사회가 개인의 행위목적－예를 들어 그가 특히 존경하는 영웅을 기리기 위해 동상을 건립하는 것－에 대해 설령 그 사람이 잘 먹고 치료받는 것보다 동상건립을 더 중요하게 생각한다고 할지라도 똑같이 보호하는 태도를 보여야 한다는 의미는 아니다.

(3) 방향

출산율이 점차 감소하고 노령인구 비율은 늘어나는 추세이다. 이러한 상황에서 청소년보호를 강조하는 일은 매우 복합적인 요소가 개입되어 있고 특히 가정에서 청소년보호를 강조하기에는 사회가 결코 우호적으로 변화하고 있지 않다. 가정에서 노인인구의 증가로 보호에 관심을 쏟는 대상이 노인에게 이동하고 있고, 여성 사회참여가 활발해짐으로써 아동을 비롯하여 청소년에 대한 가정에서의 교육과 관심이 불가피하게 소홀해질 수 있다. 또한 낮은 출산율도 형제간의 상호작용의 기회를 박탈하여 가정 내에서 수평적인 상호의 존성을 갖기 힘들게 함으로써 청소년에게 문제해결의 방법을 제한하고 있다.

이러한 상황에서 청소년보호는 단순히 청소년을 감싸고 그들에게 관심을 보이는 수준에서 그치면 안 된다. 보호에 따르는 청소년을 둘러싼 상황적 특성을 면밀히 검토해야 한다. 청소년의 보호라는 명분으로 여성들의 노동과 사회참여를 제한할 수는 없다. 더욱이 결손가족의 증가로 가정 밖에서 청소년의 보호가 절실히 요구되며, 한 자녀 등으로 형제 또는 자매들과의 상호작용이 거의 없어진 가운데 청소년에게 올바른 보호가 무엇인지를 판단해야 한다.

또한 이러한 보호가 청소년을 유해한 환경과 불평등한 구조로부터 안전하게 지키는 수동적 형태만 강조되어서는 안 된다. 모든 청소년은 창의성과 활동성 그리고 탄력성을 가져야 한다. 이를 위해서 다양성이 반드시 필요하다. 청소년의 풍부하고 다양한 경험과 잠재력은 문화적 다양성으로 나타나고 이는 장차 성인이 되어서 지적 정신적 성취를 자극하여 창조적 혁신을 드러냄으로써 사회적, 경제적 성과로 이어질 수 있다. 이러한 과정을 통해 청소년은 가족과 사회에서의 정체성과 공동체에서의 소속감을 느낄 수 있을 것이다.

이와 같은 문제를 해결하기 위해서는 개인적인 직접 지원방안이 마련되는 한편, 방과 후 활동지도와 놀이공간을 확보해야 한다. 또한 창의적이고 혁신적인 청소년 주도의 문화적 기회를 창조하도록 도와야 하며 나아가 입시 위주의 학교교육의 변화를 꾀할 수 있는 환경 모색 등 제도적인 측면에 힘을 기울여야 한다.

2) 참여

(1) 개념

참여는 청소년에게 아동과는 다른 수준의 사회 참여의 기회를 갖도록 하는 것이다. 청소년 참여는 청소년이 단순히 미래 사회의 주체적 성원일 뿐만 아니라 급변하는 사회 속에서 현재의 중요한 구성원이라는 관점에서 강조된다. 또한 저출산 사회에서 청소년의 사회적 역할이 가중된다는 면에서도 부각되어야 한다. 이러한 참여에는 당연히 책임이 뒤따른다. 여기서 책임은 크게 두 가지 부분으로 나눌 수 있다. 하나는 개인을 둘러싼 환경이 개인에 대해서 갖는 책임이고, 다른 하나는 한 개체가 자신을 둘러싼 다른 사람과 환경에 대해서 갖는 책임이다. 여기서는 청소년 참여와 함께 청소년이 사회에 대해서 갖는 책임에 대해서 논의한다. 한편, 사회가 갖는 책임에 대해서는 보호의 원칙을 통해서 기술한다.

(2) 내용

청소년은 이미 정치, 경제, 사회, 문화, 예술 등 각 분야에서 다양한 방법과 경로를 통해서 참여한다. 청소년기의 발달특징상 사회의 여러 분야의 참여를 통한 성장은 바람직하다. 그러나 이러한 참여는 일부 청소년에게 제한적으로 주어지는 경향이 있다. 따라서 여기서 강조하는 청소년 참여는 사회의 기득권을 갖고 있는 성인들이 청소년에 대해 제공하는 기회를 이야기한다. 소외된 청소년에게 더 많은 기회를 제공하는 일은 청소년 참여의 첫걸음이 될 수 있다. 또한 성인에 의한 기회의 제공이 성인들의 입맛에 맞는 결과로 맺어지는 것이어서는 안 된다.

이와 함께 청소년 참여는 소외된 자신의 회복과 사회와의 근원적 관계의 형성에도 초점을 맞추어야 하며, 자신과 이웃에 대한 인간의 보편적인 사랑으로부터 시작되어야 한다. 한편, 기회는 누구에게나 주어질 수 있다. 더 좋은 기회를 마련하기 위해서는 청소년 자신이 스스로 기회를 만들어내는 것이 중요하다. 청소년의 참여는 생활의 기회를 창출하는 과정이다. 참여를 통한 기회는 새로운 힘을 부여한다. 그를 통해 청소년 자신과 사회에 대한 권리의식을 갖게 되며, 권리로서의 생활에 대한 자유로움과 소망에 대한 자신감을 갖게 된다. 이러한 '의식화' 또는 자각은 자신의 현재 역량을 강화할 뿐만 아니라 나아가 미래의 자신이 바라는 상(像)에도 영향을 미칠 수 있다. 또한 가정과 또래 청소년 그리고 사회에 긍정적인 영향을 미쳐 함께 능력을 증진하는 촉매가 될 것이다.

이러한 청소년의 참여는 궁극적으로 성인과의 동반자 관계를 형성하여 청소년뿐만 아니라 사회에도 유익 발전을 성취하는 데까지 염두에 두어야 한다.

책임은 자유로운 인격의 행위로서 자신의 행위를 사회에 귀속시키는 것을 의미한다. 일반적으로 책임은 역할이 부과된다. 연령의 구분에서도 책임은 자유로운 인격적 행위를 수행할 수 있는 역할을 준거로 그 소재를 따진다. 그래서 아동은 매우 제한적인 책임만을 가진다. 그렇지만 청소년과 아동은 다르다. 청소년은 아동과 성인의 중간발달단계로서 일반적으로 아동보다는 많이, 성인보다는 적게 사회 환경의 영향을 받는다. 생태 체계적 관점에서 보면 어느 한 체계가 일방적인 영향을 주는 상태란 있을 수 없다. 따라서 청소년들은 아동에 비해서 훨씬 많이 사회 환경에 영향을 받고 주기 때문에 아동에 비해 보다 많은 책임을 가질 수밖에 없다. 여기서 말하는 책임은 그저 청소년이 가족이나 사회에 대해서 갖는 의무만을 의미하는 것은 아니다. 오히려 청소년이라는 발달시기의 특성상 더욱 강조되는 부분은 청소년이 자신에 대해서 갖는 책임감이다. 청소년은 건강하게 성장해야 한다. 그러한 성장을 위해서 적절한 영양과 안전 등 사회적 환경이 지원하는 게 중요한 일이지만, 그보다 청소년 스스로 자신의 성장에 긍정적이고 바람직한 사고와 행동을 할 수 있어야 한다. 아무리 좋은 환경을 조성해 주어도 당사자인 청소년의 의지가 없으면 사회가 바라는 성숙한 인간으로서 성장하기 힘들며, 청소년의 주체적인 삶을 영위하는 데도 장애가 된다. '청소년헌장'에서도 청소년의 책임에 대해 다음과 같이 명시하고 있다.

『청소년 헌장』

- 청소년은 자신의 삶을 소중히 여기며 자신이 선택한 삶에 책임을 진다.
- 청소년은 앞 세대가 물려준 지혜를 시대에 맞게 되살려 다음 세대에 물려줄 책임이 있다.
- 청소년은 가정 · 학교 · 사회 · 국가 인류공동체의 성원으로서 자기와 다른 삶의 방식도 존중할 줄 알아야 한다.
- 청소년은 삶의 터전인 자연을 소중히 여기고 모든 생명들과 더불어 살아간다.
- 청소년은 통일시대의 주역으로서 평화롭게 공존하는 방법을 익힌다.
- 청소년은 남녀평등의 가치를 배우고 이를 모든 생활에서 실천한다.
- 청소년은 가정에서 책임을 다하며 조화롭고 평등한 가족문화를 만들어 간다.
- 청소년은 서로에게 정신적 · 신체적 폭력을 행사하지 않는다.
- 청소년은 장애인을 비롯한 소외받기 쉬운 사람들과 더불어 살아간다.

(3) 방향

청소년의 참여는 책임을 수반한다. 청소년의 참여는 현실 사회참여와 함께 청소년 스스로 자신을 소외시키지 않고 사회적 인간으로 성숙시키는 데 역점을 두어야 한다. 청소년기의 발달특성에 있어 사회 제반 분야로의 섣부른 참여는 자칫 청소년에게 좌절감과 사회적 부담을 안겨줄 수 있다. 따라서 청소년이 그들의 또래집단에 대한 개방적 자세로부터 시작하여 참여할 수 있는 부분과 그렇지 못한 부분을 선별하는 안목을 키움으로써 점진적인 참여의 통로와 방법 그리고 기회를 마련해야 한다.

또한 이러한 참여에는 반드시 책임이 뒤따른다는 것을 청소년 스스로 인식함으로써 처음부터 결과와 평가를 고려한 책임 있는 참여의 자세를 확립해야 한다. 이를 통해서 더불어 사는 연대의식과 자기 스스로를 책임지는 자립의 기초를 닦아야 할 것이다.

3) 자립

(1) 개념

자립(self-help)은 신체적, 정신적 그리고 사회적인 발달을 위하여 필요한 생활수준을 확보하는 것이다. 즉 자신의 삶을 주체적으로 통제하며 살아간다는 뜻이다. 일반적인 의미로 자립은 '다른 사람의 힘에 의하지 않고 자신의 힘으로 서는 것'이다. 일상적으로는 자기가 자신의 행위를 규제할 수 있는 것이다. 이 의미는 자율과 혼동이 되는데 자립이 보다 포괄적인 의미로 사용된다.

자립은 우선 생활에 있어서 필요한 소득을 스스로 확보하는 경제적 자립을 기반으로, 복잡한 사회와 인간관계에 있어서 자기의 입장을 지키는 사회적 자립 그리고 이것들을 위하여 자율적인 태도와 생활 방식을 갖는 정신적 자립의 세 가지 요소를 포함하는 개념이다. 정신적 자립에는 자주성, 자발성, 자기결정력이 있으며, 기본적인 생활습관과 사회생활기술의 습득은 사회적 자립의 측면이고, 취업과 사회규범의 학습은 경제적 자립을 전제로 한 정신적 자립이며, 노동에 있어서 수입을 얻는 것은 경제적 자립이다.

이와 같은 경제적, 사회적, 정신적 자립은 병렬적인 위치에 있는 것이 아니라 상호구조관계로 표현할 수 있다.

(2) 내용

인간이 자립하기 위해서는 경제적으로 설 수 있어야 한다. 이를 위한 일반적인 방법은 취업이다. 자본주의 사회에서 취업은 기본적인 의식주를 해결하는 데 도움을 줄 뿐만 아니라 인간의 성장과 발전에도 기여한다. 이러한 경제적 자립을 토대로 원만한 인간관계의 발전과 사회인으로서의 사회적 자립을 촉진시켜 나간다. 나아가 정신적 자립으로서 다른 사람의 힘에 의해서가 아닌 자신의 힘으로 삶을 전진해 나갈 수 있게 된다. 이를 통해서 자립의 전체적인 상(像)이 달성된다.

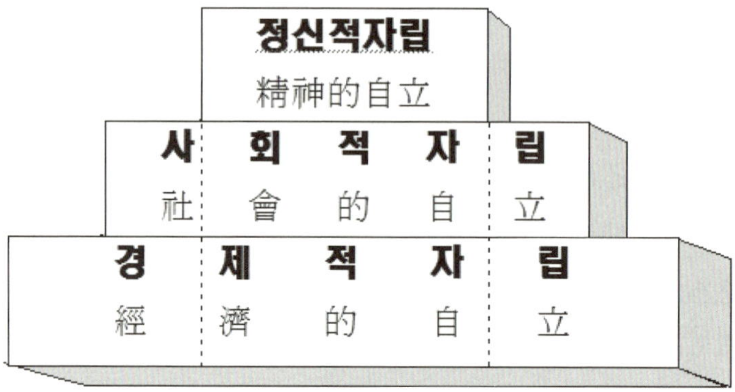

[그림 3-1] 일반적인 『자립』의 개념구조

이 세 가지 측면은 상호 연관된다. 그러나 반드시 단계적 진행이 이루어지지는 않는다. 자발성과 자립심을 포함한 정신적 자립은 경제와 사회적 자립 전체를 관통하는 요소로서 이해해야 한다.

또한 자립은 다른 사람에게 의존하지 않고 자신이 원하는 대로 살아갈 수 있다는 측면에서 볼 수도 있다. 이럴 때 자립은 '자유'라는 개념에 억압으로부터의 해방과 자신의 목표를 설정하여 과제 및 목표의 방향으로 살아가는 측면, 즉 삶을 원하는 방향으로 살아가는 데에 따른 자유로 구분될 수 있다. 즉, 자립은 인간적인 자유를 확보하기 위한 기초라고 볼 수 있다.

다른 사람에게 의존하지 않는 상태의 측면에서 보면 전통적으로 빈곤과 차별, 장애 등의 세 가지 억압적 요소가 있다. 이러한 세 가지 억압적 요소로부터 사람이 해방의 과제로서 평화, 자립, 발달을 제시할 수 있다(小川利夫・高橋正教 편, 2001). 청소년의 자립은 다음 세 가지 요소가 내재되어야 한다. 창의성과 자율성 그리고 협동성이다. 그런데 이 세 가지 요소는 독립적이라기보다는 상호 유기적으로 연관성을 맺고 있다. 자율 없이 쉽게 창의성이 나타날 수 없으며, 협동성 없는 창의성은 의미가 반감되고, 자율을 기반으로 하지 않은 협동성은 인간의 상상력과 행동을 구속할 뿐이다. 따라서 창의성과 자율성, 그리고 협동성은 불가분의 관계를 맺는다.

① 창조성

자립은 창조성(creativity)이다. 창조성은 자기신뢰에서 시작된다. 스스로 할 수 있는 능력이 있다고 믿을 때 창의적인 생각과 행동이 나온다. 그렇지만 할 수 있다는 신념과 믿음은 아무런 준비 없이 생기지 않는다. 창조성을 나타내기 위한 조건은 청소년이 사회성원으로서 발달단계에 적절한 지식과 기능을 습득하고 역할을 이해하는 데 있다. 인간 또는 사물의 관계는 인과(因果)관계로 되어 있다. 비록 직접적인 인과로 연결되지 않더라도, 어떤 결과나 행위에는 배경이나 이유 또는 근・원인(近・遠因)이 있다. 세상에 저절로 되는 일은 없다. 창조성도 부단한 사고(思考)와 경험 그리고 지식의 산물이다. 이와 더불어 창의성의 발현을 위한 조건은 신체와 정신의 건강이다. 여기서 말하는 건강은 자신의 현재 생활과 미래를 고려하여 자신과 사회가 원하는 방향으로 심신을 유용하게 활용하는 일이다. 사람에게 있어 자신의 신체와 정신을 스스로 통제할 수 없다면 창의적인 발상이나 행동은 나오기 힘들다. 생활 속에서 자신을 항상 혁신하고 새로운 세계로 도전하기 위해서는 부정적인 자기 사고와 자기를 방해하는 유혹으로부터 자유로워야 한다. 그래야만 생동감 있는 청소년기를 보낼 수 있으며, 나아가 성인으로서 지녀야 할 태도와 자세도 갖추게 될 것이다.

② 자율성

자율성(autonomy)은 자유(freedom)에서 비롯된다. 인간은 신으로부터 정신적인 자유와 그 자유를 지켜야 할 의무를 함께 부여받았다. 그러므로 어떤 조건 아래서도 개인의 자유는 지켜져야 하며, 동시에 다른 사람의 자유도 존중되어야 한다. 이러한 자유는 인간생활의 기초이다. 자유는 인간관계의 기반이 되어야 한다. 나와 너의 만남은 자유로워야 한다. 자유로운 의사에 따라 다른 사람의 자유를 존중하는 범위에서 만남은 이루어져야 한다. 또한 생각이나 행동으로부터 나와 다른 사람을 속박하지 않아야 한다.

이러한 자율성은 사회 내에서, 스스로 정한 규칙 안에서 자유롭게 생각하고 행동하는 것을 뜻한다. 한편, 인간이 근본적으로 자율적인 존재이냐는 논란은 적지 않다. 그러나 사회적 존재로서의 인간은 살아가는 과정을 통해서 자율성을 확보해 나가는 존재라고 보는 것이 더욱 타당하다. 그러한 자율성은 개인의 노력과 자유와 권리에 대한 진보적인 자각을 갖고 있는 사람들에 의해서 쟁취되거나 담보된다. 이러한 자율성이 갖는 사회적 관계를 확장시켜서 청소년 자립에 있어서 자율성은 의존성과 대비되는 개념으로 이해해야 한다. 특별히 성인으로부터 정서적인 독립을 성취하고 자아정체감을 바탕으로 다른 사람과의 성숙한 관계를 형성하는 노력이 자율성의 핵심사항이 될 수 있다. 간혹 자율성의 초점을 성인으로부터의 독립에만 맞추어, 마치 청소년이 성인과는 다른 문화 속에서 마음대로 사고하고 행동하는 것으로 인식되는 경우가 있다. 이는 잘못된 이해이다. 청소년의 자율성은 성인으로부터의 정서적인 독립을 목적으로 하는 것과 동시에 다른 청소년과 성인 그리고 사회 환경과의 새로운 관계정립을 통해서 상호의존적 자율성을 이루어나가야 한다.

③ 협동성

자립은 인간은 사회적 존재라는 의미가 내포되어 있다. 인간은 사회적인 존재이다. 그에 따른 관계의 존재이다. 자립이란 관계와 환경에서 인간이 주체를 갖고 살아간다는 뜻도 있다. 따라서 자립에서 협동성(cooperation)은 매우 중요하다. 우리 사회가 점차 개인화되어 간다고 우려하지만, 어느 누구도 소속감이나 집단의식을 갖고 있지 않고서는 생활하기 쉽지 않다. 집단 내에서 개인의 고립은 아주 가끔은 행복을 가져다줄 수 있지만, 집단 밖에서의 소외는 삶을 힘들게 한다. 특히 청소년에게 있어 집단의 경험은 현재의 삶을 놓치지 않는 기회를 추구하는 한편, 자신의 정체감을 확립하는 준거가 될 수 있다. 개인화된 사회에서 살아가는 우리는 이미 다른 사람과 협력하든가, 단결하지 않으면 살 수 없다. 비록 자본주의 사회의 가속화로 인해 경쟁이 치열해지는 등 개인주의를 심화시켜 개인과 사회가 절연하도록 유도하기도 하지만, 그와 같은 현상이 지속될 수 없고, 그러한 삶은 행복할 수도 없다.

집단은 협동을 전제로 한다. 집단의 궁극적인 목표가 개인이 추구하는 목표를 달성하는 것에 있기 때문에 협동은 결국 개인의 가치와 철학을 구현하는 자립의 수단이 된다. 또한 협동은 자립을 지속 가능하도록 만드는 견인차 역할을 한다. 혼자서 사는 것이 아니라면 다른 사람과 협동하지 않고서는 스스로 설 수 없다. 인간은 다른 사람에게 의존이 아닌 협력하고 협동하면서 살아가면서 주체적 삶을 살아가는 운명을 가진 존재라고 볼 수 있다.

(3) 방향

자본주의 사회에서 자립을 할 수 있는 선결조건이자 핵심이 노동이다. 노동을 통해서 경제적 자립은 물론 사회 및 정신적 자립도 이루어질 수 있다. 이러한 자립은 한 걸음 더 나아가 자족의 개념까지 내포해야 한다. 즉, 청소년에게 자립(self-reliance)을 통한 자족(self-satisfaction)의 정신과 방향은 중요한 이론인 동시에 실천적 원칙이 되어야 한다. 청소년복지에서 가장 중요한 원칙과 방향은 자립을 통한 자기만족이다. 만일 스스로를 만족시킬 수 없는 자립이라면 그것은 자신과 타인에 대한 무한한 욕망을 추구하는 추한 모습만 남게 될 것이다. 인간이 갖고 있는 무한한 욕망을 더 많이 얻으려는 경쟁에 이용하지 않고 타인과 사회의 행복을 위한 에너지로 분출함으로써 자기만족을 이루어야 한다. 이것은 사회와 사회복지의 거시적 관점에서 보면 사회적 부담을 경감할 수 있는 조건이 된다. 또한 미래 사회를 염두에 둔다면 창의적이고 책임성이 있는 인적 자원을 개발하는 토양이 된다. 왜냐하면 자족하는 자립을 통해 사회적 상호관계에서 물질적 · 비물질적으로 자신의 분수를 이해하고 그 범위 내에서 삶의 주체성을 즐기는 토대를 제공할 수 있기 때문이다. 이 바탕 위에서 인간은 만족스러운 삶을 살아야 한다. 다시 말해 자립은 욕구(need)와 바람(want) 사이의 적절한 조정과 연계이다. 경제적 풍요만이 행복을 가져다 주지는 않는다. 물론 경제적 조건은 행복감과 만족감을 갖게 하는 필요 요건이다. 이를 기반으로 인간은 정서와 정신적인 충족을 원한다. 경제적으로 풍요로운 가정이 꼭 건강하고 행복하다고 볼 수 없다. 가족 성원 각자가 만족감을 느낄 때 그 가정은 행복한 가정이라고 지칭할 수 있다. 이처럼 자본과 자본 밖에서 강요당해 온 정신적 행복과 물질적 행복의 이분적 구분을 넘어서 둘을 조화시킬 수 있도록 자족을 바탕으로 한 자립의 능력과 동기, 그리고 기회를 제공해야 한다.

그런데 '자립'이 완전한 의미를 갖기 위해서는 창의적이고 타인 지향적인 '연대'의 정신적 가치와 윤리를 포함한 사회적 개념이 되어야 한다. 복지가 사회적 약자와 소외된 계층을 정상적인 경제적 · 정신적 · 생활이 수행 가능하도록 돕는 전문적 실천과 제도적인 노력이라고 볼 때, 자립의 일차적인 목표는 자기 스스로 기본적 욕구가 충족된 상태에서 인간다운 삶을 개척하고 영위하는 것이다. 그렇지만 청소년에 대한 복지적 개입에 있어서의 '자립'은 복지가 갖고 있는 사회적 관심과 기능을 최대한 부여할 수 있는 것이어야 한다. 청소년은 아동과 노인의 연령층과는 다르게 그 자체로서 많은 잠재적 능력과 기회를 갖고 있는 시기이다. 따라서 소외되어 있는 빈곤계층 청소년이든, 비행을 저지른 문제청소년이든, 장애청소년이든, 아니면 일반적인 사회와 가족 환경 속에서 충분한 발달과업을 성취해 가는 일반청소년이든 상관없이 청소년이라는 것 자체만으로도 '자립 복지'를 추구할 수 있는 기회를 제공받아야 한다. 이것은 궁극적으로 일과 삶 그리고 사회적 관계의 연계를 통해 청소년들이 자아를 실현함으로써 현재의 생활에서 충분한 행복을 느낄 뿐만 아니라 장차 성인이 되어서 가져야 할 사회적 책임과 권리를 보다 즐겁게 이행하는 데 필요한 조건을 제시해 주는 일이 될 것이다.

이러한 '자립'의 핵심은 개인의 자립으로서 '일'과 사회적 협력을 갖는 '의식'이다. 일을 통해 사람들은 사회적 관계를 유지 · 발전시키며 상호협동과 참여의 기초를 만들며, 이를 바탕으로 문화와 여가를 즐길 수 있다. 일은 결국 자아실현의 기회를 제공한다. 그동안 자립을 경제적인 관점과 개념으로만 이해했기 때문에 자립의 원초적 수단으로서 일의 본연의 의미를 강조하지 못했다. 이러한 일은 개인적인 수준의 요소가 아니다. 여기에는 사회의식이 내포되어 있다. 사회의식은 함께 살아가는 데 필요한 도덕과 윤리이다. 서로 살 수 있는 환경과 질서를 구성하는 기초이다. 인간의 대등한 의존성은 신분과 연령에 관계없이 요구된다. 이러한 의존성이 잘 형성되어 있는 사회일수록 상호 간의 평등의식을 발전시킬 수 있다. 다원화 사회에서 의식은 획일화된 형태로 나타나지 않을 수 있다. 그러나 자립을 둘러싼 상호필요에 대한 이해는 인간과 인간관계에서는 물론 인간과 환경 그리고 환경과 환경을 바라보는 인간의 시각형성에도 중요하다. 결국 자립은 함께 사는 삶을 통하여 만족을 느껴 나가는 정신인 동시에 실천적 활동이다.

4) 연대

(1) 개념

연대는 사회구성원들이 상호 간 또는 사회 환경 사이에 갖는 상호의존 의식이다. 즉, 같은 세대와 공간에 살고 있는 사회구성원이 공통적으로 갖는 소속감을 말한다.

미래사회에 어떻게 살아가야 할 것인가? 물론 이것이 오늘날만의 과제는 아니었겠지만, 문명사적 대전환기를 맞이하여 속도의 세계에서 살아가고 있는 우리에게는 이전 어느 때보다도 심각한 도전이라 할 수 있다. 개인 중심의 사상과 자본과 노동의 대가에 대한 강조가 자본주의 사회를 성장시키고 그 속에서 인류는 이전 사회에는 비교할 수 없는 풍요를 누리고 있다. 그러나 실적과 능력 우선주의의 풍토와 넘쳐나는 자원 속에서 개인 간의 격차는 더욱 커지고 개인의 소외는 가속화되고 있다. 물론 이러한 개인화가 발전의 원동력이 된 측면도 없지 않지만, 극도의 개인적 세계의 구축으로 인해 새로운 문제가 제기될 수 있다. 예를 들어 침범하기 힘든 사적 영역의 구축은 얼핏 개인의 자유와 비밀을 철저히 보장하고 있는 것으로 보이나, 실상은 거대한 세계(구조)에 통제를 받는 '공개된 개인'으로 살 가능성이 높다. 왜냐하면 개인과 개인, 개인과 집단과의 단절은 주어진 정보와 사실 외에는 접근하기 어렵기 때문이다. 이처럼 개인 간의 또한 개인과 집단 간의 단편적이고 이기적인 의사소통의 태도 등은 개인을 철저히 소외시키며, 나아가 사적 비밀조차 보장되지 못하는 파멸의 환경으로 몰아넣을 수 있다. 다시 말해서 자기의 공간을 구축해서 행복을 구축하려는 개인주의의 가속화가 오히려 개인의 기본적 권익과 행복마저 침해하는 역설적인 결과를 빚어낼 수 있다.

이러한 측면에서 사회적 상호연대는 개인의 자유를 침범하는 것이 아니라 개인에게 더 큰 자유와 자율 그리고 선택을 주는 중요한 요인이 된다.

또한 왜 우리가 연대해서 살아야 하는가에 대한 논리는 어쩌면 이기주의적 사고에서 비롯된다. 사회정의의 필요성은 타인에 대한 불안과 공포에서 시작하기 때문이다. 해석의 차이가 있겠지만 사회정의의 실현이 가진 사람에게는 자신의 부(경제, 문화, 정치 등 사회 제반 요소)를 지킬 수 있고, 갖지 못한 사람은 사회적 불만과 가진 자에 대한 시기를 완화시켜 줄 수 있고, 이를 통해 사회 안정을 추구할 수 있다는 면에서 지지된다. 비록 이런 의식이 사회적 관계의 기초적 형태라 해도 이런 관점에서만 연대의 필요성을 강조하는 것은 가치 지향적 인간의 생활과 행복의 관점에서 볼 때 별 큰 매력이 없다. 자기의 안정과 이익을 유지하기 위해 남을 돕는다는 생각은 너무 소극적이며 자신의 행복에도 크게 도움이 되지 않는다. 만일 우리가 다른 사람을 돕는다면 우리는 우리의 것을 안전하게 지키기 위해서 그렇게 한다고 생각하는 대신 타인에 대한 연민과 타인의 행복을 위해 그렇게 한다고 생각한다면 어떻게 될까? 이기적인 동기에서나 이타적인 동기에서나 지불하는 비용은 동일하다고 볼 수 있다. 어떤 것이 기부자의 행복에 더 기여할 수 있을까? 예를 들어 내가 어떤 거지에게 약간의 돈을 준다고 했을 때, 그 거지가 귀찮게 하기 때문에 돈을 주는 경우와 그 거지의 가엾은 처지를 안타까워하며 돈을 주는 경우에 어떤 것이 더 좋을까? 당연히 동정심 때문에 기부하는 것이 훨씬 큰 행복감을 가져다줄 것이다. 동일한 결과를 가져오는 행위라 하더라도 그 행위에 수반된 동기와 의도의 차이는 행위자의 행복에 적지 않은 영향을 미친다(김비환, 2002). 아마도 연대가 주는 경제적 이익 이상의 행복이라고 볼 수 있다.

(2) 내용

① 생태적 윤리

생태적 윤리는 이 사회, 이 세상을 혼자 살 수 없다는 가장 기본적 논리에서 시작한다. 그러나 근대정신과 합쳐진 '아톰적 사유'는 '적자생존'이라는 냉혹한 현실 이데올로기에 힘입어 예상치 못했던 개인주의로 이어졌다. 더 나아가 자기중심적 이기심을 정당화하는 개체중심주의의 변증기제로 오용되기도 했다. 가진 자의 횡포와 힘 있는 자의 만용이 '나' 아닌 '너' 또는 '그것'을 향해 자행된다 하더라도 따로 떨어진 별개의 개체인 '내'가 아픔을 느낄 수 없었던 것이다. 존재론적 단절은 심리적 단절을 낳았고, 그 결과 '객체'의 고통은 '주체'로 전이될 수 없었다. 기껏해야 감정적 동정 이상이 아니다(강성도, 1997). 그동안 우리는 다른 사람을 존중하고 함께 더불어 살아야 한다고 강조하면서도 사회변화에 따른 다양한 사람들의 생각과 행동양식을 '선'과 '악'의 이분법적 논리로만 구분해 왔다. 이제는 사람들이 갖는 다양한 사고와 의미를 이해할 수 있도록 우리의 처지와 사회 환경을 바르게 알고, 실존의 현실 안에서 본질을 존중하는 세계로 나아가야 한다. 그러기 위해서는 Buber의 지적대로 '나-그것'의 세계에서 '나-너', 즉 나와 동일한 인격을 갖지만 다른 모습을 갖는 대등한 주체로서 타인을 인식하며, 그들이 나의 중요한 구성요소라는 사실을 받아들여야 한다.

② 환경문제

인간에 의한 생명의 파괴가 직접적으로 이루어지는 시대에서 간접적이면서도 우회적으로 보이지만 더욱 위험하고 파괴적으로 생명을 위협하는 시대가 오고 있다. 바로 환경문제이다. 환경문제는 개인의 힘으로 해결될 수 없으며, 일부 집단의 호소나 외침으로도 문제를 풀어나가는 데 한계가 있다. 물과 공기 등 공공재인 자연환경의 오염과 남용의 문제는 인류공영의 수준에서 전 세계의 참여와 각성 없이는 쉽게 해결될 수 없다. 파괴는 쉽지만 건설은 어려운 것처럼, 엔트로피의 법칙에 동의하지 않더라도 한번 훼손된 환경의 회복은 거의 불가능하다. 따라서 연대의 한 축은 이러한 환경문제를 함께 고민하고 해결하는 차원에서 이루어져야 한다.

③ 연대의 경제

연대의 경제는 이윤을 극대화하는 것이 아니라 노인에 대한 지원, 어린이 돌보기, 환경보존 등과 같이 충족되지 못한 욕구들에 부응하는 것을 목표로 하면서 세계 전체에서 이루어지는 경험의 증대를 가리킨다. 그러한 경험들 – 이미 수백만 명과 관련되어 있다 – 의 지속성은 서로 다른 원천들의 균형 잡힌 조화에 기초한다. 그리고 여기서 서로 다른 원천들이란(서비스 판매 상품에 의한) 상업적인 것, 비상업적인 것(재분배), 비통화적인 것(자발적 기부) 등을 말한다. 예컨대, 놀이방이나 탁아소의 경우는 자원봉사자들과 전문적인 임금생활자들에 의해 유지되며, 이곳의 봉급자의 급여는 부모들의 회비와 국가보조금에서 나온다. 물론 세 번째 경제영역에 일관성과 규칙을 부여할 필요가 있다. 이를 위해서는 경제 계획안들의 자율성을 권리와 절차를 통해서 보장하고 나아가 계약을 통해 국가에 의해 위임된 활동영역에서 자원봉사의 역할을 사회적으로 인정하는 조치 – 비록 무보수지만 공동체에 기여하는 일에 대해서는 퇴직연금이나 의료보험 같은 권리들을 부여하는 것 등 – 로 나아가야 한다. 그것은 실업문제를 다루는 장치들과 혼동되지 않기 위해서 반드시 필요하다. 경제적 참여와 사회적 편입을 동시에 가능하게 해주는 그런 활동의 개발은 시민 사회와 국가 개입 간의 새로운 형태의 접합을 필요로 한다. 즉, 개인 활동가들이 주도하는 것보다는 오히려 계획안의 역동성에 대한 공동체의 지원 양태들을 규정하는 것이 중요하다. 그러한 공공의 의지를 폄하(貶下)하는 사람들에게 있어서 동네 일자리를 개발하는 자유주의적인 다른 방식이란 결과적으로 소득격차를 심화하고, 사회 내부의 예속성을 발전시키는 방식에 불과하다는 사실을 상기시켜 줄 일이다(최연구 역, 2001).

(3) 방향

이제껏 우리는 사회복지의 가장 큰 문제인 빈곤을 가진 사람과 그렇지 못한 사람을 기계적으로 구분하는 이분법적 사고를 바탕으로 부자의 도덕률과 가난한 사람의 신성한 노동 동기를 결합하여 부(소득)의 이전을 통해 평등을 구현하려는 시도로 보았다. 이를 통해서 자본주의 사회는 더욱 공고해질 수 있고 사회적 안정을 유지할 수 있다고 생각했다. 그리고 경제적 생산성을 제고할 수 있다고 판단했다. 그렇지만 시대가 변해도 부의 편중문제는 계속 제기될 것이며 이것은 심리적인 문제를 동시에 수반한다. 빈부의 편차가 심해지는 사회에서 더욱 부유해지는 사람들은 이 사회에서 더욱 풍요롭고 오래 생활하고 싶겠지만, 그렇지 못한 사람들에게는 세상은 종말적일 수밖에 없다. 겉으로 보기엔 가진 사람과 못 가진 사람이 서로 조화롭게 살면서 사회가 발전하는 듯이 보이지만 이는 엄청난 파괴력을 갖고 언제 터질지 모르는 폭발물 위에서 살아가는 것과 다름이 없이 위태로운 상황이다.

이제는 우리가 부유한 사람이든 가난한 사람이든 모두가 삶이 행복할 수 있다고 느낄 수 있도록 서로의 아픔과 행복을 나누어야 한다. ‘연대’는 여기에서부터 시작되어야 한다. 다원화 사회에서는 ‘평등’을 넘어서 ‘평화’의 윤리를 개발하고 이를 바탕으로 사람들 간의 연대를 통해서 ‘함께’ 살아가는 복지가 되어야 한다. 지금까지 우리는 사회복지를 논의할 때 개인의 존엄성과 개인주의 신념을 견지하기 위해서 끊임없이 개인의 사회적 적응과 복지를 강조해 왔으며, 사회복지 실천의 초점을 그곳에 맞추어 왔다. 그러나 다원화되고 창의성이 중요하게 여겨지며 언어가 사고를 자극하는 사회에서 어쩌면 부자의 시혜와 가난한 사람들의 복지에서 노동의 윤리를 통한 복지의 균형적 노력은 더 이상 설 자리가 없어 보인다. 그보다는 자본적 창의성과 개별성을 유지하면서 지속적인 개인과 사회발전에 기여하기 위해서 개인의 복지와 함께 공동체의 정신과 유대를 통한 복지실현에도 힘을 쏟아야 한다(노혁, 2002). 이는 자본주의 정신을 바탕으로 다원화된 사회에서 철저한 자기 성찰을 통해 공동체적 삶을 추구하는 일이며, 청소년복지의 원칙과 이상점은 여기에서 찾아야 할 것이다.

결론적으로 청소년복지의 기본원칙은 청소년에게 안전한 사회 환경을 제공하여 기본적인 성장 기반을 마련하고(보호), 성숙을 위한 다양한 자발적 기회를 제공하며 사회적 책임감을 높이고(참여), 이를 토대로 스스로 사회적 기능을 해서 생활역량을 향상하며 자기만족을 하는 한 인간으로서 설 수 있도록 하여(자립), 사회적 역할과 기여를 함으로써 궁극적으로 다른 사람들과 더불어 행복을 느끼고 살아갈 수 있는 기초(연대)를 마련하는 데 있다. 이를 통해서 청소년은 안전감과 소속감을 갖게 되어 그것이 자존감으로 연결되고 궁극적으로 자아실현을 구현하는 기초가 될 수 있다.

〈표 3-1〉 청소년복지의 기본 내용

내용	지 향 점	관 점	사회와의 관계	목 표
자립	청소년의 역량배양	청소년	사회역할	자아실현
연대	세대 내, 세대 간 협동과 바람직한 관계 형성 사회통합 역할	청소년	사회기여	자긍심과 자존감
참여	청소년에게 사회적 기회제공	사회	기회제공	소속과 책임감
보호	청소년의 성장 동기부여	사회	사회안정	안전감

2 청소년복지의 개입방법

1) 예방적 개입

(1) 개념

예방적 접근은 청소년과 청소년이 속한 가정에서 문제 또는 장애를 가져올 수 있는 요소를 사전에 제거하거나 완화하는 데 초점을 맞춘다. 대다수의 문제는 치료보다는 예방이 더욱 경제적이다. 예를 들면, 자동차를 몰다가 냉각수 부족으로 길거리 한가운데 차가 서게 되면 당황한다. 간단한 응급처치를 알고 있다면 몰라도, 그렇지 않다면 견인차를 불러서 정비소까지 이동을 해야 한다. 미리 냉각수 점검을 하면 별 문제가 생기지 않았을 일을 견인차비용과 수리비용 등 경제적인 부담뿐만 아니라 시간의 낭비까지 감수해야 한다. 이처럼 문제의 사후처리보다는 여러 면에 있어서 예방이 더욱 바람직한 경우가 많다. 그런데 예방은 자원투자의 결과가 비가시적(invisible)이기 때문에 효율과 목표가 의심되고 낭비가 될지도 모른다는 인식을 갖고 있다. 예를 들어 겨울에 감기를 예방하기 위해서 독감예방주사를 맞았을 때, 감기에 걸리지 않고 겨울을 보냈다면 독감예방주사의 효과성을 평가하기보다는 괜히 예방주사를 맞았다고 생각하는 경우가 적지 않다. 미시적인 관점에서 예방적 접근은 낭비의 요소가 적지 않다. 게다가 청소년의 경우, 별도의 예방적 접근방법이 요구되지만 그에 대한 결과는 그들이 성인이 되어서 나타날 수밖에 없기 때문에 더욱 그렇다. 그러나 청소년비행은 현재에도 심각한 사회문제가 될 수 있지만 문제청소년이 성인이 되어서 더 큰 범죄를 저지를 수 있다는 점 때문에 더욱 관심을 가져야 한다. 이런 관점에서 청소년비행 예방을 위한 적극적인 방법으로 각 지역마다 농구장을 설치해서 운용한다고 했을 때, 지역마다 농구장을 설치하여 운용하는 것이 과연 청소년비행을 예방하는 데 효과적일 수 있는지에 대한 판단은 쉬운 일이 아니다. 더욱이 사회가 청소년에게 건강한 성장의 기회를 제공한 결과를 어른이 되어 바람직한 사회적 삶과 연계하여 측정하여 상관관계를 밝히는 일은 쉽지 않다. 그렇지만 예방적 접근은 청소년에게 제공되는 환경이든, 청소년과의 관계든 어떤 것이든지 청소년의 현재 생활을 향상시키고, 보다 나은 조건에서 청소년이 성장할 수 있는 기회를 만든다.

실제 청소년을 위한 예방적 접근은 쉽지 않다. 청소년을 교육하고 복지적 지원을 하는 데 있어서 가질 수 있는 어려움은 사회에서 청소년에게 발달과정에서 적절한 도전을 주어야 한다는 이중적인 정황에 놓여 있다는 것이다. 청소년기에 모든 것이 풍족한 상태로 아무런 문제없이 순탄하게 사는 것도 또 다른 문제일 수 있다. 그런 청소년은 성인이 되어서 나약하고 의존적이 될 가능성이 높다. 그렇기 때문에 청소년에게 적당한 어려움이 요구되지만 그러한 도전이나 어려움은 청소년이 감당할 수 있는 수준의 것이어야 한다. 다시 말해서 청소년을 보호하되, 과잉보호가 되어서는 안 되고, 방임이 되어서도 안 되는 중간점을 탐색하는 일은 끊임없는 관심이 필요한 기술적인 능력이라 볼 수 있다.

따라서 예방적 접근은 제도와 환경의 면에서 청소년에게 적당한 성장의 기회를 제공하고 능력을 향상시킬 수 있는 일반적인 방안이 추구되어야 하며, 이와 더불어 청소년과 그들을 둘러싼 가족과 또래집단, 지역사회에는 청소년의 특성을 고려하여 적절한 사회수용과 기술능력을 심어주는 데 주력해야 한다.

(2) 내용

청소년복지에 있어 예방적 접근은 청소년과 그를 둘러싼 환경의 체질을 강화하여 문제의 감당능력을 향상시킴으로써 심각한 곤란과 더 큰 문제를 일으키지 않도록 하는 데 있다.

청소년복지 개입에서 예방적 접근은 청소년의 정상적인 발달과업과 연계해서 고려해야 한다. 사회의 유해환경과 가정의 폭력 등으로 인해 청소년이 받는 정서, 신체, 심리적인 문제는 개인적인 고통으로 받아들이는 반면, 비행과 폭력 등 청소년이 일으키는 대다수의 문제는 곧 사회문제로 인식하고 있다. 또한 청소년의 발달시기에 일어나는 문제는 대체로 세대 간의 갈등과 사회불안에서 원인을 찾는다. 그러나 그동안 청소년문제가 청소년이 갖는 심리적인 갈등과 발달단계에 따라서 갖는 정서적인 억압, 청소년이 보는 사회정의의 모순에 대한 일탈적 행위가 주류를 이루었다면, 오늘날 청소년문제는 산업사회와 생활의 불안 속에서 불가피하게 일어나는 사회적 저항과 극도의 경쟁사회가 빚어낸 소외의 문제로까지 확산되고 있다. 따라서 청소년은 가정보다는 좀 더 포괄적인 사회적 관점에서 그들의 발달과 성장에 따라 당하거나 또는 일으키는 문제에 대한 예방적인 서비스를 받아야 한다.

이러한 발달을 고려한 예방적인 접근은 학교사회사업, 청소년상담, 가출청소년쉼터 프로그램 등을 재조직하고 재해석하여 강화하는 방향에서 그 내용이 이루어질 수 있다.

2) 치료적 개입

(1) 개념

예방을 아무리 잘 해도 문제는 발생한다. 이에 대한 신속한 개입과 치료가 이루어진다면 빨리 회복될 수 있지만, 그 속도나 양과 질이 충분하지 않다면 또 다른 문제를 일으킬 수 있다. 여전히 치료적인 또는 문제해결적인 접근방법은 청소년복지 개입의 핵심이 된다.

청소년은 발달과정에서 많은 문제를 일으킬 수밖에 없다. 그것이 잠재되어 있는 문제든, 표출되는 문제든 결국은 그것을 해결함으로써 청소년을 안정시켜야 한다. 그렇게 되어야만 가정과 사회의 안정도 뒤따를 것이다.

일반적으로 치료적 접근은 직접적 개입의 중요한 수단으로 인식된다. 그로 인해 비행청소년에게는 직접 상담을 하여 현재 문제행동을 완화 또는 제거하고 유사한 일과 행동이 발생하지 않도록 돕는 데 그쳤다. 그러나 청소년이 일으키는 문제는 매우 복합적이어서 청소년을 통한 직접적인 개입으로 충분하지 않을 때가 많다. 따라서 청소년을 둘러싼 가정, 학교, 지역사회를 하나의 체계들(systems)로 이해하여 체계 상호 간의 관계를 조정하고 개입하는 데 중점을 두어야 한다.

흔히 사회복지 문제해결 과정이나 치료에 대해서 논의할 때 정상화(normalization)를 언급한다. 또한 문제청소년의 사회적 해결 목표를 정상화에 두기도 한다. 정상화는 사회주류에 편입되는 과정이라고 볼 수 있다. 청소년의 문제는 해결되거나 완화되어야 한다. 그러나 정상화란 논란의 여지가 많다. 청소년이 문제를 갖고 있다는 것은 현재 문제로 인해 정상적인 발달과업을 성취하기 힘들며, 자신뿐만 아니라 다른 사람들에게 바람직하지 못한 결과를 나타내는 것이라고 볼 수 있다. 그런데 우리는 문제를 해결할 때 이전의 상태 또는 청소년의 미래를 고려한 더 나은 상황으로 변화에 목표를 두기보다는 청소년이 사회적 주류에서 이탈하지 않는 범위의 정도까지만 은연중에 목표를 설정한다. 자칫 이러한 치료접근은 청소년과 그들이 갖고 있는 문제를 획일화시킴으로써 진정한 문제해결에 장애를 가져올 수도 있다.

(2) 내용

치료적 접근은 주로 청소년과 가정을 중심으로 이루어진다. 또한 생태체계학적 관점에서 환경에 대한 조정도 치료적 접근에서 주요한 방법이 된다.

① 개별적인 치료

청소년에 대한 개별적인 치료는 상담과 개별사회복지 접근 등의 방법을 들 수 있다. 특히 청소년이 가족과 집단, 사회에서 겪는 발달과정상의 문제에 직접적으로 관심을 기울여야 한다. 이에 더하여 개별적인 치료는 정서적 서비스와 아울러 청소년의 자존감을 유지하고 발달시킬 수 있는 물질적 서비스가 필요한 청소년에게 구체적으로 관심을 가지고 대응방안을 마련해야 한다.

② 가족과 집단을 통한 치료

사회복지에서는 빈곤가족, 결손가족(한부모가족, 고령가족 등), 소년소녀가장을 중심으로 복지서비스 개입을 해오고 있다. 가족과 집단을 통한 청소년의 치료는 제도적・행정적인 접근에 많은 비중을 두어야 한다. 소년소녀가장세대와 불우한 청소년에 속한 가정과 청소년을 수용하고 있는 복지시설 등에 대한 편익 환경을 조성하는 데 적극 개입해야 한다.

③ 지역사회를 통한 치료

지역사회를 통한 개입은 물리적인 환경뿐만 아니라 정신적인 영역에서도 필요하다. 특히 급속히 변화하는 사회에서 전통과 새로운 문화의 혼재 속에서 윤리와 가치관의 혼란이 일어나고 있다. 따라서 청소년들이 전통의 가치관과 미래지향적 윤리를 슬기롭게 조화할 수 있는 방법에 대해 고민해야 한다. 아울러 미래사회에 청소년들이 지향해야 하는 가치를 모색하고, 이것이 청소년의 창조성과 자율성에는 어떤 영향을 미치는지 파악하여 청소년이 올바른 정신과 윤리적 환경을 조성해야 한다. 또한 다양하게 발생하는 청소년문제를 조사하고 분석하여 청소년에게 사회운동 의식을 고취시키고 청소년의 입장을 옹호하며 행동하는 복지적인 역할도 활발히 추진되어야 한다.

3) 개발적 개입

(1) 개요

복지국가의 위기에 대한 논의가 제기되고 신보수주의의 등장으로 인해 복지의 효율성과 생산성의 문제는 어느 때보다도 체계적이고 광범위하게 논의되고 있다. 더불어 기초적인 욕구를 충족시키려는 반복지(diswelfare)에 대한 대응에서 한 걸음 더 나아가 전체 국민의 삶과 생활의 질을 높이려는 적극적인 노력의 필요성도 제기되고 있다. 이러한 논의의 결과는 합리적인 복지정책의 추구뿐만 아니라 사회발전에 기여할 수 있는 주요한 부문으로서 복지를 인식하고자 하는 것이다.

이제는 사회복지가 구호적, 예방적 역할을 초월하여 국가의 발전 목표를 달성함에 있어 구체적인 개발목표를 달성하도록 요청하고 있다. 다시 말하면 사회복지를 발전과정에 직접적으로 기여하도록 그 개념과 활동을 정립하고 있다. 이런 경우 사회복지활동은 하나의 변화촉진 담당자(change agent)로서 기능하게 된다. 정보화, 국제화, 세계화 등을 수용할 수 있는 사회구조의 전환촉진을 지원하면 변화과정에서 발생되는 사회적 불만이나 충격을 흡수하여 사회안정과 개인생활의 안정을 도모하는 방파제(safeguard) 또는 충격흡수장치(shock absorbing mechanism)의 기능을 담당한다. 뿐만 아니라 사회복지는 산업화와 기술혁신의 발전과정에 소요되는 인력양성을 하는 온실의 역할을 수행하게 된다(어윤배, 1996).

사회복지가 사회개발적 기능 또는 역할을 해야 한다면 그 중심대상은 청소년이 될 수 있을 것이다. 청소년복지에 있어서 개발적인 접근은 복지영역 안에서 상호보완성을 찾는 가능성을 탐색하게 될 것이다. 더불어 청소년복지의 개발적 접근과 노인복지의 안정성과의 상호관계를 모색함으로써 개발적 접근의 의미와 영향은 더욱 선명해질 수 있다.

(2) 방향

청소년기의 주요한 과업은 가족으로부터 점차 심리·정서적으로 분리되고 경제적인 독립을 준비하는 일이다. 이를 위해서 직업 교육과 훈련을 받는다. 이와 함께 사회적 성인으로서의 충실한 역할을 위해 사회윤리를 학습해야 한다. 이에 따라서 청소년에게는 누구를 막론하고 나름대로의 자질과 능력의 범위에서 스스로 행복을 추구할 수 있도록 기초적인 경제와 사회생활 능력을 갖도록 도와주어야 한다. 더욱이 가정과 사회여건이 불충분하여 정상적인 직업교육과 생활능력을 갖출 수 있는 소양과 기술을 습득하지 못한 청소년에게 더 비중 있게 서비스가 제공되어야 한다. 이를 통해서 성인과의 경쟁에서 적응할 수 있는 기회뿐만 아니라 장차 성인이 되어서 자신의 현재 처지에 불만이 있다면 그를 극복하는 계층이동의 수단이 되어야 한다. 궁극적으로 개발적 접근은 청소년의 현재와 미래를 동시에 고려한 자립 환경 조성 프로그램이 되어야 한다.

이를 위한 프로그램과 서비스로는 직업교육과 직업보호를 포함하여 다음의 내용도 강조되어야 한다.

① 인력자원개발

사회복지의 의도가 어떠하든, 소외 청소년 또는 일반 청소년에 대한 복지지원은 자연스럽게 건실한 사회자원을 보호하고 개발하는 기능을 하게 된다. 인적자원개발은 청소년의 능력과 기회를 개발함으로써 청소년의 현재 삶을 풍요롭게 하고 미래지향적 삶의 의미를 추구할 수 있는 방향으로 이루어져야 한다. 또한 이것이 청소년을 위한 개발적인 복지의 중심이 되어야 할 것이다.

② 시민의식 정립

청소년복지를 위한 개발적 개입은 문명의 혁신을 뒷받침하는 새로운 문화 창출에 더 많이 초점을 맞추어야 한다. 더욱이 청소년에게 있어 바람직한 공공의 시민의식은 매우 필요한 덕목이 된다. 이와 같은 시민의식은 상호 관계에 최우선을 두어야 한다. '나-너'의 관계를 통해 사회적 평등과 행복을 추구하고 그 가운데서 자신의 복지를 증진시키는 방법을 모색해야 하는 방향으로 추진되어야 한다. 또한 다른 사람과의 바람직한 삶의 관계를 기본적인 가치로 삼아야 한다.

③ 문화적 지원 확대

청소년에 대한 문화적 지원은 청소년에게 올바른 여가선용의 기회를 확대함으로써 사회의 중요한 자원으로서 재생산을 위한 휴식을 갖도록 돕는다. 이는 자신과 사회의 조화로운 기능을 모색하는 데 기여한다. 이와 더불어 문화적 지원은 청소년에게 그들이 살아갈 사회에서 지녀야 할 올바른 가치와 규범을 내면화시키고 바람직한 사회적 관계를 형성하여 건전한 사회인으로서 자신의 미래를 긍정적으로 구상할 수 있도록 하는 데 있다.

청소년 관련 이론

제 4 장

1 긍정적 청소년개발 관점

1) 개념

청소년은 생애발달 과정에서 가장 격동적이며 불안정한 시기로 알려져 있다. 따라서 청소년은 사회가 우려할만한 많은 문제를 안고 있으며, 이러한 문제는 부정적으로 인식되어왔다. 비행, 폭력, 약물남용 등 청소년문제는 청소년 발달과 관련하여 청소년을 이해하는 중심에 있었다. 반면 긍정적 청소년개발은 다른 인식을 제공한다. '긍정적 청소년개발(positive youth development)'[3) 관

---

3) development의 용어를 '발달'과 '개발' 중 어느 편으로 해석하느냐에 따라 전반적인 분위기가 달라진다. '발달'로 표현할 때는 하나의 심리사회적 발달과정을 어떤 시각에서 보는 것인가에 초점을 맞추고, '개발'로 해석할 때는 적극적이고 의도적인 변화를 수반한다는 점이다. 여기서 '발달'의 의미를 간과할 수 없는 것은 이 관점은 분명 심리사회적 이론과 접근도 내포되어 있다는 면이다. 청소년을 새로운 복지의 주체인 동시에 대상으로 이해하려는 시도에서, 본 글에서 positive youth development는 청소년을 적극적인 개발의 대상으로 보아 미래 환경에 적합한 발달적 관점을 제시하는 것으로 본다. 즉, 새로운 복지대상으로 청소년을 고려한다면 발달보다는 개발의 용어가 더 적극적인 의미를 반영하는 것으로 보아 개발로 표현한다.

점은 문제 중심과 관련하여 보는 청소년발달 관점에 개발이라는 새로운 시각을 제공한다.

궁정적 청소년개발에 대한 정의는 다양하다. 궁정적 청소년개발은 아직도 학계와 실천현장에서 복합적이며 계속적으로 진행되는 과정이다. 이것은 하나의 견고한 이론적 체계를 갖고 있기보다는 정책 또는 실천 전략의 관점에서 청소년발달을 새롭게 보려는 각도이다. 긍정적 청소년개발은 청소년들에게 전적으로 참여할 수 있는 기회와 관계 그리고 지지를 제공하여 긍정적 결과를 촉진시키려는 의도적인 과정이다. 이러한 청소년개발은 집단, 학교, 지역사회 내에서 발생할 수 있다(National 4-H Leadership Trust, 2003).

긍정적 청소년개발 관점은 1990년대 초반부터 학계와 실천현장에서 언급되어왔다. 긍정적 청소년개발 개념 정립에 선구적 역할을 한 Pittman(1995)은 긍정적 청소년개발 관점은 두 가지 기본적인 요소를 갖고 있다고 하였다. 하나는 사회적, 신체적, 정신적, 직업적, 지적 그리고 민주시민으로서의 역량(competencies)을 수립하는 것이고, 다른 하나는 청소년들이 자기인식과 책임감, 소속감, 자기존중감과 자기가치, 안정감을 갖고자 하는 욕구를 충족하는 데 있다고 보았다. 청소년기에서 성인기로 이행하는 데 있어 건강한 발달을 보장함으로써 청소년들이 두 가지 기초적 욕구를 찾도록 하는 데 목표를 두고 있다.

한편, 긍정적 청소년개발의 또 다른 강조 요소는 성인과 청소년이 함께 연계하는 데 있다. Benard(1995)에 의하면 성인들에 의한 보호와 지지적 관계는 아동기에서 청소년기를 통하여 예측 가능한 건전성과 탄력성에 가장 중요한 가치를 가진다고 지적한다.

특히, 긍정적 청소년개발은 청소년이 성인과 연계성을 갖고 자발적으로 자신의 역량을 습득하며, 자신과 타인 및 지역사회와의 충분한 관계 형성을 통해 준비된 성인으로 이행해 가는 데 필요한 서비스, 기회, 지원을 제공하는 것을 강조한다. 이러한 면에서 임파워먼트(empowerment)와 역량개발 등의 개념과도 밀접한 관련을 갖는다.

2) 긍정적 청소년개발의 접근방식

그동안 청소년문제는 예방과 치료적 관점에서 다루어 왔다. 주로 공중위생모델(basic public health model), 즉 문제를 가진 청소년을 교정하거나 치료하고, 잠재적인 문제를 안고 있거나 문제를 갖고 있지 않은 청소년들이 병리적 현상에 접근하지 못하게 예방하고 교육하는 관점에서 설명되고 있다(Pittman, 1996 참고). 또한 기존의 청소년 발달을 보는 시각은 신체·인지·사회·도덕적으로 성숙한 발달을 진행해 나가는, 다시 말해서 미성숙한 상태에서 성숙을 향해 나아가는 과정으로 이해한다. 따라서 청소년은 늘 불안정하고 예측이 불가능하며 아직 완성되지 않은 상태로 바라본다. 그리고 청소년에 대한 개입 역시 그들이 일으키는 심각한 문제, 예를 들어 폭력, 가출, 자살, 성문제, 약물 등에 주목하여 문제의 원인, 예방책과 개입방법 등에 관심을 기울여 왔다. 결국 청소년에 대한 관심은 문제의 시각에서 청소년문제의 감소로 초점을 맞추고 있었다(Perkins, 1997). 그리고 청소년에 대한 접근 방식은 위기적 접근(the crisis approach)과 치료적 접근(the remedial approach), 예방적 접근(the preventive approach) 등에 초점을 맞추어 왔다(Myrick, 1997).

그러나 긍정적 청소년발달 관점은 기존의 청소년에 대한 부정적인 인식과 접근 방식에서 벗어나, 협력적이고 발전적인 일련의 활동을 통해 청소년기와 성인기의 도전에 성공적으로 다가갈 수 있도록 사회적·도덕적·감성적·신체적·인지적으로 경쟁력을 갖추어 청소년을 준비된 성인으로 이행해 가는 긍정적인 청소년발달에 초점을 두고 있다.

〈표 4-1〉 결핍접근과 긍정적 청소년개발 접근의 차이

	결핍접근(1970년대와 1980년대)	긍정적 청소년개발(1990년대와 2000년대)
관심	전통적인 청소년문제	건강한 발달과 개발
대상	문제로 인해 고통받는 청소년	모든 청소년
접근방법	환원론적 접근(원인-결과)	사회환경과 지역사회의 전략을 통한 맥락적 접근
청소년	서비스 수혜자	능동적인 참여자
전략	공공제도와 체계에 청소년문제를 의존	청소년들의 비공식적 지지체계를 강화
복지지원	위기에 처한 청소년을 위한 차별적 개입	형평성, 모든 청소년에게 적극적인 기회와 지지 제공

3) 긍정적 청소년발달의 배경과 사회적 의미

저출산·고령화 사회로 이행되면서 인간자본에 관한 관심이 높아지고 있다. 또한 산업사회에서 지식기반 사회로의 이행은 창의적이고 무한경쟁시대에 적합한 인적 자원을 요구하고 있다.

긍정적 청소년발달은 청소년발달을 예방과 치료적 측면에서 접근하기보다는 적극적인 개입을 통해서 미래 사회가 요구하는 책임감 있고 건강한 청소년으로 성장하도록 도우려는 관점이다. 즉, 기존의 문제를 예방하고 교정하는 것에서 한 걸음 더 나아가 인적 자원을 개발하고 발달시키는 적극적인 청소년발달의 시각이라 볼 수 있다.

한편, 긍정적 청소년개발 프로그램은 긍정적인 청소년 성과를 산출하는 의도적인 기제이다. 이러한 프로그램은 스포츠, 예술, 학문적 지지와 청소년들의 강점을 수립하기 위한 임파워먼트 등으로 구성된다. 여기서 다수의 청소년자원은 예방과 개입 그리고 치료 등의 실행의 관점에서 점진적인 긍정적 청소년발달 프로그램을 향해서 돌려진다.

[그림 4-1]에서 보듯이 긍정적 청소년개발 프로그램은 크게 두 가지로 구분된다.

상부는 청소년의 위험행동을 경감하고 건강한 청소년을 만들기 위한 주요한 전략으로서 긍정적 청소년발달을 낙관적으로 강조한다. 하부는 예방, 개입, 그리고 치료 프로그램의 분절된 영역으로 구성되어 있다. Pittman(2000)은 청소년들로부터 우리 사회가 원하는 긍정적 결과를 도출하기 위해서는 적절한 발달적 또는 개발적 모범자가 되어야 한다고 주장한다. 또한 그는 우리가 청소년들에게 바라는 역량은 사회적, 신체적, 민주시민의식, 직업적, 문화적 역량을 포함한 학문적이고 교육적인 수준을 넘어서는 것이어야 한다고 말한다 (Araque, 2005에서 재인용).

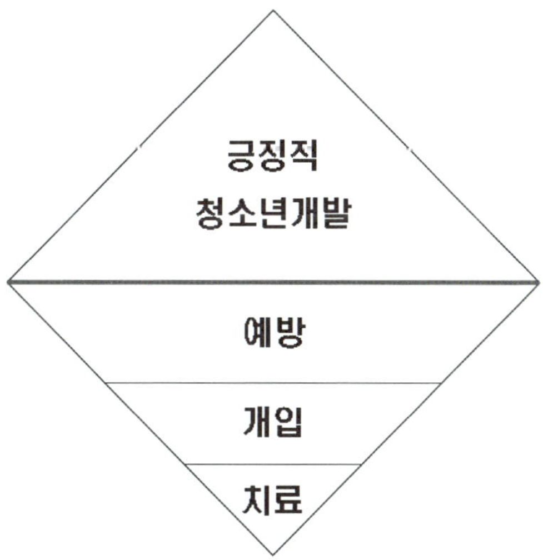

[그림 4-1] 긍정적 청소년개발 프로그램

긍정적 청소년개발은 청소년기를 예방과 치료적 개입에 더하여, 다양한 기회와 자원을 통해 건전한 성인으로서 연속적인 발달과정을 겪으며 준비해야 하는 과정으로 이해한다. 따라서 청소년을 부족하거나 문제를 지닌 존재로 바라보지 않고 잠재력을 가진 존재로서 바라본다. 즉, 청소년은 그 사회의 자원인 동시에 사회변화를 이끌어 가는 적극적 존재로 인식된다(Nagorski, 1999; Pittman, 2000). 또한 이러한 긍정적 청소년개발 관점은 청소년의 발달적 맥락주의와 연관성을 갖는다. 청소년은 발달시간과 공간의 맥락적 구조 속에서 독특한 발달을 경험한다. 따라서 동일한 경험과 환경에서도 다른 형태의 결과를 나타낼 수 있다. 이와 같은 구조에서 가족, 지역사회 등의 환경맥락은 발달의 중요한 장(settings)이자 청소년발달의 핵심적 부분이다.

4) 개발 목표

긍정적 청소년개발의 목표는 청소년들이 역량을 기반으로 성인기에 바람직한 결과를 맺는 것이다. 전통적으로 성공적인 청소년은 문제를 일으키지 않은 청소년 혹은 대학에 진학하였거나, 안정된 직업을 얻는 등의 일정한 지위를 성취한 아이들을 말해 왔다. 긍정적 청소년개발은 긍정적 자아감, 다른 사람과의 연계, 가정과 학교, 지역사회에서 성공을 위해 적극적으로 참여할 능력과 동기와 같은 자질 습득을 더욱 중요한 지표로 간주한다. 더욱이 이러한 일련의 발달적 자질을 성취한 청소년은 전통적인 지위성취와 예방 기준에 의해서도 성공할 가능성이 높다고 확신한다. 그런데 이처럼 바람직한 결과들은 대부분의 학교에서 습득하는 학문적 기량과 능력 이상의 것이다. 또한 바람직한 결과나 자질은 사회문화적 맥락에 따라 다양하게 특징지어진다. 예를 들어 어떤 사회에서는 긍정적이고 책임 있는 가족과 사회적 관계의 결과가 성공적인 이행지표로서의 의미를 가질 수 있으며, 다른 사회에서는 자기충족이 시민성이나 다른 성공적 지표보다 주요하게 간주될 수도 있다(U. S. Department of Health and Human Service, 1997 참고). 그러므로 긍정적 청소년개발에서는 지역사회의 사회문화적 맥락을 고려한 청소년발달 모델과 바람직한 결과에 대한 합의의 도출을 중요시한다.

따라서 긍정적 청소년개발 관점은 기존의 교육과 직업현장에서 학습하고 요구되었던 민주사회 시민으로서의 능력만이 아니라 청소년 스스로 자신감을 갖고 성인과 연계성을 찾도록 하는 것을 더욱 중요하게 여긴다.

5) 개발의 요소와 실천

긍정적 발달요소를 살펴보면, Larson(2000)은 창조력, 리더십, 이타주의, 시민참여를 제시하였고, Scales 외(2000)는 신체건강에 대한 발달과업, 만족의 연기, 다양성 존중, 고난 극복 등을 요소로 제시하였다. 한편, Lerner 외(2000)는 긍정적 청소년발달의 바람직한 결과로 사회와 직업세계에서의 역량(competence), 자신에 대한 신뢰(confidence), 가족, 또래집단 그리고 지역사회 등과의 연계(connection), 자신만의 독특한 특성(character), 그리고 보살핌과 박애(caring and compassion)를 들고 있다.

긍정적 청소년개발은 모든 청소년들이 첫째, 개인적이며 사회적 요구로 안정하며, 보살핌을 받으며, 가치적이며, 유용하며, 정신적으로 충만하며 둘째, 청소년의 일상적 생활에 기여하고 기능하도록 만드는 능력과 기술을 배우는 시도에 참여하는 지속적인 성장의 과정이다(Pittman, 1993).

(1) 주요원리

청소년개발을 촉진하는 주요 원리는 다음과 같다(Pittman et al., 2003).

① 예방과 학업중심을 극복한 산물의 확장이다.

청소년의 문제예방과 개선은 중요한 영역이지만 그동안 청소년 삶의 질 평가는 좋은 학업성적과 문제를 일으키지 않는 면만 강조되어 왔다. 청소년이 하지 말아야 할 것이 아니라 해야 할 것에 대한 기대와 평가의 의도성이 필요하다. 청소년의 문제행동의 감소와 성인역할 및 책임성에 대한 충분한 준비 등이 목적이 되어야 한다.

② 안전한 탈선의 기회제공이다.

청소년을 위해 학교, 가족은 물론 지역사회센터, 청소년조직, 도서관, 공원, 쇼핑몰, 종교단체와 사업체 등 지역사회의 모든 장이 주어져야 한다. 서비스 중심을 극복한 투입의 확장이다. 문제행동에 대한 논의는 청소년을 위해 제공되는 서비스를 다루고 있다. 청소년에 대한 복지, 교통, 주택 등은 중요한 사회적 지원과 기회이지만 청소년에게는 함께 귀 기울이며, 안내할 성인이 필요하다. 청소년에게 경제활동의 기회, 학습, 탐색, 기여의 기회 등이 필요하다. 건강, 경제에 대한 기본적 서비스와 전체적 범위에서 사회적 지원과 기회의 지속적인 투입이 이루어져야 한다.

③ 단기 교정중심을 극복한 시간적 프레임의 확대이다.

청소년 문제행동의 예방은 교정을 목적으로 한 단기프로그램과 교육과정으로 처치된다. 청소년개발은 지속적인 관계와 지원이 요청된다. 결핍-치료, 위기대응, 문제예방과 청소년개발을 위한 장기적 관심이 집중되어야 한다.

④ 학교중심을 극복한 장(setting)의 확대이다.

청소년들이 주로 학교에서 생활하지만 학교에서 제공되는 지원과 기회가 청소년이 살아가고, 배우며, 일하며, 기여하는 데 있어 유용한지를 검토해야 한다.

⑤ 학교시간을 극복한 시간의 확대이다.

청소년에게 학교에서 보내는 시간은 중요하며 그 시간은 방과 후 시간과도 연계된다. 청소년은 하루 24시간, 일주일 내내 계속적으로 발달하는 중이다. 따라서 청소년이 깨어 있는 모든 시간 동안 서비스, 지원 및 기회가 주어져야 한다.

⑥ 전문가중심을 극복한 행위자의 확대이다.

청소년과 함께하는 자원봉사자들과 참여할 수 있는 사람들이 많이 있다. 그렇지만 때때로 청소년의 가족이 제외되기도 하며, 청소년들이 스스로를 자원으로 인식하지 않기도 한다. 교사, 청소년지도자, 가족, 지역사회회원, 자원봉사자, 청소년 및 타 분야 전문가들이 행위자로서 주어져야 한다.

⑦ 참여자로서 청소년 역할의 확장이다.

청소년은 단순히 서비스의 수용자가 아니다. 청소년은 기획자와 실천가로서 역할을 할 수 있으며, 다양한 역할은 청소년이 문제대응과 기술(skill)을 기르도록 동기화한다. 청소년개발, 지역공동체 및 사회개발을 위해 청소년에게는 수용자이자 주체로서 역할이 주어져야 한다.

⑧ 모든 청소년에게 전체 범위의 발달과 참여가 제공되어야 한다.

청소년문제행동 발생률이 높은 지역이나 청소년의 특정 문제에 서비스를 제한해서는 안 되며 모든 청소년에게 포괄적인 서비스가 제공되어야 한다.

(2) 환경의 특성

National Academy of Science(2001)는 긍정적 청소년개발을 촉진하는 환경의 특성을 다음과 같이 제시한다(이채식, 2007에서 재인용).

① 신체적 정신적 안전
② 발달/개발에 적합한 구조
③ 정서적 도덕 지원
④ 지지하고 지원하는 성인과의 관계경험 기회제공
⑤ 친밀하며 지속적인 인간관계 형성에 대한 학습기회의 제공
⑥ 소속감과 가치감을 느낄 수 있는 기회제공
⑦ 기술(skill) 획득 및 전문성의 기회
⑧ 개인적 효능감 개발의 기회
⑨ 지역사회의 기여와 내용개발을 위한 기회제공
⑩ 가족, 학교 및 지역사회 자원의 강한 연계

6) 개발 전략

긍정적 청소년발달은 청소년발달 자체에 문제가 있건 없건 간에 모든 청소년들에게 힘을 실어주는 데 필요한 지원과 기회를 제공하는 사람, 프로그램, 제도, 체제에 관한 것이라고 전제한다. 이러한 전제를 바탕으로 긍정적 청

소년발달은 다음 세 가지를 청소년발달에 관계되는 가장 기본적 전략으로 상정한다(Pittman, 1996).

(1) 서비스(services)

서비스는 교육, 건강, 고용, 비행예방과 같은 서비스로서 적절한 교육과 정보, 자신을 표현하고 기여하며, 새로운 역할을 수행하고, 집단의 일원이 되는 도전적인 기회에 대한 서비스 및 존중, 모범, 기대, 지도와 긍정적이고 지지적인 성인과 친구 등의 제공을 포함한다.

(2) 지원(supports)

일상생활에서 성공을 위한 동기적, 정서적, 전략적 지원을 말하는 것으로 지원은 다양한 형태로 이루어지지만, 긍정적이고 존중하며, 지속적이어야 한다. 그리고 지원은 부모, 가까운 친척, 지역사회 네트워크, 교사, 청소년지도자, 고용주, 친구 등 청소년의 일상생활과 관련된 다양한 사람들에 의해 제공될 때 가장 강력한 힘을 발휘한다.

(3) 기회(opportunities)

기회는 청소년에게 행동하고 탐구하고 표현하며, 일하며 벌고, 소속되고 영향을 주는 방법을 학습하는 기회를 의미한다. 기회는 청소년에게 자신의 생각과 행동을 점검하고 다른 역할을 시도하는 기회를 준다. 청소년은 성인과 함께하는 참여를 통해 가장 잘 학습할 수 있고, 학습은 모든 형태와 상황에서 일어난다는 사실을 강조할 필요가 있다.

〈표 4-2〉 긍정적 청소년발달의 기본 전략의 내용

기본전략	내용
서비스 (Services)	가르침, 보살핌과 안정적 장소의 제공 - 휴먼 서비스, 인프라스트럭처, 안정적 장소
지원 (Supports)	동기, 정서적, 전략적 지원 - 건전한 관계, 역할모델, 자원과 네트워크, 높은 기대와 명확한 준거
기회 (Opportunities)	학습, 실수, 기여할 기회의 제공 - 양질의 교수, 훈련, 비형식적 학습 및 도전적 역할과 책무성

(4) 서비스, 지원, 기회의 상호 관계

긍정적 청소년개발의 기본전략으로서 서비스(Services), 지원(supports), 기회(Opportunities) 등은 청소년이 발달 과제를 성취하는 데 요구되는 것이기도 하다. 그런데 이 세 가지는 항상 부족하거나 상호 경쟁적이라는 것에 문제가 있다. 서비스는 종종 성인이 청소년에게, 그리고 청소년을 위해 무엇인가를 제공하고 의사소통하는 것을 지나치게 강조하는 경향이 있지만 이로는 충분하지 못하다. 서비스도 중요하지만, 기회와 지원을 더욱 강조해야 한다. 기회와 지원은 청소년이 체험활동에 참여함으로써 이루어진다. 이 중 기회는 청소년에게 행동하고 탐구하고 표현하며, 일하며 벌고, 소속되고 영향을 주는 방법을 학습하는 것을 의미한다. 기회는 청소년에게 자신의 생각과 행동을 점검하고 다른 역할을 시도하게 하는 것이다. 또한 청소년은 성인과 함께 참여를 통해 가장 잘 학습할 수 있고, 학습은 모든 형태와 상황에서 일어난다는 사실을 강조할 필요가 있다. 따라서 긍정적 청소년발달 논의에서는 청소년발달과 관련하여 다음과 같은 지원과 기회를 더욱 중요시하는 경향이 있다(Zeldin and Charter, 1996; 이광호에서 2000 재인용). 첫째, 활동적이고 자기 주도적인 학습기회, 둘째, 새로운 역할과 책임을 수행할 기회, 셋째, 성인과 친구로부터 지속적인 정서적 지원 및 동기 부여 지원과 높은 기대 수준, 넷째, 전략적 지원과 사회적 네트워크에 의한 지속적인 접근이다. 특히 청소년들은 자신이나 부모가 사회적 네트워크에 관계를 맺고 있을 때 바람직한 결과를 성취할 수 있다. 그러므로 긍정적 청소년발달에서는 전략적 지원과 확대된 사회적 네트워크를 중요시하는 것이다. 또한 이러한 기회는 도전과 책임, 역할과 아울러 실수할 수 있는 기회까지 포함한다.

이와 함께 긍정적 청소년발달에서는 청소년발달에 영향을 미치는 환경적 맥락 요소로서 지역사회의 역할을 강조한다. 모든 청소년발달 단계에서 핵심적 요소로 작용하는 지역사회는 매력적이고 안전하며 청소년의 성장을 돕는 다양한 장과 기회를 제공하며, 생활, 진로, 각종 장소에 대한 정보를 제공한다. 이러한 지역사회의 역할을 청소년과 함께 강화하는 것이 긍정적 청소년발달을 위한 중요한 관건이 되는 것이다. 이런 의미에서 긍정적 청소년발달에서는 청소년을 단순한 문제발생자로 보기보다는 지역사회를 함께 변화시키고 강화시켜 가는 변화의 주체이자 문제해결자로서의 관점이 요구되는 것이다(Pittman, 2000). 특히 긍정적 청소년발달을 위한 건전한 지역사회 요소는 경제개발, 인간개발 및 지역사회의 자기 관리를 포함한다. 경제개발은 주로 직업과 복지 창출을 요구하며, 인간개발은 효과적인 학교, 신뢰할 수 있는 지역사회, 청소년 서비스와 다른 사회적 지원 등을 포함하며, 특히 청소년의 인적 자원 개발이 핵심을 이룬다. 지역사회의 자기 관리는 좋은 이웃을 위한 비전, 조직, 리더십, 영향력 및 행동을 지역 주민에게 제공하는 것이다.

7) 청소년복지에 주는 시사점

청소년복지가 아동복지와는 구분되어, 잔여적 복지의 관점에서 보편적 복지의 확대에 중점을 두는 것이 청소년복지의 정체성을 모색하고 실천하는 데 중요한 관점이라는 데 동의한다면 긍정적 청소년개발 관점이 주는 시사점은 크다.

생애발달 단계에서 청소년이 갖는 신체적, 심리정서적인 급격한 변화를 불안과 격정으로 인식하여 청소년을 잠재적 문제자로 취급하는 경향이 있었다. 청소년기가 하나의 학문적 또는 실천적 필요에 의한 구분이기는 하지만 실제 청소년들의 성장과정에서 청소년기가 갖는 의미는 하나의 생애과정일 뿐이다. 이런 관점에서 긍정적 청소년개발은 그동안의 '청소년문제해결=청소년복지의 성취'라는 등식을 새로운 시각에서 바라보게 한다. 또한 청소년기 발달과정 전반에 관여된 잠재적인 문제를 포함하여 그들이 성장을 향해 나아갈 수 있는 사회적 환경과 친사회적인 성인으로의 긍정적 결과를 나타내는 데 시사점을 준다.

이와 같이 긍정적 청소년발달 관점과 전략은 기존의 문제 예방적 접근에서 탈피하여 청소년을 그 사회의 자원으로 인식하고, 청소년의 책임 있는 성인으로의 성공적 이행을 위해 필요한 종합적이고 포괄적인 접근을 시도한다. 청소년발달에 대한 포괄적 접근은 이미 발생하고 난 후에 특정 문제에 초점을 맞춘 범주적 혹은 목표 지향적 접근과 구별된다. 그보다는 청소년기의 긍정적 가능성에 초점을 맞추어 인간관계나 의사결정 기량 등 책임 있는 성인에게 요구되는 정체성과 기량 향상 등을 통해 충분히 준비된 청소년으로서의 성장을 궁극적인 목적으로 삼는다. 그리고 이러한 포괄적 접근은 청소년의 고용, 직업이나 일 및 진로탐색 등과 같은 청소년 관련 정책이나 프로그램과 연계될 때 더욱 바람직하고 효과적인 결과를 가져올 수 있다.

그럼에도 불구하고 긍정적 청소년개발 관점은 실천체계가 미흡해서, 단지 청소년을 바라보는 하나의 총체적 관점으로서 그친다는 한계를 지닌다. 이러한 긍정적 청소년개발 관점은 생태체계이론과 발달적 맥락주의 이론 등을 부분적으로 발전시킨 관점으로 이해할 수 있다. 이를 통해서 청소년기를 하나의 과정(flow)으로 이해하고 적극적이고 긍정적인 개발의 대상인 동시에 주체로 보았다는 데 청소년복지에 주는 의미가 있다.

2 임파워먼트(empowerment)

1) 임파워먼트 개념

임파워먼트는 그동안 구조기능적 관점에서 체계이론의 기반 아래 가치 중심의 철학과 행동양식에 머물러 왔던 사회복지에서 새로운 사회정치적 방향성으로 전환하는 전환적 접근방식이라는 이유로 매우 인기 있는 개념으로 부각되고 있다. 1990년대 이후 물밀듯이 소개되어 지금도 사회복지실천의 중요한 접근방법으로 제시되고 있다. 어떻게 보면 사회복지에서 임파워먼트는 환경 속의 인간이라는 이중적 초점을 강조한 심리사회모델(psycho-social model) 이후 가장 각광을 받는 실천적 관점이라 할 수 있다.

사회복지실천에서 임파워먼트(empowerment), 즉 권한부여는 개인과 지역사회 환경에 동시에 영향을 미치는 과정으로 이해되어 왔다. 임파워먼트는 사회복지사에게 클라이언트를 보는 새로운 시각을 제공해 주며, 개입의 주요한 목표가 되고 있다.

Gutierrez(1994)는 임파워먼트를 "개인과 가족, 지역사회가 그들의 상황을 개선시키기 위한 행동을 취하기 위해서 개인적·대인 간 또는 정치적 힘을 향상시키는 과정"이라고 정의하였다. Solomon(1976)과 Pinderhughes(1983)에 따르면, 임파워먼트란 사회 내에서 힘이 작용하는 방식에 관해, 힘이 사용된 방식이 개인과 지역사회에 어떻게 영향을 미치는지에 관해 인식하는 것을 포함한다고 한다. 이러한 양상의 임파워먼트는 문제란 한 체계 내에서 소외된 사람에게 그 잘못이 있는 것이 아니라 그 체계에 원인이 있다는 관점을 제시함으로써 '희생자를 비난하는(blaming the victim)' 구조와는 분명히 다른 입장을 보인다. 전체로서의 사회가 희생자들을 비난할 뿐만 아니라 그렇게 소외된 집단의 구성원들 또한 그들 자신을 비난한다는 사실을 생각해 볼 때 이러한 관점은 아주 중요하다. 이러한 관점은 주변으로 몰려난 사람들의 현재 갖고 있는 자원과 기본 능력에 대해 다시 살핀다. Gutierrez(1994)에 따르면, 권한부여된 자아를 위해 서로 강화를 주는 인식적 구성요소 세 가지에는 첫째, 집단 동일화(공통 경험, 공통 관심 분야에 대한 이해, 운명을 함께 공유했다는 느낌), 둘째, 계급의식(사회 내에서의 집단의 힘과 지위에 대한 현실적 인정), 셋째, 자아와 연결된 공동체의 유효성(한 사람이 한 개인으로서 또는 한 집단의 구성원으로서 그 사람 인생의 변화를 만들 수 있는 능력을 갖고 있다는 신념)이 있다고 한다. 그런데 변화를 만드는 기술을 갖는 것만으로는 충분치 않다. 사람들은 그들이 그러한 능력을 효과적으로 사용할 수 있다는 믿음을 가져야 한다.

이러한 관점을 종합할 때, 임파워먼트는 기본적인 능력을 가지고 있으나 환경에 의해 구조적으로 장애를 받고 있는 개인이나 집단, 사회에 자원의 조정 능력을 확보함으로써 주체적이고 자립적으로 생활할 수 있도록 권한(power)을 부여하려는 노력이라고 볼 수 있다.

2) 임파워먼트 실천의 전제

사회복지에 있어 임파워먼트는 사회복지사에게 클라이언트와의 관계를 수립하고 정치적·사회적 자원을 조절하며, 그들을 보는 시각에 함의를 준다.

사회복지실천에 있어 임파워먼트 과정은 다음의 전제를 갖는다.

(1) 임파워먼트는 사회복지사와 클라이언트가 동반자관계로 함께 활동하는 협력적인 과정이다.

(2) 권한부여 과정은 능력과 역량을 가진 클라이언트를 자원과 기회에 접근시키는 것이다.

(3) 클라이언트는 자신은 효과적으로 변화할 수 있다는 인식을 가져야 한다.
(4) 다양한 요소들이 상황을 일으키는 만큼 그에 대한 해결도 다양한 방법으로 접근해야 한다.
(5) 비공식적인 사회망(network)은 스트레스를 조절하고, 자신을 통제하며, 능력을 증가시키는 것에 의미 있는 지지적(supportive) 자원이 된다.
(6) 임파워먼트는 자원에 접근하여 이를 효과적으로 활용하도록 역량을 키우는 것이다.
(7) 권한부여 과정은 역동적이고 혁신적이며 상승작용을 일으킨다.
(8) 임파워먼트는 개인적, 정치적 그리고 사회경제적 발전이 병행하는 종합적인 구조를 통해서 성취된다.

3) 임파워먼트 실천의 기술적 요소

임파워먼트는 개인에게 내적 통제력을 기반으로 자신과 대외적 관계의 문제를 해결할 수 있는 권한을 가짐으로써 궁극적으로 다른 사람과 사회 환경에도 긍정적 영향을 끼치는 과정이다. 이와 같은 임파워먼트는 다양한 차원에서 언급된다. 임파워먼트가 바라는 결과의 요소는 그것이 추구하고자 하는 기본적인 요소와 밀접한 관련이 있겠다. 즉, 개인이 자기효능감을 얻기 위해서는 자신을 충분히 능력 있는 존재로 이해할 수 있는 자각과 그에 따른 훈련이 뒤따라야 한다. 임파워먼트의 다양한 결과적 요소는 개인 내적, 대인관계로 구분되고, 학문적 관심에 따라서 환경 및 조직과 정치·사회적인 개념으로 분류되고 있다(Gutieerrez, 1994; Parsons, 1999). 이와 같은 임파워먼트의 개별적 차원은 상호 연계되어 개인 내적 차원에서 궁극적으로 정치·사회적 차원으로 이어지는 것이다.

(1) 개인 내적 임파워먼트

개인 내적 임파워먼트는 환경과 상호작용하는 개인의 행동, 기술, 문화적 인식, 동기, 통제, 자기효능감과 같은 변수들을 통합하는 개념으로 개인적 능력, 집단인식, 자기결정의 개념을 포함한다(김희성, 2004). 그러므로 개인적 수준에서 임파워먼트를 형성하여 내부의 힘을 찾아 동기를 보강하면 심리적인 안정감과 자아존중감을 갖게 되어 변화를 일으키게 되고 이와 같은 변화는 문제해결과 대인관계나 환경과의 상호작용 능력을 발전시켜 나아가 개인에게 영향을 주는 사회구조의 긍정적 변화를 가져올 수 있다는 것이다(Lee, 2001). 임파워먼트는 자신의 능력에 대한 강한 자신감과 신념을 갖도록 지원해 주고, 자신의 능력에 대한 자신감을 갖도록 행동하는 것을 뜻한다(Conger & Kanungo, 1988). 그런데 임파워먼트의 참여를 통해 힘을 부여할 수 있는 긍정성이 동기부여를 통한 적극적 변화보다 더 실천적이라는 점에 주목하여, 경영학 분야에서의 임파워먼트는 일에 집중하고 변화와 성과를 추구하도록 기존의 동기부여 이론의 한계를 극복하는 수단으로 등장하기도 했다(박원우, 1995). 이와 함께 자신의 역량을 높일 수 있는 심리적인 상상훈련이나 창의적 자기표현 등의 방법도 개인의 내적 역량을 키워나가는 주요한 요소가 될 수 있다.

- 자아존중감 향상
- 자기효능감 개발
- 강점의 구축
- 의식고취
- 자기통제력을 통한 내적 힘의 증진

(2) 대인관계 임파워먼트

대인관계 임파워먼트는 타인과의 상호작용에서 발생하는 것으로 자신의 주장이나 의견을 다른 사람에게 분명하게 전달하고 표현함으로써 그들에게 영향을 끼치는 것을 말한다(김성이 외, 2004 참고). 이를 위해서 자신과 타인 사이에 분명한 경계를 설정하고 명확히 자기 자신을 나타낼 수 있는 자기주장 등을 갖추어야 한다. 또한 다른 사람과의 관계를 통하여 효과적인 갈등해결 방식에 대한 이해를 터득함으로써 대인관계 능력을 갖추며, 조직과 집단 내에서 그 체계에 긍정적인 영향을 주기 위한 합리적인 지도력도 중요한 요소로 이해할 수 있다. 아울러 새로운 기술을 활용하거나 자원을 파악하고 필요한 곳에 운용할 수 있는 역량개발도 포함한다.

- 문제해결 기술 능력 향상
- 비판적 의식 개발
- 자기주장 훈련을 통한 대인관계 능력 증진
- 명확하고 탄력적인 경계 설정 기술

(3) 정치·사회 임파워먼트

임파워먼트의 개인 접근방법 목표는 청소년 개인이 보다 자기 지시(self-directive)적이며 자기주장적일 수 있도록 돕는 것과, 타인과 함께 집단행동에 참여함으로써 긍정적인 결과를 얻을 수 있다는 희망을 갖게 하는 것이다(Barber, 1991; 김성이 외, 2004 재인용). 임파워먼트 접근방법에서는 청소년이 사회적 참여를 할 수 있는 능력과 기술을 가진 개인이라고 인정하고 사회정의를 위해 노력할 수 있다고 여긴다. 특히 사회정의의 성취를 위해서는 청소년들을 억압하는 제도적·정책적 방해요인으로부터 청소년들이 탈피할 수 있도록 돕고, 이들의 잠재력을 발굴하는 노력이 필요하다. 특히 이들을 억압하는 빈곤문제나 사회문화적 여건을 개선하고, 이들의 교육과 건강, 취업을 공평하게 보장하는 수단이 제공되어야 할 것임이 강조되었다(Rees, 1998; 김성이 외, 2004 재인용). 또한 Kieffer(1984)는 임파워먼트 실현을 위해 첫째, 적극적인 사회참가를 촉진할 수 있는 개인적 태도와 자기의식의 고양, 둘째, 개인의 환경을 제한하는 사회적·정치적 시스템에 대한 비판적 분석, 셋째, 개인의 목표를 달성하기 위한 수단으로서의 자원에 대한 개척, 넷째, 타인과 공동으로 목표를 설정·달성하기 위한 효과적인 행동 등의 개인적 측면을 중심으로 한 원칙을 제시하고 있다.

- 환경에서의 위기 인식
- 옹호 및 사회 행동
- 사회정의 쟁취
- 정치·사회적 힘의 발현
- 의식화를 통해 타인에게 긍정적 영향력을 행사

4) 임파워먼트 실천과정

임파워먼트를 획득하는 과정은 크게 외부로부터 힘을 얻는 것과 내부의 자원을 강화시키는 것이다. 일반적으로 개인의 내적 자원은 강점(strength), 역량(competence), 능동성(personal agent)과 같은 개념으로 볼 수 있다. 즉 임파워먼트는 어느 개인이 자신을 창조적으로 삶의 여러 상황에 적절히 활용할 수 있는 힘을 지니는 것 또는 공통의 선을 향상시키는 것을 의미한다(Browne, 1995). 또 다른 차원에서 임파워먼트는 지극히 심리적인 작용으로 이해되기도 한다. 자신이 원하는 것을 성취할 수 있는지에 대한 믿음, 개인적 통제감, 또는 자신감, 능력에 대한 믿음이 바로 한 개인의 임파워먼트 수준을 결정한다(Zimmerman, 1995; 고미영, 2009 재인용).

5) 청소년복지에 주는 시사점

이미 1990년대 이후 우리 사회에 다양한 분야에서 활용되고 있는 임파워먼트 개념과 전략은 사회복지에서 빈곤계층과 여성 그리고 청소년에 대한 복지방향과 관점을 마련할 때 유용하게 받아들여지고 있다. 특히 청소년을 사회에 불이익을 받을 수 있는 존재로서 인식하는 것만이 아니라 미래 주요 생산인력으로 노동시장 진입을 위한 정책적 차원에서 노동역량 증진(Lerman, 2000)에 관심을 갖는다는 면에서 임파워먼트는 주목받고 있다. 그러나 임파워먼트가 사회환경의 변화를 개인의 힘에서 찾기 때문에 자원과 권력이 부족한 상황에 처한 개인에게 임파워먼트는 공허한 심리적 안정제에 불과할 수밖에 없다(박시종, 2001; 이혁구, 2000)는 비판에도 직면하고 있다.

더욱이 청소년은 사회로부터 한번도 역량을 발휘할 수 있는 기회 없이 결핍의 동기와 자원의 불균형한 분배에 대한 자각에서 출발하여 임파워먼트 전략을 시행해야 한다는 점에서 성인에게 주어지는 임파워먼트보다 더 많은 한계에 부딪칠 수 있다. 그럼에도 불구하고 변화하는 사회환경과 시간과 공간을 고려한 맥락적 발달을 이루어 내고 있는 청소년에게 주체적으로 살아가기 위한 통제력을 부여하는 개념인 임파워먼트는 의미 있는 청소년복지의 요소라 볼 수 있다. 따라서 청소년복지와 관련된 많은 글에서 임파워먼트는 주요한 내용 중의 하나로 다루어지고 있다.

구체적으로 청소년복지에서 임파워먼트는 단순히 빈곤이나 불우계층의 청소년에 대한 의식고양을 통한 능력부여를 넘어서 생애 발달단계에서 청소년기를 지나고 있는 모든 청소년에게 주체적이고 나와 타인에 대한 긍정적인 통제력을 갖는 현재와 미래 삶의 중요한 개념이 될 수 있을 것이다. 그리고 청소년을 위한 임파워먼트 전략과 전개의 중심에는 청소년을 어떻게 참여시킴으로써 역량을 강화시킬 수 있느냐 하는 구체적인 고민이 내재되어 있다.

청소년은 발달과정의 특성상 불가피하게 기성세대인 어른과 갈등상태에 놓인다. 또한 청소년 문제 중 적지 않은 부분이 청소년의 책임이 아니다. 예를 들어 빈곤계층 청소년은 빈곤한 가정에서 태어났다는 사실이 빈곤문제의 가장 큰 원인임에도 불구하고 그러한 환경조건이 마치 청소년 자신이 만들거나 선택한 것이라는 착각을 불러일으킨다. 마치 청소년은 빈곤이라는 멍에를 안고 성장해야 할 존재로 스스로를 낙인찍고, 숙명으로 받아들인다. 자본주의 사회 구조에서 불공정한 출발이 되는 것이다. 인간의 존엄성과 자율적 권리는 인간의 장점과 강점을 이해하는 기본 사고틀이다. 인간은 불평등한 존재이기 때문에 독특한 강점과 권리를 부여받았고, 사회는 그것을 성장시켜야 할 책임이 있는 동시에 그것이 사회의 연속성을 위해 요구되기도 한다. 청소년에 대한 교육과 육성은 인류발전에 기초가 된 만큼 청소년성장을 위한 사회적 노력이 마치 큰 시혜를 베푸는 것처럼 인식되거나 이용되어서는 안 된다.

청소년복지에 있어서 임파워먼트의 의미는 첫째, 청소년에게 사회적 자원과 권력의 획득을 통해서 자신과 환경을 총체적으로 통제 또는 조절할 수 있는 힘(역량)을 부여한다는 것이다. 이를 통해서 자기효능감과 자아존중감이 증대될 수 있다. 둘째, 청소년이 자신의 문제를 개인의 문제에 그치지 않고 집단과 사회문제로 인식하는 의식향상(consciousness raising)이 이루어질 수 있다. 따라서 보다 거시적인 범위에서 자신과 다른 청소년의 욕구와 문제를 해결하는 데 초점을 둘 수 있다. 셋째, 문제해결과 변화에 대한 자신감을 높여주어 적극적으로 행동하도록 만들어 준다. 즉, 책임감을 갖고 자신과 사회의 변화에 대처할 수 있는 힘을 부여한다.

3 생태체계적 관점

1) 개요

1970년대 들어오면서 사회복지실천은 주요한 변화를 겪는다. 심리사회적, 기능주의, 문제해결 등의 이론적 모델에 기초해서 전개하던 사회복지실천이 체계와 환경 등의 개념을 받아들이면서 그동안의 이분법적 논리에서 개인과 환경 간의 상호작용의 다변적 개념에 눈을 돌리게 되었다.

체계이론(general system theory)과 생태학 이론(ecological theory)은 사회복지실천 관점의 변화에 중요한 역할을 하게 된다. 이와 같은 연장선상에서 생태체계론적 관점은 인간과 환경 간의 끊임없는 상호교류의 상황을 조명함으로써 사람과 환경 사이의 적응과 상호작용을 강조하는 관점이다.

생태체계적 관점은 생태학에서 파생되고 체계론의 영향을 받았다. 우선 생태체계적 관점을 이해하기 위해서는 우선 체계에 대한 개념부터 살펴보아야 한다.

(1) 체계(system)

체계는 일반적으로 독특한 고유의 기능을 하면서 상호의존하고 작용하는 요소들(factors)의 집합체이다. 체계는 단순한 요소들의 합보다 많은 역량과 기능을 발휘한다. 그 대표적인 사례로 유기체계인 인간을 들 수 있다. 인간은 고유한 기능을 하는 다양한 신체 뼈와 근육, 장기, 혈관 등의 조직요소들로 이루어져 있지만, 그러한 요소를 합한다고 해서 인간이 갖고 있는 고유한 형태와 기능이 나타나지 않는다. 또한 체계 특성 중 체계 내의 요소들은 상호의존적이고 교환관계를 맺고 기능하기 때문에 체계의 한 부분의 변화는 다른 부분에 영향을 주고 나아가 전체 체계를 구성하는 모든 구성요소에 영향을 미친다.

그리고 체계는 경계(boundary)를 가진다. 체계는 외부환경과 상호작용하며 존재하지만 동시에 스스로는 외부환경과 구별하려는 속성을 가진다. 다시 말해서 체계는 환경으로부터 투입물을 받아들여 산출물을 생산하고 그 산출물을 외부환경으로 다시 내보내는 활동을 통해 스스로 생존해 나간다.

(2) 생태학(ecology)

생태학은 20세기 후반에 들어서면서 생물학 분야 가운데 중요한 분야의 하나로 부각된다. 인구팽창·식량부족·환경오염, 그리고 그들과 관련된 모든 사회적·정치적 문제들이 대부분 생태학적 문제와 연관됨이 분명해졌다. 개체들 사이, 개체군 사이 및 생물과 그들의 환경 사이의 상호작용을 통해 생태계가 형성되고 유지된다. 생태학은 생물과 그들의 환경 사이의 상호관계 및 생물 상호 간의 관계를 연구하는 학문이다. 사실 생태학은 종합과학으로서 여러 가지 학문과 관련되어 있기 때문에 생태학을 관련된 다른 학문과 구별하는 것은 쉽지 않다.

Smith(1988)는 생태학의 연구단위인 생태체계를 "지역사회의 유기체들을 서로 그리고 환경과 연계를 갖는 물질순환과 활동적인 상호작용을 하는 부분적 혹은 전체적인 유기체의 총체"라고 보았다.

(3) 생태체계적 관점

생태체계적 관점은 생태학과 일반체계이론이라는 두 개의 개념을 포함한다. 생태학은 유기체의 적응과 환경과 유기체가 역학적인 평형상태를 유지하면서 성장하는 방법에 관심을 둔다. 일반체계이론은 상호작용하는 요소들과 인간과 환경 같은 변수 간의 체계적인 상호관련을 기술하는 조직적인 개념 준거 틀이다. 결국 생태체계적 관점은 인간과 다른 생물체계 그리고 그들 간의 교류를 설명하고 분석하기 위해 사용되는 체계이론이다(NASW, 1999).

이러한 생태체계이론은 사회복지사들에게 환경 속의 인간이라는 관점을 강화시켜주고 명확하게 해준다. 인간과 환경을 보는 것만으로는 충분하지 않다. 그 이론은 그 둘 사이에 필수적인 생명선을 강조한다. 대부분의 스트레스나 문제가 발생하는 곳은 사람과 환경이 만나는 경계선이다.

2) 생태체계적 관점의 주요 개념

(1) 적합성

행동은 상황에 대한 적응이라는 용어로 설명된다. 모든 개인과 사회체계는 그들이 살고 있는 세상의 자원과 요구에 적합해지는 방향으로 진화한다. 우리는 우리 자신과 상황에 가장 적합한 방식으로 행동한다.

(2) 상황과 맥락 속의 인간

생태체계적 관점은 인간이 매우 복잡하다고 간주한다. 인간은 생각, 감정, 그리고 관찰 가능한 행동을 지닌 생물학적, 심리학적, 영성적, 사회적 및 문화적 존재다. 인간은 환경에서 주도적인 역할을 하기도 하고 동일한 환경에서 반응하기도 한다. 또한 문화적, 민족적 유산을 전승받기도 하지만 전통과 유산을 창조하기도 한다. 인간은 전능하지도 않고, 무력하지도 않으며 인간은 그들의 삶을 형성하는 사건에서 적극적인 역할을 수행한다(장인협, 1999 참고).

(3) 상호 교류에 대한 초점

교류는 사람들이 그들의 환경을 형성하고 시간에 걸쳐 지속적으로 형성되는 호혜적 상호작용 과정이다. '개인 : 환경(person : environment)'은 이런 상호적 관계를 상징한다. 이 상징에서 개인과 환경의 중간에 있는 콜론(:)은 사회적 및 물리적 환경과 교류하는 사람들의 역동적인 상호관련성을 강조한다.

(4) 진보적 변화로서의 발달

생태체계적 관점은 인간의 발달을 진보적인 것으로 보며, 그것은 인간이 내·외적 힘에 반응하여 성장, 변화, 안정되어 간다고 본다. 인간이 신체적, 정서적, 지적으로 성숙함에 따라, 그들의 행동은 이러한 내적인 변화를 드러내고 이에 반응한다. 그러나 체계 내에서의 변화가 인간행동의 유일한 결정인자는 아니다. 대신에 이러한 내적 경험은 상황적 사건에 영향을 미치고 반응한다. 외적 사건이 자신의 내적 경험에 미치는 영향을 이해하기 위해 이런 경우를 상상해 보자. 자신을 사교적인 사람으로 생각한다면, 다른 사람들 또한 우호적일 것이라 기대한다. 그래서 그 사람은 미소를 짓고 다정하게 새로운 상황 속에 들어간다. 당연히 사람들은 그를 편안하게 느낀다. 이것은 다시 그를 다정다감한 사람으로 유지시킨다. 반면, 사회적 상황에 불편해하는 사람은 사람들을 적대적으로 생각하여 다른 사람들에 대한 접근은 방어적이 된다. 어느 누구도 그와 말하려 하지 않는다. 집단은 그를 비우호적으로 여긴다. 이렇듯 자신을 바라보는 방식과 상황에 기대하는 것은 경험하는 내용에 영향을 미친다(장인협, 1999).

(5) 역기능

생태체계적 관점에서 볼 때 '부적응적(maladaptive)' 그리고 '역기능적(dysfunctional)'이라는 용어는 적합하지 않다. 만약 행동이 내적 욕구와 환경의 욕구를 충족시키고자 하는 적응이라고 한다면, 어떻게 행동이 부적응적일 수 있는가? 예를 들어 슬럼지역의 동네 놀이터에 총을 들고 가는 10세 아동도 폭력으로 가득 찬 지역사회의 위협적 환경의 맥락에서는 이해될 수 있다. 이런 행동들은 용납될 수 없고 부정적 결과를 가져오기는 하지만, 모든 행동은 맥락을 고려하면 이해가 된다(Miley et al., 2007; 이원숙, 2008 재인용).

3) 청소년복지에 주는 시사점

생태체계적 관점은 문제를 지닌 사람이 상황에 어떻게 대처하고, 생존하며, 필요한 자원을 위한 경쟁을 위해 변화하는 환경에 적응하는 다양한 방법을 이해할 수 있도록 돕는다. 또한 개인, 가족, 집단, 조직 그리고 지역사회를 상호 연계 속에서 이해한다. 사실 생태학은 생태체계 내에서 종(species)의 적응과 기능에 초점을 두지 특정 종에 속한 구성원 개인의 적응이나 기능에 관심이 있는 것은 아니다(Sheafor & Horejsi, 2006).

그럼에도 불구하고 생태체계적 관점은 청소년을 하나의 체계로 이해하여 항상성과 경계를 통하여 긍정적으로 유지 발달하는 데 필요한 주요한 개념을 제공한다. 아울러 청소년과 가족, 집단, 조직, 지역사회 및 사회환경과의 적응을 위한 지속적인 교류와 상호의존적 관계에서 청소년문제 해결과 성장을 위한 지원에 다각적 방법과 접근의 틀을 제공해 주는 데 의미가 있다.

생태학적 관점에서는 청소년을 둘러싸고 있는 다양한 체계에 대한 동시적인 개입을 지향한다. 따라서 청소년의 즉각적 환경인 가족과 학교 및 또래 집단을 비롯하여 청소년에게 영향을 미칠 수 있는 거시체계인 청소년 관련 정책에 영향을 줄 수 있다. 예를 들어, 청소년들 가운데 발생하는 집단따돌림은 단순히 가해-피해학생의 문제가 아니며 학교 차원에서 이러한 집단따돌림을 예방할 수 있는 프로그램을 운영하거나 가해-피해학생을 위한 적절한 상담이 이루어져야 한다. 나아가 가정에서는 자녀들인 청소년들에게 집단따돌림을 피하기 위해 부모가 해야 할 조치를 숙지해야 하며 교육현장에서 집단따돌림을 방지하기 위한 학교-정부 당국의 명확한 지침이 마련되어야 할 것이다. 또한 사회복지사는 집단따돌림 문제에 대처하기 위한 관련기구의 설치를 해당 기관에 요구하고 예산 배정 및 프로그램 개발의 필요성을 개진할 수 있을 것이다. 아울러 청소년들이 주체가 되어 자신들의 집단따돌림 문제를 해결하기 위해 관련 입법기관을 방문하여 의견을 제시하는 등의 방법을 강구해 볼 수 있다(김성이 외, 2004 참고).

한편, 집단따돌림을 하는 가해청소년들은 나름대로의 주어진 환경 속에서 자신의 생활방식을 유지하려는 체계적 노력으로 이해할 수 있으며, 한편 청소년 자신도 하나의 독특한 유기체계로서 다른 체계에 영향을 주고받고 있음을 다양한 프로그램을 통해서 이해시킬 수 있는 근거가 된다. 즉, 생태체계적 관점은 청소년이 자신들의 체계를 잘 유지하는 데 필요한 외부환경과의 경계설정과 운용하는 방법을 제시해 주고 나아가 외부환경과의 상호적응적 관점을 이해하는 데 도움을 준다. 앞서 언급한 집단따돌림에서 가해-피해청소년을 이분법적인 분류가 아닌 상호체계의 유지와 작용으로 받아들여서 다양한 체계와의 상호작용을 통해 문제를 해결해 나가는 방법을 제시한다. 생태체계적 관점은 청소년복지에서 청소년의 문제를 해결하거나 복지적 지원을 모색하는 데 있어 청소년과 가족 등이 갖는 문제해결 방법이나 자원에 한정하지 않고 정책적 환경이나 제도의 변화를 모색하는 다양한 개입전략을 수립하는 데 중요한 기초적 관점이 된다. 그러나 생태체계적 관점도 하나의 방법론에 제시된 이론체계가 아니라 현상을 보는 관점이라는 점에서 생태체계 사이의 상호연결과 교류의 정도와 양에 대한 실천적 설명이 부족하다.

청소년복지의 실천 I : 청소년상담

제 5 장

1 개인상담

1) 청소년복지에서 청소년상담의 의의

청소년상담은 청소년들과 함께하는 상담활동을 의미한다. 청소년을 대상으로 그들이 안고 있는 심리 정서적 고통과 갈등을 풀어나갈 수 있도록 도와주는 활동이다. 청소년복지실천에 있어서 상담은 중요한 분야인 동시에 도구가 될 수 있다.

청소년은 생애 어느 시기보다 심리와 정서적 변화를 심하게 겪는다. 그로 인해 많은 문제를 갖게 되지만, 해결하는 방법이 성인에 비해 서툴다. 따라서 누군가의 도움이 필요하다. 특히 청소년이 스스로를 이해하고 자신의 문제로 인한 갈등과 아픔을 풀어나가는 일은 성인이 되어서 자신의 문제를 극복하고 발전해 가는 기초가 된다.

또한 청소년이 갖는 물질과 환경적인 요인에서 비롯되는 문제는 그들이 아직 경제적, 사회적 능력이 미약하기 때문에 해결이 쉽지 않다. 사회적 경험이 많지 않은 청소년이 문제에 부딪쳤을 때 스스로 그 문제를 해결하는 데는 한계가 있다. 또한 어떤 물질과 사회 환경에서 오는 문제라도 정서와 심리적인 곤란을 수반한다.

따라서 청소년복지 실천에 있어 상담은 일차적이고 기초가 되는 실천 도구이며 전략이 된다.

2) 청소년상담의 개념

청소년상담은 청소년을 위한 상담이다. 이런 관점에서 본다면 청소년상담은 상담의 한 분야이며 그 대상이 청소년으로 한정된다는 특징 이상의 특별한 성격을 발견하기 힘든 것으로 보인다. 그러나 청소년은 아동과 성인에 비해서 보편적으로 불안정한 심리상태에 있으며, 발달과정상 많은 문제를 갖고 있고 이와 같은 심리적 갈등과 문제를 심리적 지지를 통해 해결해 나가야 하는 시기이다. 그런데 이러한 갈등과 문제는 끊임없이 제기되는 외부와의 관계 속에서 발생하기 때문에 청소년의 내적인 고통은 한계에 부딪치게 된다. 청소년은 발달과정에 따른 내·외의 갈등으로 사회적인 문제를 일으키며 또한 자신들이 유발한 문제를 포함한 많은 사회문제에 민감하게 영향을 받는 존재이다. 그러므로 청소년상담은 보다 포괄적인 범위에서 규정되어야 할 것이다.

이성진(1996)은 청소년상담을 "성장기에 있는 청소년이 사회에 잘 적응하고 자신의 잠재 가능성을 최대한 실현할 수 있도록 도와주기 위한 전문적 활동"으로 정의하고, 넓은 의미에서 청소년상담을 교육활동의 하나로 보았다. 또한 박재황 외(1993)는 "청소년상담은 청소년 및 청소년 관련인(부모, 교사, 청소년지도자)과 청소년관련기관(가정, 학교, 청소년고용업체, 청소년수용기관, 청소년봉사기관)을 대상으로 직접봉사(개인 및 집단상담, 교육 및 훈련), 자문활동 그리고 매체를 통하여 청소년의 바람직한 발달 및 성장을 추구하는 활동"이라며 예방·발달적이지만 보다 포괄적인 의미에서 청소년상담을 정의하였다. 이처럼 청소년상담은 청소년을 둘러싼 포괄적인 이해당사자들과의 상담관계가 중요하다. 또한 청소년의 건강한 성장과 발달을 도모하는 데 있어 발생한 문제에 대한 대처와 치료적 개입만큼 청소년의 발달단계의 과업을 잘 성취하도록 다양한 프로그램을 개발하여 제공하는 일도 요구된다. 따라서 방법적인 면에서도 일대일 개인면접뿐만 아니라 소규모 또는 대규모 집단으로 교육 및 훈련을 시키거나, 매체를 이용할 수 있다.

더욱이 사회복지실천과정에서 청소년상담은 청소년복지실천과정의 주요한 개입방법으로 보아 단순히 심리적 갈등과 태도상의 문제보다는 포괄적으로 규정되어야 할 것이다. 특히 청소년복지실천이 '의도적인 변화노력'에 초점을 맞추고 있다는 면에서 청소년상담은 사회적 상황 속에 존재하는 클라이언트의 심리와 태도 그리고 행동의 변화를 추구해야 한다. 그리고 그들을 둘러싸고 있는 환경을 조정하는 데 기여할 수 있다면 조언과 상담, 나아가 심리치료의 방법도 부분적으로 활용되어야 할 것이다. 다시 말해 청소년상담은 클라이언트에게 복지서비스를 제공할 수 있다면 심리적인 상담을 중심으로 한 포괄적인 상담 개념으로 수용되어야 할 것이다.

생각하기 3 **상담의 이해**

George와 Cristiani(1995)는 생활지도, 상담, 심리치료는 목표, 클라이언트, 장면, 상담가, 방법 등과 같은 다양한 요인을 고려한 일직선상의 한 지점으로 이해해야 한다고 전제하였다. 또한 상담은 지지적, 상황적, 문제해결, 의식적 인식, 현재 그리고 단기적 문제 등을 다루며, 심리치료는 재구성, 심층강조, 분석적, 과거강조 그리고 장기적인 것이 특징이라 구분하고 있다(홍봉선·남미애, 2007 재인용).

이와 관련하여 정원식과 박성수(1983)는 상담이 도움을 필요로 하는 사람과 도움을 주는 사람 사이의 개별적 관계를 통하여 새로운 학습이 이루어지는 과정이라고 정의하고 있다. 또한 그들은 상담의 정의에서 몇 가지 내포되어 있는 의미를 지적하고 지나가야 할 것 같다고 하면서 일반적으로 타인의 도움을 필요로 하는 문제는 다음

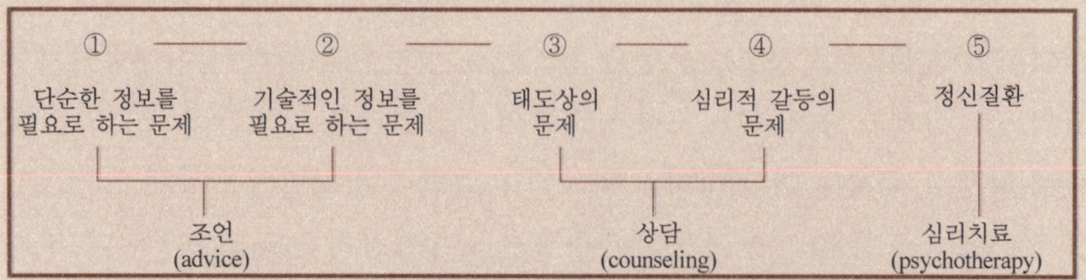

[그림 5-1] 심리적인 지원요소들의 관계

과 같은 연결성을 이루는 것으로 상정할 수 있다고 한다. 한편, Patterson(1971)은 전문적인 상담의 의미를 분명히 하기 위해 일반적으로 상담이라고 알고 있지만, 사실상 상담이라고 볼 수 없는 것에 대해서 다음과 같이 언급하고 있다. 즉 상담과정에서 비록 정보제공이 이루어지기는 하지만 정보를 제공해 주는 것 자체가 상담은 아니고 상담과정에서 충고를 하지만 충고해 주는 것 자체가 상담은 아니라고, 또한 직업을 선택하게 하거나 취직을 알선해 주는 것 자체는 상담이 아니라고 말한다.

그러나 청소년복지의 관점에서 본다면 상담은 누군가를 돕는 의사소통을 통한 포괄적 행위이다. 따라서 전문적인 상담의 영역으로 보기 어려운 전화번호 안내 등과 같이 단순한 정보를 필요로 하는 문제나 또는 법률과 의학 등에 관한 전문적인 지식을 필요로 하는 문제, 즉 조언과 충고도 사회복지상담의 범주에 포함할 수 있을 것이다.

그러나 [그림 5-1]에서 보여주는 관계에서 비정상적인(abnormal) 사람을 대상으로 하는 심리 또는 정신적인 치료를 상담에 포함하기 어렵다. 그렇지만 전문적 상담의 이론과 기술을 학습하고 논의할 때 상담은 정상적인 사람들이 생활과업에서 겪는 태도 또는 심리적 갈등의 문제를 다루는 것이라고 볼 수 있다. 다만 심리치료 영역에서 활용되는 치료이론과 기술은 협의의 상담에서도 매우 유용한 지식과 개입방법이 된다.

이장호(1998)는 "상담이란 도움을 필요로 하는 사람(내담자) 전문적 훈련을 받은 사람(상담자)과의 대면관계에서 생활과제의 해결과 사고, 행동 및 감정 측면의 인간적 성장을 위해 노력하는 학습과정이다"라고 말하고 있다. 일반적으로 상담은 심리 상담을 지칭하지만 도움을 주고받는 전체적인 범위로 확대할 수도 있다. 청소년복지실천의 한 방법과 분야로서 청소년상담은 정원식과 박성수(1983)가 제시한 상담의 범위를 포괄하는 수준에서 이해되어야 한다. 즉, 청소년의 문제가 심리, 정서, 감정에서 비롯되는 어려움이든, 빈곤 등 외부환경에서 오는 고통이든, 또는 또래집단과의 관계 및 진로 등 발달상에서 겪는 아픔이든, 심각한 정신적 갈등이든 그들의 성장에 초점을 맞추어 교육적 측면을 고려한 상담활동이 목표가 되어야 한다는 뜻이다. 또한 상담과정에 있어서 문제해결에 대한 명확한 과정과 기법을 통해서 청소년들의 참여와 능력을 개선시켜야 하며, 아울러 청소년에게 상담자의 모델링 역할이 강조되어야 한다.

3) 청소년상담의 목표

사회복지에서 청소년상담은 도움관계를 통하여 청소년 스스로 문제를 해결하고 나아가 바람직한 사회 성원으로서 성장하도록 돕는 복지 지향적인 과정이다. 이와 같은 청소년 상담은 대체로 다음의 목표를 갖고 진행된다.

(1) 문제해결 및 해결능력 부여

상담의 기본적인 목적은 지금-현재 클라이언트가 당면하고 있는 문제 또는 심리적 고통을 해결해주는 것이다. 조언, 심리적 지지, 심리치료 등 어떤 것이든 개인에게 영향을 주어 스스로 자기 문제를 해결할 수 있는 방안을 찾도록 하거나 직접적으로 문제해결의 방법을 제공해주어야 한다. 물론 직접적 충고나 제시 등은 그 결과를 알기 힘들거나 일시적 효과밖에 나타나지 않는 비효과적인 방법이 될 수도 있다. 간혹 우리는 클라이언트에게 "너는 다시는 나쁜 짓을 하면 안 돼"라는 훈계를 하고 클라이언트가 알았다고 고개를 끄떡이면 충분한 상담의 효과를 얻은 것으로 생각하는 경우가 있다. 그러나 그것은 문제의 본질은 외면한 채 클라이언트의 의식에 상담자의 경험이나 사회적 규범을 강제적으로 주입하는 것으로 진정한 문제해결에 도움이 되지 않는다. 진정한 문제해결은 클라이언트 스스로 문제에 대한 통찰(insight)을 가져 변화하려는 노력이 수반될 때 이루어질 수 있다. 이성 간의 관계를 원만하게 이끌어나가지 못하는 남성청소년에게 남성과 여성의 신체적·심리적 차이를 주입하기보다는 여성청소년이 갖는 발달의 독특성과 사회의 기대와 역할 등을 이해하게 할 때 보다 바람직한 이성관계를 맺을 수 있을 것이다. 문제는 여기-현재(here and now)에 초점을 맞추어 해결되어야 하며, 클라이언트가 호소하는 문제부터 풀어나가야 한다. 그렇지 않고서는 상담을 통해 청소년 스스로 성장할 수 있는 능력을 부여하는 기회마저 상실하게 될 것이다.

(2) 관계의 개선

청소년에게 또래집단은 많은 영향을 준다. 발달단계에서 청소년기의 또래집단은 건강한 성장을 하고 발달과업을 성취하는 데 큰 도움이 된다. 반면 또래집단은 청소년에게 가족을 벗어나 새로운 관계에 적응해야 하는 부담을 준다.

인간은 인간과의 관계를 통해서 삶의 보람을 느끼고 삶의 가치와 규범을 배우며 인간다워진다. 청소년들은 의사소통기술의 부족과 대인관계에서의 문제해결 능력의 미숙 등으로 곤경에 처할 수 있다.

청소년에게 상담은 가족과 또래들과의 관계를 원만하고 바람직한 방향으로 이끌어 나가는 방법을 탐색하도록 하는 좋은 도구가 된다.

(3) 환경변화와 조정

청소년은 아동과 달리 자기의 환경을 어느 정도 통제하고 조정할 수 있는 능력을 갖고 있는 동시에 건강한 환경을 조성할 의무도 갖고 있다. 일반적으로 청소년에 대한 인식은 그들이 사회에 대해서 일으키는 문제에 많은 초점이 맞추어져 있다. 물론 청소년이 차지하고 있는 사회적 위치와 발달 특성으로 인해 그들이 일으키는 문제가 더욱 크게 부각될 수도 있고 실제로 심각한 일탈행위를 할 수도 있다.

그러나 청소년문제 중 많은 부분이 청소년이 가정과 주변 환경이 청소년에게 문제를 일으킬 수밖에 없도록 하는 경우이다. 예를 들어 동생이 암이 걸린 소년가장의 경우에는 현재 위치에서 자신의 심리적 변화를 도모하고 능력을 향상하더라도 당장 직면한 문제를 해결하는 데 효과적인 도움이 되지 못할 것이다. 따라서 이들에게는 적극적으로 청소년에게 영향을 주는 환경을 변화하거나 조정하는 데 관심을 두어야 하며, 이때 클라이언트인 청소년을 위한 환경의 조정과 변화는 청소년이 의존심을 갖게 되지 않도록 매우 제한된 범위에서 이루어져야 한다.

(4) 잠재적 역량 인식 및 개발

끊임없는 발달과정에 있는 청소년들은 자신의 진정한 잠재적 능력이 무엇인지, 어떻게 발굴할 수 있는지 쉽게 탐색하지 못하는 경우가 많다. 따라서 상담을 통한 지속적인 대화와 관계 속에서 타인(상담자)을 통해 자신을 성찰하고 내재되어 있는 능력을 찾도록 도와야 한다. 또한 자기표현과 언어적 진술을 통하여 자신의 사고를 확장하고 내적 능력을 개발하도록 해야 하며, 나아가 대인관계의 역량을 제고할 수 있도록 돕는 데 목적을 두어야 한다.

(5) 성숙으로의 성장

사회복지 청소년상담에서 요구되는 상담자의 역할은 상담자가 모델링 기능을 하여야 한다는 것이다. 상담은 학습과 경험의 과정이다. 청소년을 위한 사회복지상담은 사회복지사와 클라이언트와의 관계를 통하여 삶에 대한 간접경험과 생활문제에 대한 다양한 시각과 통찰을 얻을 수 있는 기회가 되어야 한다. 상담에서 사회복지사가 클라이언트인 청소년(또는 가족들과 클라이언트체계)과의 관계에서 항상 중립적이며 객관적 태도를 취한다는 것은 이상적인 생각이다. 사람들은 불가피하게 자기의 경험과 성격 등을 준거로 하여 세계를 보며 또한 앞에 놓인 사안에 대해 선입견을 가질 수 있다. 물론 전문적 지식과 경험 그리고 기술의 습득을 통하여 이러한 사회복지사의 편견을 감소시킬 수는 있지만, 상담과정에서 은연중에 보이는 사회복지사의 태도와 생각은 클라이언트에게 때로는 클라이언트 자신도 모르게 모델링이 되어 영향을 미친다. 따라서 보다 적극적으로 클라이언트의 문제와 상황에 개입해야 한다면 사회복지사의 자세와 행동 그리고 말투 등이 여과 없이 투영될 수도 있다. 타인에 대해서 민감한 시기인 청소년에게 사회복지사의 한마디 말과 생각은 하나의 사실 또는 진실로 클라이언트에게 비춰질 수 있다. 이는 청소년을 위한 사회복지상담에서는 성인을 돕는 것보다 더 신중을 기해야 하는 것을 강조하는 한편, 조금만 노력을 기울이면 클라이언트의 인격과 세계관을 형성하는 데 좋은 모델로서의 역할을 수행할 수 있다는 장점을 보여준다.

청소년상담은 무엇보다도 새로운 학습과정이어야 한다. 그러나 청소년상담을 논의하는 데 앞서 언급한 상담의 정의보다는 보다 광범위하고 새로운 시각에서 정의를 구성해야 한다. 흔히 상담은 청소년에게 일련의 교육적 과정이나 심리적 지원의 관점에서 제시되는 경우가 많으며 이것은 상담이 청소년기의 진로와 심리적 발달과업의 성취 등에 관심을 갖고 발전한 역사적 배경과도 일치하는 의미일 수 있다. 그러나 사회변화에 따라 청소년들이 겪는 문제는 단지 심리적인 조정으로 해결되기 어려운 상황에 이르렀다. 어느 시기보다도 사회 환경에 큰 영향을 받는 청소년에게 그들의 문제를 일으키는 상황에 대한 적절한 대응방법과 통제방안은 상담의 영역에서 다루어야 할 중요한 일이라고 할 수 있다.

4) 청소년상담의 전제

(1) 청소년(클라이언트)의 스트레스 정도

상담은 심리적 불균형(disequilibrium)에서 야기되는 심리적 긴장과 고통 그리고 갈등이 일정량 이상으로 있어야 도움이 된다. 대인관계를 힘들어하는 사람은 사람을 사귀려는 욕구는 있지만 사귐으로써 겪을지 모르는 열등감이나 모욕감을 두려워한다. 또한 어떤 사람은 강력한 성적 욕구와 죄책감 사이에서 방황하기도 한다. 또한 이러한 갈등은 심인적인 것 외에 환경과 개인 간의 문제로 비롯되는 경우도 많다. 결혼을 하면 그 전과 같이 부모에 의존할 수 없고 물질적 심리적 독립이 필요하다. 이 경우 그 전의 의존심의 욕구와 결혼이라는 환경적 압력 사이에 갈등이 생긴다. 이러한 갈등의 정도가 최소한 상담 자체로 인해서 받는 스트레스보다 커야 한다는 것이다.

상담이 효과를 발생하려면 욕구 간의 갈등이나 압력으로 생기는 긴장과 불안이 그 해결을 모색하고 있는 상태가 되어야 한다. 클라이언트가 갖는 심리적 긴장과 고통이 여태껏 어느 누구에게도 말하기 힘들었던 문제나 감정을 사회복지사에게 말하는 데 따르는 긴장이나 고통보다 커야 한다. 상담의 고통보다 더 커야 한다는 것이다. 다시 말해서, 상담내용으로 인한 고통이 상담을 받는 데 따르는 긴장보다 커야 한다는 뜻이다.

물론 청소년상담이 청소년의 교육과 학습이라는 포괄적인 관점에서 본다면 이러한 전제는 청소년상담의 치료적 성격을 부각시키는 데 적절한 전제이며, 동시에 청소년이 자신의 문제를 진지하게 접근하도록 교육하는 데 상당한 의미를 가질 수 있다.

(2) 상담을 받으려는 열의

상담을 받으려는 열의가 높으면 높을수록 상담이 성공할 가능성이 많아진다. 그렇다고 강제에 의한 상담이라고 해서 성공확률이 아주 낮은 것은 아니다. 예를 들어, 18세 된 여학생이 부모의 반대에도 불구하고 결혼을 하겠다고 해서 어머니가 상담을 요청한 경우를 보자. 처음에는 그 청소년은 비자발적 클라이언트로 스스로 상담의 필요성을 느끼지 않았지만, 상담이 계속되는 도중에 자발적 클라이언트로 전환될 수 있다. 상담을 통해 청소년은 결혼에 대한 자신의 고집이 일생의 배우자를 선택하는 것이 아니라 부모에 대한 반항과 위협이 목적이었다는 것을 깨달을 수 있다. 클라이언트가 상담을 받으려는 열의가 높을수록 상담의 효과는 클 수 있지만, 그 열의가 낮더라도 상담과정을 통해서 상담에 몰입하도록 도와야 한다.

실제 비자발적인 클라이언트와의 상담이 성공하기 위해서는 다음의 두 가지 측면이 고려되어야 한다. 첫째는, 실제로 상담할 수 있는 기회와 여건이 충족되어야 한다. 학생이 담임교사의 강요에 의해서 상담을 해도, 학교에 계속 재학을 하고 있다면 자발적인 클라이언트가 될 수 있는 기회를 갖게 될 것이다. 결국은 자기의 의사에 따라 상담받을 여부를 결정할 자유가 있다면 상담을 받을 가능성이 없어진다. 둘째는, 클라이언트가 자신의 문제를 야기한 갈등을 어떤 방법으로든지 표현할 수 있어야 한다. 적어도 '말'로써 자신의 문제와 상황을 표현하는 최소한의 능력이 있어야 한다. 만일 비자발적 클라이언트가 상담에 임하면서 말하는 것을 거부한다면 그 감정을 있는 그대로 수용하되, 진정한 필요를 느끼지 않는 한 상담이 불가능하다는 것을 알려주어 상담에 적극적으로 참여하거나 종결하도록 도와야 한다.

(3) 클라이언트가 가족의 통제를 받는 정도 여부

클라이언트가 가족의 통제에서 벗어나 어느 정도 독립적인 결정과 행동을 할 수 있는지를 상담의 시작에서 판단하는 것이 필요하다. 특히 청소년인 경우는 더욱 그렇다. 클라이언트가 자신의 변화를 수행할 수 있는 적극적인 행동과 기회를 취할 수 있는 능력이 전제된다면 보다 효율적인 상담이 이루어질 것이다. 이러한 전제는 청소년들에게 가능하지 않은 경우가 많다. 따라서 청소년상담 중 경우에 따라 부모 또는 가족이 함께 상담을 받아야 한다. 더욱이 청소년에게 사회적 적응과 긍정적인 변화를 주려는 노력은 청소년 혼자의 힘만으로는 불가능하다. 청소년을 둘러싼 각종의 인적 자원체계가 청소년을 돕기 위해서 상호 협력해야 한다. 예를 들어, 부모와의 갈등문제를 청소년만의 상담을 통해서 해결하는 데는 한계가 있을 것이다. 이 경우 부모가 불쾌한 감정을 가져 도움이 되기는커녕 문제를 더욱 복잡하게 만들 수도 있다. 그렇지만 지역적 또는 심리적으로 완전히 부모의 통제를 벗어난 청소년의 경우는 다를 수 있다.

(4) 지능과 안정성

논란의 여지가 있겠지만 상담을 하기 위해서는 일정한 지능을 가져야 한다. 아마도 지능이 낮은 청소년과의 상담은 '말'보다는 다양한 상담기법을 활용함으로써 가능할 수 있을 것이다. 음악, 미술, 작업 치료 등도 효과적인 방법이 될 수 있다. 또한 성격의 안전성도 상담을 무리 없이 진행시켜 나가고 효과적인 상담결과를 도출하기 위해 필요한 사항이다. 고도로 불안정한 사람, 특히 불안정이 유기적이거나 유전적 기반에서 기인하는 경우나 심한 성격이상 청소년 등은 상담보다는 심리치료와 정신과적인 치료를 통해서 문제를 해결하는 것이 더 큰 도움이 될 것이다(김기석 역, 1986).

5) 청소년상담의 과정

청소년상담은 청소년과 가족 등이 갖고 있는 문제와 고통을 개별적인 도움관계를 통해서 태도상의 변화를 유도하거나 환경을 조정하여 해결 또는 경감시키려는 복지 지향적인 상담이다.

이러한 청소년상담은 클라이언트의 관점에서 보면 다음의 단계를 통하여 문제를 인식하고 사정 및 통찰함으로써 자기의 언어로 문제를 해결하는 방법을 발견한다. 그러나 이러한 단계는 상담과정을 이해하는 데에 따른 편의상의 구분이지 명확한 순서는 아니다.

(1) 1단계 : 문제인식

클라이언트가 "나는 문제를 갖고 있다"라고 말하거나 생각할 수 있어야 한다. 이 말은 문제에 대한 인식이 명확해야 하며 그로 인해 겪는 고통과 갈등이 전제된다는 뜻이다. 만일 문제를 부인한다면 변화하려는 어떤 노력이나 동기도 부여되지 않을 것이다. 사람들은 자기가 문제를 갖고 있으면서도 스스로 문제가 있다는 사실을 부인하려고 한다. 특히 비자발적인 클라이언트(involuntary client)의 경우에는 – 보호관찰을 받는 청소년, 학교폭력가해청소년, 정신적인 질환을 갖고 있는 청소년 등 – 강제적으로 클라이언트가 되기 때문에 자기의 문제를 쉽게 인정하려 들지 않는다. 이렇듯 클라이언트가 자신의 문제를 부인할 때 문제가 없다고 말하는 이유를 파악해야 하며, 무엇이 문제인지에 대해서 클라이언트에게 명백히 보여 줄 필요가 있다. 다시 말해 클라이언트가 문제에 직면하도록 도와야 한다. 만일 클라이언트가 문제에 직면해서도 부인한다면 사회복지사는 클라이언트가 문제를 갖고 있다는 사실을 깨닫도록 해야 한다. 예를 들어 자신보다 약한 학생을 괴롭히는 가해청소년이 자기는 단지 장난을 하는 것일 뿐 그리 큰 문제가 아니라고 주장한다면 자신보다 훨씬 힘이 센 청소년에게 당했을 때의 기분에 대해서 설명하게 하고 그것마저도 문제가 아니라고 부인한다면 폭력을 당하는 청소년이 심각하게 생각하는 것에 대해 이해하지 못하는 무감각이나 외면에 대해서 설명해야 한다. 또한 문제를 인식한다 해도 그 문제를 다른 사람의 도움을 받지 않고 해결해야 한다고 생각하는 클라이언트가 적지 않다. 왜냐하면 그 문제는 '내 문제'이기 때문이다. 그러므로 스스로 문제를 해결할 수 있다고 생각한다면 그대로 받아들이되, 만일 도움이 필요하다면 항상 문제해결과정에 참여하여 상담할 수 있다는 사실을 알린다.

(2) 2단계 : 관계형성

사실 문제를 인식하는 단계와 관계를 형성하는 단계는 뚜렷이 구분되지 않는다. 어떤 면에서 보면 문제에 대한 논의 이전에 사회복지사와 클라이언트와의 관계형성이 선행되어야 할 필요도 있다. 상담이 효과를 보기 위해서는 클라이언트가 자신의 입으로 '이 사회복지사는 나에게 무엇인가 도움을 주려고 한다'는 생각을 해야 한다. 만일 '이 사회복지사는 나를 도울 수가 없다' 또는 '나는 사회복지사가 필요 없다', '나는 이 사람을 믿을 수가 없다'라는 등의 생각을 한다면 상담은 실패할 확률이 높아진다. 왜냐하면 상담에서 가장 중요하다고 볼 수 있는 긍정적인 관계의 성립이 어려워질 수밖에 없기 때문이다. 상담과정을 통해서 사회복지사는 클라이언트와의 관계에 대해 세심한 주의와 이해를 가지고 발전시켜 나가야 한다.

이렇듯 긍정적이고 건설적인 관계를 갖기 위한 지침은 다음과 같다.

① 클라이언트가 자신의 문제와 감정을 안전하게 표현할 수 있는 분위기를 조성한다.

② 최초의 접촉에서 클라이언트에게 사회복지사 자신을 내보일 수 있어야 한다. 자만한 태도가 아닌 도울 수 있는 사람으로서의 지식과 이해심을 보일 수 있어야 한다.

③ 클라이언트가 자기의 문제를 말할 때, 웃거나 과민한 반응을 보이지 말고 조용히 경청한다.

④ 비심판적으로 판단한다. 클라이언트의 가치를 존중하고, 사회복지사의 가치를 강요하지 않는다. 예를 들어 여성청소년이 혼전 임신을 했을 때, 쉽게 입양이나 낙태를 권하지 않는다. 그 스스로 선택할 수 있도록 문제를 풀어나갈 수 있는 여러 방안들을 제시한다.

⑤ 가능하다면 표준말과 예의 있는 언어를 사용한다. 물론 때에 따라서 클라이언트가 사용하는 비속어를 유사한 말로 반응함으로써 관계를 증진시킬 수 있다. 그러나 품위 있고 어떤 클라이언트라도 이해할 수 있는 어휘를 구사한다.

⑥ 비밀을 보장한다. 여러 차례의 상담에 있어서 만일 사회복지사가 상담내용에 대해서 비밀을 지키지 않고 그것이 클라이언트에게 알려졌다면 그 관계는 순식간에 파괴될 것이다.

⑦ 가까운 친구와 친지는 상담해 주지 않는 것이 좋다. 물론 더 좋은 결과를 맺을 수 있지만, 일반적으로 보면 사회복지사도 사적인 감정을 가진 사람이기 때문에 아주 가까운 사이에는 공적인 관계를 형성하기 어렵기 때문이다.

(3) 3단계 : 동기부여

효과적인 상담이 되기 위해서는 클라이언트가 "나는 상황이 개선되기를 원하며, 그렇게 되도록 기꺼이 노력하겠다"라는 고백을 할 수 있어야 한다. 클라이언트가 변화하기 위한 동기부여가 되지 않는 한, 건설적인 변화는 발생할 수 없다. 상담에 있어서 클라이언트가 자신의 상황을 개선하려는 의지에 대한 결정적 요소는 개선을 원하는 동기가 되어 있는지와 그에 필요한 노력을 발휘하는 데 달려 있다(Losoncy, 1977). 사회복지사는 클라이언트에게 이러한 동기부여가 될 수 있도록 격려해야 한다. 이를 위해서는 하나의 인간으로서 받아들이되, 그가 갖고 있는 문제와 역기능적인 행동을 적극적인 변화의 대상으로 인식하고, 비난하는 태도를 취하지 않고, 공감한다. 또한 클라이언트가 귀중히 여기는 가치를 존중하며, 클라이언트가 상황을 개선할 수 있다는 믿음을 갖고 작은 것에도 귀 기울여 잘 듣고 반응하며, 클라이언트가 갖는 개인적인 특성을 감안하여 동기를 부여해야 한다.

(4) 4단계 : 명료화

"내 문제는 변화 가능한 구체적인 요소를 통해 해결할 수 있다." 대부분의 클라이언트는 자기 문제의 혼란 속에서 벗어나와 상담을 통해 해결 불가능한 문제가 아니라 차근히 풀어나갈 수 있는 문제로 유형화하거나 단계적으로 문제해결에 접근하는 방법을 모색한다. 이렇듯 클라이언트가 자신의 문제를 개념화하고 명료화시킬 수 있도록 사회복지사는 클라이언트와 함께 문제를 깊이 탐색해야 한다. 즉, 해결 가능한 문제로 명료화시켜야 한다.

(5) 5단계 : 해결방안 탐색

문제를 명료하게 파악하고 분석한 후에 사회복지사와 클라이언트는 선택적인 대안들에 대해서 생각해야 한다. 문제해결을 위한 대안을 탐색하는 데 있어서 클라이언트에게 문제를 풀어 나갈 수 있는 방법에 대해서 생각할 수 있도록 조장한다. 클라이언트는 자기의 문제를 극히 사적인 문제로 인식한다. 사회복지사에게 오기 이전에 대부분의 클라이언트들은 나름대로의 해결방안을 갖고 시도해 보려고 했을 것이다. 그러므로 클라이언트에게 문제해결방법을 질문하는 것은 그 자신이 이미 시도해 보려고 마음은 먹었지만 해보지 않았던 방법에 대해서 해보도록 권유하는 것이다. 그렇지만 이 선택은 더 나은 방안과 생각이 떠오른다면 빨리 버려야 한다. 클라이언트에게 선택적인 문제해결 방안을 허용하는 데 대한 장점은 빈틈없이 조사되어야 한다. 만일 클라이언트가 다양한 문제해결 방안을 생각하지 않았다면, 사회복지사는 그 방안에 대해서 언급해야 하며, 클라이언트 중심의 해결방안에 대한 장점은 조사되어야 한다. 클라이언트는 독특한 사람이고 각자 다른 문제를 갖고 있다. 한 사람의 클라이언트에 대한 상담과정과 내용이 다른 클라이언트에게 반드시 유용한 것은 아니다. 예를 들어 혼전임신을 한 여성청소년에게 낙태는 그의 가치와 상황에 부합할 수 있는 선택일 수 있지만, 동일한 상황에 처해 있는 또 다른 여성청소년에게는 다른 가치와 목적이 될 수 있다. 만일 상담이 효과적이려면, 클라이언트가 자기가 처해 있는 상황에서 스스로 취해야 할 몇 단계의 행동이 있다는 사실을 알 수 있도록 하는 것이다. 몇 가지 해결전략이 있다는 사실이 클라이언트에게 현실적으로 다가오지 않는 한, 그 상담은 실패할 확률이 높게 될 것이다.

(6) 6단계 : 해결방안 선택

상담과정에서 클라이언트와 사회복지사는 보다 나은 해결방안을 찾기 위해서 노력할 것이다. 어떤 해결방안이 결정된 이후에 더욱 중요한 것은 클라이언트가 선택한 방법이 스스로에게 도움을 줄 수 있을 것이라는 확신을 갖고 기꺼이 실행하는 일이다. 만일 클라이언트가 문제해결 방법은 이해하지만 진정으로 참여하여 실행에 옮기기를 주저하거나 거절한다면 건설적인 변화는 발생할 수 없다. 예를 들어, 약물중독으로 인해 고통을 받는 청소년이 자신의 약물남용에 대한 심각성을 인지하고 있지만, 중단할 수 있는 의지가 없고 행동으로 옮겨지지 않는다면 그 상담은 허공에서 맴도는 결과를 나타낼 수 있다. 다시 말해 사회복지상담으로서 청소년상담은 단순한 심리적인 변화만을 상담의 결과적인 목표로 삼지 않는다. 행위가 수반되지 않는 심리적 변화는 아무런 문제도 해결할 수 없기 때문이다.

클라이언트는 자기결정권(right to self-determination)을 갖고 있다. 그것은 가능한 해결방안 중에서 어떤 방법으로 행동변화를 추구할지 선택할 수 있는 권리이기도 하다. 사회복지사의 역할은 클라이언트에게 도움이 될 수 있는 가능한 해결방안 중 각각에 대해서 그 예상되는 결과를 명백히 하고 이해하기 쉽도록 돕는 일이다. 따라서 종종 사회복지사는 이 과정에서 조언의 방법을 사용할 수 있다. 그러나 이 경우 조심스러운 것은 만일 사회복지사의 조언대로 행동해서 잘못되면 클라이언트가 그 책임을 사회복지사에게 묻거나 비난할 수 있다. 좋은 결과를 갖게 되더라도 클라이언트가 사회복지사에 대해서 갖는 의존은 심해질 수 있다. 그렇다고 마냥 의존적이고 우유부단한 클라이언트에게 모든 상황을 맡기면 어떤 결과도 얻지 못하게 될 가능성이 있다. 클라이언트의 자기결정권은 존중되어야 한다. 그러나 자신의 변화의지를 실행에 옮길 수 있는 확신이 없거나 해결방안을 선택하는 데 어려움을 겪는 클라이언트에게는 "내가 생각하기에 당신은 이 방법을 택하는 것이…"라는 전달법보다는 각기의 해결방안에 대해서 클라이언트에게 “당신은 그 방법에 대해서 어떻게 생각하십니까?” 등의 완곡한 질문을 통해 그의 통찰을 확실히 드러내는 데 도움을 주어야 한다.

(7) 7단계 : 실행

청소년상담의 심리적 문제해결 핵심은 통찰력(insight) 증진에 있다. 통찰력은 깨달음이다. 누구나 어떤 문제에 부딪쳤을 때는 정신적으로 혼란스러워지고 고통을 받게 되어, 문제를 객관화하지 못한다. 좀 더 냉정하게 문제를 인식하고 탐색할 수 있다면 새로운 해결방안을 찾을 수 있겠지만, 실제 상황에 부딪치면 자기 문제에 집착하거나 어떤 감정이 머릿속에 부각되어 문제해결의 실마리를 찾는 데 실패하고 결국 도움을 요청하게 된다. 상담의 단계에서 그동안의 문제를 인식하고, 명료화하며 문제를 해결하겠다는 의지를 갖고, 문제를 새롭게 개념화하며, 해결방안을 모색하고 선택하는 과정은 궁극적으로 클라이언트의 통찰을 유도하는 일련의 준비과정이라고 할 수 있다. 이 과정에서 클라이언트는 자기가 상담을 하기 이전에 보던 관점에서 벗어나 다른 각도에서 자신의 문제를 깨닫게 된다. 이러한 통찰은 자신의 문제를 해결할 수 있는 중요한 실마리를 제공하는 동시에 적극적으로 관여할 수 있는 동기를 유발시킨다.

상담은 클라이언트가 자신의 문제를 해결하기 위해 적극적으로 관여할 때만 성공할 수 있다. 즉 클라이언트와 사회복지사가 함께 탐색하고 선택한 해결방안에 대해서 클라이언트가 분명히 자신에게 도움이 된다는 확신이 생기고 그것을 적극적으로 행동으로 옮길 때 효과를 거두게 된다는 것이다.

다음은 해결방안을 실행에 옮기는 데 도움이 되는 지침이다.

가. 명백하고 실제적으로 클라이언트와 계약을 해야 한다.

클라이언트가 해결방안에 대해서 선택할 때, 클라이언트가 추구하는 목적이 무엇인지, 그것을 성취하는 데 따른 과업이 무엇인지, 또한 어떻게 과업을 달성할 수 있을지에 대한 명확한 이해가 있어야 한다. 이러한 계약은 문서로도 할 수 있겠지만, 우리의 문화에서는 각기 과업에 대한 시간적 제한을 둔다든지, 도울 수 있는 범위와 클라이언트의 역할과 책임에 대해서 확실히 언급하고 동의를 구함으로써 가능할 수 있다.

나. 상담은 철저히 클라이언트와 함께(with) 진행하고 목표를 성취해 나가는 것이지, 클라이언트에 대해서(of) 또는 클라이언트를 위해서(for) 이루어지는 것은 아니다.

클라이언트는 정해진 해결방안을 실행함으로써 상황을 개선하고 과제를 수행해야 할 책임이 있다. 그가 갖고 있는 능력범위 내에서 적극적으로 자신을 돕는 과정에 참여해야 한다. 궁극적으로 이러한 절차는 과업을 성공적으로 성취할 수 있을 뿐 아니라 개인적인 성숙을 촉진하며 앞으로 다가올 상황에 책임감을 갖고 대처할 수 있는 능력을 제공한다.

(8) 8단계 : 평가

문제해결로 인한 긍정적인 변화가 지속되기 위해서는, 클라이언트가 이번 상담은 많은 노력과 시간이 들었지만 가치 있는 일이었다고 생각할 수 있어야 한다. 만일 그렇지 않고 약간의 도움에 비해 자신에게 많은 심리 또는 물질적으로 희생이 있었다고 생각한다면, 그 상담은 효과가 없었거나 문제해결에만 제한적으로 도움이 된 것이다.

사실 상담과정에서 클라이언트와 함께 이야기할 때마다 참여에 대해 보상해 주어야 한다. 보상은 클라이언트의 자아 존중감을 높이고 자긍심을 증진시켜 상황을 개선하려는 노력에 대해 지속적인 동기를 부여해 준다.

특히 종료할 때 클라이언트가 상담으로 인한 자기낙인을 갖지 않도록 세

심하게 배려해야 한다. 다음의 내용은 상담을 종료할 때 매우 유익한 방법이 될 것이다.

① 상담이 도움이 되었는지, 그렇다면 얼마나 도움이 되었으며, 만일 아니라면 어째서 도움이 되지 않았다고 생각하는가?
② 사회복지사가 무엇을 잘했는가?
③ 상담과정에서 결점은 무엇이었는가?
④ 사회복지기관에서 상담서비스 중 개선할 점은 무엇이라고 생각하는가?
⑤ 상담서비스 이외에 관심이 있거나 필요한 복지서비스는 무엇인가?

이러한 질문들은 상담서비스를 개선하는 데 유용할 뿐만 아니라 클라이언트에 대해서 추가적인 서비스가 필요한지의 여부를 결정하는 데 도움이 된다.

마지막으로 상담을 종료하고 평가하는 데 있어 중요한 것은 클라이언트에 대한 사회복지사(상담자)의 가치와 태도이다. 상담이 끝난 후에도 클라이언트를 문제와 연결하여 선입견을 갖거나, 도움은 아주 특별한 사람들이 받는 것이라는 태도 그리고 문제를 일으키는 사람은 따로 있다는 등의 편견에서 벗어나야 한다. 누구나 어려움을 겪을 수 있고 사회복지사도 예외가 될 수 없다는 진솔한 가치가 행동으로 나타날 때 상담은 성공적으로 평가받을 수 있을 것이다.

Tip 상담의 3단계

청소년 상담과정을 단순화시켜서 재구조화하면 다음과 같다.

□ 1단계 : 정서의 이해(무엇이 문제인가?)

대부분의 클라이언트는 마음이 불편하고 감정이 손상된 상태에서 상담을 요청한다. 그들에게는 먼저 자신의 현재 정서를 잘 탐색하여 정화(catharsis)하여 문제의 본질에 정확히 접근하도록 해야 한다. 또한 내담자가 상담의 초기 과정을 통해서 자신의 정서를 정확히 알고 환기(ventilation)하는 가운데 갖고 있는 상당한 고민과 문제가 해결되는 경우도 있다.

□ 2단계 : 사고의 통찰(어떤 상태를 원하는가?)

부정적 감정을 표출하여 보다 맑고 선명한 상태로 갖고 있는 문제를 보게 된 후에는 클라이언트로 하여금 지금의 불만족한 상황에서 벗어나 원하는 상태에 대해서 말하게 한다. 이러한 과정은 끊임없이 클라이언트의 인지를 자극함으로써 스스로 자각하고 통찰하여 '아하 경험'(무릎을 치고 그렇다고 소리치는)을 하도록 한다. 이는 클라이언트가 문제를 능동적으로 극복하는 중요한 동기가 된다.

□ 3단계 : 행동의 계획(어떻게 찾을 것인가?)

클라이언트가 자신의 문제를 스스로 탐색하여 통찰함으로써 문제의 해결 방안과 동기가 마련되었다면, 문제를 해결할 기회를 갖게 한다. 향후 행동의 과정을 통해서 문제의 해결점을 찾도록 대안을 제시하고 그 속에서 자기의 정서와 성격 그리고 환경에 가장 적합한 방안을 찾도록 함께 돕는다. 그런 후에 사회복지사는 상담을 종결한 후에도 클라이언트가 문제해결의 동기가 유지될 수 있도록 격려하고 구체적인 실행계획을 세우는 것이 필요하다.

6) 상담기술

(1) 사회복지사의 태도

① 온화함(warmth)

유난히 따뜻한 사람이 있다. 말솜씨, 자세, 몸짓에서도 따뜻함을 느낄 수 있지만 더욱 중요한 것은 정직한 관심과 관용을 통해서 온화함이 드러난다는 것이다. 상대를 하나의 인간으로서 존중하고 하나하나 특별한 존재로 인간을 바라보는 마음자세가 온화함으로 표현된다. 어느 누구도 따뜻한 느낌을 주는 사람을 거부하거나 무시하지는 않는다. 인간 서비스 전문직인 사회복지사에게 따뜻함은 필수적인 요소이다.

② 민감성(responsiveness)

민감성이란 상대방의 감정에 예민하고 적절히 대처하는 능력이다. 감정과 심리적 상태를 감지하는 능력은 매우 중요한 것이지만 실제 클라이언트의 마음을 정확히 읽기는 매우 힘들다. 사람들은 무의식적으로 자기를 방어하여 진짜 감정이나 생각은 숨기려 한다. 그러므로 클라이언트의 언어 뒤에 있는 비언어적 표현은 물론 그의 의도와 마음의 상태까지도 파악할 수 있는 민감성이 있어야 한다. 이를 위해서 상대의 말, 행동, 사고, 얼굴표정 등에 세심한 관심을 기울여야 한다. 마치 글에서 저자가 나타낸 행간의 의미를 이해하는 것처럼 상대의 어휘와 어휘 사이 그리고 몸짓과 몸짓 사이에 숨겨져 있는 정확한 의미와 상태를 파익힐 수 있어야 한다.

③ 허용성(permissiveness)

상담을 할 때 중요한 태도는 도덕적 편견을 취하지 않는 것이다. 예를 들어 마약에 중독되어 있는 청소년을 상담할 때, 법과 도덕적 잣대로 접근하려 한다면 클라이언트는 자신의 문제를 닫아 버릴지 모른다. 도덕과 윤리 그리고 법적인 판단을 필요로 하는 문제일지라도, 문제를 해결해 나가는 관점에서 접근하여 클라이언트가 자신의 이야기를 자유롭게 하도록 해야 한다. 허용성이 많은 상담관계일수록 클라이언트는 상담기간 내내 상담이 자신의 모든 감정과 태도를 표현할 수 있는 장소이며 시간이라는 믿음이 생긴다. 한편, 클라이언트가 자신의 수치스러운 감정, 죄책감, 미워하는 감정 등을 자유롭게 표현할 수 있도록 조장해야 하지만, 충동이나 금지된 행동을 상담관계에서 표출하는 것은 제재해야 한다.

④ 적절한 거리감과 한계(social distance and limit)

상담에서 클라이언트는 자기의 어떤 감정이든지 자유롭게 표현할 수 있지만 그것을 행동으로 옮기는 데에는 명확한 한계를 두어야 한다. 상담시간에 지각해도 좋고, 정말로 문제가 되는 것은 피하고 실없는 소리를 해도 좋고, 정말 문제를 말함으로써 건설적으로 이용하여도 상관없지만, 여기에는 한계가 명확히 있어야 한다. 클라이언트가 마음대로 사회복지사를 지배할 수 있도록 용인되어서는 안 된다는 것이다. 만일 상담시간에 늦게 온다면 이미 정해진 시간 내에서 상담을 할 수밖에 없다는 것을 알려주어 클라이언트에게 책임의식을 갖게 한다. 또한 정해진 시간에 오더라도 그 시간의 대부분을 상담과 관련성이 많지 않은 이야기를 하다가 끝날 때쯤 중요한 관심사를 말하는 수가 있는데 이때에도 주어진 시간의 한계를 명확히 해야 한다. 또한 상담에서 클라이언트가 언어로 자신의 감정을 상담자에게 분출하는 것은 일정 부분 허용될 수 있지만, 직접 신체적으로 자신 또는 사회복지사를 공격하는 것은 금지된다. 이를 위해서 사회복지사는 클라이언트와 일정한 사회적 거리(social distance)를 유지하는 것이 좋다. 유능한 외과의사라도 자기 가족을 수술하기는 무척 힘든 것처럼, 지나친 감정의 교류가 허용되면 클라이언트와 사회복지사가 밀착관계를 형성하게 되기 쉬운데, 이는 바람직한 관계로 볼 수 없다. 진실되고 신뢰감이 넘치지만 항상 적당한 심리적 거리감이 있는 전문적인 관계를 유지해 나가야 실제로 클라이언트에게 도움이 될 수 있고, 사회복지사의 전문성도 성숙할 수 있을 것이다.

7) 상담관계기술

(1) 관심(attention)

한창 외로움에 빠져 있는 사람에게는 옆에 있어 주는 것만으로도 큰 도움이 된다. 한번쯤 그런 경험들이 있을 것이다. 아무 이유 없이 사람이 그리운 날에 전화해서 만날 수 있는 친구가 있다는 것에 행복감을 느끼며, 함께 시간을 보내면 마음이 푸근해지는 느낌을 받을 것이다. 미움보다 더 무서운 것이 무관심(indifference)이라는 말이 있듯이 관심은 상대를 인정하고, 받아들인다는 가장 초보적인 표시이다. 누군가 자신을 무시하거나 말을 들어주지 않을 때 섭섭한 감정을 갖게 되고 심한 경우에는 버림을 받았다는 생각도 갖는다. 누구도 자신에게 관심이 없는 사람에게는 관심을 갖지 않는다. 그러한 사람은 자신에 대한 타인의 관심과 평가에는 예민해도 다른 사람에 대한 관심에는 둔감한 편이다. 관심은 상대에게 온 몸과 마음을 다하여 기울이는 것이다. 상담에서 관심을 갖는다는 것이 간단해 보일지 모르지만 실제로는 쉽지 않은 일이다. 관심을 갖기 위해서는 사람(상대)에 대해서 민감해야 한다. 김계현(1997)은 '민감하다'라는 말은 클라이언트에게뿐만 아니라 사회복지사 자신에 대해서 민감하게 느끼고 알아차리는 능력과 태도를 의미한다고 한다. 그러므로 사회복지사는 자기 자신에게서 발생하는 여러 가지 생각과 감정을 민감하게 알아차리며 자신의 감정과 생각이 클라이언트에게 어떻게 영향을 주고 있는지에 대해서도 주의를 기울일 수 있다.

(2) 경청(listening)

우리는 상대가 나에게 "당신을 사랑합니다"라고 말할 때, 음성이나 언어만으로는 사랑의 강도를 파악할 수 없으며 그 말을 하는 순간의 분위기, 상대의 표정, 자세, 목소리, 생리적 반응(떨림, 얼굴 붉어짐 등) 등에 따라 그 말의 진위와 강도를 포착할 수 있다. 이처럼 경청(listening)은 클라이언트가 이야기를 할 때, 그 메시지가 언어적이든 비언어적이든 분명하든 모호하든 클라이언트가 전달하려는 메시지를 사회복지사가 포착하고 이해하는 능력을 의미한다. 그것은 단순히 소리를 듣는(hearing)것이 아니다. 주의를 집중하여 클라이언트의 언어와 비언어적 표현을 세심하게 듣고 환류(feedback)하는 것까지를 의미한다.

경청은 상담 전 과정에 있어 필요한 주요한 기술이다. 유능한 상담자라는 말은 훌륭한 경청자라는 말과 같다. 클라이언트의 이야기에 적극적으로 귀를 기울이고 온 몸과 마음을 집중하여 클라이언트의 이야기 흐름을 따라가고 그의 감정에 민감하고, 적절한 반응을 해준다. 클라이언트는 사회복지사가 경청하는 내용만 말하려고 할 것이다. 상담은 사회복지사의 이야기를 하는 것이 아니다. 클라이언트의 이야기를 듣고 문제해결 방안과 가능성을 선택하고 결정하는 과정이다. 따라서 사회복지사는 필요한 말을 제외하고는 자제를 해야 한다.

완벽한 경청을 위해서는 다음의 조건이 요구된다(제석봉 역, 1999).

① 클라이언트의 언어적 메시지를 듣고 이해하는 것이다.

클라이언트가 말하는 것에는 경험적 사실과 생각 그리고 정서가 모두 혼합되어 있다. 사회복지사는 클라이언트가 말하려고 하는 것을 아는 한편, 클라이언트가 자신의 문제에 대한 상황을 언급할 때 나타나는 경험적 사실과 생각 그리고 정서를 파악하고 그가 무엇을 보태고 빼고 있는지 주의 깊게 경청해야 한다.

② 클라이언트가 나타내는 자세, 얼굴, 표정, 몸의 움직임, 목소리 등의 비언어적 행동을 관찰하고 파악해야 한다.

사회복지사는 클라이언트의 비언어적 의사전달을 왜곡이 없이 읽는 방법을 학습해야 한다. 때로는 비언어적 행동과 표현은 언어적 의사소통보다 훨씬 중요할 수 있다. 따라서 언어 이면에 있는 비언어적 내용들을 세심한 태도와 민감성으로 이해해야 한다.

③ 상대방이 처해 있는 사회 환경이라는 상황 속에서 클라이언트를 볼 수 있어야 한다.

인간의 행동을 언어적·비언어적 메시지로만 다 이해할 수 있는 것은 아니다. 상대방을 깊이 경청한다는 것은 클라이언트가 '살아가고 움직이고 몸담고 있는' 상황에 미치는 영향까지 경청하는 것을 의미한다. 다시 말해 클라이언트의 배경과 취미, 가족관계와 생활습관까지도 주의를 기울여야 한다는 뜻이다.

④ 클라이언트가 언젠가는 깨닫고 변화시켜야 할 문제까지도 들을 수 있어야 하는데 이것이 공감적(共感的) 경청이다.

공감적 경청은 클라이언트에게 관심을 기울여 관찰하고 경청하며 클라이언트와 함께하는 것을 의미한다. 그의 세계로 들어가서 그와 똑같이 경험하는 것은 불가능한 일이지만 사회복지사의 부단한 노력에 따라서는 충분히 근접할 수 있을 것이다.

(3) 질문

질문은 상담과정 전반에 걸쳐 사용될 수 있는 유용한 기술이다. 질문을 통해서 클라이언트의 정서와 인지를 알 수 있으며, 그가 처한 환경과 상황에 대해서 이해할 수 있다. 또한 때로는 효과적인 질문이 클라이언트에게 자신과 자신의 문제에 대해서 통찰(insight)을 할 수 있도록 만들어 치료적 효과도 거두게 된다.

이와 같은 질문의 형식에는 개방형 질문(open-ended question)과 폐쇄형 질문(closed-ended question)이 있다.

개방형 질문은 클라이언트로 하여금 구체적인 설명을 가능하도록 해 준다. 반면 폐쇄형 질문은 사회복지사가 클라이언트에 대해서 특정한 정보를 구하거나 명확한 의견을 이해하려 할 때 필요한 질문 형태이다.

청소년 : 참 나쁜 친구예요. 그렇게 저에게 할 수는 없어요. 제가 꼴도 보기 싫다고 밀쳤어요.
사회복지사 : 그 순간 어떤 느낌이셨나요?(개방형 질문)
청소년 : 말할 수 없는 분노를 느꼈어요. 그 친구가 그렇게 할 수는 없거든요. 벌써 몇 년이나 절친하게 지내왔는데....
사회복지사 : 그래서 그 친구를 밀쳤나요?(폐쇄형 질문)
청소년 : 아니요.

질문을 하는 데 있어서 주의해야 할 점은 청소년 클라이언트에게 '왜(why)'라는 질문은 흔히 방어심을 불러일으키므로 가급적 피하는 것이 바람직하다는 것이다. 또한 한 문장에서 여러 가지 질문하는 것(부모님이 항상 다투세요? 그래서 무관심했나요? 집을 나가고 싶은 게 그런 이유 때문인가요?)은 피해야 한다. 또한 질문이 상담 전체 과정을 통해 계속된다면, 클라이언트가 경우에 따라서는 위협감을 느낄 수도 있다. 따라서 질문과 함께 클라이언트가 표현한 말이나 감정의 내용을 반영하는 기법도 적절히 사용해야 한다.

(4) 공감(empathy)

공감은 클라이언트의 감정과 그 감정의 의미를 정확하고 민감하게 인식하여 전달하는 사회복지사의 능력을 말한다. 공감은 다른 사람을 이해하는 것을 말하며 당신이 마치 그 사람인 것처럼 느끼는 것(비록 그 사람은 아니고 그 사람을 완전히 이해할 수 없더라도 당신 자신을 그 사람의 위치에 놓아보도록 노력하는 것)이다. 공감은 클라이언트의 정서와 사고 그리고 행동의 측면에서 그의 경험을 신중하게 이해하는 능력이다. Hogan(1964)은 "공감은 상대방의 마음상태 또는 상황에 대해서 지적 또는 상상적으로 이해하는 힘"이라고 정의하고 있다. 공감은 상대방의 마음속에 들어가서 또 하나의 상대방이 되는 것이다. 이러한 공감은 경청과 밀접한 관계가 있다. 잘 듣고 온몸을 기울여서 듣는 행위는 상대에게 자신의 마음을 함께할 수 있는 기본적이고 주요한 요건을 갖추고 있다는 표시이다. 공감은 경청하고 가능한 범위 내에서 클라이언트와 그의 관심사를 이해하고 이러한 이해를 클라이언트에게 전달하여 스스로 자기 자신을 더욱 충분히 이해하게 하고 이해를 토대로 행동하게 하는 것이다. 공감은 클라이언트의 개인적 독특성에서 나오는 감정의 특수성을 그대로 재현하는 것이 아니라 클라이언트가 직면하는 문제와 갈등에서 비롯되는 감정과 느낌의 준거(reference)를 붙잡고 해석하며 이해하는 일이다(성숙진 역, 2000).

이러한 공감은 사회복지사에게 인식과 인지의 기술을 주의 깊게 사용함으로써 클라이언트의 경험을 정신적으로 구조화하도록 요구한다. 높은 수준의 공감은 역량 있는 사회복지사인가 아닌가를 가름하는 기준이 될 수도 있을 정도로 공감은 중요하다(Lafferty, Beutler, & Crage, 1989; Ridgway & Sharpley, 1990).

일반적으로 공감은 "~하기 때문에 ~한 느낌이 드는군요"로 표현한다. 이러한 공감을 위해서는 두 가지가 필요하다. 사회복지사의 빈 마음이다. 그래야 클라이언트의 감정을 채울 수 있다. 빈 마음을 갖기 위해서는 자신의 가치에 대한 정확한 이해와 윤리적 결정 그리고 정확하고 객관적인 지식과 기술, 다양한 경험이 요구된다. 또한 개방적인 자세를 견지해야 한다.

공감은 단순한 관계 및 면담의 기술(skill)이 아닌 사회복지사가 갖는 클라이언트에 대한 전인적 이해를 바탕으로 이루어진다. 공감은 사회복지사 자신의 주체성을 잃지 않는 가운데 깊은 애정과 긍정적인 인간관을 통해서 클라이언트의 주관적 세계를 객관적으로 이해함으로써 건설적 변화를 촉진하는 것이다. 이러한 공감은 감각적이고 때로는 천부적으로 갖고 있는 사회복지사의 민감한 감성에서 나올 때가 있다. 따라서 효과적인 공감을 위해서는 인간에 대한 끊임없는 애정과 관심, 관찰이 요구된다.

(5) 요약

Brammer(1973)는 요약의 장점에 대해서 클라이언트가 상담에 적극 참여하도록 준비시키고, 산발적으로 드러낸 생각과 감정에 초점을 맞추게 하며 특정 주제를 종결짓게 하기도 하고, 보다 철저하게 탐색하도록 자극할 수 있다고 한다.

특히 요약은 다음의 상황에서 매우 유용하다. 첫째, 새로운 상담의 도입부분에서 필요하다. 지난번 상담한 클라이언트를 다시 만나 상담할 때, 클라이언트가 어디서부터 이야기해야 할지 몰라 망설이는 순간, 지난 상담 때의 내용을 요약해 주면 지난번 했던 말을 단순하게 반복하는 일을 방지할 수 있으며 클라이언트의 압박감도 덜어줄 수 있다. 또한 요약은 사회복지사가 자신의 이야기를 주의 깊게 경청했으며 상담 후에도 그 문제에 대해 지속적으로 생각했다는 사실을 보여줌으로써 클라이언트에게 신뢰를 줄 수 있다. 그리고 클라이언트에게 지난번 한 말 가운데 덧붙일 것이 있으면 첨가하거나 수정할 기회를 준다. 더불어 클라이언트로 하여금 앞으로 나아가도록 책임을 지우는 역할을 한다. 둘째, 상담이 막다른 골목에 도달했을 때 요약은 도움이 된다. 상담이 막히는 이유 중의 하나가 제자리에서 맴돌도록 내버려 두기 때문이다. 다시 말해서 클라이언트가 자기 이야기에 더 깊이 파고들도록 돕거나 그가 한 말을 통해 앞으로 해 나갈 방향을 찾게 하지 않고 같은 말을 반복하도록 내버려 두었기 때문이다. 이럴 때 요약을 사용하면 상담의 초점을 찾을 수 있다(성숙진 역, 2000 참조; 제석봉 외 역, 1999).

2 집단상담

1) 집단의 이해

Johnson과 Johnson(2000)에 의하면 "집단은 두 사람 이상의 대면적 상호작용과 집단의 한 구성원으로서 고유성을 지니고, 집단에 소속한 다른 구성원을 인식하고, 독립적 성격을 갖고 공동의 목표를 추구하도록 노력하는 것"으로 규정하고 있다. 사회사업의 관점에서 집단은 다양하고 복잡한 사회문제를 다룬다는 공통의 성격을 지니고 있다. Shertzer와 Stone(1980)은 집단은 다음의 속성이 있어야 한다고 말한다. 첫째, 집단은 구성원 간의 역동적 상호작용(dynamic interaction)이 있어야 하며, 둘째, 공통된 목표(common goal)가 있어야 하고, 셋째, 적절한 수적 제한과 구성원 각자의 역할수행이 관련된 상관성이 있어야 하며, 넷째, 구성원들 간에 응집력과 의욕이 있어야 하며, 다섯째, 자아발전의 기회와 능력이 있어야 한다는 것이다. 남세진과 조흥식(1998)은 집단의 개념에 대해서, 집단이란 3인 이상의 일정한 구성원을 갖고 있으며, 구성원들이 소속감 및 공통의 목적이나 관심사를 가지며, 구성원들끼리 정서적 결속과 함께 상호의존적이며 상호작용이 이루어지고, 구성원의 기능과 역할을 규제하는 규범을 갖고 있는 인간 집합체라고 말하고 있다. 특히 집단의 크기에 대해서 그들은 상호작용이라는 점에서 두 사람은 집단이 될 수 없다고 말하면서 최소한 세 사람이 함께 참여할 때 역동적인 상호작용의 환경이 만들어진다고 지적한다. 적어도 집단을 지도하는 데 있어서 현실적 인식을 반영한 것이라 볼 수 있다. 집단은 개인의 성장과 문제해결을 위한 수단이 되면서도 집단의 힘을 통해서 개인에게 긍정적 영향을 줄 수 있으며 이와 같은 측면은 집단의 목표가 아니라 과정을 통해서 이루어지는 독특한 환경이라는 점에서 의미를 갖는다.

이렇듯 집단은 단순한 사람들의 집합체가 아니라 개인적 성장과 능력의 발전 또는 문제해결의 기회를 갖기 위해 개인적인 목표가 역동적으로 결합되어 집단목적을 성취하기 위해 구성원 간의 역할부여를 통해 규칙과 절차와 응집력 등의 요소가 역동적으로 상호작용하는 집합체이다.

2) 집단의 유형

(1) 치료집단(therapy group)

치료집단은 성원들 간에 의미 있는 상호작용과 깊은 정서적인 문제를 함께 나눈다. 이런 성원들은 정신과적 진단을 갖고 있는 사람들로서, 치료집단의 목적은 심각한 정서적인 장애 때문에 고통받는 사람을 효과적으로 변화하도록 돕기 위해 정신치료적인 절차과정에서 집단의 역동성을 활용하는 데 있다.

(2) 상담집단(counseling group)

상담집단은 여기-현재(here and now)의 관점에서 집단성원들의 상호작용과정을 탐색함으로써 성원들 간에 대인문제를 함께 공유하도록 돕는 데 있다. 집단성원들은 문제가 되는 행동과 관계들을 개선하는 과정에 대해서 학습한다. 이 집단은 단기적인 활동으로 이루어지며 치료집단만큼 깊숙한 교류가 이루어지지는 않는다.

(3) 훈련집단 및 감수성 집단(T-group & sensitivity group)

T-집단은 교육적 목적에서 시작된 것으로 집단성원의 능력 증진을 목적으로 한다. 즉 자기행동 등에 대한 왜곡이나 잘못을 정정하여 참된 자기, 그리고 타인은 자기를 어떻게 보는가를 학습하며, 타인은 집단 안에서 어떤 행동을 취해야 하고 이것이 다른 사람에게 수용되는 정도와 깊이는 어떠한지 이해하며, 집단의 역동성을 배우기 위한 것이다(김여옥, 1986 : 2). 이와 더불어 감수성 집단은 집단 참여자에게 자기 투사를 통한 이해를 증진시키는 것으로 실제 체험을 통해서 자신의 모습을 솔직히 수용하도록 돕는다. 감수성 집단에서는 지도자나 참여자 모두 평등한 관계를 유지하며, 프로그램 진행도 참여자들의 의사에 따라 탄력적으로 운용한다.

(4) 레크리에이션 집단(recreation group)

레크리에이션 집단의 목적은 운동과 즐거움을 위한 활동을 제공하는 데 있다. 종종 이러한 활동은 자발적으로 일어난다. 그리고 통솔하는 사람이 없는 때도 있다. YMCA, YWCA, 지역사회 청소년회관 등의 집단서비스기관은 종종 신체적 활동을 하는 공간과 약간의 장비를 제공하기도 한다. 어떤 레크리에이션기관은 거리에 나아가 방황하는 청소년들을 위해서 비행예방을 위한 레크리에이션 활동을 하기도 한다.

(5) 교육적 집단(educational group)

교육적 집단의 초점은 집단구성원들이 복잡한 기술을 습득하고 지식을 획득하도록 돕는 데 있다. 집단지도자는 관련되는 정보와 기술 그리고 지식을 가르친다. 이러한 집단은 소규모로 운영되는 것이 특징이다.

(6) 자조집단(self-help group)

자조집단은 비슷한 환경과 경험, 또는 유사한 문제 상황을 공유하는 사람들의 모임으로서, 서로가 문제 상황에 대처할 수 있는 능력을 고양하도록 돕는다. 전문가의 도움보다는 구성원의 경험에 기초하여 도움을 주고받으며, 집단 성원 스스로 감독하고 통제하며 효과적인 의사소통체계를 갖고 있다. 이 집단의 장점은 성원들 스스로가 긍정적인 경험을 하고 자신의 삶에 대해서 적극적으로 대처하고 통제하게 된다는 것이다(남세진·조흥식, 1998). 단주동맹(Alcoholics Anonymous), 상배여성(喪配女性)모임 등이 대표적이 예가 된다.

3) 청소년집단상담의 개념

집단상담은 생활 과정상의 문제를 해결하고 보다 바람직한 성장발달을 위하여 전문적으로 훈련된 상담자의 지도나 동료들과의 역동적인 상호교류를 통해 각자의 감정 · 태도 · 생각 및 행동양식 등을 탐색, 이해하고 보다 성숙된 수준으로 향상시키는 과정이다(이장호·김정희, 1997). 즉, 집단상담은 상담자가 여러 명의 청소년 내담자와 상담하는 것이다. 집단상담은 비슷한 문제가 있는 사람들과 함께 상담을 하면 일 대 일로 상담하는 것보다 효과가 클 때가 많이 있다. 대부분의 집단에서는 집단구성원들이 상담자와 접촉하는 것 이상으로 집단구성원끼리 상호작용을 통해서 더 많은 것을 배운다. 그렇기 때문에 집단상담에서 상담자는 치료자의 역할보다는 집단 구성원 간의 상호작용을 돕는 역할을 할 때가 많다(Lieberman, Yalom, & Miles, 1973; 이동렬·유성경, 2003 재인용). 숙련된 상담자는 집단 구성원들 간에 지켜야 할 기본적인 규칙과 자기를 개방할 수 있는 환경을 마련해 주고 나머지는 집단구성원들의 역동적 관계 속에서 일어날 수 있도록 돕는다.

4) 청소년집단상담의 방법

청소년집단상담은 어떤 주제에 관해서 구조화된 프로그램을 활용하여 운영할 수도 있고, 구체적인 프로그램 없이 주제와 상담목표만을 세워놓고 운영할 수도 있다. 그러나 청소년들은 자신의 생각을 언어로 조직하고 적절하게 표현하는 능력, 자신의 정서에 대한 통찰력, 집단에서 일어나는 역동을 활용하여 다른 사람들과 원활하게 관계하는 능력 등이 부족하므로, 청소년들을 대상으로 프로그램이 없는 비구조화된 집단상담을 운영하는 것은 상당히 어렵다. 그러므로 제한된 시간 내에 사회복지사와 집단구성원들이 원하는 바람직한 행동의 변화를 이루어 내어 그들이 발달과업을 성취해 나가는 데, 그리고 성장기의 어려움을 극복해 나가는 데 도움이 되도록 하기 위해서는 정교하게 개발된 구조화된 프로그램을 활용하는 것이 효과적이다(한국청소년개발원, 2004 참고).

5) 청소년집단상담의 과정

(1) 시작단계

청소년집단구성원들이 집단상담에 최초 적응하는 단계이다. 구성원들은 새로운 집단 환경에 적응하면서 호기심과 불안, 흥미 등을 표출하고 교류한다. 아직 동질 또는 특정한 목적의 상담집단으로서의 정체를 형성하지 못한 단계이며, 개인적인 가치와 자의식을 기반으로 집단의 행동규범과 과제의 공통성을 추출하는 것이 중요한 과업이 된다. 즉, 자신이 갖고 있는 문제나 성장시켜야 할 요소 등을 표출하며 타인의 관심과 처지도 알아보는 시기가 된다.

이 단계에서 사회복지사는 구성원들에게 집단이 매력적이 될 수 있도록 하기 위해 허용적이고 지지적이며 신뢰를 갖게 하고 물리적, 심리적 환경을 통해 참여를 부단히 허용하고, 집단구조를 주도해야 한다. 이 단계는 성원들이 집단에서 어느 정도 안정감과 편안함을 느끼고 소속되어 활동함으로써 어떤 보상을 받을 것이라는 기대를 하면서 다음 단계로 넘어간다. 만일 이 단계에서 상호 의사소통을 꺼려할 때 사회복지사는 '나 전달법'(I-Message) 등의 방법을 활용하여 효과적인 의사소통을 이끌어야 한다.

(2) 탐색 및 사정단계

이 단계는 구성원 상호 간의 상호작용이 가능한지 탐색하고 이를 토대로 집단의 목표가 형성되어가는 단계이다. 즉, 나의 문제나 성장에 필요한 요소가 집단을 통해서 성취할 수 있는지 탐색하는 단계이다. 이 단계를 통해 집단 구성원 상호 간에 문제 해결과 성장을 위한 응집력과 상호유대가 증대된다. 이러한 과정을 통해 집단의 규범과 가치가 형성되며 그 속에서 자신의 문제를 어떻게 해결하고 성장할지 살피게 된다. 이 단계에서 사회복지사는 집단 구성원 개인과 집단의 속성을 사정(assessment)하여 향후 개입(intervention) 과정과 연결시켜야 한다.

(3) 활동 및 개입단계

집단상담 활동의 핵심적 단계이며 함께 공유하는 문제 또는 개인이 해결해야 하는 문제를 모두 드러내 놓고 집단에서 상담이 이루어지는 단계이다. 이 단계에서는 구성원 상호 간의 신뢰와 수용 그리고 존중으로써 상호의존성, 협동성이 나타나며, 이를 토대로 집단 및 집단구성원이 추구하는 목적에 근접해 간다. 이 단계에서 사회복지사는 집단 내에 있는 청소년들이 자기 문제나 상황을 개방하는 데 소극적이라면 솔선수범하여 자신의 경험담을 개방하는 것도 좋으나, 집단을 주도해서는 안 된다. 단지, 사회복지사는 촉매자의 역할에 한정되어야 한다. 또한 사회복지사는 집단에 있는 청소년이 나타내는 문제에 특정한 이름을 붙이거나 유형화시키는 데 소심스럽게 접근해야 한다. 오히려 그들이 갖고 있는 감정과 문제의 본질을 솔직히 표출할 수 있도록 격려하고 지지함으로써 다른 집단 구성원들의 공감을 불러일으켜야 한다. 이를 통해서 집단의 성장과 그 속에 있는 청소년들의 개인적 발전과 문제해결에 도움이 되어야 한다.

이 수준에서 사회복지사의 개입은 집단이 어려움에 부딪쳤을 때만 개입한다는 자세로 최소화되어야 하며, 특히 사회복지사는 집단구성원들이 자칫 폐쇄적 집단 논리에 빠지지 않도록 집단 내에서 논의되고 이루어지는 활동과 의사소통에 대해서 현실적인 검증을 할 수 있는 객관성을 유지해야 한다.

(4) 종결단계

바람직하게 집단활동이 이루어졌다면, 성원들이 자신의 욕구를 성취하여 집단으로부터 심리적으로 분리를 준비하는 단계이다. 종결단계는 집단이 목적을 성취하였을 때, 또는 처음부터 기간을 정해 놓고 집단활동을 하였을 때 자연스럽게 종결단계에 이르게 된다. 또한 외부의 압력이나 집단이 성원들에게 필요한 만족을 주지 못하였거나 효과적인 운영에 실패했을 때도 종결한다. 특히 이 단계에서는 사회복지사는 개별상담과 같이 상담 후에 각 개인이 결정한 해결점을 능동적으로 수행할 수 있도록 다시 한 번 지지하고 재보증해 주는 일이 필요하다.

다음은 종결 시에 유념해야 할 내용이다(한국청소년개발원, 2004).

- 종결할 때에는 집단상담 과정에서 배운 것을 구체적으로 어떻게 실천할 수 있는지에 대해서 함께 생각해 보고 실천 지침을 제안한다.
- 집단상담이 끝나면 직면하게 될 심리적인 문제에 대해서 함께 논의한다.
- 개인에 따라 추가적인 치료와 상담이 필요하면 이에 대한 정보를 제공한다.
- 집단상담의 추수지도(follow up)를 계획한다.

6) 집단상담의 기법[4)]

(1) 구조화(structuring)

구조화란 집단을 담당한 사회복지사가 집단의 시작단계에서 집단구성원들에게 집단상담 참여에 필요한 제반 규칙과 한계에 대해서 설명하는 것을 말한다. 이 규정에는 집단활동에의 적극적인 참여, 생산적인 집단형성과 유지를 위한 지침, 상담시간 준수, 불참 시 취해야 할 조치, 위급한 상황 시 연락방법 등이 포함된다. 구조화는 집단에 참여하는 청소년들로 하여금 자신들이 바람직하다고 여기는 새로운 행동을 학습하고 치료적 집단의 규범을 창출하며, 필요할 때 구조를 개선하고, 나아가 이를 자신들의 성장을 위해 사용할 수 있는 틀로 제공하기 위해 사용한다(연문희·강진령, 2002 참고).

---

4) 집단상담의 기법은 연문희·강진령(2002). 『학교상담』에서 발췌하여 재구성한 것임.

(2) 보편화(universalization)

보편화는 집단의 기제이면서 집단을 운영해 나가는 기법이다. 보편화는 집단에서 가장 강력한 힘을 지닌 기법으로서 집단의 상황에 독특한 기법이기도 하다. 집단의 기제로서 보편화는 집단구성원이 집단의 다른 구성원들의 말에 귀 기울임으로써 그들도 자기 자신과 유사한 감정과 관심을 가지고 있다는 사실을 곧 깨닫게 하는 역할을 한다. 사람들은 대체로 자기 자신만 어떤 특정한 문제를 경험하는 것으로 여길 수 있다. 청소년들이 "전 저 혼자만 이런 느낌을 가진 줄 알았어요."라고 말하는 것은 집단상담에서 흔히 들리는 말이다(연문희·강진령, 2002). 사회복지사는 집단에 있는 청소년이 말하는 경험을 집단구성원들과 자연스럽게 공유할 수 있는 방법을 제시함으로써 혼자만의 경험이 아님을 알려주고, 다른 구성원들에게 서로 관심을 함께하고 표현할 수 있는 기회를 제공한다.

(3) 연결(linking)

연결은 개인상담에서는 사용되지 않는 기법이다. 이 기법은 특정한 청소년의 행동이나 말을 다른 청소년의 관심사와 연결시키는 데 사용되는 사회복지사의 통찰을 표현하는 방법이다. 주로 집단에서 청소년들의 사고와 행동의 유사점과 차이점을 지적하는 데 사용된다. 사회복지사는 청소년이 말하는 내용과 감정을 연결함으로써 감추어진 의미를 발견하기도 한다. 또한 집단에 참여한 청소년의 비언어적 행동을 관찰해서 그들의 느낌과 사고를 함께 묶거나 연결해 줄 수 있다. 연결은 청소년들 간의 상호작용과 응집력을 높이는 데 매우 효과적인 기법이다. 경우에 따라서는 사회복지사가 구두로 표현한 연결은 청소년으로 하여금 보편화(universalization)를 경험하게 할 수 있다.

연결의 예는 다음과 같다.

- 남성 청소년 : 길거리 3대 3 농구를 할 때 내가 조금 못한다고 다른 친구들 둘이서만 볼을 주고받는 거예요. 그래서 길거리 농구를 하고 싶지 않아요.
- 여성 청소년 : 저는 농구를 무척 좋아해요. 학교에서도 남학생들과 서슴없이 하고 싶은데 정식 경기도 아닌데 제가 여성이라고 상대해 주지 않는 거예요. 무척 속상했어요.
- 사회복지사 : 우리 친구 둘은 친구들이 너희를 대하는 방식에 실망이 컸구나. 그런 친구들과는 함께 안 놀 수도 있지. 그래서 놀지 않는다면 어떤 기분이 들까?

사회복지사는 남녀 청소년의 비슷한 생각을 함께 묶어서 연결하고 있다. 문제의 상황은 다르지만 두 청소년이 선택하려 한 행동은 친구들과의 관계를 끊는 것이다. 물론 사회복지사의 의도는 그런 친구들과의 관계를 끊게 하는 것은 아니지만, 그러한 선택을 했을 경우를 탐색해 보고 생각하도록 하는 것이 두 청소년에게 유익한 경험이 될 것이다.

또 다른 예로 만일 한 청소년이 친구들에 대해서 분노를 표출하고 다른 청소년도 이에 동감한다는 태도를 보이는 경우, 사회복지사는 두 청소년이 각각 언어적 행동과 비언어적 행동으로 표현한 감정을 연결할 수 있다.

- 철수 : 난 친구들이 나와 함께 놀아 주지 않을 때 화가 나요.
- 영희 : (입을 꽉 다물면서 고개를 끄떡인다.)
- 사회복지사 : 철수는 친구들이 함께 놀려고 하지 않을 때 화가 나는구나. 내가 잘못 보았을 수도 있겠지만, 영희도 화가 나는 것처럼 보이는구나. 둘 중에 한 사람이 여기에 대해 좀 더 말해주지 않겠니?

제6장 청소년복지의 실천 II : 청소년활동과 청소년권리증진 및 참여

1 청소년활동

1) 청소년활동과 청소년수련활동

일반적으로 청소년활동은 청소년들의 자율적이고 자발적인 참여를 전제로 한다. 물론 그 형식은 누구의 구속도 받지 않고 스스로 하는 활동부터 특정한 목적을 갖고 지도자가 있어서 추진하는 체계적인 집단 활동까지 다양하다. 학교에서 진행하는 수업도 큰 범주에서 본다면 청소년활동으로 간주할 수 있지만, 청소년활동을 논의할 때는 학교에서 이루어지는 수업 외에 청소년의 긍정적인 성장을 목적으로 하는 다양한 체험적 활동을 뜻한다.

청소년기본법 제3조 3항에 따르면 "청소년활동은 청소년의 균형 있는 성장을 위하여 필요한 활동과 이러한 활동을 소재로 하는 수련활동·교류활동·문화활동 등 다양한 형태의 활동을 말한다"로 되어 있다. 또한 청소년기본법을 토대로 마련된 청소년활동진흥법에서는 청소년활동을 수련활동, 교류활동, 문화활동 등으로 구분하고 있다.

그렇지만 법체계를 살펴보면 대다수가 청소년 수련활동을 지원하는 내용으로 구성되어 있고, 그에 따른 정책과 제도적 흐름도 청소년수련활동을 위한 각종의 활동공간(시설)의 규정과 지원, 프로그램(청소년수련거리)의 개발과 보급 그리고 청소년 지도자의 양성과 배치 등에 초점을 맞추어 추진해 왔다. 그래서 그동안 청소년육성정책에서 청소년수련활동은 곧 청소년활동으로 인식되어 왔다. 이러한 청소년수련활동은 청소년수련시설과 청소년지도자, 청소년수련거리의 요소가 포함되어 있는 체험활동을 말한다.

청소년활동이 중요한 정책과 법적 용어로 등장한 것은 1990년 '청소년육성종합계획'이 수립되면서 그 이전까지 '청소년 건전육성'의 포괄적 표현에서 '청소년 건전활동 지원'으로 명시되어 청소년활동이 주요한 청소년정책사업으로 독립하여 나타난 것이다. 이 시기 청소년정책을 추진하는 기구도 국무총리실에서 체육부로 이관되었다. 따라서 청소년정책사업에서 '청소년활동' 영역이 명시적으로 등장하게 된 것은 당시 사회여건 변화(조영승, 2002)와 더불어 청소년정책 주무부서가 체육부라는 개별 특정부처로 이관된 사실과도 무관하지 않았을 것으로 판단된다. 체육부로 정책이 이관되면서 과거와 달리 청소년행정은 다른 부서와 중복되지 않고 독자적으로 추진할 수 있는 고유업무 중심의 청소년사업을 만들 필요성이 대두되었기 때문이다(이광호, 2010). <표 6-1>에서 보듯이 1991년 한국청소년기본계획이 수립되면서 청소년수련활동이 청소년활동의 핵심으로 자리 잡아 활동을 위한 구체적인 추진체계를 정책으로 삼았다.

이와 같은 청소년수련활동이 청소년활동의 중심에 놓이게 된 흐름은 2007년에 수립한 제4차 청소년육성 5개년 계획에도 이어진다. 단지, 청소년활동에 있어 청소년의 개별적 참여통로를 확장시키고 학교와의 연계성을 강조하는 청소년수련활동의 환경조성에 역점을 두고 있다.

〈표 6-1〉 1980년대 이후 청소년활동 영역의 주요 사업내용 변화 과정

연도	청소년 활동 관련 사업부문	주요사업 내용 분야
1984년 청소년대책	정신계발 부문	◦ 학생 통일안보관 확립 ◦ 대학생 봉사활동 ◦ 학생수련강화
	건전지도 부문	◦ 건전 단체육성과 지도자 양성 ◦ 건전육성시설: 체육진흥, 심신수련관 설치운영 등 ◦ 청소년 사회교육지도: 정서순화활동 지원, 여가선용 등 ◦ 국제교류
1985년 청소년 문제 개선 종합대책	청소년 건전육성 부문	◦ 청소년 이용시설의 확충 및 활용 ◦ 청소년단체 및 지도자 육성: 지도자 자격제도 도입 ◦ 청소년문화 및 체육 진흥 ◦ 청소년 국제교류 확대
1990년 청소년 육성 종합계획	청소년 건전 활동 지원	◦ 청소년 시설확충 및 활용도 제고 ◦ 청소년단체 육성 ◦ 청소년지도자 육성 ◦ 청소년육성을 위한 프로그램 개발 보급 ◦ 청소년 국제교류 확대 ◦ 청소년 문화 진흥 ◦ 청소년 과학 진흥 ◦ 청소년 체육 진흥
1991년 한국청소년 기본계획	청소년 활동	◦ 수련거리 ◦ 수련터전 ◦ 청소년지도자 ◦ 청소년단체 ◦ 활동 동기 부여
1993년 제1차 청소년 육성 5개년 계획	건전한 청소년 활동의 지원	◦ 수련거리의 개발 활용 ◦ 청소년지도자의 양성 및 단체 육성 ◦ 청소년수련시설 확충 및 운영
1998년 제2차 청소년 육성 5개년 계획	청소년이 주체가 되는 문화체육 중심의 수련 활동 체제 구축	◦ 청소년이 활동주체가 되는 공간 확충과 운영 활성화 ◦ 특성화·차별화된 수련프로그램 개발 보급 ◦ 청소년단체의 자율화·자기특성화 및 연린 운영 ◦ 전문화된 청소년지도사의 양성 배치
2003년 제3차 청소년 육성 5개년 계획	주5일제 대비 창의적 청소년 활동 여건 조성	◦ 청소년수련시설 확충 및 운영 활성화 ◦ 특성화된 청소년수련프로그램 개발·보급 ◦ 전문화된 청소년지도자양성 ◦ 다양한 체험활동 기회 확대 ◦ 청소년문화·예술 활동 확대

자료: 문화관광부, 1998; 문화관광부, 2003; 청소년대책위원회, 1984; 청소년대책위원회, 1985: 36-44; 청소년육성위원회, 1990; 체육청소년부, 1990; 체육청소년부, 1993.

2) 청소년수련활동의 배경과 위치

청소년기본법과 청소년활동진흥법에서 규정하고 있는 청소년수련활동은 그동안 정책적 판단에 따라 '교육'의 대척점에서 '육성'의 개념을 강조해 왔다. 또한 육성을 실행하는 중요한 고리로서 자리매김하기 위해 청소년정책 수립 및 실행단체와 기관 등에서 1990년대 이후 지속적으로 노력해 왔다. 그동안 청소년수련활동이 청소년활동을 포괄적으로 담아내고 있지 못하다는 지적에도 불구하고 청소년수련시설의 증가와 청소년수련거리의 개발 및 청소년지도자의 양성은 청소년활동 전반에 긍정적 영향을 미친 것도 사실이다. 그렇지만 청소년수련활동 개념이 모호하다는 지적을 지속적으로 받아왔다. 또한 교육 현장과의 연계의 부족과 수련활동의 활동영역 기준에 대한 논란이 끊이지 않고 있다. 다시 말해서 교육을 보완하는 차원의 개념인 육성을 실천하는 핵심추진체계로 청소년수련활동을 제시하고, 보완해 왔지만, 청소년수련활동에 참여하는 대다수인 학생 청소년들과 학교 교사들이 체감하고 전적으로 수용할 수 있는 정책과 사업이 아니었다. 이후 청소년수련활동을 중심으로 한 청소년활동 정책이 교육현장과 긴밀한 연계방안을 모색하고 학교에서 이루어지는 청소년활동에 보완적인 정책과 프로그램으로 개입하려는 의지를 보이지만, 우리나라의 교육현실을 고려할 때 그렇게 간단해 보이지는 않는다.

3) 청소년수련활동의 특성

청소년수련활동은 주로 학교현장 밖에서 이루어지는 법적 시설과 지도인력 그리고 프로그램을 갖고 있는 체계화된 청소년 활동의 한 전형이다.

여기서는 법적으로 정리되고 추진되고 있는 수련활동 개념을 중심으로 특성을 제시하면 다음과 같다.

(1) 수련활동은 교육적 활동이다.

청소년수련활동은 청소년의 균형적인 성장을 위해 심신단련, 자질배양, 취미개발, 정서함양, 사회봉사 등의 체험을 통해 지·덕·체를 함양하기 위한 교육적 목적이 내재된 활동이다. 청소년수련활동은 여가선용을 위한 놀이 활동이 아니라 청소년기의 역량과 품성을 함양하는 교육적 목적과 이념을 구현하는 활동이라는 것이다.

(2) 수련활동은 자발적인 활동이다.

이것은 청소년들이 학업 활동과 같이 의무적으로 해야 하는 것이 아니라 자유로운 선택에 의해서 이루어진다는 뜻이다. 그러나 이때 말하는 자유로운 선택은 청소년 참여의 자율성과 프로그램 선택의 자율성 등 복합적인 의미로 받아들여질 수 있어 개념 정의로 볼 때 수련활동의 자율적인 영역은 상당히 불명확한 의미를 내포한다.

(3) 수련활동은 조직적인 활동이다.

이것은 수련활동 내용의 일관된 체계성을 의미하기도 하고, 수련활동 참가자의 집단성을 의미한다. 그러나 단위수련활동의 경우에는 내용의 체계성과 대상의 집단성을 포함하는 조직활동 내용으로 전개된다. 단지, 조직적 활동은 하나의 정향성을 갖고 있지 않으며 다양한 형태를 지닌다.

(4) 수련활동은 체험적인 활동이다.

수련활동은 지식의 이해 및 습득과 같은 교육활동과는 다른 영역으로서 체험을 통한 역동적인 활동이 강조된다. 청소년 스스로 경험함으로써 수련활동의 목적을 체득하는 활동이다. 체험적 활동이란 지성이나 언어, 습관 등의 구성요소가 섞여있지 않은 근본적인 것을 의미하는데, 이는 주관 속에 볼 수 있는 생생한 의식과정이나 내용, 즉 특정한 인격이 직접 경험한 심적 과정이라 할 수 있다. 따라서 체험적 활동은 수련활동에 참여한 청소년 자신이 실제로 보거나, 듣거나, 느끼거나, 만지거나, 활동하여 지금까지 경험해 보지 않은 일을 새롭게 실행해 보는 과정인 것이다(한승희·구창모, 1994).

(5) 수련활동은 창의적인 활동이다.

청소년수련활동이 갖는 공동의 목적이 있다면 청소년에게 창의성을 심어주는 일이다. 창의성은 자신의 삶을 스스로 통제할 수 있는 능력을 길러주는 것이며, 끊임없이 자기혁신의 과정을 가져가는 일이다. 수련활동의 창의성은 활동 자체가 갖는 가변성과 청소년의 긍정적인 돌출성뿐만 아니라 활동프로그램을 청소년 나름대로 해석하여 새로운 활동형태와 공간을 만들어 내는 데 있다.

그런데 이처럼 법적 정의에 따른 수련활동의 특성들은 대상 범위를 너무 넓게 잡고 있으며, '배움을 실천하는 활동'이라는 모호한 개념과 집단성에 대한 규정이 명확히 제시되어 있지 않아 개념과 그에 따른 실천상의 혼란을 야기하고 있는 것이 사실이다.

4) 청소년수련활동의 구성요소

청소년수련활동의 세 가지 구성요소는 청소년수련거리(프로그램)와 청소년지도자 그리고 청소년수련시설이다.

(1) 청소년수련거리(프로그램)

① 프로그램의 의미

프로그램은 순서를 의미한다. 즉, 목적한 일을 순차적으로 진행하여 성취하기까지의 과정을 의미한다. 프로그램은 사람, 단위, 조직에 관련된 미래의 활동순서이다(Gross, 1976). 이러한 프로그램은 국가의 경영으로부터 시작해서 아동들의 놀이 활동에 이르기까지 대상과 목적 그리고 수준에 따라 다양한 형태로 나타날 수 있다.

청소년활동프로그램은 청소년들의 요구와 필요에 부응하기 위해 지도자와 청소년들에 의하여 신중히 계획되고 실행되는 활동, 상호관계, 상호작용 및 여러 경험을 말한다. 즉 프로그램은 과정의 정점이 아닌 과정 그 자체인 것이다(Trecker, 1972; 한국청소년개발원, 1994 재인용). 그러므로 청소년활동을 전제로 한 프로그램은 청소년들의 다양한 요구를 충족시키는 방향에서 프로그램의 계획과 실행, 평가에 어떠한 형태로든 청소년의 참여가 이루어져야 한다.

이처럼 프로그램은 실제 청소년활동을 하는 데 있어 다음과 같은 장점을 제공해 준다.

가. 목적과 목표를 구체화하여 준다.

나. 활동의 순서와 방향을 제시해 준다.

다. 평가의 근거를 마련해 준다.

라. 참여구성원 상호 간의 역할을 규정해 준다.

마. 전략적 활동의 위치를 나타내 준다.

바. 활동 시간과 장소의 범위와 한계를 보여 준다.

② 개념 및 특성

청소년수련거리는 일반적으로 청소년 수련활동 프로그램에 해당되는 것으로, 청소년활동진흥법에 제시된 개념이다. 청소년수련거리는 다양한 형태로 개발되어 활용되고 있다. 1991년 청소년기본법과 그에 따른 청소년기본계획 등이 수립되면서 국가와 공공단체도 정책적으로 청소년을 위한 수련거리를 개발·보급하기 시작한다. 이후 청소년활동에 관한 법적 규정을 담은 청소년활동진흥법이 제정되어 수련활동과 그 지원에 대한 규정이 만들어졌으나, 대부분 이전의 개념과 정의 수준에서 명시되고 있다.[5)]

이러한 수련활동을 활성화한 정책은 과거 선도·보호·단속 위주의 내용에서 청소년활동의 지원·육성의 보다 적극적이고 진보적인 내용으로 전환되었다고 볼 수 있다.

일반적인 의미에서 수련거리는 수련과 거리로 구분하여 생각해 볼 수 있다. 수련(修鍊)은 수양(修養)하고 단련(鍛鍊)한다는 말의 약어로 사전적 의미로는 인격·기술·학문을 닦아서 단련하는 것을 뜻한다. 그리고 '거리'라는 뜻은 먹거리, 놀거리에서 볼 수 있듯이 프로그램과 방법, 사업 활동 등 유무형의 형태를 포괄하는 용어로 이해될 수 있다. 수련활동은 야외에서 모험과 신체 단

---

5) '청소년활동진흥법' 제2조(정의) 6항에 의하면 "청소년수련거리라 함은 수련활동에 필요한 프로그램과 이에 관련되는 사업을 말한다."라고 규정되어 있고, 동법 제34조 1항에 의하면 "국가 및 지방자치단체는 수련활동에 필요한 수련거리를 그 이용대상·연령·이용 장소 등을 종합적으로 고려하여 유형별로 균형 있게 개발·보급하여야 한다."고 되어 있으며 2항에는 "국가 및 지방자치단체는 청소년의 발달원리와 선호도에 근거하여 수련거리를 전문적으로 개발하여야 한다."라고 되어 있어 수련거리 개발과 보급의 국가와 지방정부의 의무를 명시하고 있다.

련을 하는 각 활동을 지칭한다. 그러나 청소년활동진흥법에 나오는 청소년수련거리의 정의에서 보듯이 수련활동에 필요한 프로그램과 이에 관련되는 사업이라고 규정함으로써, 의도적이고 포괄적인 범위로 설정된 청소년들의 직접체험 활동과 프로그램으로 규정하고 있다. 따라서 수련거리는 수련활동을 위한 프로그램의 개념으로서 활용될 수도 있지만, 협의로 공공의 정책적 목적으로 건전한 청소년을 육성하기 위한 전략적인 정책방안의 하나로 인식되는 것이 개념상의 혼란을 줄일 수 있을 것이다.

③ 구성원칙

청소년 수련활동프로그램은 청소년들의 욕구와 사회적 필요가 적절히 조화되어야 한다. 일반적으로 청소년 수련활동프로그램은 다음의 원칙으로 구성된다(한국청소년개발원, 1993).

가. 프로그램의 목적이 확연히 드러나지 않도록 한다.
나. 경직된 프로그램의 구성은 피한다.
다. 청소년들이 자발적으로 참여할 수 있도록 유도한다.
라. 재미있게 구성한다.
마. 내용과 시간을 적절히 분배한다.
바. 프로그램은 점진적으로 구성한다.

④ 구성절차

청소년 수련활동프로그램을 구성하는 절차는 조사, 계획, 구성, 확정, 실행 및 평가의 단계를 거친다.

〈표 6-2〉 청소년수련활동 프로그램 구성절차

조사	청소년이나 수련활동 프로그램 수요자의 요구를 조사하고 분석한 후, 그에 적합한 활동 주제를 설정한다.
⬇	
계획	활동의 목적과 방향 등을 토대로 청소년의 활동 시간, 장소, 주위 여건 등이 충분히 고려된 프로그램을 계획한다.
⬇	
구성	수련활동 프로그램 (안)을 구성한다. 여기에는 활동의 목적과 내용, 방법, 유의사항, 준비물 그리고 평가방법 등이 담겨 있어야 하며, 구성된 (안)을 청소년과 지도자 등에게 적용하고 실천할 수 있는 가능성 여부에 대해 검토한다.
⬇	
확정	수련활동을 실시할 수 있는 전반적인 내용이 담긴 프로그램을 개발·확정한다.
⬇	
실행 및 평가	수련활동 현장에 프로그램을 투입하여 실시한 후, 평가와 피드백을 요청받아 보완한다.

출처: 한국청소년개발원, 1993.

⑤ 개발의 실태

청소년수련거리는 '한국청소년개발원(현 한국청소년정책연구원)'을 비롯한 각 대학의 연구소 등 청소년 관련 전문기관에서 1992년 처음 개발을 시작한 이래 문화체육관광부의 주도로 계속 개발·보급되고 있다.

청소년수련거리는 초기에 각 종에 따라 주제를 선정하여 단위프로그램(목적, 내용, 과정, 방법, 평가) 등을 순차적으로 구성하는 방식으로 진행되었으며, '92~'95년까지는 청소년 육성 덕목 중심의 주제 유형별 프로그램 개발과 관련 '읽기 자료집' 등 각 종에 따라 2권의 책자를 발간하였다. 또한 '96년에는 주제별 프로그램과 함께 수련시설의 현황을 고려한 활동사업도 포함하여 개발되었다. 이러한 수련거리개발은 '92-'96년까지 청소년 기본계획에 따라서 115종의 수련거리를 개발한 일련의 청소년육성정책사업으로 진행되었다.

또한 국가와 공공기관에서 개발하는 것 외에 각 청소년단체와 시설에서 지속적으로 이루어진 프로그램을 취합하여 '청소년 수련거리백과'의 발간으로 요목화함으로써 현장 수련활동프로그램과 상호교류를 원활히 하고 정보를 제공하는 데 기여하였다. 이후 수련거리개발의 다양화를 꾀하기 위하여 비행, 장애 청소년 등 특수한 상황에 문제를 갖는 청소년을 대상으로 하는 수련거리도 개발되었다.

청소년수련거리는 1992년 이후 1998년 12월 말까지 총 93종이 개발되었다. 또한 21세기 사회변화와 청소년육성의 목표, 청소년의 요구변화 등 제반 요소를 감안하기 위해 1998년 한국청소년개발원이 '특성화된 청소년수련거리 개발을 위한 기초연구'를 통해 제시한 6대 영역(문화적 감성, 과학정보 능력과 정보마인드, 봉사와 협력정신, 모험과 개척정신, 전문적 직업능력, 국제감각)에 환경의식을 더하여 '특성화된 청소년수련거리'를 개발해 오고 있다. 2005년 현재 총 46종의 수련거리를 개발·보급하였다(<표 6-3> 참고).

〈표 6-3〉 특성화된 청소년수련거리 개발 현황

구분	계	문화적감성	과학정보	봉사협력	모험개척	직업준비	국제교류	환경의식 기타
계	46종	8종	8종	6종	7종	6종	9종	2종
1999	5종		• 인터넷 정보활용	• 인명구조	• 오지탐험	• 직업현장 체험	• 세계민속 이해	
2000	7종	• 사진	• 천체관측 • 과학공작	• 경로봉사		• 진로의사 결정 • 청년 기업인	• 통일기행	

구분	계	문화적감성	과학정보	봉사협력	모험개척	직업준비	국제교류	환경의식 기타
2001	10종	• 고미술 • 만화영화 제작	• 전자신문 • 자동차	• 장애인 돕기	• 도강훈련 • 자연지도 제작	• 장인정신 체험	• 세계문화 체험 • 외국인 관광안내	
2002	8종	• 민속공예 • 생활사	• 생명과학 실험	• 문화지원 복원	• 항해체험	• 사회생활 기술	• 세계시민 교육 • 한민족얼 찾기	
2003	6종	• 장르별대중문화따라잡기	• 생활가전 창작200% 활용하기	• 청소년마을 체험	• 보드의 세계	• 환경음식 만들기	• 국제언어 캠프	
2004	5종	• 그래피티			• 생존캠프		• 남북 청소년어울마당	• 물과 생명 • 성교육
2005	5종	• 교육연극 활동	• 생활속의 의학	• 시민단체 -NGO 이해와 체험	• 자연재해 예방 및 대처훈련		• 청소년여행자클럽	

⑥ 수련거리의 특징

청소년수련거리는 청소년수련활동의 실행교재로서뿐만 아니라 수련활동을 체험한 결과를 인식의 구조로 담을 수 있게끔 정형화된 형태의 역할을 해왔다. 수련거리는 개념과 실행을 서로 연결하고 조화를 이루게 하려는 노력과 함께 하나의 주제나 덕목을 순차적인 단위활동으로 구성하여 청소년지도자와 청소년에게 상황에 적합하게 활용할 수 있는 기본 자료로 제공되었다. 이는 수련거리를 매개로 한 체험이 청소년이 주어진 주제에 대한 수동적인 경험과 내면화에 그치지 않고, 청소년과 지도자가 함께 새롭고 창의적인 활동을 조직할 수 있는 기초를 만들어 주는 데 있다.

(2) 청소년지도자

① 정의

청소년기본법에 따른 청소년지도자는 청소년지도사 및 청소년상담사와 청소년시설·단체·청소년 관련기관 등에서 청소년육성 및 지도업무에 종사하는 사람을 총칭한다. 청소년들이 체계화된 개인 또는 집단 활동을 효과적으로 수행하기 위해서는 그들을 돕는 청소년지도자가 필요하다. 청소년지도자는 마치 학교현장에서 교사의 역할과 비슷하다. 여기서 청소년지도자를 사회복지적 관점에서 보았을 때 다양한 역할을 수행하게 된다. 교사, 옹호자, 상담자, 활동촉진자, 조언자 등 청소년들의 신체와 정서의 체험적 활동을 돕는 데 상황과 필요에 따라 요구되는 각종의 기능을 가진다. 일반적으로 청소년지도자는 청소년 속에서, 청소년들과 더불어, 청소년들을 통해, 청소년들을 위해 청소년활동을 전개하는 지도자로 보고 있다(한준상, 1992). 보통 청소년지도자는 청소년에 관한 전문적인 지식과 기능을 가지고 청소년을 보호·육성·지도하는 사람을 말한다. 이들 청소년지도자는 법적 자격을 갖춘 청소년지도사와 청소년상담사 등 전문적 지도자와 일반지도자(자원지도자 포함)로 구분할 수 있다.

② 역할

Wilson과 Ryland(1959)에 따르면 청소년지도자의 업무영역은 크게 네 가지로 구분해 볼 수 있다.

첫째, 청소년들에 대한 봉사와 직접 관련된 영역으로, 지도자는 청소년들의 활동을 지도하는 책임을 맡게 된다.

둘째, 감독과 관련된 업무영역으로 전문지도자는 물론 자원지도자(volunteer)도 청소년들이 만족할 만한 개인적, 사회적 목적을 달성할 수 있도록 돕는 업무를 담당한다.

셋째, 집단활동이 이루어지는 기관과 기관 내 부서 행정과 관련된 업무를 맡게 된다. 행정업무 담당자는 정책결정과 프로그램 결정에 관련된 소위원회, 위원회 직원은 물론 다른 행정집단과 일하는 데 있어 기술을 발휘하게 된다.

넷째, 기관 간 조정과 이를 위한 지역사회 계획과 관련된 업무영역으로 행정영역과 비슷하게 지역사회 조직과 단체의 대표로 구성되는 위원회, 협회 등과 작업하게 된다.

사실 청소년지도자는 사회복지사의 역할과 유사하다. 청소년지도자도 청소년이라는 사람이 바람직한 성장을 할 수 있도록 의도적으로 변화시키는 노력을 추구한다. 따라서 과학적 지식 못지않게 인간에 대한 깊은 애정과 예술적인 감성을 기본적인 자질로서 갖추어야 한다. 청소년지도자가 하는 일반적인 역할은 다음과 같다.

가. 상담자(counselor)로서의 역할이다.

청소년지도자는 청소년 곁에서 청소년의 고민을 함께 나누고 사정(assessment)하며, 그들의 문제를 더불어 해결하는 상담자가 되어야 한다. 또한 청소년과 청소년을 둘러싼 가족, 학교, 지역사회의 상이한 요구와 갈등을 조정하는 기능도 해야 한다.

나. 조력자(enabler)로서의 역할이다.

청소년지도자는 청소년 자신의 잠재능력을 마음껏 개발할 수 있도록 촉진하는 사람으로서의 역할이 중요하다. 청소년의 강점에 초점을 맞추어 힘을 가질 수 있도록 동기를 부여하고 능력을 향상시킴으로써 바람직한 방향으로 변화를 유도하여 청소년이 자신의 현재 생활과 미래의 삶을 성숙하게 영위해 나가도록 도울 수 있어야 한다.

다. 조사자 및 분석가(researcher and analyst)로서의 역할이다.

청소년과 청소년을 둘러싼 상황에 대한 전문적인 이론을 기반으로 청소년의 특성과 요구를 조사하고 이를 토대로 과학적인 분석을 통해 청소년 정책 수립과 프로그램 개발에 반영해야 한다. 또한 수행한 조사와 분석을 동료 청소년지도자와 공유함으로써 실천현장에 연계할 수 있는 방향으로 추진하는데 노력해야 한다.

라. 전문가(expert)로서의 역할이다.

청소년지도자는 청소년에 대한 심리·사회에 대한 전문적인 식견과 함께 인간의 행동과 환경에 대한 충분한 이해가 있어야 하며, 청소년의 상담과 활동을 위한 전문적인 기술과 기법을 갖고 있는 전문가가 되어야 한다.

마. 프로그램개발자 및 실천가(program designer and practitioner)의 역할이다.

청소년 지도의 중요한 부분은 청소년활동이다. 청소년지도자는 다양한 청소년활동이 수행되도록 창의적인 프로그램을 개발하고 현장에 적절히 실천할 수 있는 능력을 갖추어야 한다.

비. 대변지(advocator)로서의 역할이다.

청소년의 권리와 주장을 옹호하기 위해 청소년지도자는 대변자로서의 역할을 수행해야 한다. 이를 위해 청소년을 둘러싼 환경과 자원을 조정하고 청소년에게 유용한 자원이 확보되도록 청소년을 위해 중재하며 청소년에게 정보를 제공하고 대안적인 선택을 마련함으로써 청소년의 권익을 보호하는 역할을 해야 한다.

③ 청소년지도사

청소년지도사는 청소년상담사와 함께 법적 자격을 갖춘 전문청소년지도자라 말할 수 있는, 수련활동에 전문적인 지식과 지도기법을 갖춘 사람으로 청소년의 육성과 활동에 관련되는 일에 종사한다. 청소년지도사 1, 2, 3급으로 구분되며, 청소년지도사 양성은 여성가족부 주관으로 한국산업인력관리공단에서 위탁 시행하여 자격검정을 실시하고 자격검정에 합격한 자에게 한국청소년수련원에서 연수를 실시한 후 수련시설 및 청소년단체에 배치·활용하는 형태로 진행하고 있다. 현재 이들 청소년지도사는 청소년단체와 청소년활동 및 청소년복지 관련기관에서 종사하고 있다.

〈표 6-4〉 청소년지도사 등급별 자격검정 응시자격 기준

등급	응시자격기준
1급 청소년지도사	2급 청소년지도사 자격 취득 후 청소년활동 등 청소년육성업무에 종사한 경력이 3년 이상인 사람
2급 청소년지도사	1. 대학졸업(예정)자 또는 이와 같은 수준 이상의 학력이 있는 자로서 2급 청소년지도사 자격검정에 필요한 과목 모두를 전공과목으로 이수한 사람 2. 2005년 12월 31일 이전에 대학을 졸업하였거나 이와 동등 이상의 학력을 취득한 자로서 별표 1의2에 따른 과목을 이수한 사람 3. 대학원의 학위과정 수료(예정)자로서 2급청소년지도사 자격검정에 필요한 과목 모두를 전공과목으로 이수한 사람 4. 2005년 12월 31일 이전에 대학원의 학위과정을 수료한 자로서 별표 1의2의 규정에 의한 과목 중 필수영역 과목을 이수한 사람 5. 대학 졸업 또는 이와 같은 수준 이상의 학력이 있다고 다른 법령에서 인정받은 후 청소년활동 등 청소년육성업무 종사경력이 2년 이상인 사람 6. 전문대학 졸업 또는 이와 같은 수준 이상의 학력이 있다고 다른 법령에서 인정받은 후 청소년활동 등 청소년육성업무 종사경력이 3년 이상인 사람 7. 3급청소년지도사 자격 취득 후 청소년활동 등 청소년육성업무 종사경력이 2년 이상인 사람 8. 고등학교 졸업 또는 이와 같은 수준 이상의 학력을 인정받은 후 청소년활동 등 청소년육성업무 종사경력이 8년 이상인 사람
3급 청소년지도사	1. 전문대학 졸업(예정)자 또는 이와 같은 수준 이상의 학력이 있는 자로서 3급청소년지도사 자격검정에 필요한 과목 모두를 전공과목으로 이수한 사람 2. 2005년 12월 31일 이전에 전문대학을 졸업하였거나 이와 같은 수준 이상의 학력을 취득한 자로서 별표 1의2에 따른 과목을 이수한 사람 3. 전문대학 졸업 또는 이와 같은 수준 이상의 학력이 있다고 다른 법령에서 인정받은 후 청소년활동 등 청소년육성업무 종사경력이 2년 이상인 사람 4. 고등학교 졸업 또는 이와 같은 수준 이상의 학력이 있다고 다른 법령에서 인정받은 후 청소년활동 등 청소년육성업무 종사경력이 3년 이상인 사람

출처: 청소년기본법시행령(제20조 제20항 관련) <<별표>>.

『청소년상담사』

청소년상담사 자격증은 상담 관련 분야를 전공하고 상담 실무 경력이나 기타자격을 갖춘 자로서 자격검정에 합격하고 소정의 연수를 마친 자에게 부여하는 국가자격증이다. 청소년상담사는 국가 차원의 청소년상담 관련 기관인 한국청소년상담원, 시·도 청소년상담지원센터, 시·군·구 청소년지원센터, 초·중·고등학교, 대학의 학생상담소, 청소년수련관, 사회복지관, 청소년쉼터, 청소년 관련 복지시설, 경찰청이나 법무부 등 청소년업무 지원부서, 사설 청소년 상담실, 아동청소년대상 병원, 일반 청소년 관련 사업체, 근로청소년 관련 사업체 등에서 청소년 상담업무에 종사한다(아동청소년백서, 2009). 이렇게 배출된 청소년상담사는 청소년기본법 제46조에 따른 기관인 시·도의 청소년상담 및 긴급구조 등의 기관에는 1급 청소년상담사 또는 2급 청소년상담사 3인 이상을 두고, 3급 청소년상담사 1인 이상을 배치하여야 하며, 청소년기본법 제36조의2에 따른 기관인 시·군·구의 청소년지원 등의 기관에는 2급 청소년상담사 또는 3급 청소년상담사 1인 이상을 배치하여야 한다. 또한 「청소년복지지원법」 제14조에는 청소년쉼터에 청소년상담사 1인 이상을 두도록 법적으로 명시하고 있다(아동청소년백서, 2009).

〈표 6-5〉 청소년상담사 등급별 자격검정 응시자격 기준

등급	응시자격기준
1급 청소년상담사	1. 대학원에서 청소년(지도)학·교육학·심리학·사회사업(복지)학·정신의학·아동(복지)학 분야 또는 그 밖의 상담 관련 분야(이하 "상담관련분야"라 한다)를 전공하고 박사학위를 취득한 사람 2. 대학원에서 상담관련분야를 전공하고 석사학위를 취득한 후 상담실무경력이 4년 이상인 사람 3. 2급청소년상담사로서 상담 실무경력이 3년 이상인 사람 4. 제1호 및 제2호에 규정된 사람과 같은 수준 이상의 자격이 있다고 인정하는 사람

등급	응시자격기준
2급 청소년상담사	1. 대학원에서 상담관련분야를 전공하고 석사학위를 취득한 사람 2. 대학 및 다른 법령의 규정에 의하여 이와 동등한 학력을 인정받는 기관에서 상담관련분야를 전공하고 학사학위를 취득한 후 상담 실무경력이 3년 이상인 사람 3. 3급청소년상담사로서 상담 실무경력이 2년 이상인 사람 4. 제1호 내지 제3호에 규정된 사람과 같은 수준 이상의 자격이 있다고 여성가족부령이 정하는 사람
3급 청소년상담사	1. 대학 및 「평생교육법」에 의한 학력이 인정되는 평생교육시설의 상담관련분야 졸업(예정) 사람 2. 전문대학 및 다른 법령의 규정에 의하여 이와 동등한 학력을 인정받는 기관에서 상담관련분야를 전공하고 전문학사를 취득한 자로서 상담 실무경력이 2년 이상인 사람 3. 대학 및 다른 법령의 규정에 의하여 이와 동등한 학력을 인정받는 기관에서 상담관련분야가 아닌 분야를 전공하고 학사학위를 취득한 후 상담 실무경력이 2년 이상인 사람 4. 전문대학 및 다른 법령의 규정에 의하여 이와 동등한 학력을 인정받는 기관에서 상담관련분야가 아닌 분야를 전공하고 전문학사를 취득한 후 상담 실무경력이 4년 이상인 사람 5. 고등학교를 졸업하고 상담 실무경력이 5년 이상인 사람 6. 제1호 내지 제4호에 규정된 자와 동등 이상의 자격이 있다고 여성가족부령이 정하는 사람

출처: 청소년기본법시행령(제23조 제2항) <<별표>>.

(3) 청소년 수련시설

① 개념

청소년수련시설은 청소년들의 수련활동을 위해 필요한 여러 가지 시설, 설비, 프로그램 등을 갖추고 청소년지도자의 지도 아래 체계적이고 조직적인 수련활동을 하도록 설치된 시설을 말한다. 수련시설은 단순히 외형적인 공간이나 건물을 지칭하는 것이 아니라 그 안에 운영되는 프로그램과 지도자 등을 포괄하는 개념으로 이해해야 한다.

② 종류

청소년활동진흥법에서는 <표 6-6>과 같이 청소년 수련시설을 구분하고 있는데 그 내용을 구체적으로 살펴보면 다음과 같다.

〈표 6-6〉 청소년수련시설의 구분

종 류	내 용
청소년수련원	숙박기능을 갖춘 생활관과 다양한 수련거리를 실시할 수 있는 각종 시설과 설비를 갖춘 종합수련시설
청소년수련관	다양한 수련거리를 실시할 수 있는 각종 시설 및 설비를 갖춘 종합수련시설
청소년문화의 집	간단한 수련활동을 실시할 수 있는 시설 및 설비를 갖춘 정보·문화·예술중심의 수련시설
청소년특화시설	청소년의 직업체험·문화예술·과학정보·환경 등 특정 목적의 청소년활동을 전문적으로 실시할 수 있는 시설과 설비를 갖춘 수련시설
청소년야영장	야영에 적합한 시설 및 설비를 갖추고 수련거리 또는 야영의 편의를 제공하는 수련시설
유스호스텔	청소년의 숙박 및 체제에 적합한 시설·설비와 부대 편의시설을 갖추고 숙식 편의 제공, 여행청소년의 수련활동 지원 등을 주된 기능으로 하는 시설

출처: 국가청소년위원회(2006).

가. 숙박형태의 수련시설이다.

그 대표적인 예로는 청소년수련원이 있다. 청소년수련원은 주로 자연에 위치하여 숙박 등의 시설에 있어, 긴 시간 동안 체험활동 위주로 수련활동을 실시할 수 있다. 이러한 수련시설은 숙박실과 대규모 야외 공간 그리고 산과 바다 등 자연경관과 유적지 주변에 위치하고 있어 주변 환경을 이용한 수련활동도 가능하다.

나. 도심지역에 있어 청소년이 쉽게 이용할 수 있는 수련시설이다.

그 예로는 청소년수련관, 청소년문화의 집 그리고 청소년특화시설 등이 있다. 이들 시설은 청소년이 일상 생활권역에서 수련활동을 실시할 수 있는 시설로서, 도심지역에 위치해 있는 것이 특징이다. 대부분 숙박을 하지 않고 체육 및 문화, 취미활동과 상담, 자치활동 등을 하고 있다. 특히 청소년문화의 집은 정보와 문화, 예술 등 학생·청소년 등이 방과 후에 간단한 취미나 기량을 개발하도록 설비를 갖춘 수련시설이고, 청소년특화시설은 최근에 수련시설로 유형화된 것으로 직업이나 과학정보, 환경 등 특수한 목적을 갖고 수련활동을 실시하는 곳이다.

다. 청소년야영장이다.

청소년야영장은 일부 야영에 적합한 시설 및 설비를 갖추고 있기도 하지만 대부분 야영을 할 수 있는 터전을 마련해 놓은 곳으로 시설 개념보다는 야영편의를 제공하는 열린 공간으로 이해해야 한다. 여기서는 청소년과 청소년지도자뿐만 아니라 개별 또는 집단을 이루어 야영하는 청소년 등 다양한 형태의 청소년활동이 가능하다.

라. 유스호스텔이다.

유스호스텔은 수련활동의 시설로서의 적극적인 기능보다는 청소년에게 숙박 등에 적합한 시설과 부대시설 등을 갖추고 여행의 편의를 제공함으로써 수련활동 환경을 지원해 주는 수련시설로 볼 수 있다.

이러한 수련시설은 2011년 12월 현재 총 738개가 설치·운영되고 있다(청소년 백서, 2012).

5) 청소년수련활동 환경

(1) 수련활동인증제

청소년활동신흥법에 따르면 청소년수련활동인증제는 청소년 수련활동 내용·절차·안전 등 일정한 요건을 갖춘 활동을 인증하고 이에 대한 정보를 통합적으로 제공함으로써 청소년수련활동프로그램의 질적 향상을 유도하기 위하여 도입된 제도이다. 청소년수련활동인증제는 국가에서 위임받은 청소년수련활동인증위원회(한국청소년활동진흥원)를 통하여 국가 및 지방자치단체와 청소년수련시설에서 개발한 청소년 수련거리, 청소년단체, 청소년이용시설, 기타 개인·법인·단체에서 실시하는 청소년활동을 포괄하여 일정 요건과 수준이 되면 인증하여, 청소년들에게 보다 질 높은 청소년수련활동프로그램에 참여할 수 있는 기회를 제공하는 데 목적이 있다.

국가와 지방자치단체 그리고 청소년수련 및 이용시설, 단체는 수련활동에 필요한 수련거리를 개발해 이를 실시하려 할 때는 인증위원회의 인증을 받는다. 인증을 위해서는 청소년활동 프로그램이 진행되는 장소, 시기, 목적, 대상, 내용, 진행방법, 평가, 자원조달, 청소년지도자 등에 관한 사항을 작성하여 인증위원회에 제출한다. 인증위원회는 인증기준에 따라 심사를 한 뒤 인증을 요청한 기관에 그 결과를 통지함으로써 인증절차가 마무리된다. 이후 인증 받은 수련활동을 실시한 개인·법인·단체는 참여한 청소년의 인적사항, 활동참여일자, 시간, 장소, 주관기관, 내용, 참여 특성 및 종합의견 등을 기록해야 하며 수련활동이 끝난 후 20일 이내에 그 결과를 인증위원회에 통보하여야 한다(아동청소년백서, 2009).

(2) 청소년방과후 아카데미

취약계층 청소년의 지속적 학습 기회 제공과 다양한 체험 활동 여건 조성을 통해 미래 지향적 사고를 함양하는 프로그램이다. 아울러 주 5일제 근무 및 수업 시행에 따른 새로운 교육 환경을 변화하고 조성하는 데 있어 복합형 학습 모델을 개발하고, 학교와 가정·지역사회가 연계하여 공교육을 보완하는 방과후 활동을 통한 공적서비스 기능을 강화하고 맞벌이·한 부모·취약계층 가정의 활동·복지지도를 통하여 청소년의 건강한 성장을 지원하는 한편, 교육 문화적 격차보완, 학습능력 향상도모, 진취적 기상함양 등을 목표로 삼고 있다.

청소년방과후 아카데미는 학습 위주의 교육이 아닌 다양한 활동 위주의 체험 프로그램을 운영하며, 청소년들의 특기와 적성을 개발하기 위한 전문체험활동으로 운영하는 특징이 있다. 그리고 청소년을 위한 종합 서비스(급식, 생활지도, 건강검진 등 등교에서 귀가까지 책임 운영)를 제공한다.

(3) 국제청소년성취포상제

국제청소년성취포상제(The duke of Edinburgh's Award 이하 '포상제')는 1956년 영국 엘리자베스 2세 여왕 부군인 에딘버러 공작에 의해 시작되어 현재 127개국에서 운영하고 있으며, 매년 80만 세계 청소년들이 포상제에 참여하고 있다. 포상제를 총괄하는 국제포상협회(International Award Association)는 국가운영기관(National Award authorities 59개국)과 독립 운영기관(Independent Operators 68개국)으로 나뉘며, 유럽·지중해·아랍지역, 아프리카 지역, 아시아 태평양 지역, 아메리카 지역의 사무국이 구성되어 운영되고 있다.

포상제는 비경쟁성, 평등성, 균형성, 성취지향성, 과정 중시성, 지속성 등의 10가지 기본이념을 바탕으로 활동이 이루어지며 참여 청소년들에게는 자기 주도성과 도전정신을 통해 자신의 역량을 지속적으로 개발시킬 수 있는 습관을 가질 수 있게 한다.

포상제에 참여할 수 있는 청소년의 연령은 만 14세부터 만 25세 생일 전까지 포상활동을 마칠 수 있는 청소년이면 누구나 참여할 수 있다. 포상단계는 동장(6개월), 은장(6~18개월), 금장(12~18개월)으로 4가지 활동영역 모두 포상활동별 최소 활동 기간을 충족하고 성취목표를 달성해야 포상을 받을 수 있다(아동청소년백서, 2009).

6) 청소년활동의 지도기법

흔히 청소년 수련활동을 지도하는 데에는 실습, 답사, 견학 등 구체적인 경험적 방법으로부터 강연이나 강좌 또는 토론과 같은 추상적이고 전달적인 방법까지 다양한 지도기법이 사용된다(이종만, 1992 참고).

(1) 강의(lecture)

강의는 짧은 시간 내에 많은 내용을 많은 사람에게 동시에 전달할 수 있는 장점이 있지만, 참여자들이 수동적으로 참여하게끔 하는 약점이 있다.

따라서 강사는 참여자들이 강의에 적극적으로 참여하도록 하기 위해서 간결한 언어표현을 사용하고, 말의 속도와 고저를 적절히 구사하여 참여자들이 주의를 환기시키고 관심과 흥미를 갖도록 유도해야 한다. 또한 강사는 강의내용을 체계적이고 논리적으로 정리해서 참여자들에게 전달해야 한다.

(2) 강연식 공개토론(seminar)

주제나 의제에 대해 여러 가지 견해를 가진 몇몇의 연사들이 자기의 의견이나 준비해 온 내용을 발표한다. 청중은 발표자들의 발표를 듣고 난 다음 질문을 하고, 발표자는 그것에 대해 답하는 식으로 진행시키며 토의에 청중이 적극적으로 참여하도록 유도한다. 발표자 중에서 좌장을 선정하며, 좌장은 주제를 제시하고 강사를 소개하고 논의를 명확히 해 주며 청중들의 질문을 받고 토론을 이끌어 나간다.

(3) 시청각(audio-visual)

눈이나 귀를 통해 전달되는 시청각 자료(VTR, OHP, 슬라이드, 차트, 모형 등)를 효과적으로 사용하여 참여자들의 흥미와 관심을 이끌어 낼 수 있는 방법이다. 참여자들은 언어라는 추상적 전달매체 이외에 구체적 경험에 의해 제공되는 정보를 접함으로써 내용을 더 쉽게 이해하게 된다.

(4) 게시 및 전시(demonstration)

참여자들이 학습욕구를 유발시키는 방법으로 잘 마련된 게시나 전시는 정보를 전달하고 내용을 설명하고 요약하는 데 도움을 줄 수 있다. 전시 장소는 참여자들이 쉽게 접할 수 있는 곳으로 선정하고 전시내용은 참여자들의 관심을 끌 수 있고 전시 후 활동과 관련되는 것으로 한다.

(5) 토론(debate)

문제해결을 위해서 집단이 해결방법을 체계적으로 모색해 가는 것이다. 여기서는 참여자들이 자신의 의견을 자유롭게 발표하고 타인의 의견을 주의 깊게 들으면서 협동적으로 문제를 해결해 간다. 토론에서는 참여자가 모두 참여하여 여러 가지 생각과 정보에 대해 적극적으로 사고하고 새로운 방법을 개발하는 태도를 익히게 할 수 있지만, 참여자들이 주제에 대한 사전 경험과 지식이 있어야 하고 너무 인원이 많으면 원활하게 토론이 진행될 수 없으며 주제에서 자주 이탈되는 단점이 있다.

(6) 분임토의(group discussion)

소규모의 공개토론으로 모든 성원이 토론에 참여하도록 하는 데 효과적인 방법이다. 한 집단은 3~8명의 소집단으로 편성하여 집단별로 과제를 맡겨 토론하게 하고 그 결과를 전체 집단에 발표하게 하는 방법이다. 분임토의는 시간이 제한되어 있기 때문에 주제를 완전히 살펴볼 수는 없지만 짧은 시간 동안 모든 참여자들이 토론에 참가하여 많은 의견을 낼 수 있는 장점이 있다. 그렇지만 분임토의는 자칫 산만해지기 쉽고 토의내용이 주제에서 벗어날 수 있으며 충분한 토의 장소가 필요하다는 단점이 있다.

(7) 역할연기(role-play)

집단 성원들 자신에게 설정된 구체적인 상황이나 희곡대본에 따라 정해진 역할을 실연해 보는 것이다. 연기자는 자신이 맡은 배역이나 역할에 따라 행동하고 반응함으로써 그 배역이나 역할의 의무나 느낌을 알 수 있게 된다. 연기에 참여하는 사람들은 다른 사람의 역할을 수행하기 때문에 보다 자유롭게 감정과 태도를 표현할 수 있게 되어, 개방적으로 되고 참여를 즐기게 된다. 극화는 기존의 희곡대본을 사용하거나, 참여자들이 짠 촌극에 따라 배역을 맡고 연기를 하지만, 역할연기는 특정 상황이 제시되면 그 상황에 맞게 연기자들이 연기를 해낸다.

(8) 답사(field trip)

현지답사는 특별한 목적으로 일정한 장소를 방문하여 일의 진행현장을 직접 목격하고 배우며 확인하는 행동을 말한다. 현지답사의 취지는 실제 있는 그대로의 상태에서 일어나는 활동 및 기술 등을 관찰하는 데 있다. 이러한 방법은 생생하고 실제적인 경험을 얻을 수 있을 뿐만 아니라 청소년들에게 흥미를 유발시켜 생활과 관련된 학습을 가능하게 한다.

(9) 참여훈련기법

청소년의 자발적인 참여를 촉진하는 참여훈련기법이 있다. 이것은 청소년들로 하여금 자신들이 해야 할 활동을 처음부터 계획하고, 그것을 실천하며 그 과정 및 결과를 평가하는 등의 전 과정에 실제로 참여하게 하는 방식이다. 이것은 참여연구법(participatory research)에 의하여 개발된 방식으로서, 이때 지도자는 훈련의 상황을 지켜보는 정도의 역할만을 하면 된다. 이러한 방식을 적용하기 위해서는 활동의 주체가 청소년 자신이라는 인식의 전환이 필요하다.

7) 청소년활동의 방향

청소년활동은 지난 20여 년간 법적으로 '청소년육성'으로 명명된 청소년사업의 주요한 영역으로 자리매김하고, 청소년보호나 청소년복지에 비해 비교가 되지 않을 수준의 각종 인프라의 대부분을 차지하고 있다. 그러므로 청소년활동 영역의 침체는 곧 우리 사회 청소년사업의 위기와 동일시될 수밖에 없는 실정이다. 지금까지 적지 않은 시간 동안 청소년활동 활성화를 위해 정책적으로나 이론적으로 물적 인프라인 시설 확충에서부터 소프트웨어 차원에서 양질의 프로그램 개발과 보급 및 청소년수련활동인증제의 도입 시행, 인적 인프라로서 청소년지도자의 역량 강화 등에 이르기까지, 심지어는 청소년활동 최소 이수시간제 제안 등 최소한의 강제적 동기부여를 위한 제도적 장치까지 다양한 과제가 제안·검토되어 왔다. 그런데 청소년활동 영역을 비롯한 청소년사업의 현실은 또 다른 조각조각의 대안적 사업 형태의 정책과제 제안을 뛰어넘어 이제는 새로운 관점에서의 진단과 재구성을 요청하고 있다고 판단된다(이광호, 2010).

그동안 청소년활동은 점진적으로 학교와 학교 밖에서 청소년단체 등을 통한 형식적 교육에서 청소년육성정책 아래 점진적으로 확장되어 온 비형식 교육으로 옮겨가고 있다고 본다. 그러나 여전히 청소년활동의 대부분이 청소년들의 짧은 여가와 관련된 놀이활동이며 또한 부형식적 교육활동으로 이루어진다. 앞으로 청소년활동을 위한 정책적 지원은 이러한 무형식 교육의 청소년활동을 어떻게 담아내느냐가 관건이 될 수 있다.

〈표 6-7〉 형식교육, 비형식교육, 무형식교육의 차이

형식교육	비형식교육	무형식교육
주로 학교에서	학교 밖 시설/제도	어디에서나
지시적	대체로 지원적	지원적
매우 구조화된	구조화된	비구조화된
매우 계획적	계획적	비계획적
표준화/체계화	다양화/비체계화	다양화
외적 동기화된	내적-외적 동기화된	내적 동기화된
의무/강제적	자발적	자발적
교사주도적	교사주도/안내되는	대체로 학습자주도
학습평가 받는	대체로 학습평가 없는	학습평가 없는
연속적	대체로 비연속적	비연속적

출처: Eshach(2006), 이채식·김상욱(2010)에서 재인용.

2 청소년의 권리와 참여

1) 청소년의 권리

청소년의 권리에 대해서 관심을 갖기 시작한 것은 최근의 일이다. 이것은 아동의 권리와는 다르게 이해해야 한다. 아동의 권리는 사회적으로 아동이 보호받아야 하며, 건강하게 사회의 구성원으로서 성장해야 하는 데 초점을 맞추고 있다면, 청소년의 권리는 자율성을 바탕으로 청소년이 자신의 삶을 성취하고 통제할 수 있는 기회와 능력 그리고 동기를 부여하는 데 있다.

(1) 청소년 자율적 권리의 배경

자율과 권리 그리고 그에 따르는 책임은 서구문화에서 기본이 되는 사상적 가치이다. 기독교 사상에서 보면 권리는 신이 인간에게 부여한 것이었다. 신은 인간을 창조하면서 에덴동산에서 살 수 있는 권리와 모든 동식물을 통제할 수 있는 권한을 부여하면서 동시에 선과 악을 구별할 수 있는 '사과'를 먹지 말라는 책임을 부과하였다. 이러한 권리와 책임은 모두 인간의 자율의지에 바탕을 둘 수 있도록 하였다. 그런데 인간이 자율적 선택에 따른 책임을 지게 되어 신으로부터 벌을 받았으나, 인간 사이의 자율을 전제로 한 권리와 책임은 인간의 관계적 질서로 남겨 두었고, 인간의 자율적 의지를 통해서 신과의 관계를 다시 회복할 수 있도록 기대하고 있다.

자율과 권리를 논의하는 데 있어 적어도 두 가지 질문에 답할 수 있어야만, 청소년들에게 이것이 어떤 함의를 가지고 어떻게 신장되고 활용되어야 하는지 조망할 수 있다. 첫째는, "무엇으로부터의 자율과 권리인가"이고, 둘째는 "자율과 권리는 어떻게 사용되어야 하는가"라는 물음이다.

첫째, 자율과 권리의 속성에 대한 대답이다. 모든 인간은 존엄하며 천부의 권리를 가졌다. 누구도 침범할 수 없는 권리를 가졌다는 의미는 무엇일까? 권리가 무엇이기에 침범할 수 없다는 것인가? 권리는 삶에 대한 주체성이다. 인간은 누구나 자신의 삶을 통제하고 싶어 한다. 사실 생명 자체는 주관적인 것이다. 사람이 살아 있다는 것 자체가 스스로 생각하고 결정해야 하는 사건의 연속이다. 만일 자신이 자신을 통제할 수 없고 다른 사람에 의해서 강제된다면 주어진 삶의 독창성은 사라지는 것이며, 그때는 삶 자체가 살아가는 것이 아닌 생존하는 것으로 전락할 것이다.

둘째, 자율과 권리는 어떻게 사용되어야 하는가에 대한 답은 자신과 다른 사람의 주체성을 확보하고 담보하는 '관계'의 범위 내에서 활용되어야 한다는 것이다. 합리적이고 자기성찰적인 자율성을 스스로 범주화하고 그 범위 내에서 권리를 누려야 한다. 그때 항상 고려해야 하는 것이 다른 사람의 주체적인 생활에 대한 배려와 이해 그리고 인정이다. 그렇지 않다면 결국 자신의 자율과 권리도 담보될 수 없을 것이다.

이러한 자율과 권리는 천부적인 것이다. 그렇지만 생애기간 동안 사회 속에서 이와 같은 천부적인 요소를 누리려면 끊임없이 합리적인 쟁취와 노력이 있어야 한다. 그러기에 청소년기부터 자율성과 권리에 대한 의식은 전 생애의 삶의 질을 결정하는 매우 중요한 요소가 된다.

(2) 청소년 권리의 개념과 발전

권리는 인권에서 출발한다. 인권(human rights)이란 모든 인간의 보편적 권리로 어떠한 권리보다 최우선되는 속성을 가지고 있다. 이러한 권리는 일반적으로 소극적 권리와 적극적 권리로 구분한다. 소극적 권리란 외부 간섭으로부터 개인을 보호하는 권리를 말하며, 적극적 권리는 국가 개입을 보증하는 권리를 의미한다. 복지권(welfare rights)은 사회권의 하나로 적극적 권리에 속한다.

청소년에 대한 복지권은 상당 부분 기본적 인권의 제한과 더불어 어른에게는 없는 새로운 보호의 권리로서 부여되어 왔다. 청소년은 아직 성장하고 있는 과정에 있으므로 양육, 보호받고, 교육받을 수 있는 권리가 여기에 해당된다. 이것은 청소년에 대한 어른의 의무로 표현될 수 있으며, 어른이 부여한 권리이다(박창남, 2003). 과거에 청소년은 부모의 '재산'으로 간주되어 왔다. 그래서 타인이 청소년의 신체적, 성적, 정서적 학대에 개입하는 것은 정당하지 않았다. 이러한 관점은 변해 왔으나 여전히 청소년에 대한 처우는 부모의 책임이며, 국가와 같은 다른 행위자가 청소년이 가정에서 이러저러하게 대우받는 것에 대해 거의 개입하지 말아야 한다는 강한 관념이 남아 있다(김형식·여지영, 2001). 그러나 오늘날에 와서 청소년의 인권적 요소와 사회위치권적 요소(보호의 권리)가 갈등할 경우에는 인권적 요소가 우선 준수되어야 한다고 보는 경향이 강하게 대두된다. 왜냐하면 사회위치권적 요소가 청소년의 생성적(生成的) 기본권의 자발적 행사를 돕기 위한 보조수단이고, 사회위치권적 요소 역시 그 궁극적인 정당화의 기반은 생성적 기본인권에 두어야 하기 때문이다. 사회위치권적 청소년의 인권은 어떻게 보면 보호를 명분으로 한 사회의 청소년에 대한 정당한 간섭을 의미하기도 하는데 간섭의 기준과 목표가 생성적 기본인권을 해치는 방향으로 설정된다면 이는 이미 근본 취지를 벗어나기 때문이라고 본다(이봉철, 1991). 물론 여전히 청소년의 인권을 둘러싼 논쟁은 보호의 권리와 청소년의 기본적 인권이 충돌할 경우 발생되는 문제이다. 그런데 보호의 권리든, 청소년의 기본적 인권이든 결국 그 실행주체는 어른이다. 그러나 점차 인권개념에서 자율성과 자기결정권 요소가 확장되어가는 시대적 변화 가운데 청소년의 인권의 구체적 실현형태인 청소년의 복지권도 예외가 될 수는 없을 것이다.

이러한 청소년의 권리에 대한 관점은 20세기 초부터 출현하기 시작했으나 실제적으로 국가가 이를 위해 적극적으로 나서게 된 것은 청소년권리협약이 유엔에서 채택된 1989년 이후라 할 수 있다. 1992년 청소년권리선언이 작성되었고, 이것이 최초로 선언된 '세계청소년헌장'이었으며, 이를 기초로 1924년 유엔에서 '청소년의 권리에 관한 제네바 선언'이 채택되었다. 이는 다시 1959년 '유엔청소년권리선언'으로 이어지고 전 세계적인 관심과 노력 속에

1989년 청소년권리에 관한 국제 협약이 채택되어 국제법적 효력을 갖기에 이르렀다(송주미, 2003). 국제협약은 청소년에게 독립적 인권을 부여하는 최초의 국제적 법적 조치이며 우리의 관심이 보호에서 자율성 인정으로, 양육에서 자기결정권 장려로, 복지에서 정의실현으로 발전되어야 한다고 요구하고 있다(이기범, 1997). 청소년권리협약의 관점은 청소년도 어른과 같은 권리를 부여받아야 한다는 것이다. 청소년은 어른과 같은 지위가 좀 더 많이 허락될수록 어른의 억압으로부터 자유로워진다고 본다. 따라서 청소년의 자율과 자유 그리고 자기결정권은 주요 개념이 된다. 다시 말해 청소년은 어른과 다른 존재가 아니며, 이는 청소년의 행동, 감성, 사고, 지식, 기술 등 모든 측면에 적용된다(이순형 외, 2003; 이재연, 1997). 청소년권리협약 제5조와 제12조에는 이러한 청소년의 권리를 보장하기 위해 반달정도와 능력을 고려하여 보호해 주어야 함을 명시하고 있다. 일반적으로 어른이 통제하고 제한하는 사회는 청소년의 사고, 감정, 말을 진지하게 받아들이지 않고 청소년이라는 이유로 청소년의 행동에 다른 의미를 부여한다고 본다. 따라서 어른의 의무는 청소년의 행동을 허락하고 청소년의 말을 듣고, 원하는 것을 존중해 수는 것이다. 청소년의 권리는 보호나 복지 개념보다는 자유, 자기결정, 자율성 등과 함께 적용되는 것이다(송주미, 2003; Archard, 1993).

(3) 청소년권리의 분류

국제세이브더칠드런연합(ISCA)의 분류에 따르면 아동청소년권리는 생존권, 보호받을 권리, 발달권, 참여권의 네 가지로 구분할 수 있다(이혜원, 2006 재인용).

① 생존권

청소년이 생명을 유지하고 기본적인 삶을 누리는 데 필요한 권리이다. 이러한 생존권은 적절한 생활수준을 누릴 권리, 안전한 주거지에서 살아갈 권리,

충분한 영양을 섭취하고 기본적인 보건 서비스를 받을 권리 등을 포함한다.

② 보호받을 권리

청소년이 모든 형태의 차별, 학대, 방임, 폭력, 고문, 징집, 부당한 형사처벌, 과도한 노동, 약물과 성폭력 등으로부터 보호를 받고, 위기상황(난민아동, 소수민족아동 등)에서 특별한 보호를 받을 권리를 포함한다.

③ 발달권

청소년이 잠재력을 최대한 발휘하는 데 필요한 권리로서 정규적·비정규적 교육을 받을 권리, 놀이와 오락을 즐길 권리, 문화생활에 참여할 권리, 정보를 얻을 권리, 양심·종교의 자유 등을 포함한다.

④ 참여권

청소년이 자신의 의견을 자유롭게 표현하고 자신의 삶에 영향을 주는 문제에 대해 발언권을 지니며, 단체에 가입하거나 평화적인 집회에 참여할 수 있는 권리 등을 포함한다.

(4) 청소년권리의 증진단계

비록 인권이 천부의 권리이지만 그에 따른 생활에서의 권리는 개인과 억압받는 집단이 사회에서 지속적으로 도전하여 획득해야 한다. 청소년권리의 대부분도 이러한 범주에서 벗어나지 않는다. 더욱이 청소년은 자신과 사회의 보호시각에 따라서 심각하게 권리증진의 필요성을 느끼지 못할 수도 있으며, 권리가 침해받고 있어도 부당한 사안인지에 대한 판단조차 할 수 없는 상황인 경우가 많다. 왜냐하면 청소년권은 성인의 권리에 종속되어, 부분적으로 성인의 시혜에 따라 허용되기 때문이다.

청소년이 주체적인 삶을 살아가고 성인과 더불어 바람직한 사회를 구성하고 미래의 건강한 자원으로서 성장하기 위해서는 자신과 타인의 권리에 대한 명확한 이해와 권리를 찾고 지키는 노력이 절실하다. 여기서는 청소년이 사회에서 자신의 권리를 증진시킬 수 있는 단계를 제시한다.

① 청소년 권리의 자각

아는 만큼 느낄 수 있다는 말이 있듯이, 청소년 스스로가 자신의 사회적 권리가 무엇인지에 대한 지식이 필요하다. 인간의 기본적인 권리와 생명의 존엄성을 알며 이를 통해 자신의 주체적인 권리에 대한 자각이 필요하다.

② 청소년 권리 침해의 이해

인간이 갖는 권리가 정치·경제·사회제도 내에서 침해당하는 정도와 유형에 대한 이해를 해야 한다. 국가권력과 사회는 의도적이든 의도적이지 않든 청소년 개개인의 권리를 침해하거나 방치하는 것에 대해서 관심을 기울여야 하며, 실천적으로는 지역사회나 학교 등에 내가 가져야 하는 권리와 그 권리를 누리는 수준에 대한 이해가 있어야 한다.

③ 청소년 권리의 자율과 책임성 설정

권리는 책임이 뒤따른다. 생명은 존엄하다. 따라서 스스로 목숨을 끊어서는 안 되는 것처럼, 모든 권리에는 책임과 그 권리를 누리는 자발적인 태도와 행동 그리고 자율적인 규제가 요구된다. 권리의 문제를 양적으로 측정할 수는 없다. 그렇지만 청소년 자신이 권리를 침해당한다는 사실을 알고 권리를 찾기 위한 행동에 나서기 전에 권리가 확보되었을 때 자신이 해야 할 개인과 사회에 대한 책임과 자율성을 고려하거나 구체적으로 설정하는 일이 중요하다.

④ 청소년 권리의 상호성 인식

권리는 특정한 개인에게 부여된 권한이 아니다. 대부분의 권리는 다른 사람과 밀접한 관련을 갖는다. 때로는 자신의 권리주장이 타인의 권리를 침해하기도 한다. 따라서 청소년이 권리를 증진시키고자 할 때 반드시 필요한 일은 타인의 권리와의 관계성이다. 나의 권리와 동등하게 다른 사람의 권리를 인정하고 발전시켜 나가도록 노력하는 것이 성숙한 권리증진의 방법이 된다.

⑤ 청소년 권리의 확보를 위한 도전과 성취

권리는 주어질 수도 있지만 스스로 권리를 주장하고 합리적인 방법으로 권리를 찾을 때 더 소중해질 수 있다. 우리 사회에서 청소년이 스스로 권리를 주장하고 찾기란 쉽지 않다. 따라서 동일한 의식을 갖고 있고 권리를 침해받는 청소년들과 힘을 합쳐서 권리 찾기의 노력을 기울여야 한다. 청소년의 권리확보 또한 성인들과의 대결이 아닌 상호이해와 협력으로 추진되어야 하며, 이와 함께 중요한 것은 청소년 사이에 권리에 대한 몰이해와 잘못된 권력의 행사로 피해 받는 경우도 지나쳐서는 안 된다는 것이다. 대표적인 예로 우리 사회의 문제 중 하나인 '집단 따돌림' 또는 '청소년의 집단구타' 문제 등에서 청소년의 권리가 무엇인지, 그 권리가 어떻게 확보되어야 하는가를 고민하고, 다른 사람 권리의 소중함을 인식하고 정당한 권리를 가질 수 있도록 노력하는 출발점이 되어야 할 것이다.

생각하기 4 **복지권의 위치**

복지권의 개념을 살펴보기 위해서는 우선 시민권에 대한 이해가 선행되어야 한다. 광의로 보면 복지권은 시민권의 하나라 볼 수 있다. 시민권이라는 개념은 지극히 현대적 의미에서 고찰된다. 과거 전통사회 전반에 걸쳐 사회구조의 토대를 형성하였던 다양한 천부적 계층화가 산업혁명과 프랑스 시민혁명 등을 계기로 붕괴되면서 나타난 현대적 국가 체계는 명확한 지역적 경계선을 지니게 되었고 구성원들의 자유와 평등 및 국가의 모든 제반 사항들을 법적으로 규정함으로써 합리성에 의해 운영되는 사회구조를 만들게 되었다. 함께 살아가는 사회 속에서 서로의 자유와 평등을 사회적으로 보장하기 위한 새로운 사회적 논리와 체계가 등장하게 된 것이다. 바로 이 이점이 현대적 개념인 시민권의 등장과 연계된다(최원기, 2003: 10-11). 특히 우리가 민주주의를 시민적 시민권과 정치적 시민권의 성장에 필수적인 정치 환경으로 간주한다면, 정치적 평등의 발전은 국가와 정치과정의 근대화에 필수적인 특징이다. 시민권은 사회를 평등주의적 정치들로 나아가게 한다. 복지국가를 사회경제적 시민권의 성장에 필수적인 틀로 여긴다면, 시민권의 발전은 사회경제적 평등을 지지하는 주장들과 관련된다. 사회적 시민권은 평등의 권리를 유지하기 위해 일정한 수준의 관료제와 국가개입을 필요로 한다. 시민권의 다양한 차원들은 평등의 원리를 발생시키고, 평등은 종종 근대사회의 또 다른 중요한 가치, 즉 개인주의와는 부합되지 않는 것으로 여겨진다. 시민이 의식적이고 선택적이기 위해서는 개인일 것이 요구되는 반면에, 시민권을 가능하게 하는 제도들은 평등과 관료제를 증진시킨다는 것은 역설이다. 시민권은 필연적으로 시민권을 훼손하는 사회적·정치적 조건을 낳은 것처럼 보인다(서용석·박철현 역, 1997). 이런 점에서 복지권(welfare rights)은 사회적 시민권의 구체적 모습이며, 또한 복지권의 실천과정과 복지실천적 개입은 비록 사회적 소수자를 중심으로 한 개인적 요청으로부터 비롯되지만, 엄연히 결과와 기회의 평등을 고려한 개인과 국가와 사회적 권리개입으로부터의 조율과 조정이다. 특히 이런 면은 사회복지가 가치지향적 학문으로 정립되었다는 사실에서도 입증될 수 있겠다. 이와 같은 관점에서 복지권이란 복지에 대한 권리로서 시민 또는 국민의 입장에서는 복지를 수급할 권리이며, 사회 및 국가는 그에 대한 의무를 진다. 복지권은 인간의 생존적 욕구 및 보편적 욕구의 충족이라는 면에서 인간이라는 존재 또는 인간다운 삶에 결부된 권리로서 정당화된다. 따라서 복지권은 보편적인 권리로서 인권의 구성요소인 동시에 시민권의 구성요소이다. 인권논의에서 인권개념은 인간이라면 누구나 자연적으로 부여받는 보편적인 권리로서의 인간의 권리 개념에 입각해 있다. 반면 시민권 논의에서 시민권 개념은 국가 또는 정치공동체 단위에서 시민의 지위에 부여되는 권리의 의미이다. 따라서 시민권을 인권으로 환언한다면 전 지구적 또는 전 인류의 보편적 시민권이라는 개념을 사용할 수 있다(안치민, 2003).

빈곤층 청소년에게 있어서 복지권은 우선 어른에 의한 보호의 권리로서 작용한다. 그러나 앞서 논의한 바와 같이 복지권이 보호권의 한계를 넘어서야 한다. 왜냐하면 빈곤층 청소년을 둘러싼 가정과 사회적 상황이 이전보다 훨씬 더 복잡하고 사회경제적으로 빈곤층 청소년의 기회와 결과의 평등이 더욱 불투명하기 때문이다.

2) 청소년의 참여

(1) 청소년 참여의 개념과 의의

청소년 참여는 삶의 모든 영역에서 청소년과 성인 간의 협력개발이라고 정의하고 있으며 청소년 참여는 크게 세 가지 의미로 사용하고 있다.

첫째, 광범위한 수준에서는 청소년이 시민으로서 사회적·문화적·정치적·경제적 생활에 완전하게 참여할 수 있는 권리를 갖는다는 점을 인식하는 데 사용된다. 예를 들어 청소년들이 교육, 훈련, 고용, 정치생활과 같은 영역에서 참여할 수 있음을 말하는 것이다.

둘째, 조직 수준에서는 청소년들을 지원하기 위하여 계획된 정책, 프로젝트, 프로그램에 관한 의사결정에 참여하는 권리를 기술하는 데 사용한다. 예를 들어, 청소년들이 청소년 프로젝트에서 자문이나 운영에 참여하는 것이다.

셋째, 개인적인 수준에서 자신의 삶에 영향을 미치는 의사결정에 대해 관여되거나 정보를 얻게 된 권리를 기술하는 데 사용된다. 청소년들이 가족생활이나 정부의 보호를 받는 경우 청소년 서비스의 고객으로서 의사결정에 관여되거나 정보를 받는 경우이다.

(2) 청소년 참여의 단계와 수준

Hart(1997)는 참된 참여는 자신이 참여하고 있다는 사실을 알고, 논의하고, 이상적으로 의사결정을 하고 관리할 수 있어야 한다고 지적한다. 그는 청소년참여를 8단계로 구분한 '참여의 사다리'를 제시하였다. 여기서 Hart는 청소년의 참여가 항상 가장 높은 단계에서 이루어져야 하는 것은 아니라고 지적하고 있다. 즉, 참여하는 청소년의 능력에 맞는 최상의 단계를 선택하는 것이 바람직하다는 것이다. 참여에 관한 청소년의 능력은 청소년참여에 대한 문화적인 태도, 나이, 개별 청소년의 자질 등 여러 가지 요인에 의해서 좌우되기 때문이다. 세부적으로 살펴보면 다음과 같다.

① 1단계 : 성인이 이용하는 단계(manipulation)이다.

참여가 가장 낮은 단계로 성인이 의도적으로 청소년의 목소리를 이용하는 단계이다. 성인이 주도하고 청소년은 그 사안이나 행동에 대한 이해가 없다. 또한 청소년과 의논하지만 피드백이 전혀 없고 성인은 청소년이 참여하는 것처럼 꾸미는 단계이다. 예를 들어 청소년이 문제나 사안에 대한 이해 없이 플래카드를 들고 시위에 참여하는 단계이다. 즉, 청소년이 정치적인 구호를 적은 머리띠나 어깨띠를 두르고 시위에 참여하는 경우로 청소년은 문제의 내용이나 자신의 역할을 이해하지 못하는 단계이다.

② 2단계 : 장식처럼 동원되는 단계(decoration)이다.

성인이 주도하고 청소년과 함께하지만 청소년은 그 사안에 대한 이해가 적고, 조직화 과정에서 참여도 없는 단계이다. 성인이 청소년이 주도하는 것처럼 꾸미지는 않지만 청소년을 이용하는 단계이다. 이 단계에는 청소년에게 관련된 주장이나 내용을 담은 티셔츠를 입히는 단계로 이러한 상황의 전개과정에서 청소년은 자신의 의사를 말할 수 있는 기회가 주어지지 않는다.

③ 3단계 : 명목상으로 참여하는 단계(tokenism)이다.

성인이 주도하고 청소년이 자신의 목소리를 가진 것처럼 보이지만 주제에 대한 선택권이 없고 자신의 의견을 형성할 기회가 없다. 이 단계에서는 청소년이 회의에 참석할 수 있도록 초청되고 의견을 말할 수 있는 기회도 주어

지나 토의 주제 선정과 발표의 형식이 제한되며, 자신의 의견을 형성하거나 다른 친구들과 협의할 기회가 주어지지 않는 단계이다. 흔히 제도나 규정에 따라 청소년이 어른에 의하여 선발되어 초청받는 경우로 그들이 다른 청소년을 대표하는 것으로 의미를 부여하는 경우가 많다. Hart는 이 단계까지는 실질적인 청소년참여로 보지 않는다.

④ 4단계 : 성인이 지시하지만 정보는 제공하는 단계(assigned but informed)이다.

성인주도로 운영하지만 청소년이 그 의도를 이해하고 누가 그리고 왜 의사결정을 내리는지를 이해하며, 이후의 의미 있는 역할을 담당하거나 자원봉사를 할 수도 있는 단계이다. 이 단계는 청소년의 참여와 비참여가 구분되는 단계로서 청소년이 활동의 취지를 이해하고 있는가, 청소년은 누가 결정을 내리는지 그리고 그 이유가 무엇인지를 이해하고 있는가, 청소년이 진정한 역할을 담당하고 있는가, 청소년이 자발적으로 참여할 수 있도록 활동의 내용이 충분히 설명되었는가 등이 고려되는 단계이다.

⑤ 5단계 : 성인이 정보를 제공하고 협의하는 단계(consulted and informed)이다.

이 단계는 성인들에 의하여 계획되고 운영되지만 청소년들이 그 과정을 이해하고, 자신들의 의견이 신중하게 고려된다는 것을 아는 단계이다. 예를 들어 청소년을 대상으로 한 조사의 경우, 청소년이 조사목적을 이해하고 조사의 분석과 결과에 대한 논의에 청소년이 참여하는 경우를 들 수 있다. 이 경우에 최소한으로 청소년에게 조사를 위한 자원봉사활동을 요구하고 그 결과에 대해서 청소년에게 완전한 정보가 주어져야 한다.

⑥ 6단계 : 성인주도로 청소년과 의사결정을 공유하는 단계(adult initiated, shared decision with children)이다.

이 단계에서는 성인이 주도하지만 의사결정과정에 청소년의 참여가 이루어지는 단계이다. 지역사회에서 수행되는 대부분의 프로젝트는 대개 특정 연령집단이 아닌 모든 지역사회 구성원들을 대상으로 하기 마련이다. 그러나 이와 관련한 의사결정은 대개 25세 이상의 연령층이 가장 많은 권한을 갖는 것이 일반적이다. 청소년 참여에서 6단계는 중요한 의미를 갖는데, 이 단계에서 성인이 청소년참여에 대한 유능성이나 확신을 갖지 못하면 다음 단계로 넘어가기 어렵다.

⑦ 7단계 : 청소년이 주도하고 청소년이 감독하는 단계(child-intiated and directed)이다.

이 단계에서는 청소년이 성인의 참여 없이 자신들의 프로젝트를 시삭하고 운영하는 단계라고 할 수 있다. 그러나 실제에서는 청소년 놀이의 세계를 제외하고는 현실적으로 발견하기 어려운 단계이며, 이 경우 성인은 관찰자로서 존재하면서 청소년활동에 대해 인식은 하되 통제는 하지 않는다.

⑧ 8단계 : 청소년주도로 성인과 의사결정을 공유하는 단계(child initiated, shared with adults)이다.

그렇지만 이러한 단계가 실현되는 것은 매우 드문 경우이다. 왜냐하면 성인의 경우 청소년의 특별한 관심에 대한 이해나 적응이 어렵고 성인들을 참여시킬 수 있는 활동을 기획하기 위해서는 앞서 논의된 단계의 훈련이 요구되기 때문이다. 이 단계에서는 대개 나이 많은 청소년으로 성인이 포함되어 프로젝트를 기획하고 운영한다. 청소년만이 사회를 구성하는 것이 아니라 성인과 함께 살아간다는 점을 고려하면 8단계는 청소년이 주도적으로 프로젝트를 개발하고 이를 수행하는 데 성인과 협력한다는 것은 청소년이 지역사회의 성원으로서 역할을 수행하는 데 충분한 능력과 자신감을 갖고 있다고 볼 수 있어 바람직한 청소년참여의 유형으로 받아들여지고 있다(김영지 외, 2001).

〈표 6-8〉 Hart의 참여 사다리

단계	내용	구분
8단계	청소년이 시작하고 어른과 결정을 공유하는 단계 (child-initiated, shared decisions with adults)	참여 단계
7단계	청소년이 시작하고 청소년이 감독하는 단계 (child-initiate and child-directed)	
6단계	어른이 시작하고 청소년과 의사 결정을 공유하는 단계 (adult-initiated, shared decision with children)	
5단계	어른이 협의하고 정보를 제공하는 단계(consulted and informed)	
4단계	어른이 정하지만 정보는 제공되는 단계(assigned but informed)	
3단계	명목참여 단계(tokenism)	비참여
2단계	장식 단계(decoration)	
1단계	조작 또는 속임 단계(manipulation or deception)	

(3) 청소년참여의 실제

우리나라에서 청소년참여는 전통적으로 학교에서 자치활동위원회(학생회 등) 활동이 대표적인 것이었고, 청소년단체는 청소년위원회 활동이 간혹 있어 왔다. 그 후 청소년기본계획이 수립되고 청소년정책이 추진됨에 따라 적극적으로 청소년의 자율참여를 통한 건전한 성장을 목표로 청소년의 참여가 확대되어 왔다. 1998년부터 시행되어 온 제2차 청소년육성5개년 계획에 따라서 국가에서 지원하는 '청소년위원회'가 설치·운영되고 있으며, 사이버 공간을 통한 청소년의 참여지원을 하고 있다. '청소년위원회'는 이후 '청소년참여위원회'로 명칭이 변경되었다. '청소년참여위원회'는 중앙부처나 지방자치단체에 청소년들로 구성되어 청소년정책이나 활동에 대한 정책자문 및 건의와 다양한 자율·참여활동을 시행하는 청소년자치기구이다. 정부에서는 '청소년참여위원회' 운영을 통해 청소년정책 대상인 청소년이 정책의 형성·집행·평가과정에 주체적으로 참여하도록 제도화하였다(청소년백서, 2006). 이 외에도 청소년단체나 시설의 청소년사업과 프로그램 운영과 관련된 의사결정 과정에 참여할 수 있는 '청소년운영위원회', 국가청소년육성정책과제를 설정하고 추진하며 점검하는 '청소년특별회의' 등이 있다. 또한 청소년자원봉사활동을 통해 청소년참여를 증진하기 위해 자원봉사박람회, 자원봉사경진대회가 각종 단체에서 진행되고 있다.

이와 함께 청소년의 인권지표 개발을 시작하는 등 참여를 위한 청소년의 권리신장에도 관심을 기울이고 있지만, 아직도 청소년참여는 청소년의 필요에 의한 성인의 지원이라기보다는 청소년의 참여를 권장하기 위하여 성인들이 다양한 참여환경을 조성하는 데 머무르고 있는 실정이다.

(4) 청소년참여의 방향

청소년참여의 증진을 위해서는 무엇보다도 청소년을 잠재력과 가능성을 가진 사회의 한 주체이자 성인과 같은 시민적 권리와 지위를 갖는 존재로 인식하는 사회 전반의 시각이 필요하다. 이를 바탕으로 공식적이고 집단적인 청소년의 참여방법을 비롯하여 청소년의 현실여건을 고려한 다양한 제도적 여건과 경로를 마련해야 한다. 또한 실질적으로 참여활동에 임할 수 있는 시간을 확보할 수 있도록 교육환경 개선 등 제반 여건을 마련해야 한다. 동시에 청소년의 참여적 자질을 배양시켜 줄 수 있는 민주시민자질 향상 프로그램이 필요하다.

청소년참여 활성화의 성패는 사회가 청소년이 원하는 자율적 참여활동을 할 수 있도록 제반 여건을 얼마나 적극적으로 조성해 주느냐, 그리고 성인들이 어떻게 그것을 지원하고 지지하느냐에 달려 있다. 특히 '청소년참여위원회'와 같은 제도적 차원의 정책참여 활동의 경우에는 무엇보다도 지속적인 성인들의 격려와 지원이 필요하다. 단기간에 성과를 보겠다는 생각이나 바로 눈에 보이는 결과가 나오지 않는다고 청소년의 참여능력과 자질에 대한 기대를 버리는 것은 너무 성급한 판단일 것이다. 계속해서 청소년 참여의 토양이 다져지고 자생적인 참여활동의 싹이 터 오를 때까지 청소년들에 대한 신뢰를 가지고 조용히 지켜보아야 할 것이다. 우리 사회가 그동안 청소년들에게 스스로 권리를 누릴 수 있는 기회를 제한하고 참여의 훈련과 경험을 별로 제공하지 못한 만큼 오랜 기간의 준비와 훈련이 필요할 것이다(김영지, 1998).

현재 청소년참여는 매우 초보적인 단계이다. 청소년참여가 자칫 성인들이 청소년에 대해 베푸는 배려로 이해된다면 청소년의 증가하는 사회적 영향력을 통제하고 성인들의 아량을 보여주는 구색 맞추기에 지나지 않을 것이다. 이를 방지하기 위해서는 청소년의 권리와 참여가 일정한 부분에서라도 가시적인 성과를 낼 수 있을 때까지 청소년을 위한 노력이 지속되어야 할 것이며, 이보다 더 중요한 것은 청소년이 참여할 수 있는 제도적인 환경을 조성해 주는 일이다. 입시 위주의 교육환경과 청소년에 대한 각종 사회적 규제를 그대로 둔 채 청소년의 권리와 참여증진을 말한다는 것은 우물 안의 외침에 그칠 가능성이 높기 때문이다.

청소년복지의 실천 III : 임파워먼트 실천

제 7 장

1 청소년복지에서 임파워먼트 실천

일반적인 임파워먼트 실천과 마찬가지로 청소년 임파워먼트는 참여와 불가분의 관계에 있다. 개인, 대인관계 또는 환경과 조직, 그리고 나아가 정치사회적 차원이든 기본적으로 힘없는 사람이나 계층이 갖는 무력감은 사회적 영향력을 행사하지 못하는 패배감에서 생겨난다. 자기 자신이 사회적 세력과 영향력 행사에 있어 불균형이 해소되었다는 인식을 가질 때 이를 극복할 수 있다는 점에 기초하여 임파워먼트는 작용한다. 이러한 임파워먼트는 개인수준에서 대인관계로, 궁극적으로는 정치적 차원으로 연결된다. 이와 같은 연속적인 단계에서 필요한 부분은 자원이다. 자원은 힘없는 사람이나 계층의 의식을 고양하고 강점을 발견함으로써 능력강화로 이어지게 하며 이것은 참여와 권리행사를 가능하게 하는 원동력이 된다(최선미, 2001). 이렇듯 임파워먼트가 갖는 개인에서 정치사회적 차원으로 연결되는 참여와 힘의 행사는 청소년복지의 성격과 방향에 시사점을 제공한다.

청소년복지의 지향점은 청소년들이 미래의 건실한 노동력으로서 사회 발전에 이바지하도록 사회적 요청에 맞게 자신에게 적합한 능력과 기술을 함양하는 데 초점을 맞춘다. 청소년복지는 참여와 협력을 바탕으로 청소년들의 생활환경과 노동여건을 향상시켜 사회변화에 수동적으로 대응하지 않고 변화의 주체가 되어 보다 나은 현재의 생활과 미래의 삶을 영위하도록 지원한다. 즉, 보편적이면서도 선별적인 복지지원 방안이 제시되어야 한다. 그러므로 청소년복지의 정체를 갖는 지향점 중의 하나는 보호 수준의 복지가 아닌 개발과 참여의 복지로부터 시작되어야 한다(노혁, 1998). 이와 같은 면은 임파워먼트가 청소년복지 실천에서 중요한 위상을 차지하는 근거가 된다.

2 청소년 임파워먼트 전략[6)]

여기서는 청소년 임파워먼트 전략을 내적, 대외적 수준에서 구분하고 기법을 제시한다.

1) 내적 기술(Intrapersonal skill)

(1) 자아존중감(self-esteem)

청소년기는 자아정체성을 확립하는 시기이다. 이 시기에 자신에 대한 존

6) 임파워먼트 전략의 일부분은 McWhirter(1991)의 *Counseling for Empowerment*의 intrapersonal skills와 interpersonal skills를 정리한 것임.

중감, 긍정적 감정은 청소년기를 이행하는 데 큰 도움이 될 뿐만 아니라 성인이 되어 자신의 삶을 통제하는 자산이 될 수 있다. 청소년이 겪는 문제 중 상당수는 자아존중감 결여 또는 낮은 자아존중감에서 비롯된다. 자아존중감이 높은 청소년과 자신에 대해서 좋은 감정을 갖는 청소년은 적극적이고 능동적인 위기대처 능력을 갖고 새로운 행동을 시도할 수 있다. 또한 자신의 자아존중감의 역동성을 이해한다는 것은 다른 사람들의 자존감을 지지하고 강화하는 데 도움이 된다.

일반적으로 낮은 자아존중감은 청소년이 자신의 삶에 작용하는 힘의 역동성을 확인하는 방법을 탐색함으로써 이해할 수 있다. 특히 청소년기의 낮은 자아존중감은 성별, 신체조건, 역량과 밀접한 관련이 있다. 또한 낮은 자아존중감은 아동기의 경험, 특히 부모와의 경험 사이에 분명한 관련성이 있다고 보고된다.

이러한 자아존중감을 높이기 위해서는 첫째, 스스로 행동을 주도하도록 한다. 자기 스스로 했을 때의 성공경험은 자아존중감을 높일 수 있다. 둘째, 삶의 장은 학교, 친구, 가족, 자신의 외모와 신체, 그리고 재산으로 구성된다. 따라서 이들을 충분히 활용해야 한다. 셋째, 자존감을 증진시킬 수 있는 감성, 행동, 인지 그리고 환경에 선택적으로 접근한다. 굳이 자존감에 상처를 받을 수 있는 환경에 접근해야 할 까닭이 없다. 가능하다면 자신에 대한 존중감을 높일 수 있는 행동과 생각 그리고 환경에 접근한다. 예를 들어 성취하지 못할 높은 목표를 설정해서 자기 역량에 실망하기보다는 성취가능한 일에 도전하는 것이 도움이 된다(Walz and Beuer, 1992).

(2) 비합리적인 신념과 싸우기

인지정서행동모델에 따르면 사람이 갖는 정서와 행동적 결과는 일어난 선행사건에 의한 것이 아니고 사건에 대해서 갖게 되는 개인의 신념과 태도

체계 때문에 발생한다고 본다. 선행사건에 대해 사람들은 합리적 또는 비합리적 신념을 갖게 된다. 여기서 합리적 신념은 삶을 생산적으로 이끌지만, 비합리적 신념은 삶을 파괴적으로 이끌거나 궁극적으로 지향하는 목적의 달성에 방해가 된다. 즉, 우리는 비합리적인 신념에 감정과 정서 그리고 행동을 제약받고 희생당하기도 한다.

Ellis(1977)는 열한 가지의 비합리적 신념을 제시하고 있다. 첫째, 모든 사람들로부터 반드시 사랑받고 인정받아야 한다. 둘째, 모든 면에서 반드시 유능하고 성공적이어야 한다. 셋째, 해(害)를 끼치거나 부당한 사람이 있다면, 그 행위는 반드시 비난받거나 처벌받아야 한다. 넷째, 일이 바라는 대로 되지 않는 것은 끔찍스러운 파멸이다. 다섯째, 불행은 외부환경 때문이며 인간의 힘으로는 그것을 통제할 수 없다. 여섯째, 어떤 일이 위험스럽거나 두려운 것으로 보이면, 그 일에 압도당하고 불안해야 한다. 일곱째, 인생에 있어서 어떤 난관이나 책임에 직면하는 것보다는 회피하는 것이 더 쉽다. 여덟째, 타인에게 의존해야만 하고 자신이 의존할만한 더 강한 누군가가 있어야 한다. 아홉째, 현재의 행동과 운명은 과거의 경험이나 사건에 의하여 결정되며 여기서 벗어날 수 없다. 열째, 주위의 어떤 사람에게 불행이 생겼을 경우, 나도 압도당하고 당황해야 한다. 열한째, 모든 문제에는 완벽한 해결책이 있으며 그것을 찾지 못한다면 그 결과는 파멸이다.

특히 청소년기는 많은 비합리적 신념이 있다. 첫째, 친구들이 날 좋아하지 않는다면 끔찍하다. 친구들 없이 혼자서 지낸다는 것은 끔찍한 일이다. 둘째, 나는 절대 실수를 해서는 안 된다. 특히 다른 사람들이 많은 상황에서 실수를 해서는 안 된다. 셋째, 부모님의 잘못 때문에 내가 이렇게 불행하게 되었다. 넷째, 난 어쩔 수가 없다. 앞으로도 영원히 난 이 모양 이 꼴일 거다. 다섯째, 세상은 공정하고 공평해야만 한다. 여섯째, 일이 내 뜻대로 되지 않는다면 끔찍하다. 일곱째, 실패할 위험을 무릅쓰는 것보다는 도전을 피하는 것이 낫다. 여덟째, 친구들에게 동조해야만 한다. 아홉째, 비난받는 것은 참을 수 없는 일이다. 열째, 다른 사람들은 나의 요구에 항상 응해 주어야 한다(박경애, 1997).

인지정서행동치료이론에서는 선행사건, 즉 개인에게 정서적으로 혼란을 일으키는 사건(개에 물렸거나, 실직을 하였거나 또는 부모에게 강한 꾸지람을 들은 것 등)에 대한 개인이 갖게 되는 사고방식으로 합리적 신념과 비합리적 신념이 있음을 제시한다. 만일 선행사건으로 인해 비합리적 태도와 사고를 가지고 사건을 해석한다면 불안과 두려움, 죄책감 등 비합리적 정서나 감정을 느끼게 된다. 이에 대해 상담자나 사회복지사의 도움을 받아 자신이 갖고 있는 비합리적 신념에 대해서 직면하여 자신의 생각이 사리에 맞고 합리적인지 다시 논박 등을 통하여 탐색하도록 함으로써 합리적 신념으로 전환하여 긍정적이고 수용적인 감정을 갖도록 한다. 특히 청소년기는 자아의 완벽성과 당위적 사고에 대한 강박성이 강한 때이다. 이러한 정서는 자아존중감을 낮게 하고, 스스로 정서와 행동의 힘을 갖는 데 제한을 준다. 따라서 비합리적 신념을 지속적으로 도움을 받아서 또는 스스로 논박함으로써 합리적 신념으로 바꿈으로 역량 강화의 기초를 마련할 수 있다.

(3) 자기효능감 기대수준 높이기

자기효능감은 자신의 삶에서 목표를 설정하고 주변에서 일어나는 다양한 일들을 통제할 수 있다는 확신으로 임파워먼트 기술의 핵심 요소이다. 이러한 자기효능감의 기대수준을 높이는 데 적합한 방법 중에 하나는 당면한 문제를 해결하는 것이다. 이 문제는 고통스러운 위험일 수도 있고, 성장을 위해서 해결해야 할 과제일 수도 있다. 자기효능감 기대는 특정과제나 행동을 성공적으로 수행할 수 있는 자신의 능력에 대한 신념이다(Bandura, 1982). 또한 자기효능감은 개인적으로 자신의 행동을 책임질 수 있고 통제할 수 있으며, 긍정적인 결과를 도출해 낼 수 있다는 믿음(empowerment)이다.

자기 효능감에 관한 지각이 개인이 추구하거나 피하려고 선택하는 활동에 영향을 미쳐서 결과적으로 그가 누구인지 그가 무엇이 될 것인지를 결정한다. 이러한 자기 효능감을 높이기 위해서 James(1990)의 이론을 원용하면 다음과 같다. 그는 자기효능감을 이렇게 도식화하였다.

자기효능감 = 성공/요구(목표)

이 도식에 따르면 자기효능감을 높이기 위한 방법으로 설정한 목표를 향하여 성공률을 높이거나, 목표 자체를 낮추어 자기효능감을 향상시킬 수 있는 두 가지 방법이 있다. 우리는 청소년에게 간혹 자기효능감을 높이기 위해서 도달하기 힘든 목표를 설정하고 성공률을 높이도록 격려하고 조장하는 경우가 있다. 그러나 청소년이 성공하지 못한다면 자기효능감은 매우 낮아질 것이다. 따라서 목표 자체를 낮추는 것도 청소년에게 자기효능감을 증진시키는 방법이라는 점이 강조되어야 한다.

이러한 자기효능감 기대의 기초는 다음과 같다.

① 직접경험이다.

직접적인 성공경험을 통하여 자기효능 기대를 형성하는 것을 말한다. 절벽에 오르기, 문학잡지에 등단하기, 고장 난 컴퓨터를 수리하기, 그림 그리기 등 직접경험은 자기효능 기대를 위한 가장 강력한 자원이 된다.

② 대리경험이다.

다른 사람이 수행하거나 완수하는 것을 보면서 우리는 그렇게 할 수 있다는 확신을 형성할 때가 있다. 예를 들어 TV에서 댄스가수의 춤과 노래를 그대로 따라 할 수 있다. 그러나 다른 사람의 행동을 기계적으로 모방하지 않고 종합적으로 선택해서 새로운 행동을 창출하기도 한다.

③ 언어적 설득이다.

개인에게 특수한 자극의 구실을 하는 지침과 충고가 주어짐으로써 강화를 받게 되는 경우로, 만일 언어를 통해 지시가 적절히 주어지고 얻어진 반응이 유용하다면 대상이 되는 행동에 대해서 비교적 완전한 자극 통제가 가능하다. 예를 들어 지역사회에 대한 헌신과 봉사 등으로 인해 훌륭한 봉사자로 인정받을 때가 있다. 때론 이런 능력이 없음에도 불구하고 이런 칭찬이나 피드백은 그렇게 할 수 있다는 능력인식에 영향을 준다.

④ 생리적 상태이다.

가슴이 뛰고, 손에 땀이 나고, 다른 긴장의 신호 등도 자기효능감의 기초가 된다.

(4) 상상훈련

청소년에게 상상훈련은 넓은 범위의 문제들에 활용될 수 있다. 심리적으로 편안한 상태에서 이상적으로 자신의 생각과 경험을 표현할 때, 은유를 사용하거나 상황과 장면의 묘사를 선호하는 클라이언트에게 적합하다. 때로는 상상을 통하여 내적인 지혜와 힘 그리고 정신적인 멘토, 중요한 역사적 인물, 다른 외적 자원과 연결시켜 주기도 한다. 이는 행동주의 요법에서 제시되는 체계적 둔감화(systematic desensitization)와 유사하다. 이는 공포와 불안을 제거하는 데 주로 쓰이는 인지행동수정 기법인데, 불안과 양립할 수 없는 이완 반응을 이끌어낸 다음 불안을 유발시키는 경험을 상상하게 함으로써 불안을 유발하는 자극의 영향을 약화시키는 방법이다. 구체적인 절차로는 불안을 유발하는 자극을 분석하여 불안의 정도에 따라 불안 위계 목록을 만들고 근육 이완 훈련을 시킨 다음 내담자가 눈을 감고 이완 상태에 도달하면 불안 위계 목록 중 가장 적은 불안을 일으키는 장면부터 상상시킨다. 이러한 상상 장면에 대해 내담자가 심히 불안을 일으키면 상담자는 다시 이완 상태를 유도하여 불안을 느끼지 않게 될 때까지 이완시키는 과정을 되풀이한다. 이러한 방식으로 불안 위계 목록에서 가장 하부에 있는 자극으로부터 가장 상부에 있는 자극에 이르기까지 단계적으로 진행한다. 가장 불안이 심한 자극 장면을 상상할 때에도 내담자가 불안을 느끼지 않게 되면 이 상담 절차는 끝나게 된다. 이 방법은 대인 관계 공포, 신경증적 공포, 또한 성기능 장애와 같은 불안을 야기하는 광범위한 상황에 효과적으로 적용될 수 있다.

상상훈련과 관련된 하나의 예를 들면 다음과 같다. 선희는 우울한 성향 때문에 학교나 가정에서 스스로 따돌림 당한다고 느끼고 있었으며, 실제 친구와 가정으로부터 멀어지고 있었다. 사회복지사는 선희를 구조화된 상상 경험으로 이끌었다. 점진적인 근육이완(머리부터 발끝까지 근육의 긴장을 풀고 이완된 상태)을 시작한 후, 사회복지사는 선희에게 그녀의 우상인 '비'를 만날 수 있도록 이끌었다. 즉, 비와 관계된 대화를 나누고 비와 함께 상상 속에서 대화할 것을 권유했다. 선희는 비와의 만남을 이렇게 묘사했다. "난 그 옆에 앉아 있었다. 그가 나를 잡아주기를 원했다. 비는 나에게 '자기 패배적 생각은 그만두어' 라고 말했다. 그는 나의 손을 잡았고 그 떨림과 두려움 그리고 힘을 느꼈다. 그는 나에게 내가 많은 일을 했고 앞으로도 많은 일을 할 것이라는 것과 그것은 쉽지 않겠지만 항상 나를 위해 함께 있겠다고 말했다. 나는 여전히 비의 곁에 있다는 느낌을 받는다." 사회복지사는 선희에게 적어도 일주일에 한 번 이런 상상경험을 반복하도록 격려할 수 있다. 이는 실제적인 만남을 지시할 수는 없어도 상상을 통해서 긍정적인 경험들을 창조할 수 있도록 도울 수 있다.

상상훈련은 이보다 더욱 치료적으로 구조화된 접근에 활용될 수도 있다. 강도에게 인질로 잡혔던 경험이 있는 클라이언트에게 구조화된 상상훈련이 사용되었다. 점진적인 근육이완 이후 클라이언트는 천천히 그 강도와 만나 인질로 잡혀간다. 그 강도는 실제 상황에서는 복면을 썼었다. 클라이언트는 깊이 숨을 쉬고 두려움을 극복하게 되었을 때를 나타내기 위해 신체적인 제스처를 사용했다. 클라이언트에게 필요할 때는 강도를 제압하기 위한 힘을 부여받기도 한다. 최종적으로 클라이언트는 상담자의 제안에 따라 강도에게서 복면을 제거하였고 어린 아이라는 모습에 놀랐다. 사회복지사는 클라이언트에게 이 아이를 공중에 날려 보내도록 제안하였다. 그리고 강도를 절벽에 매달아 놓았다. 클라이언트는 사건으로 인한 두려움이 생길 때 이러한 경험을 자신의 중재를 통해 활용할 수 있다.

그러나 어떤 경우에는(상상경험으로부터 돌아오는 데 어려움을 느끼는 클라이언트) 상상훈련이 부적합하다. 따라서 주의 깊게 클라이언트의 능력을 사정해야 한다.

(5) 창의적인 자기표현

창의적인 자기표현은 현재의 나 또는 우리를 표현하는 것이다. 현재의 나는 어디에 있는지, 어디로 가는지, 지금 무엇을 하고 어떻게 느끼는지, 세상에 대한 나의 견해, 내가 어디서 심리적·물리적인 안전함을 느끼는지, 무엇을 하고 있는지, 내가 경험했던 것, 나의 힘의 원천 그리고 나의 희망 등을 표현할 수 있다. 또한 나와 친구, 가족, 이웃 등을 언급할 수 있다.

창조적인 자기표현 활동에는 그림 그리기, 원예, 시, 글쓰기, 춤, 움직임, 점토, 천, 나무 등을 이용한 작업, 이야기 전하기, 드라마 해석하기, 각본쓰기 등이 있다.

이러한 창조적 자기표현은 나의 존재, 신체, 정신, 정서적 실재로서 나의 존재, 나의 느낌, 나의 경험과 권리, 나의 힘, 가치, 통찰, 우리의 공통 역사, 아름다움, 억압된 감정 등이 표현될 수 있으며, 이와 더불어 중요한 것은 다른 사람의 창조적인 작업에 힘을 부여하는 과정이 된다. 문학작품 읽기는 나 혼자가 아님을 깨닫게 한다. 자서전 등을 통해서 삶의 고통과 어려움을 극복할 수 있는 힘만이 아니라 이에 맞설 수 있는 힘을 불어넣기도 한다.

2) 대인관계기술(Interpersonal skill)

(1) 경계설정

자신의 역량을 강화하기 위한 대인관계기술에서 적절한 경계의 설정은 관계 속에서 '나'를 분명히 하고 다른 사람도 동일하게 존중할 수 있는 기본 요소가 된다. 이러한 경계를 설정할 때는 다음의 사항이 고려되어야 한다.

첫째, 경계나 제한은 화내거나 합리화하거나 사과하는 것 없이 명확히 설정해야 한다. 예를 들어 친한 친구에게 "내가 없을 때, 네가 내 방에 들어가는 것을 원치 않아. 만약 네가 내 요구를 수용할 수 없다면 내가 용납할 수 없으므로 나는 너를 집에 초대하지 않겠어"와 같다. 둘째, 경계를 설정하고 동시에 다른 사람의 감정까지 돌본다는 것은 상호배타적이다. 만일 매일 함께 다니는 친구에게 학교 수업이 끝난 후 30분씩만 혼자만의 시간을 달라고 한다면 아무리 조심스럽게 요청해도 친구는 거절되었다는 느낌을 받을 수밖에 없다. 셋째, 수치심, 거절감 또는 두려움이 들더라도 경계를 설정하는 것은 중요하다. 사람들은 그들이 이용할 수 있는 사람은 이용하고 그럴 수 없는 사람은 존경한다. 넷째, 우리가 화내고 분노하고 불평하는 이유는 경계가 침범되었기 때문이다. 예를 들어 어머니가 아이들에게 소리 지르는 이유는 아이들의 요구가 어머니를 압도한다고 생각될 때일 수 있다. 다섯째, 경계는 한번쯤 시험받을 것을 예상해야 하며, 이것에 대비하는 준비가 있어야 한다. 여섯째, 경계설정은 자신이 좋아하는 것과 자신에게 좋게 느끼는 것, 자신에게 기쁨을 가져오는 것이 무엇인지를 확실히 밝혀내는 것을 포함한다.

만약 경계설정에 힘들어하는 청소년이라면 언제, 어떻게 그들의 경계가 침범되는지를 알게 해 주고, 이와 관련하여 다양한 경계의 중요성에 대해 명확히 알게 하고 건강하고 만족스러운 경계설정과 그것을 유지하는 방법을 발견함으로써 클라이언트의 경계설정 노력을 도울 수 있다. 역할극은 클라이언트의 경계설정을 위해 유용하게 사용될 수 있다.

(2) 자기주장훈련

자기주장훈련은 효과적인 의사소통을 도모하는 데 있어 중요한 기술이다. 효과적인 의사소통은 서로 주고받는 메시지의 내용을 잘 이해할 뿐 아니라 인간관계를 개선하고 참여하는 당사자들의 성장을 촉진한다. 자기주장훈련의 기본개념은 사람들에게는 어느 정도의 대인 간의 권리가 있다는 생각이다. 이 권리에는 존경으로 대해질 권리, 감정과 의견을 갖고 있으며 그것을 표현할 권리, 진지하게 경청되고 수용될 권리, 죄책감 없이 '아니오'라고 말할 권리, 전문가로부터 정보를 구할 권리, 실수할 수 있는 권리 등이 포함된다.

자기주장훈련의 중요한 측면은 주장적인 것과 비주장적인 것과 공격적인 것과 이들 간의 차이에 관해 이해하게 되는 것이 포함된다.

자기주장훈련을 하는 데 있어 나-전달법은 유용한 기법 중의 하나이다. 이것은 사용하는 사람이 자신의 내적인 상태(자기 자신의 경청)에 대하여 스스로 책임을 지며 상대방에게 자기 자신을 충분히 개방할 수 있는 책임을 질 뿐 아니라 상대방의 행동에 대해서 책임을 부여하기 때문에 책임메시지라고 부른다. 따라서 상대가 감정이 상하지 않고, 전달자인 '나'의 입장을 객관적으로 받아들일 수 있다. 이와 반대되는 것이 '너-전달법'인데 상대에게 불편한 감정을 갖고 있을 때 흔히 표현하는 양식이다. 이 전달법은 문제를 더 크게 하거나 관계를 해치는 경향이 있다. 나-전달법은 우선 상대방에게 평가나 판단이 포함되지 않게 상대방의 행동이나 상황에 대한 단순한 진술로부터 시작한다. 상대방의 특정한 행동이나 상황이 일어난 특정한 행동이나 시기를 알리는 일이 중요하다. 보통 " ~~~할 (했을 때)"라는 말로 시작하는 것이 좋다. "네가 문을 잠그지 않았을 때 ~~~" 등과 같이 묘사를 한 다음 그 행동이 나에게 미치는 결과를 말하고 나의 느낌을 표현해야 한다.

"네가 운동장에서 돌을 던졌을 때(비판단적 행동묘사), 내가 맞을 뻔했고 (명백한 결과) 그래서 나는 다칠까 봐 두려웠어(느낌)."

사례 약속을 해 놓고 아무 연락도 없이 오지 않는 친구를 만나서

종류	나-전달법	너-전달법
표현	오기로 해 놓고 아무 연락 없이 나타나지 않으니까 무슨 일이 생겼나 해서 무척 걱정도 되고 내가 기다리는 것을 알면서 연락을 안 해 준다고 생각하니 나를 배려해 주지 않는다는 생각 때문에 섭섭하기도 하더라.	너는 전화 한 통 걸 성의도 없니! 나를 어떻게 보는 거야! 너하고 이제 약속 하나 봐라. 잘하고 있군.
보기	상황-결과-느낌	비꼬기, 지시, 비판, 평가, 경고
나의 내면	걱정, 섭섭함	걱정, 섭섭함
상대해석	나를 걱정하였구나. 연락을 안 해 주어서 섭섭했구나.	나의 사정은 전혀 생각해 주지 않는군. 나를 나쁜 사람으로 보고 있군.
개념	'나'를 주어로 하는 진술	'너'가 주어가 되거나 생략된 진술
효과	1. 느낌의 책임을 자신에게 돌린다. 2. 청자에 대해 부정적인 평가를 하지 않기 때문에 방어나 부적응이 일어날 가능성이 적다. 3. 관계를 저해하지 않는다. 4. 청자로 하여금 자성적인 태도와 변화하려는 의지를 높일 가능성이 크다.	1. 죄의식을 갖게 하거나 자존심을 상하게 한다. 2. 배려받지 못하고 무시당한다는 생각을 갖기 쉽다. 3. 반항심, 공격성, 방어를 야기하여 자성적인 태도가 형성되기 어렵고 행동변화를 거부하도록 한다.

(3) 지도력

지도력은 집단과 조직 또는 사회체계 내에 변화를 가져오기 위해 계획된 목적이나 행동이 있을 때 드러난다. 이때 변화란 주로 사람들의 삶을 개선시키기 위한 변화이다. 지도자란 자신의 지위나 기회를 활용하여 다른 사람들에

게 권한을 부여해 주어서 그들로 하여금 공통된 목표나 비전을 위한 행동을 격려하는 사람이다. 권한부여가 집단의 의식화를 통한 개인의 역량강화라는 측면에서 볼 때, 지도력의 강화는 매우 중요한 요소가 된다. 무엇보다 리더십은 태어날 때부터 타고나거나 특정 청소년만이 소유하는 것도 아닌, 누구나 직접적인 경험을 통하여 학습할 수 있는 능력 및 기술(skills)이다(Astroth, 1996; Bennis & Nanus, 1985). 그리고 청소년 리더십은 인지, 상호작용, 숙련의 세 가지 단계로 발전하는데, 먼저 청소년의 리더십 발달에 있어서 인지(awareness) 단계는 자신의 리더십 잠재력과 능력에 대하여 깨닫는 단계로서, 청소년들이 리더십이 무엇인지를 이해하고, 자신의 생활에 적용시켜 보는 과정이다. 두 번째는 상호작용(interaction) 단계로서, 리더십이 타인과 혹은 집단 속에서 긴밀한 상호작용을 통해 발휘되고 형성되기 때문에 이 상호작용을 통하여 청소년들은 자신의 리더십 잠재력과 능력을 확대시키고 강화하는 단계이다. 마지막은 숙련(mastery) 단계로서, 청소년들은 생활의 구체적인 영역과 활동에서 실제적으로 리더십 기술을 발휘하게 된다(Linden & Fertman, 1998). 그러나 청소년기의 리더십은 어느 한 부분에서만의 발달이 아니라 아름다운 마음(덕), 건강한 몸(체), 슬기로운 머리(지) 영역으로 크게 나누어서 골고루 발달하게 되는데, 각 영역에서 청소년기에 필요한 발달과업을 성취하게 됨으로써 전인적인 발달을 도모하게 된다.

(4) 효과적인 갈등 해결

갈등해결을 효과적으로 할 수 있는 기술은 대인관계능력을 높이는 데 효과적인 방법이다. 청소년기는 일상생활에서 겪는 대인관계의 갈등뿐만 아니라 자신과의 심각한 내적 갈등에 직면하는 경우가 많다. 이러한 경우 자신을 지키고 타인과 효과적인 갈등해결을 할 수 있는 방법은 다음과 같다.

① 솔직하고 명확한 언급을 한다.

상대방이 핵심에서 벗어난 대답을 할 때, “내가 중요한 화제를 꺼내려고 할 때마다 너는 화제를 바꾸려 하기 때문에 너랑 말하고 있으면 내가 좌절감을 느낀다”라고 말할 수 있다. 솔직한 언급의 목적은 상대방이 무엇을 하는가를 정확하게 파악해서 상대방에게 그것을 지적해 주는 것이다. 사람들은 자신도 모르는 사이에 부적절한 방법으로 의사소통하는 데 익숙해진다.

② 후퇴(withdrawal)하는 것이다.

부적절함에 대처하는 흔한 전략이다. 당신이 상대를 바꿀 수 없을 때는 떠나는 것이다. 하지만 계속 만나야 하는 형편이라면 후퇴는 긴장을 더욱 고조시킨다. 후퇴는 어떤 행동에 대해 적절한 이유가 있을 때 가장 좋은 대처방안이다. 예를 들어 친구가 핵심에 빗나가는 이야기를 계속할 때, “나는 너와 이야기하는 것이 서로에게 아무런 도움이 되지 않는다고 생각해! 네가 내 도움이 필요하다고 말하면서도 화제를 바꾸고 있잖아. 이런 상황에서 너를 돕기는 힘들어. 잠시 우리 이야기를 중단하자.”라고 함으로써 그 상황에 가장 잘 대처할 수 있다.

③ 상대의 메시지를 한 차원에서만 수용하는 것이다.

일관성 없이 모순된 메시지를 접할 때 우리는 메시지의 한 차원만을 선택하는 것으로 대응할 수 있다. 예를 들어 고개를 숙이고 “잘 놀다와”라고 이야기하는 친구에게 비언어적 표현을 무시하고 “그렇게 말해주니 고마워. 외출해서 즐겁게 지내고 온 후에 보자”라고 말하는 것이다.

④ 역으로 받아치는 방법이다.

때로는 역으로 받아치는 방법이 효과적일 때가 있다. 만일 적당한 반응을 할 수 없는 위치에 있다면 파격적인 반응을 보임으로써 긴장을 완화할 수 있다. 그러나 종종 이 반응은 충격적이며 상대를 분노시킬 수 있기에 조심해야 한다.

3) 임파워먼트의 실제[7)]

(1) 임파워먼트 실천과정

임파워먼트 실천과정은 클라이언트와 사회복지사 간의 신뢰감을 통한 상호협력 관계를 형성하고 유지시키는 일에서 시작된다. 이러한 과정을 통해 강점을 나타낼 수 있으며 다음의 내용을 성취할 수 있다. 첫째, 수용, 존중, 신뢰에 기초하여 동반자 관계를 구축한다. 둘째, 각사 역할을 규정짓는다. 셋째, 상황에 대한 클라이언트의 인식을 명료화한다. 넷째, 손쉽게 이용 가능한 자원을 찾아낸다. 다섯째, 클라이언트의 경험을 구체적으로 기술한다. 여섯째, 클라이언트의 강점을 확인한다. 일곱째, 함께 일하는 목적을 규정짓는다.

(2) 임파워먼트 실천단계

① 클라이언트의 강점 확인

관계의 형성을 통해서 성취해야 할 내용이 나타나고 클라이언트의 강점

---

7) 사회사업의 윤리와 클라이언트의 권리를 고려하여 O'Melia, Miley and DuBois(1995)는 대화, 발견, 발달단계 등 세 단계를 보여주고 있다. 여기서는 이들의 단계의 세부내용을 청소년복지와 관련되도록 재구조화하여 제시한다(장인협, 1999 참고).

을 발견할 수 있는 기회를 가진다. 강점(strength)을 확인하는 과정은 변화를 위한 중요한 초석이며 자주 언급되어야 한다. 사회복지사는 클라이언트의 특성, 대인관계, 자원망, 문화적 정체성, 지역사회 연계 등을 포함하는 생태체계 각각의 측면을 검토함으로써 강점을 확인한다. 이를 위해 사회복지사는 긍정적인 분위기를 만들며 성공할 것이라는 확신을 심어준다. 클라이언트와 대화할 때 사회복지사는 클라이언트의 강점을 강조해야 한다. 강점에 주목하면 기대와 가능성을 발견할 수 있게 된다. 사회복지사가 클라이언트의 강점을 초기과정부터 강조할 때 클라이언트는 완전한 동반자로서 기여할 수 있다는 느낌을 갖게 되고 성공에 대한 희망을 경험하게 된다.

② 방향의 설정

방향을 설정하는 과정에서 사회복지사와 클라이언트는 잠정적인 목표를 설정한다. 방향을 설정하는 것은 분명한 목표의식을 이끌어 내 클라이언트가 능동적으로 참여하고 확신을 가질 수 있도록 동기를 불어넣어 주는 것이다. 클라이언트가 직접 자신의 상황과 추구할 목표를 기술하는 동안, 사회복지사는 현재 즉시 관심을 요구하는 문제를 파악한다. 빈곤, 재난, 질병, 폭력, 학대, 유기, 자살, 자기파괴적 행동은 모두 긴급한 조치를 요하는 위기적 상황들이다. 사회복지사는 이와 같은 상황을 인식하고 클라이언트와 함께 장기적인 해결을 찾기에 앞서 위기를 제거하거나 경감시키도록 노력해야 한다.

③ 자원의 사정

이 과정은 클라이언트의 상황을 이해하고 상호교류를 통해 이용가능한 개인, 지역사회, 사회 환경적 자원을 평가하는 것이다. 이러한 평가는 결과물인 동시에 과정이다(Johnson, 1992). 다시 말해 잠재적인 자원들을 사정하는 것이다. 사정(assessment)은 클라이언트의 상황을 총체적으로 조사하여, 활용 가능한 자원과 환경을 상정한 후, 명확한 접근방법과 내용을 결정하는 과정이다. 또한 사정은 클라이언트와 사회복지사가 상황을 조사하는 방법이기도 하다. 임파워링 사정(empowering assessment)은 환경과 상호교류하는 클라이언트에 대한 긍정적이고 포괄적인 견해를 창출한다. 사정은 클라이언트와 사회복지사가 이용 가능한 전체 생태체계(eco-system)를 기술한다. 포괄적인 사정은 학교 또는 사회복지사의 지지(support), 사회복지서비스 전달체계와 망(network), 사회복지정책과 같이 사회복지사가 접근 가능한 자원뿐만 아니라 사회복지사와 클라이언트에 의해서 조사된 클라이언트를 도울 수 있는 자원 –잠재적인 자원 포함– 을 고려해야 하며, 또한 이를 통해 드러날 수 있다. 다시 말해 임파워링 사정과정 자체가 의미 있는 자원을 발생시킬 수 있다. 클라이언트가 과감하게 자신의 능력, 자원, 대안들을 발견해 나가는 과정에서 클라이언트는 상황에 대한 책임을 경험하게 된다. 만일 사회복지사가 지나치게 조사하고 분석하여 클라이언트의 위치를 말해 주고 결여된 상태를 인식시켜 준다면 클라이언트는 무력감과 의존감을 느낄지도 모른다.

④ 자원의 분석과 조정

사정을 통해 정보를 수집했다면, 사회복지사와 클라이언트가 추구하는 결과에 도달하기 위해 어떤 자원체계를 활성화시켜야 할 것인지 탐색해야 한다. 클라이언트가 통제력을 획득하고 필요한 자원과 연결될 수 있는 방법을 찾는다. 사회복지사와 클라이언트는 정보를 분석하는 과정에 대한 책임을 함께 갖는다. 클라이언트는 자신의 생각, 감정, 선호를 나타내며, 사회복지사는 자신의 분석을 클라이언트와 공유하고 피드백을 이끌어낸다. 자원의 분석은 이용 가능한 자원(available resources)을 조직하고, 관련되는 자료를 수집하고 분류하는 한편, 추가적으로 정보가 필요한지를 결정하는 것이다. 분석의 목적은 이용 가능한 자원을 클라이언트가 필요로 하는 것에 맞도록 연결하는 것이다.

이렇게 분석된 자원을 통해 보다 정확한 목표를 설정하여 행동계획을 세운다. 이 과정에서 사회복지사는 클라이언트와 함께 목표달성을 위한 측정 가능한 구체적인 행동전략을 수립하고 실행하면서 자원을 조정하고 대안을 모색한다.

⑤ 기회의 접근과 창출

접근이 가능한 자원이 결정되었다면 그 자원의 동원을 위해서 사회복지사와 클라이언트는 상호 협력한다. 여기서 클라이언트는 자신에게 필요한 대인적, 사회적 자원과 연계되며 새로운 행동 및 상호작용을 경험하고 사회복지사와 함께 명시한 과업들을 수행한다. 사회복지사는 개입활동을 조직하고 과정을 모니터하며, 클라이언트의 동기를 격려하고, 그에게 대안과 선택을 제공함으로써 용기를 북돋우고 도움이 되는 피드백을 준다. 사회복지사는 클라이언트를 교육하고 목표를 달성할 수 있는 전략에 대해서 토의하고 자원관리를 하는 등 다양한 역할을 수행한다.

때때로 클라이언트에게 필요한 자원이 이용 가능하지 않거나 접근할 수 없는 경우에는 사회복지사는 클라이언트와 함께 자원을 개발하기 위해 노력한다. 서비스를 조정하고, 기존의 복지서비스에 대해 새로운 접근통로를 만들며, 새로운 프로그램을 창출하는 것 등을 포함한다. 나아가 사회정책과 전달체계, 사회적 행동을 통해 보다 넓은 의미의 환경변화를 도모할 수도 있다.

⑥ 성취의 평가

평가는 각 단계에서 계속적으로 진행되어야 한다. 평가를 통해서 클라이언트에게는 그동안 진행되어 온 것에 대한 정보를 제공하며, 사회복지사에게는 직업적인 지식과 기술 그리고 실천적인 접근방법에 대한 피드백(feedback)을 준다. 평가는 사회복지사나 클라이언트 모두에게 그들 나름의 독특한 노력의 성공경험을 통해 다른 유사한 상황에서도 적응하고 대처할 수 있는 능력을 준다. 이에 대한 주요한 평가기준은 다음과 같다. 첫째는 효과성이다. 의도한 목표를 성공적으로 성취했는지, 다시 말해 원하는 바의 목표가 충분히 성취되었는지를 측정하는 것이다. 둘째는 효율성이다. 모든 일은 결과 못지않게 일의 진행과정이 중요하다. 효율성은 성취경험을 일반화하는 주요 요인이 된다. 가장 최적의 방법으로 결과가 달성되었는지의 여부를 판단함으로써 투입된 노력에 비해서 경제적 효율이 충분했는지를 판단한다. 셋째는 공평성이다. 과정과 결과에 있어서 클라이언트의 권리가 보장되고 존중되었으며 혹시 클라이언트에게 바람직한 결과가 다른 사람들의 권리를 침해하지는 않았는지 살펴보는 일이다.

궁극적으로 결과를 평가하는 것은 클라이언트와 실천 현장에서 사회복지사의 책임성을 재보증하며, 클라이언트에게 신뢰를 제공하고, 전문적인 관계를 종료하는 기능을 한다. 임파워먼트 과정에서 외형적인 성취보다 더 중요한 것은 클라이언트와 사회복지사 모두에게 목표를 달성할 수 있다는 자신감과 이루었다는 성취감을 제공해 주는 일이다.

(3) 청소년 임파워먼트 실천의 실제

사례

철수는 빈곤계층 밀집 지역에서 생활하고 있는 기초생활보호 대상가정의 청소년이다. 중학교 2학년인 그는 시장에서 행상을 하는 홀어머니 아래에서 초등학교 5학년인 여동생과 생활하고 있다. 철수는 자신이 가난하다는 현실을 받아들이고 항상 무기력하고 소심한 태도로 생활을 해오고 있다. 이러한 철수에게 동네 형들과 또래친구들로부터 비행행동을 하자는 유혹이 끊임없이 이어졌다. 그러한 행동이 싫었던 철수는 견디다 못해 도움을 요청하기 위해 동사무소에서 근무하는 사회복지전담공무원을 찾았다.

① 클라이언트의 강점 확인

철수와 몇 차례 면접한 사회복지사는 내성적인 성격이면서 40명의 학급에서 20등 안팎의 성적을 유지하고 있는 그에게서 색다른 점을 발견했다. 철수는 매우 춤을 잘 추는 청소년이었다. 철수 자신도 춤을 잘 춘다고 생각을 하지 못했는데 어느 날 사회복지사와 철수가 만나 식사를 하다가 텔레비전에서 유행하는 아이돌그룹의 음악을 웅얼거리며 리듬을 타는 모습을 보았다. 잠깐이지만 유연한 몸놀림을 예사롭지 않게 여긴 사회복지사가 춤 솜씨를 보여 달라고 말했고, 철수는 사회복지사 앞에서 간단한 춤을 추었다. 뛰어난 솜씨를 확신한 사회복지사는 철수를 데리고 청소년문화센터에서 청소년들에게 레크리에이션과 춤을 지도하는 자원봉사 전문가에게 실력을 평가해 달라고 부탁했고, 그는 철수가 상당한 자질을 갖고 있다고 말했다.

② 방향의 설정

철수도 춤추는 것을 좋아했지만, 다른 사람 앞에서 춤을 멋있게 출 수 있는 자신감이 없었다. 그러면서 조심스럽게 아마도 자기가 춤을 남들보다 잘 춘다면 그것은 춤 동작에 대한 기억과 몸의 유연성이 다른 사람에 비해서 유달리 좋기 때문일 것이라고 했다. 사실 철수는 TV 등에서 백댄서(Back Dancer)의 춤을 한 번만 보면 순서대로 기억했고, 더욱 놀라운 사실은 체계적으로 공부를 하거나 잡지와 비디오를 본 적도 없는데 새로운 춤의 형태를 창작하는 창의성이 있다는 것이었다. 또한 철수도 학교공부보다는 춤에 대해서 연구한다면 더욱 관심이 있을 것이라고 했다. 사회복지사는 가능한 통로를 통해 철수의 춤에 대한 안무의 소질이 있는지 알아보기로 했고, 철수는 기꺼이 동의했다.

③ 자원의 사정

사회복지사는 전문가를 찾는 동안 우선 춤에 관한 비디오테이프를 빌려서 청소년문화센터를 통해 철수의 안무에 대한 창의적 능력을 검증할 수 있도록 레크리에이션 지도자에게 부탁을 했다.

④ 자원의 분석과 조정

학업과 춤에 대한 공부는 충분히 병행할 수 있는 것이었다. 사회복지사는 철수의 어머니와 철수 그리고 철수 동생 등 가족이 모여서 철수가 본격적으로 안무와 관련된 공부를 할 수 있도록 지지해 줄 것을 요청하고 권유했다. 그리고 자연스럽게 가족의 이사문제도 철수가 안고 있는 어려움과 함께 이야기했다.

⑤ 기회의 접근과 창출

사회복지사와 철수 그리고 가족들은 이사하기로 결정했다. 가족이 이사할 곳은 철수가 실제로 유행하는 춤을 많이 볼 수 있고 또 자신의 실력을 수시로 가늠할 수 있는 청소년들이 많이 모이는 거리 근처 지역으로 가기로 했다. 다행히 아직도 원했던 지역에 산동네가 있어 값싼 방을 구할 수 있었으며, 안무가는 철수에게 학생들이 많이 모이는 곳에서 취미활동으로 춤을 추는 집단을 소개했고 그곳에서 춤을 배우면서 안무를 담당하기로 했으며 일주일에 한 번씩 철수가 안무한 내용을 조언해 주기로 했다.

⑥ 성취의 평가

철수는 눈앞에 놓여 있는 문제가 해결되고 자신의 잠재능력을 발휘할 수 있는 기회를 얻게 됨에 따라 자아존중감이 높아지고, 자기효능감도 증대했다.

무기력한 패배적 의식에서 새롭게 세상을 보게 되었다. 그러나 철수는 아직도 자신이 변화하는 만큼 사회적 자원을 획득할 수 있는 통로를 명확히 보증할 수 없어, 자신의 능력에 대해서도 반신반의하고 있으며, 미래에 대한 확실한 전망을 설정하기 힘들어했다.

제8장 청소년복지의 실천 IV : 청소년복지정책과 행정

1 청소년복지정책

1) 청소년복지정책의 개념

청소년복지정책은 사회복지정책의 하위개념이라 볼 수 있다. 사회복지정책 또한 사회정책의 범위에 속하기도 하고 동일한 의미로 사용하는 경우도 있다. 정책은 공공기관이 정치적 목표를 달성하기 위하여 공적이며 의도적으로 기획하는 미래의 행동지침이다. Marshall(1975)은 "사회복지정책은 국민들에게 복지서비스를 제공함으로써 그들의 복지에 영향을 미치는 정부의 정책"이라고 하였다. Titmuss(1974)는 사회복지정책은 "일정의 물질적 및 사회적 욕구, 특히 보호를 요하는 욕구에 관하여 시장(market)이 충족시켜 주지 못하거나 충족시킬 수 없는 특정한 사람(사회적 약자)에게 부여하는 정부의 행위"라고 정의하고 있다.

이와 관련하여 볼 때 청소년복지정책은 사회복지정책의 대상중심 정책부문으로서 청소년 욕구와 필요를 충족시키기 위한 정책적인 사전예방 사업과 사후지도 차원의 사업 및 프로그램이라고 볼 수 있다.

2) 청소년복지정책의 목적과 목표

청소년복지정책의 목표는 정책을 통해서 달성하고자 하는 미래의 바람직한 상태를 말한다.

목적(goal)은 궁극적인 정책 이념의 도달 지점을 뜻하며, 목표(objective)는 구현하고자 하는 목적을 구체적이며 달성 가능한 범위로 진술하는 것이라 할 수 있다.

현재 우리 사회 환경과 청소년의 삶을 고려할 때, 청소년복지정책의 기본 목적은 다음과 같다.

(1) 경제적 정의

자본주의 사회에서 경제적 요인은 현실세계에서 삶의 대부분을 차지한다. 점차 빈익빈 부익부의 사회현상이 심화되고 있는 시점에서 경제적 정의의 실현은 청소년에게 최소한의 삶의 기초를 마련한다는 데 의의가 크다. 이것은 청소년정책에 가장 우선순위에 두어야 할 목적이다.

(2) 기회의 균등

우리 사회는 출중한 능력을 갖춘 청소년을 요구한다. 특히 오늘날과 같은 저출산·고령화 사회에서 이와 같은 사회적 요청은 불가피할 것이다. 그런데 청소년의 능력은 지속적인 기회의 제공에서 창조될 수 있다. 이러한 기회는 모든 청소년에게 동일하게 제공되기보다는 개인 또는 사회적 여건이 다른 청소년에 비해서 부족한 청소년에게 더 많이 접근할 수 있어야 할 것이다. 이와 함께 모두에게 골고루 기회를 주기보다는 청소년의 형편과 상황에 적합한 기회의 제공에 더 정책적 관심이 있어야 할 것이다.

(3) 사회참여권의 인정

청소년기가 길어지면서 성인으로서의 사회진입 시기가 늦어지는 반면, 사회의 급속한 변화로 인해 청소년들의 위상은 점차 높아지고 있다. 비록 법과 제도에 따른 정치, 사회적 참여는 제한적으로 이루어지는 시기이지만, 청소년이 자신의 생활과 미래에 대해서는 일정 부분 참여를 할 수 있는 사회적 통로를 정책적으로 마련해야 할 것이다.

(4) 발달과 사회 환경에 관련된 복지서비스

청소년의 발달에 따른 복지서비스는 단선적 지원이 되어서는 안 된다. 사회 환경의 시간과 공간의 요소를 충분히 고려한 맥락적 시각에서 청소년복지정책 서비스가 이루어져야 한다. 즉, 그들의 발달과업이 그들이 처한 사회 환경 속에서 충실히 이루어지도록 지속적이고 탄력적인 서비스가 이루어져야 한다.

(5) 잠재적 역량의 능동적 개발

청소년은 다르다. 청소년복지정책에서 청소년마다 다른 역량을 개별화하여 개발할 수는 없지만, 청소년마다 갖고 있는 잠재적 역량이 지적 또는 성품의 기준에서 획일화되지 않도록 최대한 많은 잠재성 실현의 기회와 동기를 부여하는 정책이 요구된다.

(6) 공동체 의식과 다원 사회의 이해

청소년이 살아갈 미래 사회의 가장 큰 덕목은 상호 연대일 것이다. 이미 우리 사회는 다양한 사람과 생각을 포용할 수밖에 없는 처지에 있을 만큼 급속도로 변하고 있다. 극도의 개인적 복지를 지향하는 사회변화에서 사람 사이의 상호연대는 동 세대 내에서뿐만 아니라 미래 세대에 대한 연대의식의 필요성을 강하게 부각하고 있다. 이와 같이 다원화된 사회에서는 인류의 사랑과 정의를 덕목으로 한 공동체의식 함양을 정책적으로 지원하는 일이 요구된다.

3) 청소년복지정책의 기능

(1) 청소년의 건강한 삶 유지 및 성장 도모

청소년복지정책은 청소년이 건강한 삶을 찾아 나갈 수 있도록 돕는 데 있다. 이를 통해서 청소년은 사회적 책임감과 권리를 균형 있게 성취하려고 노력하게 될 것이다. 청소년복지정책은 다양한 복지자원(welfare resources)과 기반(infrastructure)을 마련함으로써 청소년이 스스로 건강한 삶을 유지하고 성장·발전하는 데 기여할 수 있다.

(2) 청소년의 욕구 충족과 문제해결

초창기의 사회복지정책은 빈부격차 등 계층 간의 갈등을 유발하는 사회경제적 문제를 해결하는 것이었다. 그러나 현대사회에 들어서면서 사회복지는 하나의 기본적 권리로 인식하려는 경향이 확산되었다. 이러한 변화 속에서 사회복지정책도 포괄적인 사회문제 해결을 위한 기제로서가 아닌 사회적 욕구(social needs)에 대한 반응으로 인식하게 되었다. 청소년복지정책도 청소년의 문제해결에 초점을 맞추어 추진해 온 경향이 강하다. 그렇지만 청소년은 인간의 발달단계에서 중요한 생애전환점을 맞이하는 다양한 특성을 갖는 계층이다. 이에 따라 청소년들이 일으키는 문제에 대한 소극적인 전략이 아닌 청소년의 사회적 욕구를 충족하는 적극적 전략으로 전환하려는 의지가 강해졌다. 이는 청소년의 복지적 참여의 통로를 확장시키는 결과를 도출하게 되어 궁극적으로 청소년문제를 해결하는 효과를 가져올 것이다.

(3) 경제와 사회발전

저출산·고령화 사회에서 인력은 중요한 자원으로 부각된다. 청소년들을 위한 복지정책은 장기적으로 보았을 때, 경제에 긍정적인 영향을 미친다. 특히 인적 자원의 질적 개발을 통해 창의적이고 유능한 인력을 배출함으로써 경제활동에 결정적인 영향을 미치는 노동력의 질적 수준을 향상시킨다. 또한 청소년의 건강과 보건, 교육, 사회복지서비스 등은 양질의 민주시민을 양성하는데 기여함으로써 사회발전에 도움이 될 수 있을 것이다.

(4) 사회통합

청소년복지정책은 사회복지가 갖는 핵심기능인 사회 통합을 이루어 가는 기초가 된다. 청소년복지정책은 청소년들에게 제도적으로 원조하거나 가정 등을 통한 소득의 재분배 과정을 통해서 사회복지의 궁극적 기능인 사회통합을 향해서 나아가는 정책인 것이다.

4) 청소년복지정책의 정책수단

정책은 목표와 목표 달성을 위한 수단 간의 합목적적인 체계라고 할 수 있다. 따라서 목표 없는 정책을 생각할 수 없고 수단 없이 목표달성을 이룰 수 없다. 정책수단은 정책목표의 도구적 성격과 역할을 가지고 있지만, 정책목표는 정책목적의 한 수단이고, 정책목적은 우리 사회의 이상적인 청소년의 상(像)을 추구하는 데 하나의 도구가 된다. 정책목표와 수단의 구분은 분석적인 목표로 가능하지만 실제로는 별 의미가 없다. 그러나 특정한 사회목표를 달성하기 위해서는 그 목표 자체가 요청하는 조직화된 활동 또는 방법을 필요로 한다. 물론 사회복지제도와 법은 청소년복지정책의 목표를 달성하는 준거가 될 수 있지만, 다른 한편 청소년복지정책의 정책수단이 될 수 있다. 여기서는 사회복지정책과 청소년복지정책 등과 관련된 네 가지의 정책적 수단을 개괄적으로 요약한다.

(1) 사회복지 제도와 법

청소년복지정책의 1차적인 목표는 법 제정과 제도의 정비를 통하여 어려운 환경에 처한 청소년을 보호·지원하고 나아가 모든 청소년의 복지증진의 기초를 확립하는 데 있다. 법률은 국가에 의한 경제 및 사회활동에의 개입과 간섭을 합법화하는 근거가 될 뿐만 아니라 사회변동의 촉진제로서 중요하다. 법 제정의 방향은 사회경제 상황의 변동에 따라 직접적으로 영향을 받지만 사회복지정책에 대한 정치지도자들의 이념과 사회의 모든 세력 간의 이해충돌과 조정의 역학관계에 의해서도 크게 좌우된다. 그러나 일반적으로 청소년복지정책은 '청소년이 발달과정에서 일어나는 어려움을 극복할 수 있도록 도와줌으로써 자신의 삶을 스스로 개척하여 자립해 나가는 방향'으로 규정될 수 있을 것이다.

(2) 청소년개발 계획

청소년개발계획의 핵심은 인력개발이다. 인력개발계획은 국가의 경제 및 사회개발계획과 더불어 사회적 자본의 개발과 확충을 위한 공공투자계획과 맞물려 있다. 여기에는 산업 및 과학기술정책과 아울러 청소년에 대한 사회윤리와 도덕성 함양 등의 계획이 포함될 수 있으며, 또한 지역사회에서의 청소년보호와 지원을 위한 각종의 대책도 포괄되어야 한다. 특히 빈곤가족에 대한 지원과 사회의 유해환경 정비, 청소년을 위한 할인제도와 환경 및 공해방지, 교육계획 등이 중요하다.

(3) 청소년복지행정 조직과 체계

청소년복지행정은 청소년과 관련된 사회복지행정 및 행정체계 전반의 재검토 차원에서 재해석되어야 한다. 그동안 아동복지법과 제도 그리고 정책 내에서 운용되어 왔던 청소년복지의 독립성에 대한 검토와 아울러 사회복지서비스 전담기구를 통해 청소년복지 업무를 구체화하는 한편, 청소년과 관련된 중앙과 지방의 행정체계를 조정하고 협력하도록 이끌어 낼 수 있는 전문행정 관료가 확보되어야 한다. 이와 함께 청소년업무를 독립시켜 청소년청을 설치하는 것도 중요한 정책적 수단인 동시에 내용이 될 수 있다.

(4) 청소년복지와 관련된 사회조사

사회조사의 목표는 설정된 목표 달성에 적합한 정책수단의 선택이나 또는 그 타당성 여부만을 조사하는 데 있는 것이 아니고, 사회복지정책의 목표 자체에 대한 적합성 또는 타당성을 사회적 경제적 상황과 변동추세나 앞으로의 파급과 관련하여 분석하고 방향을 제시하는 것 또한 중요하다. 이런 관점에서 청소년복지정책과 관련된 사회조사는 다음의 역할을 갖는다. 첫째, 문제발견과 분석의 역할이다. 사회조사를 통하여 청소년문제의 올바른 실상에 대해서 이해하고 대안마련의 방향성을 제시할 수 있다. 둘째, 교육적 역할이다.

사회조사를 통하여 청소년문제의 성격을 사람들에게 이해시킴으로써 사회조사의 결과가 사회의 정치적인 결단에 의해서 흡수될 수 있게 된다. 셋째, 정책의 비판적 역할이다. 사회조사는 청소년복지와 관련된 정책에 대해 수립과 집행 과정상의 모순이나 조직과 집행 관료들의 비능률을 파악함으로써 이에 대한 시정을 촉구하는 대변의 역할도 할 수 있다. 넷째, 청소년복지정책 결정의 역할이다. 사회조사는 새로운 정책의 도입 및 기존정책의 개선과 폐지를 유도하는 기능을 가지고 있다. 사회조사는 진단적인 역할과 미래에 대한 예측의 기능을 수행함으로써 정책설정에 중요한 변수가 될 수 있다. 이처럼 사회조사는 연구나 조사에 목적이 있는 것이 아니라 청소년복지와 관련된 정책수단의 하나로서 기능하는 데 중요한 위치를 차지하고 있다.

5) 청소년복지정책의 현실

(1) 청소년복지정책의 현황

청소년복지정책을 논의할 때 먼저 언급해야 할 것이 청소년복지의 실체적 범위이다. 다시 말해서 청소년복지를 위한 정책 대상과 내용이 무엇이며, 어떤 수단을 통해서 전달할 것인가이다.

정책적 관점에서 보면 청소년복지는 매우 실체가 모호하다. 아동복지법, 교육법, 청소년기본법, 청소년활동진흥법, 청소년보호법, 청소년복지지원법 등의 법과 제도에 따라 주로 보건복지부, 여성가족부, 교육부 등을 중심으로 다양한 복지시책이 전개되고 있다. 이 중 정확히 청소년을 대상으로 한 정책 수립과 시행의 내용은 정리가 쉽지 않다. 예를 들어, 보건복지부에서 결식아동을 지원하고, 여성가족부에서 청소년공부방을 통하여 빈곤계층 청소년을 지원하며, 교육부에서는 '교육복지투자우선지역사업'을 통하여 저소득층 학생을 돕고 있다. 이러한 정책적 전개가 청소년에게 복지안전망에서 벗어나지 않게 하려는 다중적 장치로서의 의미도 갖고 있지만, 그 대상이 분명하지 않고 상호 협력 체계가 원활히 이루어지지 않음으로써 일어나는 문제점도 적지 않다.

물론 청소년이 발달시기의 구분이라는 점에서 아동복지와의 명확한 구분은 쉽지 않을 수 있다. 따라서 청소년복지정책을 논의할 때, 기존의 다양한 아동 또는 청소년을 위한 복지 관련 정책지원의 개별적 효과성을 평가하는 한편, 아동복지정책과 상호 연계한 정책과 독자적 성격을 갖는 정책을 구별해야 한다. 이는 청소년복지가 학문적 정립 이전에 정책적 실행과 실천을 뒷받침하는 이론으로서의 성격을 갖는다는 면에서 청소년복지정책의 명확성과 정체성은 향후 청소년복지의 이론과 실천의 방향을 탐색하는 네 주요한 준거가 될 수 있을 것이다.

2010년 현재 국가에서 역점을 두고 있는 청소년정책 중 복지 관련 정책은 CYS-Net과 동반자 프로그램[8] 그리고 요보호청소년을 위한 자립지원활동 등을 나열할 수 있다.

(2) 청소년복지정책의 흐름

청소년정책의 역사가 그리 길지 않은 현실에서 청소년복지정책의 흐름을 짚어보는 것은 청소년복지정책의 실체를 찾아가는 데 많은 제한을 갖는다.

---

8) CYS-Net(지역사회청소년통합지원체계)은 시도와 시군구에 있는 청소년상담지원센터를 중심으로 청소년쉼터, 청소년관련기관 및 시설들이 운영하는 서비스 및 활동프로그램을 상호 연계하여 빈곤, 학업중단, 비행 등 위기상황을 겪고 있는 청소년을 발굴하고 맞춤형 서비스를 제공하여 사회적 적응과 잠재력 개발 등을 목표로 하여 돕는 프로그램이다. 이와 함께 교육과학기술부, 고용노동부, 보건복지부 관련 정책사업과 협조하여 가정, 학교, 사회로의 복귀를 지원하는 하나의 종합체계망이다. 청소년동반자 프로그램은 CYS-Net과 관련하여 위기청소년을 돕는 청소년동반자들이 도움이 필요한 청소년들을 찾아가서 지속적인 관계를 맺고 상담, 기관연계를 하는 멘토적 프로그램이다.

그럼에도 불구하고 청소년복지정책은 사회복지 관점에서 본다면 몇 차례 우여곡절을 겪는다.

① 청소년기본계획의 수립과 체육청소년부 청소년정책조정실 설치

1988년은 서울에서 올림픽이 열렸던 해이다. 올림픽을 치르기 위해 정부는 체육부를 만들고 그 안에 그동안 문교부와 국무총리실 등으로 정책조정기능만 옮겨 다녔던 청소년업무를 중앙행정국으로 통합하였다.

이후 1991년 체육부는 체육청소년부로 개편되면서 건국 이래 처음으로 중앙부처에 청소년이라는 이름을 사용하는 획기적인 일이 시작되었다. 청소년국도 청소년정책조정실로 확대 개편되었다.

이러한 행정개편의 변화만 아니라 청소년정책도 전환기를 맞이하게 된다. 1985년부터 1987년까지 계획되었던 청소년문제개선종합대책에서 청소년문제에 대한 관심에서 청소년의 건전육성으로 전환하는 정책방향의 변화를 제시했지만, 이에 따른 구체적인 방법과 내용은 선언적이거나 미약하였다.

그러나 1991년 청소년기본법에 제정되면서 청소년건전육성의 고리를 사회경제적 차이를 막론하고 일반청소년의 건강한 성장을 위한 정책적 방안으로 청소년수련활동을 제시한다. 또한 청소년기본법에서는 청소년의 연령범위를 규정하고 청소년복지에 관한 조항도 이후 청소년수련활동과 관련한 프로그램(수련거리), 청소년지도자양성과 배치 등 청소년수련활동을 위한 기반이 점진적으로 마련되어 갔다.

② 제1, 2차 청소년육성 5개년 계획과 청소년정책업무의 이원화

체육청소년부에서 총괄하던 청소년업무는 1993년 문화체육부로 이관되었다. 아울러 1993년부터 5년간의 제1차 청소년육성 5개년 계획을 수립하였다. 이 계획의 특징은 청소년의 참여를 강조하는 계획들이 포함되었다는 것이다.

이후 1997년 청소년보호법제정과 함께 청소년보호위원회가 설치되고, 1998년 문화체육부 청소년정책실이 문화관광부 청소년국으로 축소되면서 청소년정책업무가 '보호'와 '육성'의 정책으로 구분되어 전개되었다.

이 변화는 1998년부터 2002년까지의 제2차 청소년육성 5개년 계획에도 반영되고 있다.

③ 청소년기본법의 개정과 청소년복지지원법 및 청소년활동진흥법의 제정

2004년은 청소년복지의 관점에서 의미를 부여할 수 있는 해였다. 청소년기본법의 개정과 함께 청소년복지지원법과 청소년활동진흥법의 제정이 이루어졌다.

청소년복지지원법은 청소년복지를 위한 명실상부한 지원법으로서의 체계는 갖추지 못하고 의미 있는 구속력도 갖고 있지 못한 법령이지만, 청소년복지를 위한 법적 장치가 마련되었다는 데 의미를 가질 수 있다.

사실 청소년복지지원법과 청소년활동진흥법은 청소년기본법의 연계법률로서 역할을 하고 있고 법률명칭이 추구하는 법적 이념의 구현은 매우 제한적으로 이루어져 있다고 보겠다.

④ 제3차 청소년육성 5개년 계획과 국가청소년위원회

2003년부터 2007년까지 계획되었던 제3차 청소년육성 5개년 계획에서 주목할 만한 것은 청소년 정책업무의 연계성을 강조한 부분이라고 본다. 주5일제 수업이 정착되면서 학생 청소년의 청소년활동기반을 조성하는 데 초점을 맞추었다.

아울러 청소년복지와 관련해서는 청소년인권의 관점에서 복지에 대한 접근과 위기청소년을 위한 통합적 지원방안 등이 마련되었다고 볼 수 있다.

⑤ 제4차 청소년육성 5개년 계획과 청소년정책업무

2007년 국가청소년위원회에서는 제4차 청소년육성 5개년 계획을 수립하였으나, 이후 2008년에 국가청소년위원회에서 추진해 왔던 청소년정책 관련 업무가 보건복지가족부로 이관되면서, 청소년에 대한 복지적 관심이 아동복지정책과 연계해서 등장하기 시작했다.

이것은 청소년복지의 입장에서는 주목할 만한 일이라 여겼다. 보건복지부에서는 기존의 아동복지정책의 연결 선상에서 청소년복지정책을 추진하려고 하였으며, 아동청소년을 통합하려는 시도가 진행된다.

그러나 2010년 3월 다시 청소년정책업무가 여성가족부로 이관되면서 또 다시 청소년복지정책은 새로운 국면을 맞이하게 된다. 여성가족부는 청소년복지정책을 여성과 가족정책과 연계하여 추진하는 정책적 방향을 갖게 될 것이다. 이미 여성가족부에서는 청소년을 미래 성장동력으로 양성하는 뜻에서 복지마인드에서 보편적 청소년정책으로 전환하고자 하고 있다.

청소년정책이 사회 환경변화에 민감하게 움직이는 현실에서 청소년복지정책이 자리매김할 기회는 많지 않았다. 단지, 정책의 변화과정에서 다시 제기되는 사실은 청소년정책은 여전히 교육과 복지, 가족 및 문화 등의 정책과 유기적인 연결성을 가져야 정책의 실효성을 높일 수 있다는 것이다.

앞으로도 정치 및 사회 환경의 변화에 청소년정책업무는 적지 않게 영향을 받을 것이다. 그러나 지방자치가 활성화되면 청소년정책업무는 정책수요자의 요구를 적극 반영할 수밖에 없는 방향으로 추진되어 갈 것이다. 결국 정책의 내용보다는 기존 정책의 수정과 함께 효율적인 전달체계와 예산의 확보가 정책의 성패를 가를 것이다. 이러한 가운데 국가의 양질의 인적자원을 양성하는 데 주요한 축을 담당하고 있는 청소년정책 업무에서 청소년복지의 범위는 점차 확대될 것이다.

6) 청소년복지정책의 방향

(1) 보편적 복지정책 대상으로서 청소년복지의 강력한 추진

사회복지의 역사 이래 끊임없이 지속되어 온 사회복지의 이념과 제도에 관련한 논쟁은 잔여주의와 보편주의 시각의 논쟁이었다. 논쟁의 쟁점은 자본주의 시장경제 제도의 완벽성을 전제로 장애, 고아 등 원천적인 어려움을 갖고 있는 계층과 시장경제가 실패할 때 그로부터 낙오된 계층만 도와주어야 한다는 잔여적(residual) 관점과 시장경제체제 자체의 불완전성을 강조하면서 사회복지가 사회 안정의 제도적 역할을 해야 한다는 제도적(institutional) 관점이었다. 경제수준이 낙후되어 있는 국가는 잔여적 관점의 복지정책을 펼치고, 선진국가일수록 보편적 관점의 접근을 하는 게 일반적인 경우이다. 우리나라도 1998년 외환위기 이후 보편적 복지정책을 지향하고 있지만, 복지부문에 대한 재정투입과 현장에서의 인식으로 보아 아직도 많은 부분 잔여적인 관점에 머물고 있다. 청소년복지가 아동과 노인복지와는 다른 차원의 개발적 복지를 강조하는 데 동의하고 복지의 생산성을 지향한다면, 강력한 보편적 복지정책이 수립되고 추진되어야 한다. 아동청소년 수당이나 청소년의 실질적인 권리와 참여 보장 등 기본적인 생활권을 보장함으로써 어떤 청소년이든 최소의 낙인을 갖고 성장할 수 있는 복지환경이 제공되어야 한다.

(2) 청소년의 참여통로와 역량 강화 환경 마련

청소년 개발은 이미 중요한 사회적 관심을 받는 시대가 되었다. 청소년을 객체로 지속적인 교육과 훈련으로 인적자원 개발을 추구하는 것도 필요하나, 이보다 더 중요한 것은 청소년이 자발성과 창조성을 스스로 터득할 수 있는 기반을 마련해 주는 일이다. 자원봉사 및 국제교류활동 등 다양한 활동에 참여할 수 있는 통로를 열어줌으로써 그들의 역량을 단계적으로 높여 나갈 수 있는 환경을 조성해야 한다.

(3) 위기청소년에 대한 사전 예방 및 사후 프로그램 강화와 지속적 관리

학업중단 및 비행 등 위기청소년이 증가하고 있음에도 불고하고 청소년들을 둘러싼 유해환경은 점차 확산되는 실정이다. 위기청소년 문제는 사회의 안정 및 자원보호의 문제와 직결된다. 다양한 청소년복지 실천활동을 통해 위기를 사전에 차단할 수 있는 예방책을 마련하는 한편, 보호환경의 그물망(network)에서 빠져나간 청소년들에게 즉각적인 개입을 통해 문제를 해결해야 한다. 또한 청소년 개인의 위기상황을 사회적 관점에서가 아닌 청소년 생활 수준에서 보호, 치료, 개입하는 프로그램이 사례관리 차원에서 전개되어야 한다. 아울러 청소년에게 영향을 미치는 가족과 학교 그리고 지역사회환경에 대한 복지적 개입방안도 병행되어야 할 것이다.

(4) 지방자치단체에 알맞은 청소년복지정책 수립을 위한 지침 및 정책방향 제시

지방자치단체에서 복지는 정책의 강조점이기는 하지만, 정책의 우선순위와 일치하지 않는 듯하다. 그것은 국민기초생활보장제도와 노인요양보험제도 등 복지제도에 복지재정의 상당 부분이 투여되기 때문에 여성, 가족, 아동, 청소년 등 복지지원에 대한 재정적 여력이 미약하기 때문일 수도 있다. 지방자치단체에서 청소년복지정책은 아동복지정책의 하나로 간주되는 경향이 있다. 아동복지와 구분한 청소년복지정책이 수립되더라도 청소년수련활동과 비행청소년 선도 그리고 가출 등 위기청소년을 위한 쉼터설치와 운영 지원 등에 그치는 경우가 많다. 이처럼 지방정부 자체의 청소년복지정책을 수립하고 추진하는 데 있어 재정의 한계를 지적하고 있지만, 청소년복지정책을 지향할 수 있는 기본적 정책 틀을 갖고 있지 못한 문제도 있다. 아직도 중앙정부의 행정조직과 재정지원에 의존하고 있는 지방정부로서는 정책의 우선순위에서 소극적인 분야에 대한 관심은 결여되기 마련이다. 이와 같은 실정은 비예산의 정책도 간과하게 한다. 따라서 조례제정의 방향 등 지방자치단체 현실에 알맞은 청소년복지정책의 기본 지침과 방향을 제시하는 것이 중앙정부에서 청소년활동과 복지사업을 구체화하여 전달하는 것 못지않게 중요하다. 기본적인 매뉴얼이 있다면 각 지방정부에 적합하고 적절한 청소년복지정책을 수립하는 데 준거가 될 수 있을 것이며, 지방의회나 지역사회에서 청소년복지에 중점을 두어야 하는 사안을 제기하는 데 기초적인 자료로 활용할 수 있을 것이다.

(5) 정책 간의 연계 및 조정 그리고 추진체계의 확립

청소년복지정책은 아동복지정책과 중복되거나 맞물려 왔다. 독자적인 청소년복지정책이 존재했다기보다는 아동복지정책의 연장선상에서 이해되어 왔으며, 복지를 광의로 해석하여 청소년에게 도움이 되는 정책은 대부분 청소년복지정책으로 간주해 왔다고 보아도 지나친 말이 아니다. 청소년복지정책이 철저하게 독립된 정책으로서 수립되기는 힘들며, 그 의미도 크지 않을 것이다. 따라서 청소년복지정책이 갖는 기본적 방향을 합의하고, 그를 토대로 청소년복지에 관련한 다양한 정책 주체와 객체들 간의 협의를 통해 연계 및 조정 방안을 도출해 나가야 할 것이다. 또한 미시적인 개념에서 청소년복지정책은 청소년들의 행복한 삶을 실현할 수 있는 정책적 계획과 지침을 뜻한다. 그렇지만 정책이 실효성을 담보받기 위해서는 정치적 합의과정과 공공의 이익을 위한 당위성 못지않게 그에 따른 적합한 재정과 합리적인 전달체계의 확보가 전제되어야 한다.

2 청소년복지행정

1) 청소년복지행정의 개념

구체적 의미에서 청소년복지행정은 정책을 보다 구체적인 사업목표(service)로 전환시키고 추진계획을 세우며 추진에 필요한 인적, 물적 자원 등을 조직하고, 사업 부서를 배정하고 책임자를 임명하며 집행하는 일체의 과정을 말한다. 더 구체적인 의미에서 전달체계(delivery system)는 문제 해결 또는 욕구의 충족을 위해 동원되는 제반 전문기술의 전달과정을 의미한다고 볼 수 있다.

2) 청소년복지서비스 전달체계의 원칙

청소년복지서비스 전달체계는 사회복지서비스전달체계의 원칙이 적용될 수 있다. 효과적인 서비스의 전달과 평가를 위한 원칙과 방법에 대한 논의는 다양하다.

사회복지서비스는 욕구를 명확히 하고 그 욕구의 충족을 어떻게 행할 것인가가 중요한 과제가 된다는 점에서 특히 전달체계에서의 효과성, 효율성, 공평성, 접근성이 요구된다(三浦文夫 외, 1982; 장인협·이정호, 1998).

(1) 효과성(effectiveness)

욕구의 충족 또는 해결에 있어서의 유효성을 의미한다. 욕구충족을 위해 선택된 서비스가 어느 정도 적합한지의 관점에서 판단되는 것이다. 특히 효과성은 복지대상자의 주체적 노력과 의지에 대한 기여정도가 주요한 기준이 될 수도 있을 것이다.

(2) 효율성(efficiency)

최소의 자원으로 최대의 효과를 거둘 수 있을 것인가의 문제이다. 제한된 자원을 복지대상자의 욕구와 상황에 따라 합리적이고 적절히 배분해야 하는 사회복지 서비스의 특성상 효율성은 매우 중요한 과제이다.

(3) 공평성(equity)

동일한 욕구를 가진 대상자는 동일한 서비스를 받아야 한다는 것이다. 사회복지서비스의 배분과 공급에 있어서 공평성은 특별히 배려되어야 한다. 공평성은 서비스를 받는 기회와 내용뿐 아니라, 비용 등을 포함하여 수반할 필요가 있다. 그러나 공평성은 반드시 결과의 평등을 가져오는 것은 아니다. 필요에 따라 장애를 가진 대상자에게 특별의 서비스를 제공하였지만 결과의 평등에 관계없는 경우도 있다. 이러한 의미에서 공평성의 판단은 사례에 따라서 유동성을 갖고 행할 필요가 있다.

(4) 접근성(accessibility)

복지대상자가 서비스를 쉽게 이용할 수 있어야 한다는 것이다. 이것은 비화폐적 욕구충족의 경우에 문제가 되는데, 어떤 종류의 욕구충족에 있어서 시설 서비스가 필요로 할 때 시설이 충분한 설비와 기능을 갖추고 있어도 그 설비가 이용자에게 물리적으로 떨어져 있고 또는 그 시설의 운영관리가 지나치게 관료적이면 그 서비스는 욕구충족의 기능을 다하지 못하게 된다.

3) 청소년복지행정의 요소

(1) 이상적(ideal) 정책

이상적인 정책은 청소년복지와 관련하여 정책 결정자들(국회, 중앙 및 지방정부 등)이 청소년을 합리적으로 성장시키고자 하는 양식(patterns)으로 볼 수 있다.

여기에는 법률과 청소년정책(사회, 경제, 문화정책 등)을 구체적인 활동으로 옮기는 사업(program)과 우선순위 등이 있다. 아울러 청소년정책에 대한 사회 전반이 갖는 인상도 이상적 정책을 수립하는 데 영향을 미친다.

(2) 정책대상 집단

청소년정책대상 집단은 청소년정책으로 인해 영향을 받는 사람들이나 집단이다. 예를 들면 빈곤계층 청소년과 가족을 들 수 있다. 이들의 존재와 그들이 사회에 대해서 갖는 반응은 새로운 사회긴장을 가져올 수 있다. 그런데 청소년이라는 시기적 특성상 사회에 부담이 되는 한편, 사회적 동력의 한 축이 될 수 있다. 따라서 청소년과 가족 그리고 청소년복지에 관련된 조직과 집단은 새로운 정책목표와 행동지침을 수정하는 데 지속적인 영향을 미친다.

(3) 수행기관

청소년복지정책을 수행하는 행정기관은 주로 정부가 되지만 민간단체의 역할과 기능도 매우 중요하다. 이들 정책 수행기관과 관련하여 중요한 변수는 기관의 조직구조와 인력의 질, 지도력(leadership), 그리고 사업(program)

을 수행할 수 있는 역량이라 할 수 있다. 특히 정부의 정책입안자의 가치와 역할에 따라 청소년복지정책의 이념이나 합리적 추진 그리고 효과성에 큰 차이를 가져올 수 있다. 따라서 이들에 대한 전문적 훈련과 법적 뒷받침 그리고 적절한 수효와 배치는 청소년복지정책을 시행하는 행정의 성패에 중요한 변수가 된다.

(4) 사회 환경

청소년복지정책에 영향을 미치거나 그 집행에 의하여 영향을 받는 여러 요소를 말한다. 특히 정책과 그 집행에 있어서 제약요인으로 이해되는 경우가 많다. 이러한 환경요소는 다양하고 복잡하다. 예를 들어 사회제도, 경제제도, 부의 분배, 교육수준, 계층 구조, 문화적 양태, 인구, 종교, 자원, 청소년시설과 기관 등이다. 한편, 이와 같은 사회 환경 요소는 일반적으로 중립적이거나 정책집행에 제한을 주는 경우가 많지만, 정책 집행집단이 사회 환경 요소를 잘 활용한다면 행정을 효율적으로 추진하는 긍정적 요소로 작용할 수 있다.

4) 공공 및 민간 청소년복지서비스 전달체계

청소년복지서비스의 개념과 내용 범주에 따라서 서비스전달체계의 범위가 설정될 수 있다. 아동복지의 연장이 아닌 청소년복지의 정체성을 고려한다면 청소년복지서비스는 청소년기에 일어날 수 있는 각종의 문제와 기능상의 장애뿐만 아니라, 청소년기 발달과업을 잘 성취할 수 있도록 지원하는 일까지 포함할 수 있다.

이처럼 청소년복지의 포괄성을 전제로 한다면 공공서비스 전달체계는 다양한 통로를 통해서 전달된다. 더욱이 청소년복지서비스의 재원과 서비스

절차 등을 볼 때 순수하게 공공부문과 민간부문을 구분하기 어렵다. 오늘날에는 공공과 민간부문이 복잡하게 혼합해서 나타나는 경우가 많다. 그러나 청소년복지서비스 전달체계에 관한 분석적 구분을 한다는 면에서 공공과 민간부문을 살펴보아야 한다.

(1) 공공 청소년복지서비스 전달체계

청소년복지서비스에 있어서 공공부문의 핵심적인 전달체계는 중앙정부에서는 국무총리실로부터 여성가족부, 시도 체육청소년과, 시군구 사회복지과나 가정복지과 그리고 읍면동사무소 사회복지전담공무원으로 체계화되어 있다. 또한 청소년복지관련정책은 중앙정부의 보건복지부, 교육부, 안전행정부, 법무부, 고용노동부 등이 청소년복지와 밀접한 관련을 갖고 정책을 입안하고 전개하고 있다. 그리고 청소년 관련 정책을 심의하는 청소년육성위원회와 청소년육성실무위원회 등이 있다.

① 청소년의 보호와 육성(여성가족부)

여성가족부는 2010년부터 보건복지부로부터 청소년업무를 이관받아 업무를 추진하고 있다. 장관 아래 청소년가족정책실을 두고 청소년정책을 총괄하는 청소년정책관이 편제되어있다. 청소년정책관 아래는 청소년정책과, 청소년역량개발과, 청소년교류과, 청소년자립지원과, 청소년보호과를 두고 있다. 또한 권익증진국에 아동청소년성보호과를 두고 있다. 주로 청소년정책에 관한 기본계획을 수립하고 시행하며, 청소년육성과 활동 그리고 교류와 자립지원 등 복지와 관련된 활동에 중점을 둔다. 아울러 청소년을 유해한 환경으로부터 보호하는 업무도 주요 사업으로 추진하고 있다.

② 어려움에 처한 청소년의 복지지원(보건복지부)

보건복지부의 행정전달체계는 사회정책본부와 저출산고령화사회정책본부 안에 아동복지 관련 담당부서를 중심으로 각 시도의 가정복지국 등이 기획조정 및 사업계획을 담당하며, 시군구 사회과, 가정복지과, 부녀아동과 등에서 일반사무를 처리하며, 이어 읍면동에 사회담당직원과 사회복지전담공무원을 두어 실제 업무를 수행하고 있다.

③ 문제청소년의 선도 및 보호(법무부)

법무부는 보호국에 보호과와 관찰과, 소년과를 두고 소년비행의 원인분석 및 예방과 대책, 보호관찰제도의 운영, 갱생보호, 소년원생의 교정교육 및 직업훈련에 관한 사항 등을 담당한다.

④ 청소년의 노동 및 취업 서비스(고용노동부)

고용노동부는 청소년 및 성인 근로자의 근로조건의 기준, 직업안정, 직업훈련, 실업대책, 근로자 복지후생 등에 관한 사무를 관장하기 위해 설치된 부로서 노동보험국, 근로기준국, 직업안정국을 두고 산업재해보상보험, 실업대책 및 근로자의 복지기능을 담당하고 있다.

⑤ 청소년의 교육(교육과학기술부)

교육부는 교육과 인적자원개발, 과학에 관한 사무를 관장하기 위해 설치된 부로서 시도교육청과 공·사립학교 등을 지원, 감독하고, 청소년들의 제도교육에 관한 정책을 수립·시행하고 있다.

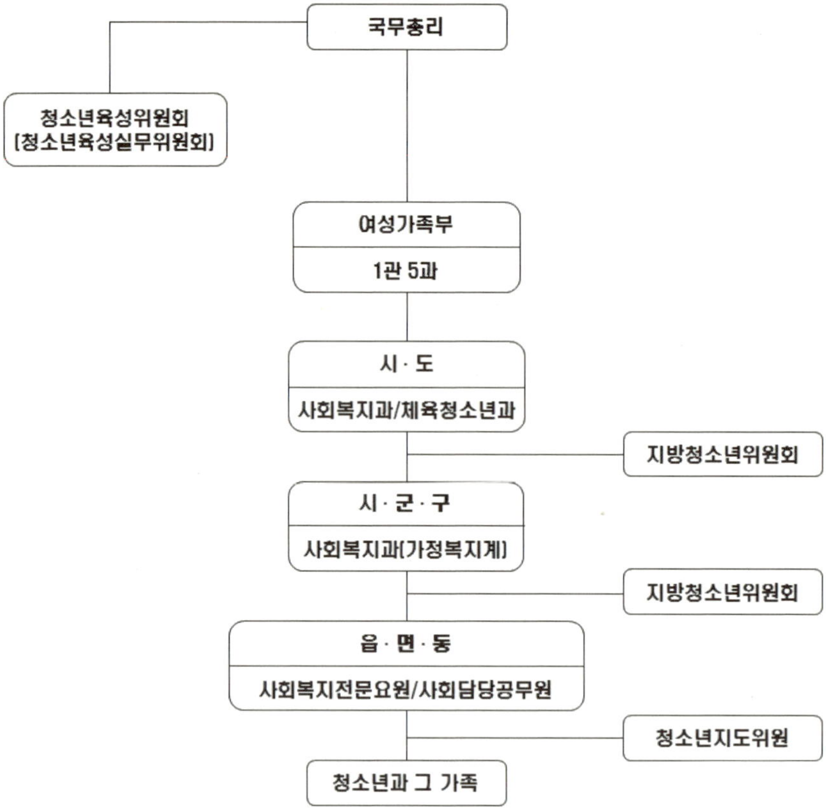

[그림 8-1] 청소년복지서비스전달체계

청소년복지전달체계가 중앙정부에서 지방정부까지로 단계적으로 구조화되어 있지만, 청소년 정책을 수행하는 데 더욱 바람직한 행정이 되기 위해서는 다음의 문제점을 개선해야 한다.

첫째, 청소년정책 업무 전달체계의 실효성의 문제이다.

청소년정책 업무가 여성가족부를 중심으로 추진되고 있지만, 현실적으로 다양한 정부부처에서 행해지는 실정이다. 부단한 노력을 기울이고 있음에도 불구하고 아직도 부처 간의 업무협조기능이 미약하고 정책사업의 중복성 등으로 인해서 정책이 충분한 효과성을 갖고 있지 못하다. 또한 중앙정부의 청소년정책 업무가 지방정부에서 제대로 구현되고 있지 못하다. 물론 지방정부에 따라 차이가 있지만 지방에서 청소년정책업무가 전문성이 확보되지 못하고 지방행정의 우선적 과제로 삼기 어려워 지역에 있는 청소년들에게 체감할 수 있는 전달체계가 확보되어 있지 않다.

둘째, 재정의 부족과 효율성 문제이다.

청소년복지가 청소년문제를 예방하고 치료적 개입을 하며 요보호청소년을 구호하는 수준에서 나아가 보편적 복지를 지향해야 한다면 청소년복지에서 청소년개발을 미래 투자적 관점에서 보아야 한다. 따라서 교육 못지않게 중요한 정책적 과제가 될 수 있다. 그러나 청소년복지가 갖고 있는 이념과 법 그리고 제도 및 정책을 뒷받침할 수 있는 예산은 중장기적으로 확보되지 못하고 단편적으로 수립되는 실정이며, 다양한 청소년사업이 효율적이고 유기적으로 연결되어 전달되는지에 대한 판단과 평가도 이루어지지 않고 있다.

셋째, 행정의 비전문성 문제이다.

그간 청소년정책 업무가 청소년복지 관련 인력의 양성과 배치에 치중하기보다는 지나치게 청소년수련원의 설치 및 전시성 청소년사업 등 하드웨어 등에 초점을 맞추어왔다. 따라서 청소년정책과 복지를 수행하는 중앙이나 지방정부의 인력이 전문화되는 데 한계를 갖는다. 많은 지방정부에서 청소년업무 담당인력은 다른 업무와 중복해서 일하고 있다. 따라서 전문성을 유지하고 확보하기 위한 교육과 인력개발 사업은 거의 없다고 보아도 지나친 말이 아닐 것이다.

넷째, 정책의 편중성이다. 현재 청소년정책이 고유 업무가 청소년활동, 그것도 수련활동에 지나치게 치중되어 있어, 청소년의 대부분인 학생들의 시간과 현실적인 상황을 고려하지 못하고 있다. 아울러 청소년복지업무도 청소년쉼터와 위기청소년을 위한 지원방안 등이 있으나 상당 부분 아동복지를 보완하거나 연장선상에서 이루어지고 있으며 체계적이고 지속적인 청소년의 복지를 포괄할 수 있는 정책수립과 행정통로의 마련이 미흡하다.

〈표 8-1〉 부처별 청소년 관련 업무현황

부처명	업무내용	주요담당부서
교육부	학교문화지원 예술교육, 교육복지투자우선지역지원사업, 청소년폭력예방 및 선도 등 19개 사업	초중등교육정책과, 교육복지정책과, 학교폭력대책팀, 방과후학교기획팀, 과학실업교육정책과, 특수교육정책과, 교육과정정책과, 여성교육정책과, 학교체육보건급식과, 학자금정책팀 등
고용노동부	청소년직장체험, 잡스쿨 등 8개 사업	청년고용팀, 근로기준팀, 고용서비스혁신단, 능력개발지원팀, 종합직업체험관 설립추진기획단
보건복지부	아동안전사고 예방, 아동권리 및 아동복지원 등 21개 사업	아동안전권리팀, 아동복지팀, 재활지원팀, 보건정책팀, 공공의료팀, 기초의료보장팀, 근로연계복지팀, 구강보건팀, 정신보건팀
문화관광부	문화예술교육지원, 국제청소년영화제, 국제스포츠교류 등 14개 사업	문화예술교육팀, 국제체육팀, 저작권팀, 영상산업팀, 게임산업팀, 생활체육팀, 종무담당관실, 문화예술위원회, 공연사업팀
특허청	발명교실, 올림피아드 등 12개 사업	산업재산진흥팀
정보통신부	IT월드운영, 저소득층 청소년SW 기술교육 등 4개 사업	정보문화팀, 국제기구팀
중소기업청	기업·공고연계맞춤형 인력양성 프로그램, 청소년비즈쿨	인력지원팀, 창업제도팀
산림청	녹색수업, 학교숲 조성사업 등 4개 사업	산림휴양정책팀, 도시숲정책팀
여성가족부	청소년육성 및 복지, 성매매방지 및 피해여성 보호	권익기획팀
환경부	청소년환경교육 프로그램	민간환경협력과
농촌진흥청	4-H 야영교육, 한국4-H본부 사업 지원	지원기획과
통일부	학교홍보지원	교육지원팀, 사이버교육팀, 정착지원팀, 연구개발팀
산업자원부	산업기술인력양성, 청소년디자인전람회	산업기술인력팀, 디자인브랜드팀

부처명	업무내용	주요담당부서
경찰청	청소년교실, 명예경찰소년단	여성청소년과
법무부	자립생활관 지원사업	보호과
문화재청	청소년문화학교, 으뜸문화지킴이 등 7개 사업	문화재정책과, 무형문화재과
농림부	나의 농촌문화체험기 공모	농촌진흥과
국가인권위원회	인권상황실태조사	정책총괄팀
외교통상부	한·일 대학생 교류 등 3개 사업	홍보과, 정책홍보팀, 교학과
해양수산부	청소년여름해양학교 운영	해양정책과
계	21개 부처	

자료 : 국가청소년위원회(2006).

(2) 민간 청소년복지서비스 전달체계

민간 청소년복지지서비스 전달체계는 공공부문과 상호보완적 역할을 담당하고 있다. 그런데 민간조직이 활성화되고 복지사업에 대한 시민들의 참여가 늘어나면서 오늘날에는 민간 또는 사적인 부문의 전달체계의 중요성이 한층 더 강조되고 있다.

이러한 민간부문의 전달체계가 필요한 이유는 정부제공 서비스 비해당자에 대한 서비스 제공, 정부가 제공할 수 없는 서비스 제공, 동일 종류의 서비스에 대한 선택의 기회 제공, 사회복지서비스의 선도적 개발과 보급, 민간의 사회복지 참여욕구 수렴, 정부의 사회복지활동에 대한 압력단체의 역할, 국가의 사회복지비용의 절약 등을 들 수 있다(최성재·남기민, 1993).

이와 같은 민간부문의 전달체계는 대체로 네 가지로 분류할 수 있다. 첫째는 청소년복지기관이다. 빈곤계층 청소년과 문제청소년을 대상으로 보호 및 상담과 지원 등을 하는 청소년을 위한 직접 서비스기관이다. 가출청소년쉼터, 비행청소년보호소 및 중간의 집, 비행청소년 결연사업(BBS 등)을 대표적인 예로 들 수 있다. 이들 단체는 성인들의 후원회비 또는 종교단체에서 운영하는 경우가 대부분이다. 둘째는 청소년단체이다. YMCA, 걸스카우트, 각종 청소년회관 등 청소년의 건전한 육성을 위한 각종 프로그램을 실시하는 단체 또는 기관으로 볼 수 있다. 이들 청소년단체 또는 기관은 대부분 회원 또는 프로그램 참가청소년 회비에 의해서 운영되고 있다. 셋째는 청소년관련기관이다. 이들 기관은 청소년을 위한 사업을 중심으로 청소년복지에 기여하고 있다. 지역사회복지회관, 복지재단 등 청소년 복지프로그램을 운영하고 있는 기관이다. 넷째는 청소년복지지원기관이다. 청소년복지를 위한 협의회와 청소년을 연구하는 학회 등을 들 수 있다.

청소년복지관련법과 제도

제9장

1 개요

청소년복시관련법은 청소년 복지와 관련이 있는 법으로서 청소년을 복지대상으로 하거나 청소년의 복지와 관련한 조항을 포함하는 법령을 말한다. 그러나 어디까지를 청소년복지관련법으로 규정하느냐의 문제는 쉽지 않다. 따라서 청소년의 복지를 포함하여 보호와 육성 등과 관련한 법을 포괄한다.

청소년복지가 아동복지의 연장선에서 볼 수 있는 개념이기도 하지만, 그 자체가 청소년들의 생활의 질을 높이는 제도적 기초라고 볼 때는 건강하게 성장을 유도하는 법령체계도 포함될 것이다. 이처럼 청소년복지관련법을 범주화시켜볼 때, 「아동복지법」과 「청소년복지지원법」이 복지를 법령 이름으로 명문화한 법으로 볼 수 있다. 「청소년복지지원법」은 「청소년기본법」을 모태로 하고 있는바, 「청소년기본법」을 비롯하여 「청소년활동진흥법」, 「청소년보호법」, 「청소년성보호에관한법률」 등 청소년복지와 관련한 법률체계도 청소년복지관련법에 포함이 가능할 것이다.

이 외에도 보다 광범위하게 청소년의 복지를 증진하기 위한 직·간접의 법령체계는 적지 않다. 「근로기준법」, 「소년법」, 「형법」, 「민법」 등에서 미성년자와 연소자, 소년 등을 규정하고 이들에 대한 사회적 보호 장치를 제시하고 있다.

결론적으로 청소년복지관련법은 청소년들의 생활 욕구를 충족하는 데 있어 기본 권리를 규정하는 법률이라 볼 수 있다. 이러한 법률들은 상호 관련성을 갖고 있지만 체계적으로 연계되어 있다고 보기 어려우며, 청소년을 위한 적극적인 복지권을 보장하기보다는 청소년의 건전한 성장을 도모하는 매우 포괄적인 의미에서 해석할 수 있는 복지권적 성격이 강하다.

그렇지만 청소년을 둘러싼 정책 환경의 변화 속에서 청소년 관련 법체계는 변화를 겪고 있으며 지금도 진행 중이라고 볼 수 있다.

2 헌법

청소년복지관련법을 살펴보기에 앞서 헌법을 이해할 필요가 있다. 왜냐하면 헌법은 우리나라 법의 체계적인 기초로서 근본법이며 다른 법률이나 명령으로 변경할 수 있는 국가의 최상위 법규이기 때문이다.

헌법 제34조 제1항은 "모든 국민은 인간다운 생활을 할 권리를 가진다."로 규정하고 있어 행복을 추구할 수 있는 권리를 제시하고 있으며, 제34조 제2항은 "국가는 사회보장·사회복지의 증진에 노력할 의무를 가진다"라고 하여 이에 대한 국가의 역할과 책임을 나타내고 있다. 이와 같은 국민의 행복권은 특히 사회적 약자에 대해서 명기하고 있는데, 제34조 제4항에서는 "국가는 노인과 청소년의 복지향상을 위한 정책을 실시할 의무를 진다"라고 되어 있어 청소년의 복지권에 대한 정책이 제시되고 실행되어야 함을 나타내고 있다.

우리나라의 법률체계는 특정 대상을 초점으로 한 법적 장치를 명시하고 있지 않은 데 반해, 아동과 노인 그리고 청소년의 사회적 권리와 복지를 대상으로 하는 법률은 갖고 있는 특징을 지닌다.

참고 **법률체계 유형**

○법률

입법부의 심의와 의결을 거쳐, 대통령이 서명·공포하여 효력이 발생하는 법의 한 형식이다. 법률은 일반적으로 헌법의 효력 아래에 위치한다. 법률은 헌법보다는 구체적이지만, 원칙적으로 일반적이고 추상적이어야 한다. 일반적이라는 의미는 불특정 다수인, 즉 적용 대상이 모든 사람임을 말한다. 또한 추상적이라는 의미는 법률이 모든 사건에 적용되어야 한다는 것을 뜻한다. 법률은 규칙이나 명령보다는 상위에 있으므로, 법률은 규칙이나 명령의 기준이 된다. 그러나 법률은 헌법의 하위에 위치하므로, 헌법에 위배되는 법률은 무효이다. 우리나라는 법률이 헌법에 위배되는지를 심판하는 헌법재판소가 있다. 청소년복지관련법률로는 청소년기본법, 청소년복지지원법, 아동복지법 등이 있다.

○시행령

시행령은 법률을 시행하는 데 필요한 규정을 주요 내용으로 하는 명령이다. 대통령령으로 제정된다. 예를 들어 청소년기본법시행령, 청소년복지지원법시행령, 아동복지법시행령 등이다.

○시행규칙

시행규칙은 법령의 시행에 관한 사항을 상세히 규정한 규칙을 말한다. 일반적으로 시행령의 시행에 관하여 필요한 사항을 규정한 총리령 또는 부령(部令) 등을 말한다. 예를 들어 청소년기본법시행규칙, 청소년복지지원법시행규칙, 아동복지법시행규칙 등이다.

○조례

지방자치단체가 법령의 범위 안에서 그 권한에 속하는 사무에 관해 지방의회의 의결로써 제정하는 법을 말한다.

3 청소년기본법

문자 그대로 청소년에 관한 기본적인 사항을 정한 법률로서, 청소년 육성정책에 관해서는 헌법을 제외한 모든 법률에 우선한다. 다른 법률에서 청소년 육성에 관한 법률을 제정하거나 개정할 때에는 청소년기본법에 부합해야 한다.

청소년기본법은 청소년복지를 포괄적으로 정의하며 이에 대한 구체적 법률은 청소년복지지원법에서 다루고 있다. 이러한 청소년기본법은 1991년 12월 31일에 제정된 후, 여러 차례 개정을 거쳐 오늘에까지 이르고 있다.

1) 목적

청소년기본법의 목적은 청소년의 권리 및 책임과 가정·사회·국가 및 지방자치단체의 청소년에 대한 책임을 정하고 청소년육성정책에 관한 기본적인 사항을 규정하는 데 있다(제1조). 그리고 청소년기본법의 이념은 청소년이 사회구성원으로서 정당한 대우와 권익을 보장받음과 아울러 스스로 생각하고 자유롭게 활동할 수 있도록 하며 보다 나은 삶을 누리고 유해한 환경으로부터 보호될 수 있도록 함으로써 국가와 사회가 필요로 하는 건전한 민주시민으로 자랄 수 있도록 하는 데 있다(제2조 제1항). 또한 기본이념을 구현하기 위해서 청소년의 참여보장, 청소년의 창의성과 자율성에 기초한 능동적 삶의 실현, 청소년의 성장여건과 사회환경의 개선, 민주·복지·통일조국에 대비하는 청소년의 자질향상을 기본방향으로 설정하고 있다(제2조 제2항).

2) 주요 내용

(1) 용어 정의

① 청소년

청소년은 9세 이상 24세 이하의 사람을 말한다(제3조의 1). 다만 다른 법률에서 청소년에 대한 적용을 달리할 필요가 있는 경우에는 따로 정할 수 있다. 이에 관련해서 청소년보호법과 청소년의성보호에관한법률에서는 청소년을 만 19세 미만의 사람으로 규정하고 있다.

이처럼 청소년기본법에서 9세부터 24세까지로 청소년의 연령범위를 넓게 잡고 있는 이유는 광의의 복지적 시각이 내포되어 있다. 통상적인 청소년 연령계층인 13세부터 18세까지의 청소년에 더하여 영양 등의 발달로 조숙한 성장을 보이는 초등학교 고학년과 대학생으로서의 신분을 벗어나지 못한 24세까지의 연령층을 포괄함으로써 보다 많은 연령계층에게 지원을 목적으로 하는 데 있다.

② 청소년육성

청소년육성은 청소년활동을 지원하고 청소년복지를 증진하며 사회 여건과 환경을 청소년에게 유익하게 개선하고 청소년을 보호해 청소년에 대한 교육을 보완함으로써 청소년의 균형 있는 성장을 돕는 것을 말한다. 청소년육성은 교육과의 보완성을 강조하지만, 일부에서는 학교교육으로 한정하여 학교교육의 보완적 대척점에서 육성을 대응한 용어로 위치시키기도 한다(제3조의 2).

③ 청소년활동

청소년활동이란 청소년의 균형 있는 성장을 위해 필요한 활동과 이러한 활동을 소재로 하는 수련·교류·문화 활동 등 다양한 형태의 활동을 말한다(제3조의 3).

④ 청소년복지

청소년복지란 청소년이 정상적인 삶을 영위할 수 있는 기본적인 여건을 조성하고 조화롭게 성장발달할 수 있도록 제공되는 사회적 경제적 지원을 말한다(제3조의 4).

⑤ 청소년보호

청소년보호란 청소년의 건전한 성장에 유해한 물질, 물건, 장소, 행위 등 각종 청소년 유해 환경을 규제하거나 청소년의 접촉 또는 접근을 제한하는 것을 말한다(제3조의 5).

⑥ 청소년시설

청소년시설이란 청소년활동 청소년복지 및 청소년보호에 제공되는 시설을 말한다. 청소년시설에는 청소년활동에 제공되는 시설, 청소년복지에 제공되는 시설, 청소년보호에 제공되는 시설이 있다. 국가와 지방자치단체는 청소년시설을 설치 운영할 책무가 있다(제3조의 6).

⑦ 청소년지도자

청소년지도자란 청소년지도사나 청소년상담사와 청소년 시설, 청소년단체, 청소년관련기관 등에서 청소년육성이나 지도 업무에 종사하는 자를 말한다. 청소년지도사와 청소년상담사는 각각의 자격검정에 합격하고 일정기간 연수를 마친 사람을 말한다(제3조의 7).

⑧ 청소년단체

청소년단체는 청소년육성을 주된 목적으로 설립된 법인 또는 대통령령이 정하는 단체를 말한다(제3조의 9).

(2) 권리와 책임소재

청소년의 기본적 인권은 청소년활동, 청소년복지, 청소년보호 등 청소년육성의 모든 영역에서 존중되어야 하며, 청소년은 안전하고 쾌적한 환경에서 자기발전을 추구하고 정신적·신체적 건강을 해치거나 해칠 우려가 있는 모든 형태의 환경으로부터 보호받을 권리를 갖는다(제5조 제1항, 제2항). 이와 함께 청소년은 자신의 능력계발과 건전한 가치관 확립에 힘쓰고 가정·사회 및 국가의 구성원으로서 책임을 다하도록 노력해야 한다(제5조 제3항). 이와 관련하여 가정, 사회, 국가 및 지방자치단체의 책임을 명시하고 있다(제6조, 제7조, 제8조).

청소년기본법에서는 청소년육성의 핵심을 청소년활동, 복지, 보호로 명시하고 있으며 이와 같은 영역에서 청소년의 자유롭게 성장할 수 있는 기반을 제공받을 권리를 나타내고 있다. 또한 청소년 스스로 건전하게 자라야 하는 책임을 강조함으로써 아동과는 다른 수준의 권리와 책임의식을 선언하고 있다. 한편, 청소년육성에 대한 가정, 사회, 국가의 책임소재를 명시하고 있지만, 법적 구속력이 있는 장치가 제시되어 있지 않아 하나의 선언적이고 이념적인 방향으로 이해할 수 있을 것이다.

(3) 청소년육성에 관한 계획

청소년육성에 관한 계획 수립을 명시하여 국가가 청소년육성에 관한 기본계획을 5년마다 수립해야 하는 의무를 규정하고 있다. 아울러 국가와 지방자치단체가 기본계획에 따라서 연도별 시행계획을 각각 수립하여 시행해야 한다고 되어 있다(제14조).

국가의 정책과제로서 청소년육성계획 수립을 의무적으로 규정하고 있으며, 지방자치단체에서 계획의 실천을 담보할 수 있도록 연차별 시행계획 수립까지 의무화하고 있어 청소년육성에 관한 기본적인 방향은 국가 정책 차원에서 제시할 수 있는 기반을 마련하고 있다.

(4) 청소년단체

청소년단체의 역할과 국가의 지원을 규정하고, 아울러 청소년건전육성을 도모하기 위해 한국청소년단체협의회와 지방청소년단체협의회의 설립근거를 명시하고 있다(제6장).

(5) 청소년복지

청소년복지의 향상에 대해서 국가는 청소년들의 의식·태도·생활 등에 관한 사항을 정기적으로 조사하고, 이를 개선하기 위하여 청소년의 복지향상 정책을 수립·시행하여야 한다고 규정하고 국가 및 지방자치단체는 기초생활의 보장, 직업재활훈련, 청소년활동지원 등의 시책을 추진함에 있어서 정신적·신체적·경제적·사회적으로 특별한 지원을 필요로 하는 청소년에 대하여 우선적으로 배려하여야 한다고 명시하고 있다.

이를 위해 국가 및 지방자치단체는 청소년의 삶의 질을 향상하기 위하여 구체적인 시책을 마련하여야 한다고 하며 관련 규정에 관하여는 따로 법률로 정한다고 하여 청소년복지지원법 제정의 근거를 나타내고 있다(제49조).

4 청소년복지지원법

1) 개요

청소년복지지원법은 2003년 12월에 재정되고 2005년 3월에 시행되었다. 청소년복지지원법은 청소년기본법과 불가분의 관계에 있다. 청소년복지지원법 제1조에는 청소년기본법 제49조 제4항의 규정에 따라 청소년복지 증진에 관한 사항을 정함을 목적으로 한다고 명시되어 있어, 청소년기본법에 종속된 법률이라는 것을 보여주고 있다. 또한 청소년복지지원법은 인권, 국가와 지방자치단체의 복지향상의 의무를 선언적으로 제시하고 실제 가출청소년 쉼터 설치와 운영, 청소년증에 관한 규정 등 매우 한정된 복지지원만 명시하고 있다.

2) 목적

청소년복지지원법은 청소년기본법 제49조제4항의 규정에 따라 청소년복지 증진에 관한 사항을 정함을 목적으로 한다(제1조).

3) 주요 내용

(1) 용어 정의

① 청소년복지

청소년기본법 제3조 제4호에 규정된 청소년복지를 말한다(제2조의 2).

② 특별지원청소년

청소년의 조화로운 성장과 정상적인 생활에 필요한 기초적인 여건이 미비하여 사회적·경제적 지원이 필요한 청소년을 말한다. 다만, 국민기초생활보장법 등 다른 법률의 적용을 받는 청소년을 제외한다(제2조의 3).

③ 보호자

친권자, 법정대리인 및 사실상 청소년을 보호하는 자를 말한다(제2조의 4).

(2) 청소년의 인권보장

청소년복지지원법에서는 청소년의 인권보장을 강조하고 있다. 청소년은 인종·종교·성·연령·학력·신체조건 등 여타의 조건에 의하여 이 법이 정한 규정을 적용함에 있어서 차별을 받아서는 안 되며(제3조 제1항), 또한 청소년은 외부적 영향에 구애받지 않으면서 자기 의사를 자유롭게 표명하고 스스로 결정할 권리를 갖는다(제3조 제2항). 그리고 청소년은 사회의 정당한 구성원으로서 본인과 관련된 의사결정에 참여할 권리를 갖고 있음을 명시하고 그에 따른 가정과 사회의 역할, 그리고 참여 조치 등을 제시하고 있다(제4조).

청소년의 차별금지와 표현의 자유와 청소년의 자기결정권을 명시하고 있다. 이것은 유엔아동권리협약 제2조에 명시되어 있는 차별금지조항과 제13조의 표현의 자유 협약내용을 구현한 것으로 이해할 수 있다. 아울러 청소년과 관련한 정책에 한정되어 있지만 국가와 지방자치단체에서 청소년의 참여적 권리를 보장해야 하는 것을 명시함으로써 청소년 참여권에 대한 법적 장치를 마련하였다.

(3) 청소년의 우대

청소년복지지원법은 국가 또는 지방자치단체는 청소년에 대하여 국가 또는 지방자치단체가 운영하는 수송시설, 궁·능, 박물관, 공원, 공연장 등의 시설의 이용료를 면제 또는 할인할 수 있다고 규정하여 청소년할인에 대한 법적 근거를 마련하고 있다. 또한 청소년증에 대한 사항을 규정하고 있는데, 이는 학생 외의 청소년들에게도 우대의 혜택이 주어질 수 있도록 도모하기 위함이다. 그리고 청소년증 발급대상연령을 9세 이상 18세 이하의 청소년으로 범주화하고 시장·군수·구청장이 발급하도록 명시하고 있다(제6조, 제7조).

청소년 우대의 현실적 방안으로 국가와 지방자치단체 그리고 공공정책과 관련이 있는 시설 등 이용료 면제와 할인혜택을 명기하였고, 학생이 아닌 청소년에게 청소년증을 발급하는 것을 명문화하였지만, 청소년증이 갖고 있는 혜택범위가 제한적이고 청소년들에게 여전히 낙인의 요인이 있다는 지적 등이 있어 실제적인 활용도가 떨어지는 경향이다.

(4) 특별지원청소년의 지원

국가 및 지방자치단체는 특별지원청소년에 대하여 필요한 지원 대책을 강구하여야 한다고 규정하고 그 지원은 기초적인 생활지원·학업지원·의료지원·직업훈련지원·청소년활동지원 등으로 하며 다른 법률에 의하여 지원되는 사항을 제외하고 있다. 이와 함께 특별지원청소년의 선정과 청소년쉼터 설치 운영에 관한 규정을 포함하고 있다(제12조, 제13조, 제14조).

특별지원청소년의 선정과 심의 기준을 시행령에서 제시하고 있지만, 적지 않은 부분이 다른 법률에서의 지원과 중복되고 구체적인 시행방법과 체계가 이루어지지 못하고 있다. 다만, 위기청소년지원사업인 CYS-Net의 정착과 지역사회 사례관리 차원에서 일부 제도화 과정을 거치고 있다.

(5) 교육적 선도

국가 및 지방자치단체는 청소년 본인, 당해 청소년의 보호자 또는 학교의 장의 신청에 의하여 당해 청소년에 대한 교육적 선도를 실시할 수 있다. 다만, 당해 청소년의 보호자 또는 학교의 장의 신청에 의하여 선도를 실시하는 경우에는 반드시 청소년 본인의 동의를 얻어야 한다(제15조 제1항). 선도는 청소년상담사 등 전문가를 통한 상담과 교육·자원봉사·수련·체육·단체활동 등으로 하며, 그 기간은 6월 이내로 한다(제15조 제2항). 국가 및 지방자치단체는 제2항의 규정에 의한 선도결과를 분석하여 선도의 종료 또는 연장여부를 결정하여야 한다. 선도기간을 연장하는 경우에는 6월의 기간 이내에서 1회에 한하여 그 기간을 연장할 수 있으며, 반드시 청소년 본인의 동의를 얻어야 한다(제15조 제3항).

학교의 교육활동을 보완한다는 의미에서 교육적 선도가 청소년복지지원법에 명시되어 있다. 학교 현장과 청소년활동 및 지도자와의 유기적 연결을 통해 청소년의 포괄적 복지지원을 모색하고 있는 것으로 보인다. 청소년상담사 등 청소년지도자들에 의한 선도활동이 실시되기 위해서는 학교의 장의 신청이 선결요건으로 되어 있어, 현장에서의 활용도는 크게 높지 않은 것으로 보인다. 장기적으로 학교에서의 선도활동을 보완할 수 있는 선도 프로그램과 지도자의 교육 등을 통해 실효성을 지속적으로 확보해야 할 것이다.

5 청소년활동진흥법

1) 개요

2004년도에 제정하여 1년 후인 2005년에 시행한 청소년활동진흥법은 청소년기본법에 근거하여 청소년활동에 관한 사항을 제정하였다. 1991년도에 제정된 청소년기본법에서 핵심적 주제로 다루었던 청소년수련활동 위주의 내용에서 청소년교류와 청소년문화활동으로 정책적 지원범위를 확대한 특징을 갖는다. 또한 청소년시설을 특화하였고 주5일제 수업과 연관하여 수련활동인증제도 등을 도입하였다. 아울러 청소년활동을 총괄적으로 지원하기 위한 한국청소년진흥센터와 지방청소년활동지원센터 등의 설치 규정을 마련하였다.

2) 목적

청소년활동진흥법은 다양한 청소년활동을 적극적으로 진흥하기 위하여 필요한 사항을 정함을 목적으로 한다(제1조).

3) 주요 내용

(1) 용어 정의

① 청소년활동

청소년기본법에 규정된 청소년활동을 말한다(제2조의 1).

② 청소년활동시설

수련활동·교류활동·문화활동 등 청소년활동에 제공되는 규정된 시설을 말한다(제2조의 2).

③ 청소년수련활동

청소년이 청소년활동에 자발적으로 참여하여 청소년 시기에 필요한 기량과 품성을 함양하는 교육적 활동으로서 청소년지도자와 함께 청소년수련거리에 참여하여 배움을 실천하는 체험활동을 말한다(제2조의 3).

④ 청소년교류활동

청소년이 지역 간·남북 간·국가 간의 다양한 교류를 통하여 공동체의식 등을 함양하는 체험활동을 말한다(제2조의 4).

⑤ 청소년문화활동

청소년이 예술활동·스포츠활동·동아리활동·봉사활동 등을 통하여 문화적 감성과 더불어 살아가는 능력을 함양하는 체험활동을 말한다(제2조의 5).

⑥ 청소년수련거리

수련활동에 필요한 프로그램과 이와 관련되는 사업을 말한다(제2조의 6).

(2) 청소년활동

청소년은 다양한 청소년활동에 주체적이고 자발적으로 참여하여 자신의 꿈과 희망을 실현하는 충분한 기회와 지원을 받아야 한다(제5조 제1항). 또한 국가 및 지방자치단체는 청소년활동을 활성화하는 데 필요한 각종 활동시설·청소년활동프로그램·청소년지도자 등을 위한 시책을 수립·시행하여야 한다고 명시하고 있다(제5조 제2항).

또한 청소년활동·청소년복지·청소년보호에 관한 종합적 안내 및 서비스 제공, 청소년육성에 필요한 정보 등의 종합적 관리 및 제공, 청소년수련활동인증위원회 등 청소년수련활동인증제도의 운영, 청소년자원봉사활동의 활성화, 청소년활동 프로그램의 개발과 보급, 국가 및 지방자치단체가 개발한 수련거리 시범운영, 국가가 설치하는 수련시설에 대한 유지·관리 및 운영업무의 수탁 등을 수행하기 위해 한국청소년활동진흥원 설치를 규정하고 있다(제6조). 아울러 제7조에서 시도 및 시군구에 지역의 청소년활동을 진흥하기 위해서 지방청소년활동진흥센터를 설치·운영할 수 있는 근거 규정을 마련하고 있다.

그러나 청소년수련활동과 수련활동운영 지도자, 수련거리개발 근거 등을 중심으로 하고 있어 청소년활동현실을 포괄적으로 담아내지 못하고 있으며, 교육 현장과의 관계성도 기술되어 있지 않아, 실제 법률적 실효성을 담보할 수 없는 면이 있다.

(3) 청소년활동시설

제10조에는 청소년활동시설의 종류를 명시하고 있다.

① 청소년수련시설

가. 청소년수련관 : 다양한 수련거리를 실시할 수 있는 각종 시설 및 설비를 갖춘 종합수련시설

나. 청소년수련원 : 숙박기능을 갖춘 생활관과 다양한 수련거리를 실시할 수 있는 각종 시설과 설비를 갖춘 종합수련시설

다. 청소년문화의집 : 간단한 수련활동을 실시할 수 있는 시설 및 설비를 갖춘 정보·문화·예술중심의 수련시설

라. 청소년특화시설 : 청소년의 직업체험·문화예술·과학정보·환경 등 특정 목적의 청소년활동을 전문적으로 실시할 수 있는 시설과 설비를 갖춘 수련시설

마. 청소년야영장 : 야영에 적합한 시설 및 설비를 갖추고 수련거리 또는 야영편의를 제공하는 수련시설

바. 유스호스텔 : 청소년의 숙박 및 체재에 적합한 시설·설비와 부대·편익시설을 갖추고 숙식편의제공, 여행청소년의 활동지원 등을 주된 기능으로 하는 시설

② 청소년이용시설

수련시설이 아닌 시설로서 그 설치목적의 범위에서 청소년활동의 실시와 청소년의 건전한 이용 등에 제공할 수 있는 시설

그리고 수련시설의 설치와 운영 등에 관한 규정을 마련하고(제11조) 수련시설의 등록 규정을 명시하고 있다(제13조). 또한 국가와 지방자치단체가 수련시설의 효율적 운영을 위하여 청소년단체에 위탁운영할 수 있는 법적 근거를 마련하고 있다(제16조).

청소년들이 활용하는 활동시설을 수련시설과 이용시설로 구분하고 있는데, 법정 수련시설과 그렇지 않은 청소년활동시설을 구분하기 위한 의도로 보인다.

(4) 청소년수련활동 지원

국가 및 지방자치단체는 수련활동에 필요한 수련거리를 그 이용대상·연령·이용장소 등을 종합적으로 고려하여 유형별로 균형 있게 개발·보급하여야 한다고 규정하고 있다(제34조 제1항). 그리고 국가 및 지방자치단체는 청소년의 발달원리와 선호도에 근거하여 수련거리를 전문적으로 개발하여야 한다고 규정하고 있다(제34조 제2항). 그리고 청소년수련활동인증제도 운영을 명문화하고 있으며(제35조), 또한 수련활동의 인증절차(36조) 그리고 인증수련활동의 결과통보 등을 규정하고 있다(제37조).

이렇듯 국가와 지방자치단체 중심의 수련거리 개발은 1990년도 이후 체계적으로 진행되어 오다가 활빌하게 추진되지 못하고 있는 실정이며, 청소년수련활동인증제를 제도화하고 있지만 전반적인 인증제의 효과성은 크게 나타나는 것 같지 않다.

(5) 한국청소년활동진흥원 등

청소년육성에 관한 전반적인 사업과 청소년활동프로그램의 개발과 보급, 청소년수련활동인증제 운영 그리고 청소년지도자의 연수 등을 총괄적으로 담당하는 한국청소년활동진흥원의 설립규정을 두고 있으며(제6조), 또한 한국청소년수련시설협회 설립규정을 두어 수련시설이 행하는 사업과 활동에 대한 협력 및 지원과 수련활동에 대한 조사·연구·지원사업 등을 하도록 하고 있다(제39조).

(6) 청소년교류활동지원

청소년교류활동 진흥을 위해서 국가 및 지방자치단체는 진흥 시책을 개발하고 시행하여야 함을 명시하고 있으며(제53조 제1항), 국가 및 지방자치단체는 정부·지방자치단체·국제기구 또는 민간 등이 주관하는 국제청소년교류활동을 지원하기 위한 시행계획을 수립하고 이를 추진하여야 한다(제54조 제2항)고 규정하고 있다. 그리고 청소년문화활동 진흥을 규정하고 있고(제60조), 청소년동아리활동의 활성화도 규정하고 있다(제64조). 또한 청소년자원봉사활동의 활성화를 위한 기반조성의무를 제65조에 명시하고 있다.

6 청소년보호법

1) 개요

청소년보호법은 청소년 보호를 위한 가정과 사회, 국가 및 지방자치단체의 책임에 대해서 규정하고 있다.

2) 목적

청소년보호법은 청소년에게 유해한 매체물과 약물 등이 청소년에게 유통되는 것과 청소년이 유해한 업소에 출입하는 것 등을 규제하고 청소년을 폭력·성폭력·학대 등 청소년 유해행위를 포함한 각종 유해한 환경으로부터 보호·구제함으로써 청소년이 건전한 인격체로 성장할 수 있도록 하는 데 있다.

3) 내용

(1) 용어 정의

① 청소년

만 19세 미만의 자를 말한다. 다만, 만 19세에 도달하는 해의 1월 1일을 맞이한 자를 제외한다(제2조의 1).

② 매체물

음반, 영화·연극·음악·무용, 기타 오락적 관람물, 음향 또는 영상정보, 방송프로그램, 신문, 잡지, 간행물, 광고선전물(제2조의 2)

③ 청소년유해매체물

청소년보호위원회가 청소년에게 유해한 것으로 결정하거나 확인하여 여성가족부장관이 이를 고시한 매체물, 각 심의기관이 청소년에게 유해한 것으로 의결 또는 결정하여 여성가족부장관이 고시하거나 청소년에게 유해한 것으로 확인하여 여성가족부장관이 고시한 매체물(제2조의 3)

④ 청소년유해약물 등

청소년에게 유해한 것으로 인정되는 약물과 청소년에게 유해한 것으로 인정되는 물건(제2조의 4)

⑤ 청소년유해업소

청소년의 출입과 고용이 청소년에게 유해한 것으로 인정되는 업소(제2조의 5)

⑥ 유통

매체물 또는 약물 등을 판매, 대여, 배포, 방송, 공연, 상영, 전시, 진열, 광고하거나 시청 또는 이용에 제공하는 행위와 이러한 목적으로 매체물 또는 약물 등을 인쇄·복제 또는 수입하는 행위(제2조의 6)

⑦ 청소년폭력

폭력을 통해 청소년에게 신체적·정신적 피해를 발생하게 하는 행위(제2조의 7)

(2) 청소년유해매체물의 청소년대상 유통 규제

청소년보호위원회는 매체물의 청소년에 대한 유해여부를 심의하여 청소년에게 유해하다고 인정되는 매체물에 대하여는 청소년유해매체물로 결정하여야 한다(제8조 제1항). 아울러 등급구분(제9조), 청소년유해매체물 표시의무(제14조), 청소년유해매체물 포장 의무(제15조), 청소년유해매체물 판매금지(제17조), 청소년유해매체물 구분·격리(18조), 청소년유해매체물 방송시간 제한(제19조), 청소년유해매체물 광고선전제한(제20조) 등을 통해서 청소년들에 유해한 매체물 유통과 판매에 대한 엄격한 규제를 제도화하고 있다.

(3) 청소년유해업소, 청소년유해약물 및 청소년유해행위 등의 규제

청소년 고용금지 및 출입제한 등(제24조), 청소년통행금지·제한구역의 지정 등(제25조), 청소년유해약물 등으로부터 청소년보호(제26조), 청소년유해행위금지(제26조의 2) 등을 통해서 청소년들이 해로운 환경에 접근하는 것을 차단하는 한편, 청소년들에게 유해한 행위 및 환경을 조성하는 사람 등에 대한 처벌규정도 마련하고 있다.

(4) 청소년보호위원회 설치

여성가족부장관 소속하에 청소년보호위원회를 둔다(제27조). 청소년보호위원회는 다음의 사항을 심의 결정한다. 1. 유해환경으로부터 청소년을 보호하기 위한 청소년유해매체물, 청소년유해약물, 청소년유해물건, 청소년유해업소 등의 심의·결정 등에 관한 사항 2. 정기간행물 등을 발행하거나 수입한 자에 대한 과징금 부과의 심의·결정에 관한 사항 3. 청소년보호를 위하여 여성가족부장관이 필요하다고 심의를 요청한 사항 4. 그 밖에 다른 법률에서 청소년보호위원회가 심의·결정하도록 정한 사항 등이다. 또한 청소년폭력·학대 등 유해환경으로부터 청소년을 임시로 보호하기 위하여 여성가족부에 청소년보호센터를 둘 수 있다(제33조의 2 제1항)고 규정하여 청소년보호를 위한 전달체계를 명시하고 있다.

7 아동복지법

1) 개요

아동복지법에서는 아동의 연령을 0세부터 18세까지로 규정하고 있다. 청소년기본법은 청소년사업이나 활동을 지원하는 법제라고 할 수 있으며 아동복지법은 아동과 청소년에 대한 가족의 책임과 사회적 책임 사이에 한계를 정의하며 요보호 아동과 청소년을 둔 가족을 돕거나 유사시 아동을 보호하는 복지법제이다(문신용 외, 2002).

아동복지법은 1961년 12월 30일에 제정·공포한 아동복리법에서 출발한다. 이 법은 일제강점기에 일제가 만든 법령에 영향을 받았고, 한국전쟁으로 발생한 많은 고아 등 요보호 아동을 대상으로 한 시설보호 중심의 내용이 대부분이었다. 그 후 1981년에 제정된 아동복지법에서부터 요보호아동을 포함하여 일반아동까지 그 범위가 확대되고 아동의 건전육성과 그 책임소재를 명백히 했다. 2000년에 개정 시행된 아동복지법은 아동학대 예방을 위해 일반 국민에 의한 자율적인 신고와 아동복지전문가의 신고의무를 나타내고 있다(김성이 외, 2005).

2) 목적

아동복지법은 아동이 건강하게 출생하여 행복하고 안전하게 자라나도록 그 복지를 보장함을 목적으로 한다(제1조). 또한 기본이념으로 아동은 자신 또는 부모의 성별, 연령, 종교, 사회적 신분, 재산, 장애유무, 출생지역, 인종 등에 따른 어떠한 종류의 차별도 받지 않고 자라나야 한다. 그리고 아동은 완전하고 조화로운 인격발달을 위하여 안정된 가정환경에서 행복하게 자라나야 한다. 아울러 아동에 관한 모든 활동에 있어서 아동의 이익이 최우선적으로 고려되어야 한다(제3조).

아동차별과 가정환경의 안정성, 그리고 아동의 이익을 최우선적으로 고려하는 기본 이념 아래 아동을 수동적 존재로 이해하여 사회가 아동의 건강한 출생과 행복하고 안전한 발달과 복지를 보장해야 함을 명시한 것이다.

3) 주요내용

(1) 용어정의

아동복지법에 명시된 주요 용어 정의는 다음과 같다(제2조).

① 아동

18세 미만의 자를 말한다(제2조의 1).

② 보호를 필요로 하는 아동

보호자가 없거나 보호자로부터 이탈된 아동, 또는 보호자가 아동을 학대하는 경우 등 그 보호자가 아동을 양육하기에 부적당하거나 양육할 능력이 없는 경우의 아동을 말한다(제2조의 2).

③ 보호자

친권자, 후견인, 아동을 보호·양육·교육하거나 그 의무가 있는 자 또는 업무·고용 등의 관계로 사실상 아동을 보호·감독하는 자를 말한다(제2조의 3).

④ 아동학대

보호자를 포함한 성인에 의하여 아동의 건강·복지를 해치거나 정상적 발달을 저해할 수 있는 신체적·정신적·성적 폭력 또는 가혹행위 및 아동의 보호자에 의하여 이루어지는 유기와 방임을 말한다(제2조의 4).

⑤ 아동복지시설

규정에 의하여 설치된 시설을 말한다(제2조의 5).

⑥ 아동복지시설 종사자

아동복지시설에서 아동의 상담·지도·치료·양육 기타 아동의 복지에 관한 업무를 담당하는 자를 말한다(제2조의 6).

⑦ 가정위탁

보호를 필요로 하는 아동을 보호하기에 적합한 가정에 일정기간 위탁하는 것을 말한다(제2조의 7).

(2) 아동정책조정위원회

아동의 권리증진과 건강한 출생 및 성장을 위하여 종합적인 아동정책을 수립하고 관계부처의 의견을 조정하며, 그 정책의 이행을 감독하고 평가하기 위하여 국무총리소속하에 아동정책조정위원회를 둔다(제4조의 2 제1항). 자치구에 아동위원을 두고(제6조), 특별시와 광역시 그리고 시도에 아동복지지도원을 둔다(제7조). 그러나 지방정책조정위원회는 설치되지 않아 지역에서 아동의 권리증진과 건강한 성장을 위한 아동정책의 수립과 지역에 적합한 정책의 이행 및 조정·평가하는 장치가 마련되어 있지 않다.

(3) 보호 및 퇴소 조치

자치단체장은 관할구역 안에서 보호를 필요로 하는 아동을 발견하거나 보호자의 의뢰를 받은 때에는 아동의 최상의 이익을 위하여 대통령령이 정하는 바에 따라 보호조치를 하여야 한다(제10조 제1항). 또한 퇴소조치도 명기하고 있는데, 아동복지시설에 입소한 보호를 필요로 하는 아동의 연령이 18세에 달하였거나, 보호의 목적을 달성하였다고 인정될 때에는 당해 시설의 장은 그 보호 중인 아동을 퇴소시켜야 한다(제11조 제1항). 그러나 제2항에는 아동이 대학 이하의 학교에 재학 중인 경우, 아동직업훈련시설 또는 직업능력개발훈련시설에서 교육·훈련 중인 경우, 그 밖에 시설에서 계속 보호·양육이 필요하다고 인정하여 대통령령이 정하는 경우는 시설의 장이 보호기간을 연장할 수 있다. 이는 18세가 넘었더라도 현실적으로 자립지원이 어렵기 때문에 현실적인 측면을 고려한 단서 조항으로 보인다. 또한 아동의 장기보호와 아울러 일시보호체계를 강화할 필요성이 있다.

(4) 친권과 후견인

시·도지사 또는 시장·군수·구청장은 아동의 친권자가 그 친권을 남용하거나 현저한 비행 기타 친권을 행사할 수 없는 중대한 사유가 있는 것을 발견한 경우 아동의 복지를 위하여 필요하다고 인정할 때에는 법원에 친권행사의 제한 또는 친권상실의 선고를 청구하여야 한다(제12조 제1항). 시·도지사 또는 시장·군수·구청장은 친권자 또는 후견인이 없는 아동을 발견한 경우 그 복지를 위하여 필요하다고 인정할 때에는 법원에 후견인의 선임 또는 그 해임을 청구하여야 한다. 이 경우 당해 아동의 의견을 존중하여야 한다(제13조 제1항)고 명기함으로써 아동의 의사결정의 권리를 담보하고 있다.

(5) 아동복지시설

국가 또는 지방자치단체는 아동복지시설을 설치할 수 있다(제14조 제1항). 또한 국가 또는 지방자치단체 외의 자는 관할 시장·군수·구청장에게 신고하고 아동복지시설을 설치할 수 있다(제14조 제2항). 그리고 제16조 제1항에서는 아동복지시설의 종류를 명시하고 있다[9]. 또한 아동복지시설에는 필요한 전문 인력을 배치하여야 한다고 하여 아동복지시설 종사자의 의무고용을 명시하고 있다(제19조 제1항). 학대아동보호사업 등이 명문화되어 있으나, 장애아동시설의 법제화는 되어 있지 않다.

---

9) 아동복지시설의 종류는 다음과 같다. 1. 아동양육시설 : 보호를 필요로 하는 아동을 입소시켜 보호, 양육하는 것을 목적으로 하는 시설 2. 아동일시보호시설 : 보호를 필요로 하는 아동을 일시보호하고 아동에 대한 향후의 양육대책수립 및 보호조치를 행하는 것을 목적으로 하는 시설 3. 아동보호치료시설 : 불량행위를 하거나 불량행위를 할 우려가 있는 아동으로서 보호자가 없거나 친권자나 후견인이 입소를 신청한 아동 또는 가정법원, 지방법원소년부지원에서 보호위탁된 아동을 입소시켜 그들을 선도하여 건전한 사회인으로 육성하는 것을 목적으로 하는 시설 4. 아동직업훈련시설 : 아동복지시설에 입소되어 있는 만 15세 이상의 아동과 생활이 어려운 가정의 아동에 대하여 자활에 필요한 지식과 기능을 습득시키는 것을 목적으로 하는 시설 5. 자립지원시설 : 아동복지시설에서 퇴소한 자에게 취업준비기간 또는 취업 후 일정기간 보호함으로써 자립을 지원하는 것을 목적으로 하는 시설 6. 아동단기보호시설 : 일반가정에 아동을 보호하기 곤란한 일시적 사정이 있는 경우 아동을 단기간 보호하며 가정의 복지에 필요한 지원조치를 하는 것을 목적으로 하는 시설 7. 아동상담소 : 아동과 그 가족의 문제에 관한 상담, 치료, 예방 및 연구 등을 목적으로 하는 시설 8. 아동전용시설 : 어린이공원, 어린이놀이터, 아동회관, 체육, 연극, 영화, 과학실험전시시설, 아동휴게숙박시설, 야영장 등 아동에게 건전한 놀이·오락 기타 각종 편의를 제공하여 심신의 건강유지와 복지증진에 필요한 서비스를 제공하는 것을 목적으로 하는 시설 9. 아동복지관 : 지역사회 아동의 건전육성을 위하여 심신의 건강유지와 복지증진에 필요한 서비스를 제공하는 것을 목적으로 하는 시설 10. 공동생활가정 : 보호를 필요로 하는 아동에게 가정과 같은 주거여건과 보호를 제공하는 것을 목적으로 하는 시설 11. 지역아동센터 : 지역사회 아동의 보호·교육, 건전한 놀이와 오락의 제공, 보호자와 지역사회의 연계 등 아동의 건전육성을 위하여 종합적인 아동복지서비스를 제공하는 시설을 말한다.

(6) 아동학대 예방과 방지 및 아동보호전문기관

아동학대의 예방과 방지의무를 조문화하고 있으며(제23조), 아동보호전문기관의 설치 등에 관해 규정하고 있다(제24조). 국가는 아동학대예방사업을 활성화하고 지역 간 연계체계를 구축하기 위하여 중앙아동보호전문기관을 두며, 지방자치단체는 학대받은 아동의 발견, 보호, 치료에 대한 신속처리 및 아동학대예방을 담당하는 지역아동보호전문기관을 시·도 및 시·군·구에 둔다(제24조 제1항, 제2항). 또한 누구든지 아동학대를 알게 된 때에는 아동보호전문기관 또는 수사기관에 신고할 수 있다(제26조 제1항). 신고인의 신분은 보호되어야 하며 그 의사에 반하여 신원이 노출되어서는 안 됨을 규정하고 있다(제26조 제3항).

아동학대 예방과 방지를 위해 아동보호전문기관의 역할이 증대됨에도 불구하고 국가로부터 위탁·운영하는 단체가 대부분으로서 가해자 및 가정조사 등에 있어서 어려움을 겪는다. 따라서 공공성을 강화하고 강력한 권한을 부여할 필요가 있다.

(7) 가정위탁지원센터의 설치

국가는 가정위탁사업을 활성화하고 지역 간 연계체계를 구축하기 위하여 중앙가정위탁지원센터를 둔다(제28조의 2 제1항). 또한 제2항에서는 지방자치단체는 보호를 필요로 하는 아동에 대한 가정위탁사업을 활성화하기 위하여 지역가정위탁지원센터를 둔다고 규정하고 있다.

전반적으로 청소년복지관련법은 청소년보호법을 제외하고는 강제조항, 즉 처벌조항이 미약하다. 또한 하위법률에 구체적인 규정이 되어 있지 않은 조항이 많아 실효성이 떨어진다. 또한 청소년복지관련법에서 정부의 비용부담 조항이 강제화되어 있지 않다. 이처럼 법적 구속력과 절차나 법적 집행체계가 충분히 정비되지 않은 내용 등을 볼 때 청소년복지관련법은 상당 부분 선언적 법률로서의 기능만 가질 뿐이다.

청소년과 복지서비스영역 (교육·노동·문화)

제 10 장

1 청소년복지와 교육

1) 교육의 의미

교육은 청소년에게는 자아실현의 중요한 도구이며 사회적 측면에서는 사회발전의 중요한 기제이다. 우리나라뿐만 아니라 세계 각국에서 제기되는 교육에 대한 열정은 교육의 중요성을 웅변하고 있다.

교육, 특히 학교교육(제도교육)은 개인에게는 사회적 계층상승의 합리적이고 중요한 수단이었으며, 교육을 통해서 사회는 안정되고 경제와 사회발전을 이루어 왔다.

이처럼 교육의 중요성은 아무리 강조해도 지나치지 않지만, 교육이 갖는 사회적인 문제 또한 실증적으로 지적되어 왔다. 과열된 교육열과 입시 위주의 학교교육 등이 가장 시급한 교육의 문제로 다루어지고 있다.

더욱이 복지적 측면에서 본다면 교육격차, 즉 계층과 지역 간의 교육불평등이 존재한다는 사실도 교육의 중요한 문제 중 하나이다.

교육불평등은 교육기회의 불평등의 의미로 사용된다. 그러나 교육조건의 격차, 교육결과의 격차를 의미하기도 한다. 교육기회의 불평등은 사회경제적 요인에 의하여 교육을 받을 수 있는 기회가 불평등한 경우를 말한다(김신일, 1994).

2) 교육복지

교육의 불평등을 논의할 때 청소년복지에서 관심을 가질 만한 개념이 교육복지이다.

교육복지는 자본주의 사회의 분배의 불평등 해소를 위한 모든 사람의 교육참여를 보장하는 사회복지이며(이상오, 2000), 인간의 삶의 질 향상과 사회구성원으로서의 의미를 자각하면서 자아를 실현하는 보람된 삶을 살아가게 하는 데 목적이 있다(장혁표, 1996; 윤철수 외, 2006 재인용). 즉 교육복지의 목표는 국민에게 생애주기에 걸쳐 공평한 교육기회와 질을 제공함으로써 교육의 형평성을 제고하는 것이다. 따라서 다양한 차원의 교육불평등을 해소시킴으로써 교육이 추구하는 인간적인 삶을 유지시키는 것을 이념으로 한다. 특히 자본주의 사회에서 교육은 사회적 통합을 이루게 하는 가장 기본적인 제도라는 인식에서 출발한다. 교육과 복지는 상호밀접한 관계를 가지고 있어서 복지는 교육의 목적인 동시에 수단이라 규정할 수 있다. 그러므로 상호보완적 관계인 이 두 가지 개념의 합성어인 '교육복지'는 학교에서 학생의 교육목적을 달성하기 위하여 국가가 기본적으로 제공해야 하는 복지서비스를 뜻하기도 한다(윤철수 외, 2006).

3) 교육현장에서의 청소년복지

(1) 학교사회복지

학교사회복지는 학교를 중심으로 한 사회복지활동을 말한다.

학교교육을 통해 교육 본래의 목적이 충분히 달성될 수 있으려면 교육의 목적과 합치하면서 교육활동과 병행 또는 지원하는 다양한 사회적 제도와 노력이 필요하다. 학교사회복지는 그러한 제도 중 하나이다. 즉, 학교사회복지는 학교라는 교육기관에서 전문적 능력과 자격을 갖춘 사회복지사가 제공하는 사회적 서비스를 말한다(성민선 외, 2004).

이와 같은 학교사회복지는 주로 학교와 관련한 요보호아동과 청소년을 대상으로 복지서비스를 실천하는 작업이다. 학교사회복지를 담당하는 학교사회복지사는 학생문제를 상담하거나, 학부모를 상담하고, 교사에 대해서 자문하며, 위기개입과 학교 내 학생들의 생활과 활동 및 서비스 지도를 담당한다. 현재 학교사회복지는 학교 내 또는 복지관을 중심으로 학교 밖에서 이루어지고 있으며 지역사회 서비스와 통합되어 운영하기도 한다.

(2) 교육권

교육권은 자신이 갖고 있는 능력에 따라 균등하게 교육을 받을 권리를 말한다. 교육권은 행사하는 주체에 따라 부모의 교육권, 교사의 교육권(교권), 학생의 학습권 등이 있다.

그러나 국가와 부모 간의 교육적 권리와 의무(의무교육)는 현대에 와서 학습자의 학습권이 더해지게 되었다. 국가와 부모는 학습자인 학생의 인격적인 발달과 성장을 도모하기 위해 바람직한 교육적 환경을 마련해야 할 의무를 가지게 되었다. 헌법 제31조에 "모든 국민은 능력에 따라 균등하게 교육받을 권리를 가진다"라고 하여 국민의 학습자로서의 교육권을 명시하고 있고, "모든 국민은 그 보호하는 자녀에게 적어도 초등교육과 법률이 정하는 교육을 받게 할 의무를 진다"라고 하여 부모가 자녀에 대해 가지는 교육의무를 더했으며, "국가는 평생교육을 진흥해야 한다"라고 하여 국가의 교육의무도 명시하고 있다.

또한 교육기본법 제12조 제1항에서는 "학생을 포함한 학습자의 기본적 인권은 학교교육 또는 사회교육과정에서 존중되고 보호된다"라고 명시하고 있다. 그러나 학교교육 현실에서는 크게 보아 빈곤 및 다문화 가정 등 교육기회불평등이 여전히 해소되지 않고 있으며, 작게는 학생들의 학습권 이전에 인권 보호장치도 마련되어 있지 않은 형편이다. 학생들이 학교 내에서 갖는 서열 위주의 경쟁시스템, 체벌, 교칙의 비인격적 요소 등이 교육권을 향상시키는 기본 토양부터 열악함을 반증해 준다.

(3) 복지교육

청소년의 적극적인 교육 참여와 아울러 다양한 교육형태가 정규교과 과정 외에 구성되고 제시되어야 한다. 학생들의 생활현실을 반영한 인권, 환경, 미디어 교육과 더불어 복지교육도 강조되어야 한다. 복지교육은 학교 현장이나 학교 밖에서 청소년기에 사회를 체험하고 학습하여 사회활동을 참가하는 내용으로 구성될 수 있다. 특별히 학교 안팎의 청소년에게 다양한 경로의 교육프로그램의 하나로 복지교육의 중요성이 강조되어야 한다. 학교 내 활동으로는 교육과정 안에서 복지교과를 운영하고 윤리와 특별활동과 연계할 수 있다. 또한 교육과정 외 방과 후 활동으로도 운영 가능하다. 그리고 학교 외 활동은 사회봉사와 사회참여 활동을 활성화시킴으로써 복지교육을 실현할 수 있을 것이다. 특별히 학교에서의 복지교육은 두 가지로 나눌 수 있다. 하나는 복지의식을 함양하는 이론적 학습이며, 다른 하나는 복지대상자와의 만남과 경험을 통해서 복지의 현장을 체험하는 활동이다. 복지의식을 함양하는 학습은 사회복지문제에 대한 지적인 관심과 이해와 더불어 자신이 살고 있는 지역사회 복지문제에 대한 의식을 심화하는 일이다. 여기에 학습과정으로서의 합리성과 과학적 개념을 포함시켜야 한다. 또한 복지현장 체험활동은 복지교육이 참여하는 체험활동으로서 전개되어야 한다는 뜻이며, 여기에는 우리 사회 노인과 장애인 등에 대한 관심과 봉사를 비롯해서 빈곤 등 사회적 취약계층을 돕는 각종의 후원과 모금활동에 참여하여 체험하는 것까지 포괄한다.

2 청소년복지와 노동

1) 청소년에게 노동의 의미

인간은 노동하지 않고서는 살아갈 수 없다. 현대 사회에서 노동은 단순히 소득보장을 위한 수단의 기능만 하지 않는다. 직업으로서의 노동은 개인적 지위나 사회적 신분의 징표가 된다.

귀족제 사회가 아닌 자본주의 사회에서는 부모로부터 물려받은 재산이나 상류층 가정의 배경 요인으로 고착된 상위 계층에 그러한 자원이 없는 계층의 청소년이 지위를 얻기 위해서는 교육과 경험, 이에 따르는 직업요소가 중요한 변수가 된다. 이에 중요한 개념으로서 사회이동(social mobility)이란 한 개인이나 집단이 하나의 사회계층에서 또 다른 사회계층으로 옮겨가는 것을 뜻한다. 사회이동은 사회적 위계상의 변화, 즉 계급 및 계급구조에서의 위치의 변화를 가리킨다. 사회이동은 위계적 서열을 갖는 모든 계층 요인의 축에서 가능하겠지만 지금까지의 연구는 주로 직업의 이동 또는 직업위신상의 변화를 중심으로 다루어져 왔다. 한 개인이 계층의 위계에서 차지하고 있는 위치를 평가함에 있어서 직업적 지위가 가장 중요하다고 볼 수 있다(홍두승·구해근, 1995).

흔히 현대사회는 개방적인 사회로 계층이동이 항상 가능한 자유사회라고 말한다. 그러나 신분사회에서 있었던 법과 제도적인 규제가 없다 하더라도 자본주의 사회가 갖는 정치·경제·사회의 메커니즘은 교묘히 사회이동을 제한하고 있다. 여전히 빈곤 등으로 인해 사회구조와 기능적 제약을 받는 계층이 많다.

2) 청소년과 노동

청소년을 포함한 청년실업률이 해마다 급증하고 있다. 학교교육에서 직업세계로의 합리적 이행은 교육의 핵심 쟁점이 되고 있다. 그런데 한편에서는 '프리터'라는 용어가 생겨나듯이 청소년들 가운데 취직 희망자가 감소하고 있다. 또한 취업을 한다 해도 직장과 노동에 대한 충성심이 결여되어 있다고 어른들은 지적하는 반면, 현실적으로는 노동환경도 열악하다. 비정규직 노동자를 원하거나 아예 청소년과 청년층을 취업대상에서 제외하는 경우도 있다.

이처럼 이율배반적으로 보이는 현상이 발생하는 이유가 무엇일까?

대학진학률은 높아지고 취업에 대한 관심도 증가하고 있지만, 고용주 입장에서는 양질의 노동력이 줄어든다고 말하고, 취업자 입장에서는 노동을 제공할 수 있는 기회가 없고 환경도 악화되어 있다고 한다.

청소년들은 자신에게 적합한 직업을 발견할 수 있는지 잘 모른다. 자신의 적성과 소질이 무엇인지, 어떠한 직업이 있는지 자신이 원하는 직업을 갖기 위해서 준비해야 할 것은 무엇인지 잘 모른다. 어쩌면 대학진학률이 증가하는 이유는 초·중·고등학교를 통해서 충분히 직업준비가 이루어지지 않았다는 것을 반증한다.

그동안 우리는 노동은 인간생활에 있어서 소득과 삶의 의미를 구현하기 위한 절대적 요소로 전제해 왔지, 노동인력과 환경의 변화에는 둔감해 왔다. 노동시장에서 노동환경의 변화는 적극적으로 이루어졌을 수도 있지만, 미래 노동시장을 이끌어 갈 청소년이 준비해야 할 노동조건과 기술에 대한 심도 있는 고민이 그리 많지 않았다. 청소년 스스로도 따라가기 어려운 사회 환경의 변화 속에서 노동의 가치와 의미 그리고 노동력의 수준 등이 어느 정도가 되어야 하는지 가르쳐 주지 않았고, 그들의 미래가 어떻게 전개될지 이해시켜 주지 않았다. 그러한 와중에서 청소년은 혼란스럽고 미래 노동인력으로서의 불안감은 가중되고 있다. 여기에 더하여 청소년들이 노동체험을 할 수 있는 아르바이트 등에서도 비정규직 임금 이상의 소득 또는 사회적 경험을 배우는 데 한계가 있어 청소년의 좌절은 심화되고 있는지 모른다.

결국 청소년에게 노동은 부모들처럼 지속적으로 짊어져야 하는 삶의 부담이 될 수도 있다.

3) 청소년 노동을 위한 복지과제

(1) 진로개발

진로는 청소년에게 직업적 성취와 이를 통한 자아실현으로서의 의미가 크다. 이에 따른 청소년진로개발은 청소년복지가 지향하는 자립복지의 핵심적인 요소로서 그 함의가 무척 크다. 청소년 진로개발을 통해서 한 청소년이 생애 전반을 영위해 나갈 수 있는 능력을 개발하여, 자신의 적성에 적합한 보다 나은 기회를 얻을 수 있도록 발달과업을 성취해 나갈 수 있다. 또한 이것은 개인적으로 보았을 때는 앞서 언급한 사회이동(social mobility)과 사회적 지위를 획득할 수 있는 중요한 기반이 되며, 사회적으로는 국가인력개발과 직결되는 부분이다. 이러한 청소년 진로개발은 인적자원 개발, 즉 인력개발과 불가분의 관계를 가진다. 진로선택과 직업을 통해 소득획득과 사회계층이동을 목적으로 한 것이 개인적인 영역이라면, 인력개발은 개인영역을 포함하여 좀 더 포괄적인 사회적 수준에서 언급되어야 한다. 교육과 훈련 등 인력개발에 따른 인간자본의 축적이 경제적인 생산성을 증진시키고 노동의 수익을 가져온다는 것에 대한 인과관계가 불분명하다(배무기, 1997) 할지라도, 자본주의 사회에서 별다른 대안이 없어 보이며, 복지에서 더욱 중요한 것은 인력개발이 단순히 노동의 수익이나 소득증진만을 목표로 하지 않는다는 사실이다. 인력개발은 청소년복지에서 개발적 복지의 측면으로 청소년의 현실적인 성장과 성숙을 건강하게 유도할 수 있다. 단순히 형식적인 차원에서 청소년의 건강성을 강조하는 것이 아닌 청소년의 현재 삶과 미래 진로와 관련되는 의사결정과정을 통해서, 자신의 생애와 사회의 메커니즘(mechanism)에서 스스로 자신 삶의 의미를 추구할 수 있게 하여 보다 적극적이고 생산적으로 청소년의 건전성장을 이끌 수 있게 한다. 결국 이러한 방향은 청소년의 부정적인 요소를 자연스럽게 제거함으로써 사회의 생산성을 향상하는 데 간접적이지만 매우 장기적이며 잠재적인 기반으로 자리 잡을 수 있을 것이다.

(2) 자립지원

청소년복지에서 자립은 매우 중요한 개념이다. 한 인격체로서 자신의 삶을 자유롭게 통제할 수 있는 자립의 선결조건은 경제적 자립능력이다. 그렇지만 가정과 학교 제도교육만으로 자립여건이 충분히 마련되지 않는 것이 현실이다. 또한 빈곤 등의 문제를 갖고 있거나 생활시설에서 거주하는 청소년의 자립조건은 더욱 열악하다. 이들에게는 자립지원이 더욱 절실하다. 그런데 자립지원은 청소년을 하나의 노동력으로 보아 직업훈련교육을 실시하거나 노동의 수급 측면에서 이루어지기보다는 청소년의 위치에서 그들의 사례관리적 수준에서 추진되어야 할 것이다. 특히 가정이 해체되었거나 자립조건이 열악한 청소년에게는 교육훈련과 고용알선 및 창업 등의 단계적인 프로그램이 제공되어야 한다. 이처럼 취약계층 청소년을 위한 자립지원은 현재 그들이 청소년으로서 정상적인 성장을 이룰 수 있도록 돕는 복지지원과 고용이 연계되어 작동됨으로써 그들 스스로 복지지원의 무게에서 고용으로 옮겨갈 수 있는 세심한 서비스가 요구된다.

(3) 국제 노동시장에 대한 이해 확충

비록 진로문제에 수동적인 청소년이 많아졌다고는 해도, 오늘날 청소년은 이전의 청소년에 비해 훨씬 국제적 감각을 갖추고 있다. 일상생활에서 외국어와 외국문화를 항상 접하고 있기 때문에 국제적 시야는 넓어졌다 하겠다. 이처럼 청소년 문화와 예술 등의 생활공간에는 국제적 물결이 거세게 밀려오고 있지만, 이러한 국제적 시각과 잠재 역량을 해외 경제나 시장에 취업으로 연결하는 것은 미약한 현실이다. 각종 국제기구에 청소년이 취업할 수 있도록 언어적 역량을 높이는 한편, 외국문화와 국제 정세에 민감할 수 있는 능력을 키워주고 지속적으로 동기를 부여해야 한다. 이를 통해서 국제적인 노동인력으로 성장하여 새로운 노동시장에 진입하도록 지원해야 하며, 이것은 청소년 개발의 한 부문을 담당해야 한다.

3 청소년과 문화

1) 청소년문화

이제는 청소년문화라는 용어가 어색하지 않은 시대에 살고 있다. 1980년대 이전만 해도 청소년문화를 청년문화를 흉내 내는 청년문화의 아류 정도로 생각해 왔다. 생활형편이 나아지면서 청소년들이 구매력을 갖고 소비의 한 축을 담당하는 주체로서 등장하고, 아울러 국제교류 및 사회적 다양성이 확대되면서 청소년문화가 문화의 한 부문으로 자리 잡게 되었다.

청소년문화는 문화의 하위개념이다. 이러한 청소년문화를 보는 시각은 다양하다. 청소년문화는 미숙한 문화이며, 비행문화이고, 저항문화로 정의(한국청소년개발원, 2005)하기도 한다.

그렇지만 1980년대 음악을 좋아하고 감각적이고 감성적인 '신세대'로부터 출발해서 정보통신의 혁명으로 인해 등장한 N세대까지 청소년문화는 사회로부터 주목의 대상이었고 오늘날에는 일정 부분 성인문화를 선도하는 역할도 수행하고 있는 것처럼 보인다.

청소년문화는 여전히 긍정적이든 부정적이든 비주류문화로 분류되지만, 소비와 동시에 생산을 하는 새로운 양태의 문화적 코드를 일궈내고 있다. 최근에 UCC(User Created Contents)를 비롯하여 트위터 등을 활용하는 청소년문화를 보면 때로는 성인문화를 이끌어 나가는 주류문화로서 비춰지기도 한다.

2) 청소년문화의 정체성

비록 오늘날 청소년문화가 이전 시대의 문화와 매우 다른 모습을 갖고 빠르게 변화하고 있다고 하더라도 그 뿌리는 기성세대 문화로부터 이어져 온다. 단지 기성세대 문화를 그대로 답습할 수밖에 없는 사회 환경 구조를 가진 이전 세대보다는 훨씬 더 자유롭고 능동적인 사고와 행동을 할 수 있는 여건이 조성되었다는 것이 현재 청소년문화가 갖고 있는 특징이다. 이러한 면에서 청소년문화는 매우 독창적이고 예측 불가능한 것으로 이해할 수 있다.

문화의 항상성과 연속성은 지속된다. 늘 보여 왔던 문화적 양태와 지향점을 오늘날 청소년문화는 숨기고 있다가 극적으로 표출하기 때문에 문화적 단절처럼 보일 뿐이다.

한 가지 문제점은 청소년문화의 정체성이 다양성으로 나타나기는 하지만, 극단적으로 경제적 격차에 따른 소비와 연결된다는 점이다. 이것은 자본주의 사회에서 나타날 수밖에 없는 한계영역일 수 있지만, 결국 빈부의 격차에 따라서 문화적 격차도 심화될 수밖에 없는 구조를 보인다. 따라서 세대 간의 문화격차보다 더 심각하게 비춰질 수 있는 것은 청소년 세대 내에서 갖는 서로의 위치와 상황에 따른 문화적 격차이다. 이것은 소수의 문화적 창조자들이 다수의 평범한 인재를 먹여 살릴 수 있다는 구호와는 다른 측면이다. 이제 문화가 창의적인 생산성을 높이는 중요한 역량이 되어 청소년 삶의 중요한 부분으로 자리 잡고 있는 현실에서 청소년 간의 문화적 격차는 그들의 현재 삶의 질을 좌우할 수 있는 요소일 뿐만 아니라 생애 전체의 생활과 삶의 모습을 결정지을 수 있기 때문이다.

이런 측면에서 청소년의 문화 정체성은 청소년문화가 무엇이고 어디를 지향해야 하는지에 대한 포괄적 논의와 함께 보다 많은 청소년들이 함께 공유할 수 있는 공통점은 어디인가에도 초점을 맞추는 것이 중요하다.

3) 청소년문화의 복지

(1) 문화복지

청소년복지에서 줄곧 논의하고 있는 것이 복지적 지원을 통한 건강한 청소년개발 전략이다. 이런 관점에서 본다면 청소년문화는 청소년개발의 효율적이고 실질적인 전략체계가 될 수 있다. 과거와 달리 문화는 더 이상 소비적 대상이 아니라 새로운 생산을 위한 목적적인 활동이며, 어떤 의미에서는 생산활동 그 자체로 우리는 이렇게 문화가 상품인 시대에 살고 있다. 또한 미래 사회의 진전과 더불어 생활에 여유가 생기면서 문화에 대한 사람들의 관심은 더 집중될 것이고 이와 함께 문화가 경제의 주역으로 떠오를 것이며, 문화를 잘 만들고 그 만들어진 문화를 잘 향유하고 사는 사람들이 주역인 시대로 진행될 것이다.

과거에는 이런 문화가 상류계층의 계급적 특권을 반영하여 계급적인 경계를 짓는 한 수단으로 사용되었다면, 이제 문화는 모든 사람들이 "읽고 관찰하고 그것을 토대로 생각함으로써" 자신이 필요로 하고 알고 싶은 최선의 것을 채워주는 역할을 한다. 즉, 현대사회에서의 문화는 인간 사고와 표현의 정수를 알기 위한 수단인 동시에 지식체계인 것이다. 그러므로 오늘날 또는 앞으로의 문화는 단순히 삶의 한 부분으로서 현재의 불편한 상황을 치료하는 기능(예를 들어 스트레스 해소를 위한 한 방편으로서의 문화생활과 같은)에 머무르지 않고, 자신의 삶에서 최선의 것을 찾아가도록 하며 삶의 방식 자체를 안내하는 역할을 할 것이다. 그러므로 현대 사회에서는 문화를 잘 형성하고 잘 향유하는 자가 자신의 삶 또한 주도적으로 이끌어 나가며, 그러한 민족이 세계를 주도하게 된다.

결국 문화는 곧 복지의 일환이 될 수 있으며 이는 또한 청소년들의 성장과 개발을 지속시키고 역량을 성취할 수 있는 강력한 기제가 될 수 있다.

(2) 문화활동지원

청소년의 문화활동에 대한 정부 지원의 한 형태로 청소년 할인카드 등을 제공하여 청소년이 문화활동을 하는 데 있어 경제적인 부족함을 느끼지 못하도록 도움을 줄 필요가 있다. 대부분의 청소년은 음악회나 뮤지컬과 같은 고급스러운 문화활동을 즐길 경제적 여유가 많지 않다. 간혹 공연에서 청소년을 위하여 뒤쪽의 값싼 자리를 '청소년석'이라 하여 싼 가격으로 제공하기도 한다. 그러나 이러한 뒷자리는 감상의 느낌이 다르며, 그 공연이 주는 생생한 현장의 감동을 전달받기에 어려움이 있다. 그러므로 청소년이 생생한 느낌을 공감할 수 있는 자리를 차지하면서도 값싸게 이용할 수 있는 지원방안이 있어야 할 것이다. 더욱이 빈곤 등 소외된 계층의 청소년에게 고급 문화공연물을 접할 수 있는 기회는 거의 없다. 이들을 위해서 이러한 카드제도의 세심한 연구와 실행이 요구된다. 예를 들어 이와 함께 '문화자원봉사은행'제도 등의 발상을 통해서 일정기간 문화와 관련한 봉사활동을 한 청소년에게 그에 해당하는 공연이나 미술관람 등의 혜택을 주는 방법도 고려해 볼 만하다.

(3) 청소년문화교육

문화의 보편성을 공유해야 하는 시대에서 살고 있다면, 청소년기에 문화전반에 관한 교육은 중요한 일이다. 가장 문화적 감수성이 예민한 청소년기에 문화교육은 좁게는 예술적 소양을 일깨우는 촉매가 될 뿐만 아니라 자신이 원하는 생애설계를 할 수 있는 정신적 여유를 가져다줄 수 있다.

청소년문화교육은 지적교육의 범주를 넘어서 청소년들의 체험을 통해서 이루어져야 한다. 청소년기의 체험은 당시로서 끝나는 활동이 아니라 성인이 되어서 관련 분야를 접근할 수 있는 중요한 동기부여가 되는 동시에 스스로 새로운 문화요소를 창출하는 힘이 된다. 이와 함께 가치관 교육도 동시에 진행되어야 할 것이다. 청소년에게 다가오는 시대에서 더불어 살아가야 하는 방향에 대한 가치관 논의는 문화를 보다 성숙하고 깊이를 갖게 만드는 동인이 될 것이다.

청소년문제와 복지개입(빈곤)

제 11 장

1 빈곤의 개념

1) 빈곤의 정의

흔히 빈곤(貧困)이라는 용어의 개념에 우리는 물질적인 빈곤을 먼저 연상하게 된다. 이것은 대부분의 원인이 물질적인 빈곤에 의해 비물질적인 빈곤을 수반하고 있기 때문이다. 비물질적인 빈곤이란 정신적 무기력, 탈락감, 문화적 공허감, 소외감 등을 의미하는데, 청소년들에게 있어 물질적인 빈곤은 비물질적 빈곤까지 겪게 하고 있어 빈곤의 악영향은 더욱 심각해진다.

이와 같이 빈곤은 복잡한 양상을 보여주고 있어서 빈곤의 정의에 대한 접근방법 또한 다양하다. 빈곤은 무엇보다도 소득수준과 관련된다. 이러한 접근방법은 '빈곤선'이라는 일정한 소득수준을 정한 후, 그 이하로 생활하는 사람을 가난한 자로 규정한다. 다른 정의는 더욱 폭넓게 물리적, 사회 심리적, 사회문화적 박탈감을 강조한다. 소득빈곤이라는 좁은 정의의 수준을 뛰어넘고자 Townsend(1979)는 사회적 안녕에 기여하는 요인들을 망라하여 만든 '박탈지

수'를 도입한 바 있다. 그는 일정소득 이하의 사람 수를 파악하는 대신 폭넓은 사회적 참여를 대표하는 12가지 항목 중 하나 혹은 그 이상을 가지지 못하는 사람 수를 포착하였다. 사회지표를 활용하여 그는 그 이상부터는 소득이 증가함에 따라서 박탈지수가 크게 떨어지는 빈곤선을 발견할 수 있었다.

이런 면에서 빈곤은 통상 결핍이나 불평등과 관련된다. 부족함은 일반적으로 '절대적 빈곤'을 가리키는 반면, 불평등은 '상대적인 빈곤'을 의미한다.

〈표 11-1〉 빈곤의 개념

절대적 빈곤(Absolute poverty)	상대적 빈곤(Relative poverty)
한 개인이나 가구의 소득이 생활하는 데 필요한 최저생계비에 미달될 때를 말한다. 여기서 최저생계비는 국민의 건강하고 문화적인 생활을 유지하기 위하여 소요되는 최소한의 비용을 의미한다.	상대적 빈곤은 단순히 생존의 문제일 뿐만 아니라 그 공동체의 기준에 의해 판단되는 최소한의 수용 가능한 생활수준을 영위하지 못하는 상태를 말한다. 상대적 빈곤은 불평등의 개념에서 파악하고 있는데, 자기가 다른 사람에 비하여 주관적으로나 객관적으로 소득, 교육, 기회 등이 박탈되어 있는 빈곤을 말한다.

2) 빈곤청소년의 정의

저소득층 혹은 빈곤의 구분은 일반적으로 국민기초생활보장법에 의거한 법적 기준이 이용된다. 이 기준에 의해 기초생활보장법상의 수급권자의 자녀들을 저소득층 청소년 혹은 빈곤청소년이라 이해하고 있다. 또한 경제적 빈곤과 함께 사회구조상 소외와 상대적 박탈감으로 인해 정신적 고통을 지닌 가정의 청소년을 포함한다(권육상 외, 2003).

청소년기는 부모를 비롯한 성인에게 의존해야 하는 시기이기 때문에 빈곤청소년은 독립적으로 존재하기보다 빈곤가족의 일부분으로 존재하는 경우가 대부분이다. 빈곤청소년은 가족의 구조와 기능이 결여된 가정에서 많이 존재하게 되는데, 이는 가족적인 기능과 구조가 청소년들을 보호해 주는 울타리이자 변화와 영향을 미치는 요소가 되기 때문이다.

빈곤가정은 구조와 기능의 결손형태에 따라 크게 구조적 결손가정과 기능적 결손가정으로 나뉜다. 우선, 구조적 결손가정은 부모의 일부나 양친부모가 이혼이나 사망 등의 이유로 가족 내에 존재하지 않는 세대를 의미한다. 그리고 기능적 결손가정은 호적상 부모가 존재하나 빈곤, 가출, 질병 등으로 부모로서의 기능을 '제대로' 수행할 수 없는 세대를 의미한다.

구조적 결손가정에는 '소년·소녀가정세대', '한부모가정세대', '조손가정세대' 등이 포함되며, 청소년을 보호해야 할 부모의 부재로 인해 결여된 기능을 보충해 주고자 다양한 서비스를 지원해 주고 있다. 그렇지만 기능적 결손가정의 경우에는 부모가 존재하나 질병 혹은 가출로 인해 일시적 혹은 장기간에 걸쳐 보호의 기능을 제대로 수행하지 못하고 있음에도 불구하고 지원이 이뤄지고 있지 않아 청소년들을 쉽게 빈곤, 비행, 범죄로까지 노출시키는 문제를 안고 있다.

3) 빈곤가정 청소년의 특성

일반적으로 '생계에 필요한 소득의 결여'로 정의되는 빈곤은 개인 및 가족에 부정적인 영향을 미치며, 많은 빈곤가정의 경제적 불안정이 가족 구성원의 심리적 불안정으로 연결되는 경우가 많다. 또한 빈곤은 가정의 기능을 약화시켜 가족성원 개개인에게 문제를 야기할 뿐만 아니라 가족 성원 간의 상호작용 그리고 사회관계 및 사회적 역할 등과 관련된 대인관계와 적응행동에 문제를 발생시킨다(이은주, 1995).

Elder(1984)는 심한 경제적 박탈을 경험한 청소년들이 화를 내는 빈도와 호전적인 성향, 부정적, 공격적인 행동 경향이 연령에 따라 증가된다고 보고하였다. 또 빈곤은 다양한 연령의 청소년들에게 많은 사회 정서적 문제를 유발하는데, 이 문제에는 우울증, 또래 관계 어려움, 낮은 자아-신뢰감, 행동문제, 높은 수준의 전반적인 사회부적응과 심리적 장애 등이 포함되어 있다고 보고하였다.

사회학자 Tobby(1996)는 가정의 낮은 사회경제적 지위는 낮은 지적 지위를 가져오게 하고 낮은 지적 지위는 학교에 대한 부정적 태도를 초래하며, 이러한 부정적 태도는 거칠고 자극적인 행동을 유인하여 결국 불량한 친구와 사귀게 되고 결과적으로 비행 청소년이 된다고 보고하였다(http://www.won-buddhism.com/wonnews/text/1208/120814.html).

이렇게 빈곤가정이 지니는 경제적인 궁핍, 생활환경 문제, 가족구조 및 가족관계 문제, 그리고 심리적 문제 등은 경제적 어려움 상태에서 파생되는 가정의 경제·사회·정서적인 여러 가지 불만 요인이 빈곤층 청소년의 건전한 성장과 발달에 역기능적인 영향을 초래한다고 추론해 볼 수 있다.

이상과 같은 연구 결과들을 통해 빈곤청소년들의 특성을 몇 가지로 나누어 보면 다음과 같다.

첫째, 가출·폭력·반항·약물남용·무단결석 등 비행행동들이 상대적으로 많이 나타난다.

둘째, 빈곤으로 인한 부모들의 부적절한 양육태도나 가정불화로 빈곤청소년의 자아존중감은 중·상류 계층보다 낮은 경향을 보인다.

셋째, 상호작용 및 의사소통 기술의 부족으로 인해 감정을 조절하거나 표현하는 데 어려움을 경험하고 있다.

넷째, 경제적 어려움뿐 아니라 부적절한 부모행동의 영향을 통해서 사회·정서적 발달에 더 많은 문제를 가지고 있고, 타인의 정서이해에 필요한 사회적 기술을 배울 기회가 부족하다.

다섯째, 심한 빈곤으로 사회적 거부감이 강해 호전적이고 부정적, 공격적인 행동 경향을 보이고 있다. 특히 학교에 대한 부정적인 태도가 두드러져 학교생활에 적응하지 못하고 학업을 중단하는 청소년들이 많다.

마지막으로, 제한된 경험과 환경으로 인해 각종 사교육의 기회와 문화적 경험이 결핍되어 있다.

4) 빈곤의 악순환

청소년기 가정의 빈곤은 청소년이 정상적인 발달과업을 성취하는 데 장애를 가져올 뿐만 아니라 그러한 어려움이 쌓이면 성인이 되어서까지 삶에 부정적인 영향을 미치게 된다.

이러한 가정의 빈곤은 대물림되는 악순환 고리를 형성할 가능성이 높다. 왜냐하면 자본주의 사회에서 빈곤은 경제적인 어려움으로 인한 건강문제를 비롯해서 가족관계의 불안정과 교육기회의 제약 그리고 정서적인 문제와 다양한 사회경험 미숙으로 이어질 개연성이 높기 때문이다. 즉 빈곤은 단순한 소득의 부족이 아닌 청소년 생활 전반에 부정적인 영향을 미쳐서 그들이 성인이 되어도 빈곤을 탈피하기 쉽지 않은 환경조건을 만든다. 이러한 환경은 가정 빈곤의 악순환 구조를 자연스럽게 만든다.

2 빈곤에 관한 이론

1) 개인적 접근

빈곤의 원인을 개인에게서 찾는 이론이다. 과거에는 개인의 나태나 무절제한 생활을 빈곤의 원인으로 보는 견해가 지배적이었다. 이것은 구빈법 시대의 유럽을 풍미했던 빈곤관이지만, 현대의 보수주의자들 가운데 상당수는 아직도 이런 시각을 유지하고 있다.

최근에는 교육이나 기술과 같은 인적자본(human capital)의 결핍이 빈곤으로 이어진다는 주장이 힘을 얻고 있다. 이른바 인적자본론이다. 인적자본이란 사람에게 투입된 교육, 훈련, 기술과 같은 '투자'의 총체적인 축적을 뜻한다. 이를 다시 말하면 교육이나 기술 등을 학습하지 못한 청소년들은 인적자본이 결핍되어 있기 때문에 빈곤하다는 것이다. 인적자본론에 따르면, 노동자의 임금은 개인의 생산성에 의해 결정되고 생산성은 다시 숙련 기술의 정도에 따라 결정된다. 그런데 이 숙련 기술의 정도를 결정하는 요인이 바로 인적자본의 양이라는 것이다. 따라서 빈곤은 낮은 수준의 인적자본과 직결되어 있다는 것이 인적자본론의 골자라고 할 수 있다.

인적자본론이 빈곤 현실을 이해하는 데 어느 정도 공헌을 했다는 사실은 부정하기 어렵다. 그러나 인적자본론은 임금 이외의 다른 소득원(가령, 이윤, 주식배당금, 이자, 지대 등)에 대해서는 아무런 논의가 없다. 빈곤 여부에 상당한 영향을 미칠 이런 소득원을 논의의 대상으로 삼지 않는다는 것은 이론적으로 중대한 결함이라고 보아야 한다. 또, 교육이나 훈련과 같은 인적자본 투자의 부족을 개인 선택의 결과로 보는 것은 현실과 거리가 멀다. 인적자본 투자는 청소년 개인의 합리적 선택의 결과라기보다는 가정의 경제 능력과 직결된 문제이다.

2) 빈곤문화론

빈곤문화론은 빈곤을 빈민 집단의 특수한 문화, 즉 빈곤문화의 산물로 파악한다. 이 견해에 따르면, 가난한 사람들은 대개 도시의 특정 지역에 밀집해 살면서 사회의 주류 문화와 동떨어진 독특한 하위문화(subculture)를 만들어 낸다. 빈곤문화론자들은 이 하위문화가 숙명론, 무력증, 열등감, 찰나주의 등을 퍼뜨려서 빈곤 탈출의 걸림돌 노릇을 하고 있다고 주장한다. 즉, 가난한 지역에 사는 청소년들은 그들만의 하위문화를 만들어 빈곤을 탈출하는 데 걸림돌을 만들고 있다는 것이다. 예를 들어 부모가 이혼하여 자녀가 무관심이나 거부의 대상이 되는 것을 그들의 문화로 받아들인다거나 교육을 통해 빈곤 탈출을 기대하기 어렵고 오히려 신분의 대물림만 된다고 생각하는 빈곤청소년들이 결국 삶의 희망을 일찍 포기해 버림으로써 탈선의 길로 접어드는데 이것을 이들의 문화로 보는 관점이다.

그러나 이러한 관점에 비판적인 연구자들은 빈곤문화의 존재 자체를 의심할 뿐만 아니라, 설혹 그러한 빈곤문화가 존재한다고 할지라도 그것은 오랜 빈곤의 결과이지 원인으로 보아서는 안 된다는 주장을 펼친다. 아울러, 빈곤문화는 모든 빈민 집단에서 볼 수 있는 보편적 현상이 아니라는 점도 자주 지적된다. 결국, 빈곤문화론은 개인적 접근과 마찬가지로 빈곤의 원인을 빈민 자체에서 찾고 있기 때문에 "희생자를 비난하는(blaming the victim) 이론"이라는 비판을 피하기 어렵다(김종일 외, 2004).

3 빈곤청소년의 원인

1) 빈곤청소년의 원인

일반적으로 '생계에 필요한 소득의 결여'로 정의되는 빈곤은 개인 및 가족에게 부정적인 영향을 미치는 요인으로 빈곤가정에 속한 청소년은 경제적 자원의 결핍으로 인해 신체적·심리적·사회적으로 적응하는 과정에서 부정적인 영향을 받고 있다. 이는 곧 빈곤청소년들의 비행 및 범죄와 같은 문제행동을 일으키는 원인이 되고 있다.

우선, 빈곤가정 청소년은 태어나면서부터 신체 및 발육상태 부진을 보이는 비율이 높게 나타났다. 출생 시 장애나 유전적 질병은 청소년 발달 및 적응에 심각한 영향을 미치고 있는데, 특히 빈곤 계층의 아동 중에서 10~20%는 심각한 신체적 장애를 지니고 있다는 것이다(Garmezy, 1996).

또한, 전반적으로 빈곤가정 부모의 낮은 교육수준은 자녀에게 적절한 교육을 시키거나 자극을 주지 못할 뿐 아니라 때로는 지나칠 정도로 성취 압력을 가하기 때문에 현실성이 없는 환상을 갖게 하여 자녀들에게 무력감을 조성시키기도 한다. 빈곤가정 부모의 낮은 사회 경제적 지위와 교육수준, 그리고 열악한 주거환경과 유해한 환경 등이 청소년의 지적·심리 사회적 발달에 부정적인 영향을 주게 된다는 것이다.

학교에서도 빈곤가정 청소년들은 낮은 지적 지위와 학습 환경으로 인하여 학업수행 능력이 부족하고 심한 경우에는 학업을 중단하거나 생활전선으로 몰리게 되기도 한다. 현행 학교는 상급학교 진학이라는 중산층적인 가치를 지니고 있어 학업성적은 청소년들의 중요한 가치판단 기준이 되고 있다. 이러한 기준으로 인해 결국 또래 관계, 교사 관계 등에서 빈곤가정 청소년이 편견과 낙인을 경험하기 쉽다. 입시 위주의 교육과 대규모의 사교육이 성행하고 있는 학교현장이 빈곤가정 청소년들에게는 '빈익빈 부익부'를 통감할 수 있는 사회의 축소판이 되고 있는 것이다.

특히 점차 증가하는 사교육비 등 빈곤가정 청소년들에게 주어지는 기회의 불평등은 그나마 교육을 통하여 기대할 수 있는 계층상승의 기회조차 박탈하고 있는 것이다. 이렇듯 빈곤가정 청소년은 열악한 가정환경과 중산층 가치를 지닌 차별적 학교 환경 속에서 불리한 위치에 놓여 있다.

2) 청소년발달과 빈곤

빈곤이 청소년에게 미치는 부정적인 영향은 매우 크다. 빈곤이 청소년 발달과정에 미치는 영향에 대해 신체·지능·심리·사회적인 측면으로 나누어 살펴보면 다음과 같다.

첫째, 신체적인 측면에서는 영양섭취 미흡으로 인해 발육부진 및 신체약화현상이 나타난다는 점이다. 최선희(2004)에 의하면 빈곤아동과 비빈곤(非貧困)아동의 키와 체중이 1.5배가량 차이가 난다는 것으로 결과가 나왔고, 심한 질병발생률 또한 비빈곤 아동이 28%인 데 비해 빈곤아동은 39%로 더 높은 것으로 나타났다.

둘째, 지능적으로는 저(低)지능, 학업부진 등과 같은 인지발달상의 문제를 발생시킬 수 있다는 점이다. 빈곤청소년의 경우 현실적으로 공교육 외에는 교육적인 부분을 보장받기 힘들다. 그러나 지금의 교육환경은 공교육만으로 상급대학에 진학하기 힘들며, 공교육 내에서도 수준차이가 벌어져 교육 수준마저 따라가지 못하게 되는 교육적 차이를 만들고 있다. 이로 인해 같은 또래임에도 학업부진과 저(低)지능 현상을 유발시키는 요인이 된다.

셋째, 심리적으로는 소외감, 열등감, 패배의식으로 인해 우울 및 불안 등과 같은 심리적인 문제를 가져올 수 있다는 점이다. 빈곤에 노출된 청소년들은 자신이 직면한 현실에 대해 벗어날 수 없다는 패배의식과 비(非)빈곤청소년들에 비해 뒤처진다는 열등감에 사로잡혀 위축·우울·불안 등과 같은 심리·정서상의 문제들이 나타나기도 한다.

넷째, 사회적으로 신체·심리·지능적인 문제들이 다양하게 결부되어 사회적 고립 혹은 이와 반대로 범죄나 비행과 같은 반사회적인 행동을 유발한다는 점이다. 빈곤이라는 벗어날 수 없는 현실 앞에 스스로를 사회로부터 고립시키기도 하며 이와 반대로 벗어날 수 없는 현실에 대한 분노 때문에 비행 혹은 범죄를 저지르게 되는 것이다.

각 측면들에 대한 유해성만 보더라도 빈곤이 청소년들의 발달과정에 얼마나 많은 영향을 미치는지 그리고 얼마나 위험한 상황에 놓이게 하는지 그 심각성을 알 수 있게 해 준다.

〈표 11-2〉 빈곤이 청소년 발달에게 미치는 영향

【가 정】
빈곤 ➔ 부모의 경제적 스트레스, 우울증적 증후 ➔ 가족갈등, 양육방식의 문제(지도감독이나 제재의 부족, 일탈행동 모델의 노출) ➔ 아동학대, 방임 ➔ 반사회적 행동, 비행, 낮은 학업성취
【또래집단】
빈곤 ➔ 낮은 인지능력, 높은 공격성 ➔ 또래집단에서의 소외 ➔ 비행또래집단과의 교제 ➔ 반사회적 행동, 비행
【지역사회】
빈곤 ➔ 지역사회 해체(social disorganization), 사회적 소외(social isolation) ➔ 지역사회의 낮은 비공식적 지지, 낮은 집합적 지도감독, 낮은 사회통제 ➔ 반사회적 행동, 비행

4 복지적 개입

1) 인적자원개발 관점

사회적으로 볼 때 청소년의 빈곤은 소중한 인적 자원의 낭비와 직결된다. 새로운 사회복지는 복지자본주의(welfare capitalism)의 기반을 형성하고 있는 개념 범주인 민주, 복지 그리고 자본주의가 사회구조의 각기 상이한 부분과 맺고 있는 관련성과 역동성에 주목해야 한다는 주장이 제기되고 있다. 그리고 사회복지를 소비와 분배의 측면에서뿐만 아니라 생산과 성장의 측면과 연계해서 고려하는 것이 주요 과제로 등장하고 있다(김성이·김상균, 1997 : 41). 한편, 청소년을 둘러싼 사회 환경은 급격히 변화하고 있으며, 그 중심에는 지식기반사회의 도래가 자리 잡고 있다. 이와 같은 상황에서 가장 주목할 만한 변화의 하나는 지식의 창출 및 확산을 담당하는 지식노동이 성장하여 다수의 지식근로자(knowledge worker)가 형성되고 있다는 점이다(Cortada ed., 1998). 그런데 지식기반사회로의 이행은 새로운 기회의 제공과 함께 유동성과 불확실성의 증대라는 측면을 함께 안고 있다. 지식 집약화로 고기술 산업, 고학력 직종에서 인력수요가 상대적으로 더 늘어남에 따라 인력의 질적 수급 불일치가 심화될 가능성이 높으며, 이에 능동적으로 대응하지 못할 경우 실업의 증가 및 소득격차가 확대될 것이기 때문이다. 자본주의 사회에서 인적자원개발은 자신의 노동가치의 극대화를 전제로 한다. 질 높은 노동력의 배양은 사회 환경이 바람직하게 제공된다면 '일'에 대한 능동적인 동기를 부여하고, 기회를 창출하게 함으로써 다시 자신의 노동력에 대한 확신과 지속적인 자기개발로 이어지는 긍정적인 능력개발의 기회를 갖게 될 수 있다. 이러한 노동력이 임금으로 평가되고 보상됨에도 불구하고 현실적으로 노동능력의 저하와 사회적 변화, 즉 직업능력의 요구에 적합하지 않은 노동력의 보유는 결국 스스로 노동에 대해 속박되는 결과를 맺게 될 수 있다.[10)]

이와 같은 흐름을 고려할 때 인적자원개발의 관점에서 빈곤계층 청소년의 복지지원을 고려해야 하는 까닭을 다음의 몇 가지로 요약할 수 있다.

첫째, 지식정보화사회에서의 권력(힘)은 경험과 지식의 축적이 아닌 정보의 가공과 활용이다. 특히 인터넷 등 새로운 정보매체로의 접근 수단 취득에 재빠르게 적응하고 있는 청소년의 '권력가짐'은 신속하게 진행되고 있다. 이처럼 청소년에게로 권력이동 현상이 나타남에 따라 청소년들은 언제나, 어디서나 수많은 지식과 정보를 획득할 수 있는 여건이 조성됨으로써 지식과 정보습득(권력가짐)에 비례하는 만큼 똑똑해지고 있다. 그리고 이러한 권력가짐과 똑똑함을 바탕으로 지식과 정보를 가공하여 새로운 가치를 창출하고자 하는 적극적인 욕구와 참여(청소년권리)를 분출하고 있다(이광호, 2000 : 4). 이에 따라 사회변동의 수단으로서 청소년의 역할은 더욱 강조될 것이며(김형식, 1993), 기초적인 능력과 다양한 자원이 상대적으로 빈약한 빈곤계층 청소년은 다중의 불리함에 처할 수밖에 없다.

둘째, 청소년은 지속적인 사회변화에 따라 수반되는 각종 사회문제에 여과장치 없이 노출될 수밖에 없는 집단이다. 흔히 현대사회에서의 사회복지의 필요성을 논의할 때 '비복지'(diswelfare)와 '사회적 위험'(social risk)[11)]을 들어 말한다. 현대 사회에서 개인은 사회의 다원화로 인해 몇 개의 사회통제 방식으로는 조절할 수 없는 많은 위험에 직면한다. 상업화와 결합하여 팽배하고

---

10) 기본적으로 인간의 노동은 자본주의 아래에서 생산수단과 노동으로부터 항상 자유로울 수 있는 조건을 포기할 수밖에 없는 처지에 이르게 된다. 비록 노동은 상품의 판매와 마찬가지로 파는 사람과 사는 사람이 대등한 관계에 위치하여 상호 교환한다는 원칙은 자명하지만 노동력의 질적 저하와 사회적 요구에 부적절한 노동능력은 스스로 자유로운 노동력을 원하지만 그것으로부터 소외되는 결과를 맺게 된다.

11) 비복지란 개인의 복지를 저해하는 원인이 개인보다 사회 전체에 있을 때 그러한 사회 전체적 요인들을 일컫는다. 그리고 이러한 비복지로 인해 다수의 많은 사람들이 경험하는 위기상황을 '사회적 위험'이라고 한다(김상균, 1984).

있는 유해환경에서부터 IMF 구제금융을 받아야 하는 국가경제 위기상황에서 경험했듯이 전혀 예고되지 않은 사회적 곤란에 속수무책으로 당할 수밖에 없는 상황에 직면하기까지 수많은 사회적 위험에 노출되고 있다. 빈곤계층 청소년들은 이러한 사회적 위험에 거의 무방비 상태로 노출되어 있으며 또한 위험상황에 대처하고 극복할 수 있는 물질적인 기반뿐만 아니라 그보다 더 중요할 수 있는 가치관, 윤리관 그리고 사회기준 등 비물질적 자원도 빈약해서 곤경에 빠질 확률이 더 크다.

셋째, 사회구조가 노령화사회로 이전됨에 따라 청소년의 잠재적 부담이 가중되고 있다는 사실이다. 아직 서구 선진국에 비하여 노령인구에 대한 사회적 부양비용이 큰 것은 아니지만 점차 선진국화될 전망이다. 따라서 사회적 관점에서 볼 때 경제활동인구의 생산성 증가가 더욱 요구되며, 더욱이 우리나라와 같이 인적자원이 경제발전의 가장 큰 요소로 작용하는 경우에는 미래사회에 대비한 청소년의 인적자원개발을 통한 생산성 향상이 절실히 요구된다.

이와 같은 변화를 예측해 볼 때 빈곤계층 청소년에 대한 복지는 정책적 함의를 논외로 하더라도 보충적(구호적)이며 제도적(예방적)인 기능에서 더 나아가 사회개발의 관점에서의 접근도 고려해야 한다. 청소년은 잠재적 자원으로서 보호하고 지원되어야 하는 대상을 넘어서 적극적으로 개발되어야 할 대상이 된다. 따라서 청소년에 대한 복지의 개발적 기능[12]이 강조되어야 한다. 다시 말해 빈곤계층 청소년을 위한 복지지원도 인적자원개발 영역에서 접

---

12) 어윤배(1996)는 사회복지의 주요한 기능인 구호적, 예방적 기능에 더하여 개발적 기능(developmental function)을 설명하면서 다음과 같이 언급하고 있다. "사회복지정책이 구호적, 예방적 역할을 초월하여 국가의 발전 목표를 달성함에 있어 구체적인 개발목표를 달성하도록 요청하고 있다. 다시 말하면, 사회복지를 발전과정에 직접적으로 기여하도록 그 개념과 활동을 정립하고 있다. 이런 경우 사회복지활동은 하나의 변화촉진매개체(change agent)로서 기능하게 된다. 정보화, 국제화, 세계화 등을 수용할 수 있는 사회구조의 전환 촉진을 지원하면 변화과정에서 발생되는 사회적 불만이나 충격을 흡수하여 사회안정과 개인생활의 안정을 도모하는 방파제(safeguard) 또는 충격흡수장치(shock absorbing mechanism)의 기능을 담당한다. 뿐만 아니라 사회복지는 산업화와 기술혁신의 발전과정에 소요되는 인력양성의 온상적 역할을 수행하게 된다."

근해야 할 필요성을 가져야 한다는 것이다.

이처럼 빈곤가정 청소년과 인적자원개발에서 복지의 연결고리를 찾는다면, 빈곤가정 청소년을 위한 인적자원개발은 새로운 직업훈련과 수요자 중심의 교육체제로의 전환 등 직접적으로 노동의 질과 능력을 향상시키는 데 일차적인 관심을 가져야 한다. 또한 청소년이 스스로 성인이 되어 발휘할 수 있는 탁월한 노동역량을 담보할 수 있도록 공정한 게임을 할 수 있는 사회여건을 조성해야 한다. 아울러 새로운 시대에 맞는 의식 및 사고의 전환을 위해 학교를 중심으로 한 교육영역을 보완하는 청소년 자립 지원프로그램에 역점을 두어야 한다. 만일 이러한 인적자원개발이 청소년을 둘러싼 위험한 환경을 개선하지 않은 채, 단순히 직업교육의 탄력적 변화와 교육의 다양화 등에만 초점을 맞춘다면, 계층 간의 격차는 더욱 커질 것이며 이러한 현상은 성인기까지 이어질 것이다. 이미 빈곤가정 청소년 대상의 가정을 통한 경제적 지원은 그들에게 사회적 성취와 그를 통한 계층이동의 기회를 제공하는 기반으로서의 지원개념을 상실하고 있다. 사회는 청소년을 위한 사회보장의 복지가 단순히 눈에 보이는 문제해결에만 초점을 두는 것이 아니라 변화하는 사회적 흐름에 부합하는 '문화적' 기회를 부여하는 것까지 포함하는 포괄적이고 복합적인 복지지원 방안이 요구된다. 그러한 환경이 조성되지 않는다면 빈곤 세습화를 막기 힘들 것이며 나아가 주요한 인적자원의 훼손으로 이어질 것이다.

이를 통해서 실질적으로 인적자원개발의 포괄적 개념인 '기존 조직차원의 교육·훈련·발전을 중시한 차원에서 확대되어 국가차원에서 기초능력, 기술력, 정보력, 도덕적 성숙 등 인간의 제 능력과 품성을 갖춘 인적자원의 효율적 개발과 활용을 위한 국가·사회적 제반 노력'이라는 정의(교육부·한국직업능력개발원, 2000)를 효과적으로 달성할 수 있을 것이며, 지식기반사회로의 이행을 위한 지식흡수능력(absorptive capacity)의 배양과 함께 자립적인 경제활동 참여기회를 제공하는 적극적인 복지의 의의를 가진다(강순희·이병희·최강식, 1999)고 볼 수 있다.

2) 지역사회적 접근 관점

이와 함께 빈곤가정 청소년을 위한 지역사회적 접근도 이루어져야 한다.

첫째, 지역사회를 기반으로 한 사례관리(case management)의 접근이 되어야 한다. 즉, 수요자의 관점에서는 빈곤계층 청소년과 그 가정에 복지적 접근에 대한 동기유발을 일으키며, 청소년의 성장과 발달 그리고 환경을 고려한 지속적인 상담과 집단프로그램 및 유익한 환경접촉 기회의 확충을 통해 성인이 될 때까지 추수지도(follow up)를 수행해야 할 것이다. 또한 서비스 공급자의 관점에서는 이러한 프로그램이 빈곤가정에 갖는 현존하는 문제해결 프로그램과 연계될 수 있도록 세심한 관리·유지를 해야 할 것이다.

둘째, 사회적 위험으로부터 빈곤가족의 복지를 지원하고 빈곤계층 청소년에 대한 다양한 지원방안을 모색해야 한다. 지역사회의 복지개입은 보다 폭넓은 범위에서 전개되어야 한다. 사회변화에 적합하게 '일'을 매개로 하여 발달과 일을 이분화하는 접근이 아니라 '일과 발달'을 연계한 방향에서 가정과 학교의 기능을 보완하거나 재해석하여 적용하는 수준에서 이루어져야 한다. 빈곤계층 청소년은 단순히 소득의 부족만 경험하는 것이 아니라, 소득의 부족으로 인한 경제적, 보건 의료적, 교육적, 사회심리적, 그리고 문화적인 면에서 상대적 빈곤을 경험한다. 이러한 상대적 빈곤은 청소년기의 다양한 발달과업 성취에 부정적인 영향을 미칠 가능성이 크다. 따라서 지역사회의 복지(기관)나 개입의 주체는 경제적·사회심리적·문화적 지원과 개입을 포괄해야 한다. 예를 들어 빈곤계층 청소년에게 틈새시장 개척을 위한 도제식 직업훈련체계를 제공하는 데 있어 그들의 현재의 생활과 생계를 일정 부분 보장하는 것뿐만 아니라 자발적 발달과업 성취의 기반을 조성하기 위한 각종의 위험한 환경으로부터의 보호, 나아가 문화적 지원까지 고려해야 할 것이다.

셋째, 새로운 사회규범을 정립하고 사회적응능력을 강화시키는 데 역점을 두어야 한다. 빈곤계층 청소년이 노동시장에서 성인들과 정면충돌적인 경쟁을 하기에는 현재 상태에서 불리한 입장에 서 있으며 미래에 대해 큰 불안을 가지고 있다. 빈곤계층 청소년은 이중의 불이익을 받고 있기 때문에 불리한 위치에 있는 청소년이라는 집단 속에서도 더욱 불리한 계층이다. 또한 청소년문화가 사회문화의 하위문화로서 큰 영향을 미치며 사회경제적으로도 적지 않은 영향력을 갖게 됨으로써 청소년은 사회변동의 주요한 원동력으로 자리 잡고 있다. 더욱이 노령인구의 증가로 인해 전체 사회의 생산성 증대를 위해서는 청소년기 근로자로서의 모습뿐만 아니라 성인이 되어서의 경제적 생산성도 높여야 한다. 복지국가의 이념이나 목표의 입장에서 볼 때 사회복지는 사회구성원들의 개인적 복지요청을 증진시키면서 또한 사회 전체의 공익을 증진시키고 유지할 수 있는 사회질서 또는 제도 확립의 양면적 기능을 가진다고 하는 것이 보편적인 특징이다(어윤배, 1994).

청소년문제와 복지개입(장애)

제 12 장

1 장애와 장애청소년의 개념

1) 장애와 장애청소년의 정의

유엔 장애인권리선언에서는 장애인을 '선천적이든 후천적이든 관계없이 신체적·정신적 능력의 불완전으로 인하여 개인의 일상 또는 사회생활에 필요한 것을 확보하는 데 자기 자신으로서는 완전하게 또는 부분적으로 할 수 없는 사람'이라고 정의하고 있다(김경준, 2005).

과거에는 장애인의 기준을 주로 신체적 또는 지적 결함의 정도에 두었다. 그러나 근래에 와서는 오히려 일을 할 수 있는 능력이나 가정생활과 사회생활의 불편 정도 등으로 장애인을 판정하는 경향이 있다. 장애인의 능력은 얼마든지 향상될 수 있으며, 장애인도 사회의 구성원이 되어야 한다는 인식으로 점차 변화되고 있다.

세계보건기구(WHO)가 발표한 국제장애분류에 의하면, 장애(disorder)는 세 가지 측면에서 설명이 되고 있다. 세 가지 측면에는 기능장애(impairment),

능력저하(disability), 사회적 불리(handicap)가 있으며, 이에 대한 설명은 다음 <표 12-1>과 같다.

〈표 12-1〉 장애의 개념

측 면	용 어 설 명
기능장애 (impairment)	심리적, 신체적으로 또는 해부학적인 구조나 기능의 일부가 상실된 결과로 인해 나타나는 기능상의 장애를 말한다. 예 **오른손을 잃은 장애인은 운전을 하거나 컴퓨터로 글씨를 쓰는 데 어려움을 겪게 될 것이다.**
능력저하 (disability)	기능장애의 결과로 인해 나타나는 능력저하를 말한다. 이것은 어떤 활동을 정상적이라고 생각할 수 있는 방법 또는 범위에서 행하는 능력이 제한을 받거나 결여된 상태를 말한다. 예 **양손이 없는 지체장애인은 그림을 잘 그리기 어렵지만, 입이나 발가락으로 붓을 들고 그림을 그리는 구족화가는 그리기의 능력이 낮은 장애인은 아니다.**
사회적 불리 (handicap)	기능장애나 능력저하의 결과로 개인에게 나타나는 불리 때문에 그 개인의 특성에 따라서 그의 역할을 수행하는 데 제한을 받거나 지장을 초래하는 경우를 말한다. 예 **휠체어를 타고 다니는 장애인은 지하철을 타기 어렵겠지만, 지하철에 엘리베이터가 있다면 보다 쉽게 이용할 수 있다. 장애인에게 차별과 편견이 적은 사회에서 장애인은 사회적 불리를 훨씬 덜 느낀다.**

우리나라에서는 장애에 대한 정의가 「장애인복지법」, 「특수교육진흥법」, 「장애인고용촉진 및 직업재활법」 등에 따라 약간씩 다른데, 「장애인복지법」 제2조에 의하면, 장애인을 다음과 같이 정의하고 있다. “장애인은 신체적·정신적 장애로 인하여 장기간에 걸쳐 일상생활 또는 사회생활에 상당한 제약을 받는 자를 말한다. 이 법의 적용을 받는 장애인은 제1항의 규정에 의한 장애인 중 다음에 해당하는 장애를 가진 자로서 대통령령이 정하는 장애의 종류 및 기준에 해당하는 자를 말한다. ① 신체적 장애라 함은 주요 외부 신체 기능의 장애, 내부기관의 장애 등을 말한다. ② 정신적 장애라 함은 지적장애 또는 정

신적 질환으로 발생하는 장애를 말한다"라고 되어 있다. 또한, 장애의 종류를 지체장애, 뇌병변장애, 시각장애, 청각장애, 언어장애, 지적장애, 자폐성장애, 정신장애, 신장장애, 심장장애, 호흡기장애, 간장애, 안면장애, 장루·요루장애, 간질장애로 확대 개정(2009. 12. 17)하였다.

이런 점에서 장애란 신체적, 지적, 정서적, 언어적 영역에 있어서 일정한 결함이나 편차로 인해 한 사회가 요구하는 보통의 성취수준에 도달하지 못하는 상태를 포괄하는 것이라고 정의할 수 있다(대한특수교육학회, 2000). 그리고 이러한 기준에 해당하는 청소년연령층에 있는 사람을 장애청소년이라 한다.

2 장애청소년의 발달특성

청소년기는 아동기에서 성인기로 변화해 가는 중요한 성장의 시기이다. 모든 성장기와 마찬가지로 이 시기는 불안정한 시기일 수 있다. 충분한 가능성을 갖춘 성인이 되기 위하여 청소년기에는 독립성을 길러야 한다. 본질적으로 가정의 보호로부터 독립하려는 이 시기를 대부분의 부모들은 잘 이해하지 못하고 있으며, 그 결과 청소년기의 극한적 갈등을 가져오기도 한다(한국청소년개발원, 2000). 더욱이 장애청소년은 비장애청소년과 달리 장애를 가지고 있기 때문에 더 많은 갈등과 문제를 경험한다.

장애로 인해 발생되는 갈등과 문제는 장애의 원인과 장애의 종류, 정도에 따라 그 심각성이 달라질 수 있으므로 장애청소년의 장애별 발달 특성을 파악하여 필요로 하는 적절한 서비스를 제공하는 것이 중요할 것이다(오영재 외, 2001; 이정환 외, 2002).

여기서는 장애유형 중 대표적인 청소년장애 유형을 제시한다.

1) 지체장애 청소년

지체장애 청소년의 경우 현저한 운동발달의 지체로 행동반경의 제한을 받는데 이러한 장애로 인해 사회성 발달이 지체된다. 반면 언어의 발달이나 인지발달은 비장애청소년과 거의 차이가 없는 편이지만 신체적인 문제로 인해 정상적인 학교생활을 할 수 없는 경우가 대부분이다. 지체장애 중 뇌성마비의 경우 전반적인 발달영역에서 지체를 보이며, 다양한 장애를 동반하기도 한다.

2) 시각장애 청소년

시각장애는 시각 기능에 문제가 있는 경우를 총칭하여 말하는데, 시각장애 청소년의 경우 언어, 인지, 신체발달에 있어서는 비장애청소년과 큰 차이를 보이지 않는다. 하지만 운동기능 영역에 어려움을 겪거나, 대인관계에 있어 소극적으로 대처하는 경우가 많아 사회성 발달에 있어 지체를 보이기도 한다.

3) 청각장애 청소년

청각장애의 경우 귀에서부터 뇌에 이르기까지 청각전달에 관여하는 기관 중 어느 부분에 이상이 생겨 소리를 듣지 못하거나 들은 소리를 정확하게 이해하지 못하는 경우를 말한다. 청각장애 청소년에게 나타나는 가장 큰 특징은 언어발달에 있어서의 지체이다. 언어지체로 인해 대인관계 형성에 있어 상호작용의 기회가 적어지고, 이러한 언어지체는 사회성 발달에도 영향을 미친다. 하지만 신체 및 운동발달에 있어서는 비장애청소년과 비슷한 발달을 보인다.

4) 언어장애 청소년

언어장애의 경우 선천적 혹은 후천적인 원인에 의해 의사소통과정에 문제가 생겨 언어습득 및 발달에 지장을 초래하는 경우를 말하는데, 언어장애를 겪는 청소년의 경우 대인관계를 형성하는 데 어려움이 크고, 이러한 문제는 사회성 발달도 늦추게 된다. 또한 인지발달이 언어에 의해 촉진되기 때문에 인지발달에 있어서도 다소 지체를 나타낸다. 하지만 신체 및 운동발달에 있어서는 비장애청소년과 차이를 보이지 않는다.

5) 지적장애 청소년

지적장애는 선천 또는 후천적인 요인에 의해서 지적능력 발달에 제한이 있는 장애를 말한다. 즉 사람이 생각하고 사물을 판별하며 상황을 판단하는 지적인 모든 일을 수행할 수 있는 지능이 현저히 낮은 경우를 의미한다. 일반적으로 지적 장애의 경우 지능지수를 기준으로 보는데 이러한 지능지수는 일반 아동의 평균 지능지수보다 낮게 나타난다. 거의 모든 발달영역에서 부차적인 장애를 수반하기 때문에 비장애 청소년에 비해 사회생활이나 대인관계 형성에 있어 많은 문제점을 보인다.

6) 뇌병변장애 청소년

뇌병변장애는 중추신경의 손상으로 인한 복합적인 장애로 뇌성마비와 뇌졸중이 있다. 뇌성마비의 경우 마비가 심해지면 더 이상 진행되지 않는 것이 특징이며, 사람에 따라 감각이나 지능의 장애를 동반하여 다양한 종류의 장애가 복합적으로 나타나는 중복장애가 발생하는 경우가 많다. 뇌성마비는 근육경직형, 무정위운동형, 강직형, 진전형, 혼합형 등으로 분류되며 조기에 발견하고 치료하는 것이 중요하다. 뇌졸중은 뇌에 이르는 혈관이 터지거나 막혀 해당 부위에 뇌 조직이 손상을 받는 질병이다. 뇌졸중은 자각하지 못하는 경우가 많지만 심하면 사망하거나 식물인간, 반신불수, 언어장애, 시각장애 등 심각한 후유증을 남긴다.

7) 발달장애(자폐) 청소년

발달장애는 성장기에 발병하는 신체적, 지적, 사회적 기능을 심하게 손상시키며 그 장애가 영구적으로 지속되므로 특별한 서비스가 요구되는 지적장애, 뇌성마비, 간질, 자폐증, 근위축증 등 일련의 장애를 통칭하는 말이다. 그중 장애인복지법에 의한 발달장애는 자폐증을 의미하는 것으로 심리적, 정신적 이상으로 선천적 결함이다. 자폐청소년은 비장애청소년보다 인지능력, 기억력, 언어능력, 운동신경 등의 장애와 대인관계 및 의사소통에 장애가 발생한다.

8) 정신장애 청소년

정신장애는 현재 겪고 있는 고통이나 무능력을 동반하거나 고통스러운 죽음이나 통증, 무능력, 자유, 상실위험을 증가시키는 임상적으로 중요한 개인의 행동 혹은 심리적 증후군이나 양식으로 정의된다. 대표적인 정신장애로는 물질 관련 장애, 정신분열증, 기분장애, 신체형 장애, 성격장애 등이 있다. 소아·청소년기 장애 중 가장 심각한 장애로 청소년기에 특이하고 부적절한 행동을 보이거나 특수한 기능에서는 남다른 재능을 보이기도 한다.

3 장애의 발생원인

장애청소년 유형별 장애원인을 살펴보면 다음과 같다.

1) 지체장애 청소년

지체장애의 경우 중추신경계인 대뇌와 척추신경의 손상이나 퇴화로 인해 발생하게 되는데, 신체의 골격, 근육, 신경 중 일부 또는 전체의 기능에 장애가 있을 때 운동장애가 발생한다.

출산 전 원인으로는 풍진이나 기생충 등에 의한 태아의 감염, 태아의 산소결핍, 태아의 뇌출혈, 약물중독 등으로 볼 수 있으며, 인공분만에 의한 외상이나 출혈, 자궁 내에서의 압박 등의 원인에 의해 출생 시 발생하기도 한다. 또한 출생 후 뇌손상이나 뇌질환, 뇌 발육부진 등의 원인에 의해 후천적으로 발생하기도 한다.

2) 시각장애 청소년

시각장애는 선천적 혹은 후천적인 원인에 의해 발생되는데, 그 원인을 명확히 알 수 없는 경우도 있다. 유전적인 원인으로는 수정체에 염증이 발생하거나 수정체 종양증에 의해 발생하는 경우가 대표적이다. 이 밖에도 출산 시 산소에 과다노출되어 발생하거나, 출생 후 풍진이나 매독, 임질 등 다양한 전염병이나 사고에 의해 발생하기도 한다. 오늘날은 산업재해나 사고 등에 의해 발병률이 높아지고 있는 실정이다.

3) 청각장애 청소년

청각장애를 일으킬 수 있는 요인은 중이염, 외상성 고막 파열, 내이질환, 카나마이신과 같은 약제나 바이러스 감염에 의한 청각 손상이나 소음 속에서 장기간 근무하였을 때 오는 소음성 난청 등으로 나누어 볼 수 있다. 출산 전 원인으로는 특히 내이의 발달이 왕성한 임신 초기(8~12주)에 바이러스 감염, 풍진, 매독, 약물중독, 영양실조 등에 의한 영향을 크게 받으면 청력이 손상되어 태어난다. 출산 시 원인으로는 분만 시 부주의에 의한 뇌손상과 산소결핍 등으로 발생한다. 그리고 출생 후 원인으로는 심한 신생아 황달, 성홍열, 유행성 이하선염, 심한 감기, 중이염 등의 각종 질병과 사고에 의한 고막파열 등에 의해서도 발생된다.

4) 언어장애 청소년

언어는 일반적으로 지능발달과 관계가 깊으므로 언어장애는 지적장애와 같은 지능장애로 파생된 것이나, 청각장애를 수반하는 중복장애 등과 같은 출산 전의 원인보다 부모의 양육방식이나 혹은 지역문화의 특성과 같은 환경적인 영향을 더 많이 받는 것이 특징이다. 여러 환경·정서적 요인 중에서 언어를 습득하는 유아기 동안 주로 생활하는 가정환경이 많은 영향을 미친다. 언어자극이 부족한 경우 언어에 관한 흥미부족, 이해곤란 등의 언어장애를 가져온다. 이 밖에도 가정의 사회·경제적 지위나 주거지역의 경제·문화정도, 집안에서의 2개 국어 사용, 연령차가 큰 형제관계, 가족 내 언어장애가 있는 경우, 부모님의 불화 등이 언어장애의 주요 원인이 된다.

5) 지적장애 청소년

지적장애의 경우 원인을 알 수 없는 경우가 많이 있지만 원인으로 밝혀진 것만도 250여 개가 된다. 유전적 요인을 보면 염색체 이상이나 신진대사의 이상으로 발생하는 경우가 많으며 그 예로 다운증후군을 들 수 있다 산모의 나이가 많을수록 조산의 가능성이 높아 그 빈도도 증가하게 된다. 출산 전 원인으로는 약물의 복용 감염 매독이나 풍진 등의 질병 감염이나 산모의 음주 영양장애에 의해 발생될 수도 있다 출산 시 원인으로는 난산이나 인공분만 시 뇌손상 뇌염과 뇌막염 등과 같은 고열성 질환 및 각종 재해와 안전사고에 의한 뇌손상을 들 수 있다. 하지만 그 어느 장애보다 아직 원인이 밝혀지지 않은 경우가 많다.

6) 뇌병변장애 청소년

뇌병변 장애의 발생 원인에는 출산 전 원인으로 체내에서 뇌의 발육부진, 혈액형의 부적합, 방사선 과다노출, 약물중독 등이 있다. 출산 시 원인으로는 조산이나 저체중 아동에게서 특히 위험인자가 많으며, 난산으로 인한 출혈과 산소의 결핍, 기계적 분만 시 이상 등으로 발생되기도 한다. 출산 후 원인으로는 유아기의 심한 황달, 뇌막염이나 뇌염 후유증, 머리의 외상 등으로 발생하기도 한다.

7) 발달장애(자폐) 청소년

자폐성 발달장애는 출생 전, 출생 중, 출생 후에 야기되는 두뇌의 역기능이나 생화학적 역기능과 관련된 것으로 보고 있으나 부모를 비롯한 환경적 요인을 주요 원인으로 보는 견해도 있다.

일부 관련 학자들은 자폐성장애가 두뇌의 발달 이상이나 두뇌의 신경손상과 밀접하게 관련되어 있다고 주장하기도 한다. 또 소뇌의 이상이나 대뇌피질의 이상에서 발생했다거나 두뇌의 화학적 작용과 관련된 요소, 특히 신경전달 물질의 이상에서 발생한다는 주장도 제기되고 있다.

8) 정신장애 청소년

정신장애의 원인은 다양하다. 일반적으로 네 가지 요인으로 구분한다.

첫째, 내적 요인이다. 대체적으로 유전 등에 의해서 선천적으로 정신에 이상이 생기는 경우이다. 정신분열증과 조울증 등이 그 대표적이라고 볼 수 있는데 이러한 요인은 심리적인 요인과 겹쳐서 일어나는 경우가 많다.

둘째, 외적 요인이다. 우리의 정신을 조정하는 중심인 뇌에 병이 생기거나 사고 등에 의해서 뇌의 심각한 손상을 입게 되면 정신적으로 비정상적인 작동이 일어난다. 그런데 상당부분의 정신장애는 내적 요인과 외적 요인은 상호 영향을 결과이다.

셋째, 심리적 요인이다. 사람이 갖고 있는 내적 욕구가 여러 가지 내외에 상황에 의해 좌절되거나 심각한 위험에 직면해서 헤쳐 나올 수 없을 때 이와 같은 환경에 정신적으로 적응하거나 감당하지 못하면 정신적 문제에 빠질 수 있다. 개인과 환경에 따라서 정신적 충격 상태가 너무 크거나 장기간 지속되면 자살이나 신경증 또는 정신분열 등을 일으킬 수 있다.

넷째, 사회문화적 요인이다. 가정환경의 파괴, 사회적인 불안정 등은 정신장애를 일으키는 위협적인 요인이 될 수 있다.

특히 청소년정신장애는 사춘기부터 때로는 심각하게 나타나는 정서적 불안과 우울증상이 정신장애를 일으키는 여러 요인에 더하여 상승작용을 일으킨다.

4 복지적 개입

1) 장애청소년 정책의 기본방향

(1) 장애청소년의 기본권 존중

장애청소년을 위한 지원정책은 기본적으로 평등과 참여하는 민주주의 원칙이 존중되는 실질적 정책이어야 한다. 인간의 자유와 평등을 기본이념으로 하고 있는 민주주의 국가에서는 인간의 기본욕구인 자아실현을 위해 균등한 기회 제공과 최저생활 수준의 유지를 근본으로 삼고 있으며, 우리나라도 헌법을 통해 기회의 균등과 생존, 교육, 근로, 그리고 참여 등에 관한 권리를 기본권으로 보장하고 있다.

장애청소년도 이와 같은 기본권을 아무런 제약 없이 누릴 수 있도록 보장해 주어야 함은 너무도 당연한 일이며, 그러기에 장애청소년의 특수성에 따라 소외 부분에 대한 보완적 지원정책이 요구되는 것이다. 장애청소년이 일반청소년과 같이 인간다운 삶의 욕구를 가지고 사회에 참여하려면 자립능력 배양과 사회적응을 위한 편익증진이 이루어져야 한다.

점차 장애청소년에 대한 사회적 인식이 확대되고 있는 것은 고무적인 일이다. 그러나 올바른 장애인관을 정립해 가는 일은 무엇보다 중요하다고 할 수 있다.

(2) 사회통합

장애청소년 정책의 기본방향은 장애청소년의 자립을 통한 사회통합이다. 장애청소년이 우리 사회에서 자립·성장하여 사회의 일원으로 참여할 수 있도록 정부가 지원하는 일은 장애청소년을 위한 시혜나 특혜가 아니다. 이는 장애청소년을 포함한 모든 국민들이 마땅히 누려야 할 권리를 최소한 보장해 주는 국가의 책무이기 때문이다. 따라서 장애의 개인적, 사회적, 국가적 부담을 덜기 위해서는 적극적 사고와 구체적 발상을 통해 스스로 짐을 벗어 가는 능력을 키워주고 여건을 마련해 주어야 한다. 즉, 우리 모두는 그들의 장애를 이해하고 각종 편의시설이나 설비를 통해 장애인이 우리 사회에 스스로 적응하도록 여건을 보완해 주어야 한다.

2) 장애청소년의 교육방향 모색

(1) 특수교육의 새로운 방향 모색

장애학생의 교육은 점차 분리교육에서 완전통합교육으로 나아가는 것이 세계적 추세이다. 아직도 장애학생과 비장애학생이 한 교실에서 함께 교육받는 비율이 매우 낮기 때문에, 통합교육환경은 적극 확대되어야 할 것이다. 통합교육을 제대로 실시하기 위해서는 첫째, 학급당 학생 수를 대폭 감소해야 할 것이며, 둘째, 적합한 자격을 지닌 교사(특수교육 정교사 자격증 소지자 또는 소정교육 이수자)를 배치하여 장애학생이 수업에서 불이익을 받거나 방치되는 일이 없어야 하겠다. 셋째, 통합교육환경에 필요한 보조교사가 지원되어야 한다. 이를 위해서는 교사자격증 소지자 중 현직에 있지 않은 사람이나 자원봉사자 등을 소정교육을 이수케 한 후 활용하는 방안도 고려할 수 있다. 이 외에도 통합교육을 위해서는 법·제도, 예산, 시설·설비 등 여러 여건이 갖추어져야겠지만, 더욱 중요한 것은 국가와 사회 전반의 이해와 관심, 인식의 제고라 할 수 있다.

(2) 특수교육 대상자의 실태파악

특수교육 대상자의 정확한 실태를 파악하는 일은 행·재정적 정책수립과 실행의 중요한 근거가 된다. 최근 장애아동의 특수교육 수혜율 문제는 출현율을 근거로 산출되고 있다. 그러나 우리나라의 경우 경도장애아동을 포함한 장애아의 전반적 출현율을 정확히 조사한 연구가 없었기 때문에 외국에 비해 장애인 출현율이 대체적으로 낮게 산출되며, 이는 중증 장애아동 중심의 특수교육이 실시되어 온 한국 특수교육의 특징이기도 하다.

이와 같이 출현율에 의한 특수교육 대상자의 추정과 현실 간의 차이는 정책의 혼선을 초래할 위험이 있고, 경도 장애학생은 학습부진아에 포함되어 일반교육과 특수교육의 사각지대에 놓이게 되므로 장애의 개념을 명확히 규정하여 특수교육대상자 수를 정확히 파악하고 이를 근거로 한 교육적 대처방안이 마련되어야 할 것이다.

따라서 동일연령층 대비 장애인구 비율, 학령 장애아동 인구, 각급학교 취학률·진학률 및 졸업생수, 고등교육 진학률 등 기초연구가 수행되어야겠다. 이와 함께 학령층 아동에 있어서는 장애범주도 더 세분화하는 것이 장애아동이나 장애인구 유형별로 각종 정책을 수립하기가 용이할 뿐만 아니라 정책을 전개하는 데 있어 투입비용에 대한 효과의 극대화를 기할 수 있을 것이다.

(3) 특수교육 기회의 확대

무엇보다 분리 특수교육을 지양하고 통합교육을 전제로 한 특수교육 기회의 확대방안이 가장 시급히 마련되어야 할 것이다. 장애인이 사회에 통합되어 생활하기 위해서는 사회경제적 자립능력을 갖추는 것이 중요하다.

초등의 경우도 절대인원의 감소로 나타나는 학급인원 감소 지역부터 장애학생을 일반학급에 배치하여 일반교육 주도의 특수교육을 실시할 수 있는 모델을 개발하여 이를 실행하는 것이 바람직하다. 중·고등학교의 특수학급을 증설하고, 초등학교, 중학교, 고등학교(실업계 중심의 특수학급설치)로 진급하면서 적절한 특수교육을 보장받을 수 있는 대책이 마련되어야 한다.

아울러 특수학교의 설립을 지양하고 특수학급의 현대화를 통하여 특수교육의 질적 우수성을 확보하는 것이 바람직하고, 불가피할 경우 특수학교를 소규모화하거나 종합 특수학교를 설립하여 장애영역에 따라 나타날 수 있는 지역별 교육기회의 불균형 현상과 장애학생들의 교육기회 박탈문제를 해결해야 한다.

이외에도 국립 또는 공립의 재활복지대학을 지역별로 설립하고, 방송통신대학교와 같은 원격교육의 비중도 넓혀나가 앞으로 계속 장애인 고등교육의 기회를 확대해 나가야 할 것이다. 또한 일반대학의 차원에서는 장애학생의 비율을 넓혀나가는 한편, 이를 위하여 강의수강 시의 불편사항 해소를 비롯한 다양한 지원체제를 갖추는 것이 필요하다(유혜경, 2002).

3) 장애청소년의 복지 증진

지금까지 사회의 인식은 장애인을 특정 집단 또는 특정 세계의 사람으로 보는 경향이 있어, 장애와 관련된 일을 하는 소수의 사람들이 일반인들의 시각을 과감히 변화시키기에는 장벽이 너무나 높았다. 세계 장애인의 해, 장애인올림픽, 장애학생 전국체전, 각종 장애 관련 공청회, 장애인 부모회의 결성과 활동, 장애인단체의 장애극복 행사, 장애학생의 대학정원 외 입학 허용 등 일련의 장애인 권익보장 및 홍보활동은 일반인들의 장애인관을 변화시키는 데 일익을 담당했다. 그 결과 많은 변화를 가져왔지만 아직까지 장애인을 적극적으로 지지하고 이해할 수 있는 장애인 수용단계까지 이르지는 못하고 있다.

장애청소년들의 지원 욕구를 알아보기 위해 실시한 설문조사에서도 우리나라 장애청소년 복지에 있어 가장 큰 문제는 사회의 편견이라고 지적하여 장애청소년에 대한 인식이 얼마나 잘못되어 있는지를 보여주었다. 장애인에 대한 사회의 편견과 잘못된 인식이 견디기 힘든 문제로 자리 잡고 있다는 것은 우리 사회가 장애인에 대해 얼마나 그릇된 태도를 가지고 있는지를 극명하게 보여준다고 할 수 있다.

따라서 이러한 사회의 편견과 장애인에 대한 잘못된 인식을 개선시키기 위한 다양한 시민교육 프로그램을 개발하여 비장애인을 대상으로 교육함으로써 올바른 장애인관을 확립시킬 수 있는 사회계몽 차원의 운동을 전개해 나가야 할 것이다.

특히 의식의 변화는 성인이 될수록 어렵기 때문에 부모의 동의를 구하여 조기교육단계부터 비장애인에 대한 이해와 수용태도를 촉진시킬 수 있는 교육환경의 조성과 체계적인 접근 노력이 요구된다.

또한 장애청소년이 일상생활 속에서 다른 사람과 동등한 권리를 가지고, 사회에 보다 적극적으로 통합되기 위해서는 다양한 측면에서의 접근이 필요하다.

장애청소년의 경우도 일반 성인과 마찬가지로 외출 시 불편함을 느끼고 있는 경우가 많다. 따라서 장애청소년이 일상적인 활동 속에서 모든 시설물을 제한 없이 이용할 수 있어야 할 것이다. 이동에 필요한 보행로, 도로, 지하철

등 각종 교통수단에서부터 정보통신시설 및 주거시설, 공공시설물에 이르기까지 생활하면서 장애인이 이동 접근하는 데 지장이 없도록 만드는 것이 접근권의 확보라고 할 수 있다. 사람들이 장애인이 지나칠 때마다 호기심 어린 시선으로 바라보는 것은 그동안 거리에서 장애인을 볼 수 없었기 때문이다. 장애인이 거리로 나올 수 없었던 이유는 바로 편의시설이 거의 없어 장애인이 이동할 수 없는 물리적인 환경 때문이다. 이렇게 볼 때 장애인의 이동권을 확보하고 정보의 접근권을 보장한다는 것은 장애인의 '사회통합'에 기본이 되는 중요한 문제이다.

한편 장애청소년을 부양하는 가족의 경제적, 사회적 부담을 경감시켜 주기 위해서는 선진국과 같이 소득수준에 따라 저소득층 가정 중심으로 추가생활비의 일정 부분을 보충해 주는 수당제도의 도입도 검토해 볼 수 있다.

장애청소년에 대해서는 주의 깊은 보호와 수발이 필요하지만 맞벌이 등으로 여성의 경제활동이 증가함에 따라 장애청소년 보호를 위한 서비스 욕구가 증가할 전망이므로 장애청소년의 문제를 전문적으로 상담하고 또한 도움을 얻을 수 있는 기관의 육성과 정보망의 연계가 필요하다. 최소한 장애인복지관뿐만 아니라 전문적인 보호서비스를 제공해 줄 수 있는 센터의 확대가 필요하다. 주간 및 단기 보호서비스의 확충과 집단가정(그룹홈) 등 재가서비스 프로그램이 활성화될 필요가 있다.

4) 장애청소년을 위한 문화적 지원정책의 개선

(1) 장애청소년 수련시설 이용쿼터제 도입

장애청소년들이 자연권과 생활권의 수련시설에서 다양한 체험활동을 할 수 있도록 각 수련시설은 일정한 비율(쿼터)을 장애청소년에게 할당하도록 제도화한다. 현재 국립수련원에서 실시하고 있는 것과 같이 장애청소년을 위한 다양한 수련활동 프로그램을 별도로 마련하여 연중 이용할 수 있도록 지원한다.

만일 이러한 장애청소년 수련활동을 도입하여 정착시키는 데 필요하다면 정부는 법적·제도적 장치도 마련하여야 한다. 그리고 정부는 장애청소년 수련활동에 필요한 행정 및 재정 지원을 하도록 한다. 장애청소년 수련활동은 청소년 자원봉사활동과도 연계시킬 수 있는 훌륭한 정책이 될 수 있다.

(2) 장애청소년회관의 설립 및 시범 운영

장애청소년들이 마음대로 이용할 수 있는 공간을 확보하여 그들만의 장소로 활용할 수 있도록 장애청소년회관(가칭)을 중앙에 설립하여 시범적으로 운영하고, 그 결과를 잘 발전시켜 전국적으로 확대해 나가는 방안을 강구해 볼 수 있다.

나아가 일반청소년을 위한 쉼터와 문화의 집 등에 장애청소년이 함께 참여할 수 있도록 환경을 만들고, 시설을 개선하고, 통합프로그램을 실시하는 것이 사회통합을 위해 가장 바람직할 것으로 보인다. 다만 지적장애 청소년이나 언어장애, 시각장애가 아주 심한 경우에는 특별한 지원시스템이 필요할 것이다.

여성가족부는 보건복지부, 고용노동부, 교육과학기술부와 협조하여 장애청소년을 위해 시범적으로 장애청소년회관이나 지원센터를 운영하는 것을 통해 장애청소년을 전문적으로 지원할 수 있을 것이다.

(3) 장애청소년 문화예술활동 및 체육활동의 지원

공공시설이나 각종 문화예술시설에 장애인을 위한 편의시설을 확대설치하고 장애청소년에 대한 영화관, 극장, 공연장, 미술관, 전시장과 같은 문화예술 시설의 입장료 및 관람료를 일정한 비율로 할인하여 많은 장애청소년들이 참여할 수 있도록 지원한다.

또, 한편으로는 기존의 장애인복지관이나 종합사회복지관과 같은 이용시설에 장애청소년을 위한 문화공간을 확보하여 다양한 문화예술활동을 장애청소년들이 참가하고 이용할 수 있도록 지원하여야 한다.

체육이나 스포츠활동은 장애청소년들이 단순히 즐기는 신체활동 효과 외에 장애 자체로 인해 발생되는 신체적 기능 약화를 방지하고 나아가 잔존능력을 개발하고 회복시키는 재활치료의 효과도 거둘 수 있다. 또 장애청소년들이 체육활동을 통해 스스로 사회적응 능력을 향상시키는 사회통합의 수단으로도 가치가 있다.

장애청소년 체육활동 지원은 체육관이나 운동장 신축과 같은 하드웨어의 구축에 많은 재정을 투입하기보다는 다양한 생활체육 프로그램을 개발하여 운영할 수 있는 방안을 마련해야 할 것이다.

(4) 장애청소년카드제도 도입

장애인 복지서비스의 일환으로 1988년도에 장애인 등록제가 도입되고 1990년도에 장애인복지법이 개정되면서 장애인 등록제는 법에 의해 시행되고 있다. 이에 따라 정부는 등록장애인을 대상으로 국가정책을 집행하고 있으며, 등록장애인에게는 장애인수첩을 발급해 주어 장애별 급별에 따라 장애인복지 서비스를 달리하여 제공하고 있다.

장애청소년의 경우 성인이나 아동과는 다른 독특한 욕구가 있기 때문에 그들의 욕구에 부합되는 서비스를 제공해 주기 위해서는 장애청소년카드제도 도입을 적극적으로 검토하여야 한다. 장애청소년들은 이 카드를 이용하여 본인이 원하는 인터넷 이용이나 서적구입, 영화나 연극 등 문화 활동 참가, 교통시설 이용 시 할인 등 다양한 혜택을 받을 수 있다.

(5) 장애청소년 가족지원프로그램 실시

장애청소년은 일반청소년과 달리 부모나 형제와의 관계에서 긍정적이든 부정적이든 매우 민감하고 직접적인 영향을 받는다. 장애청소년들의 부모와 형제는 장애 자녀의 보호수발에 많은 시간과 노력을 기울이게 되므로 쉽게 지치거나 힘들어할 수 있다.

장애청소년의 경우 가족에 대한 의존도가 70%가 넘고 있어 가족의 역할이 매우 중요하다고 볼 수 있다. 그러나 형제의 경우 장애형제 때문에 겪는 정신적·육체적 어려움이 있고, 부모의 경우에도 장애청소년으로 인해 다른 형제에 대해 소홀히 대한다든지 반대로 장애청소년을 차별하는 경우도 나타나고 있다. 이러한 문제들을 해결하기 위해 가족지원프로그램이 절실하게 요구되고 있다.

장애청소년들의 가족을 지원하는 일은 장애청소년의 가족이 겪는 고통을 경감시켜 주는 것은 물론 장애청소년 자신을 직접 지원하는 효과도 동시에 있다. 장애청소년을 가족으로 둔 가정에게 형제캠프나 가족캠프 등과 같은 프로그램을 확대하고, 장애청소년과 가족이 함께 여행하는 경우 각종 지원을 해줄 필요가 있으며 장애청소년과 부모, 형제, 그리고 일반청소년들이 함께하는 장애우 캠프 한마당 등도 고려해 볼 수 있다.

(6) 선진국의 장애청소년 정책 및 시설, 서비스에 대한 연구 지원

장애인 복지제도가 잘 발달해 있는 미국, 캐나다, 호주, 스웨덴, 독일 등과 같은 선진국에서 시행하고 있는 장애청소년 정책과 발전된 시설, 서비스 등에 관해 심층적으로 연구하여 우리 실정에 부합되는 것을 도입할 필요가 있다.

위에 제시한 여러 가지 정책개선 방안 외에 장애청소년과 일반청소년이 함께 참여하는 문화·유적지 탐사 프로그램을 연중 지속적으로 실시한다든지,

계절학기 단위로 풍물학교를 개설해서 시각장애 청소년과 지적장애 청소년, 그리고 일반청소년이 함께 공연하도록 한다든지, 장애청소년과 일반청소년이 짝이 될 수 있도록 제도적인 지원책을 강구하는 등의 정책적 배려가 있어야 한다. 예를 들면, 휠체어를 이용하는 장애청소년의 등·하교를 도와주는 일반청소년에게 장학금을 지급하는 등의 유인책을 제도화하는 방안은 외국에서 이미 시행하고 있는 제도이기도 하다.

5) 직업재활 방향

장애청소년에게는 생애주기상 교육과 함께 직업재활이 중요한 의미를 갖는 시기이다. 직업재활이 성공적으로 이루어지기 위해서는 '직업평가-직업적응훈련-직업기능훈련-취업알선-취업후지도'의 5단계 과정이 균형 있는 발전을 하여야 한다. 특히 장애인에게 적합한 직종을 개발하여 수요에 부응하는 직업훈련의 실시가 필요하므로, 특수학교 등에서 실시하는 직업교육이 강화되어야 할 것이다. 전통적인 장애인 훈련 직종인 목공, 도자기, 공예 등의 과목을 지양하고 직종과 취업형태의 다양화 추세를 반영하여 장애인에 적합한 직종, 예컨대 정보, 예술이나 문화 분야 등으로 범위를 확대 개발하여 취업기회를 넓히는 것이 무엇보다 중요하다.

직업훈련의 방식도 단순한 기술교육보다 현장실습 및 직장적응 위주로 실시할 뿐만 아니라 기존 훈련시설의 부족에 따른 접근성 문제와 입소의 어려움을 감안하여 다양한 시설에서 훈련받을 수 있도록 훈련비 및 생계비 지원을 통해 직업교육을 강화하여야 한다. 한편 이동에 극히 제한을 받는 장애인의 경우 통신이나 정보매체를 이용한 원격교육 방식에 의한 교육프로그램을 개발하여 활용한다.

또한 장애정도 및 유형별 개별화된 직업재활 프로그램체계를 구축해야 할 것이다. 발달장애, 지적장애, 정신장애 등 직업적 중증장애인을 위해서는 장애인 직업재활시설을 강화하는 방향으로 지원하는 한편, 직업적 경증 장애인을 위해서는 장애인 할당의무고용제를 적극적으로 시행하고 강화하는 방향으로 장애인 직업재활정책을 이원화하는 것이 효율적인 것으로 보인다.

장애인의 주요한 특성으로 장애로 인해 향후 취업이 어렵고, 취업이 어려운 이유 중의 하나가 교육수준이 낮다는 점이다. 따라서 장애로 인해 교육받을 기회를 갖지 못하는 경우가 없도록 하기 위해 장애특성에 적합한 교육이 필요하다. 특히 거동이 거의 불가능한 장애청소년의 경우에는 순회교육 및 방문교육을 통해 집에서 교육받을 수 있는 프로그램을 실시하는 것이 필요하다.

또한 장애청소년이 교육을 중단하는 것을 방지하기 위해서는 현재 고등학교까지만 특수교육을 받게 되어 있으나 전문대학 이상의 교육기관을 설치하여 교육욕구를 해소함과 동시에 직업교육을 연계하도록 하는 것이 필요하다.

청소년문제와 복지개입(비행)

제13장

1 청소년비행의 개념

1) 청소년비행의 정의

'비행'이란 사전적 의미로는 잘못되거나 그릇된 행위를 말하며 주로 청소년에게만 쓰는 용어로 성인에게는 '범죄'라는 용어로 사용된다. 이러한 비행의 개념은 일탈 또는 범죄와 유사한 의미로 사용되며, 이 용어들은 때에 따라 혼용되기도 한다. 그러나 이 중에서 비행과 일탈은 유사한 개념이며 범죄와는 다르게 구별된다. 예를 들어 청소년의 음주와 흡연, 가출 등은 비행 또는 일탈행위로서 볼 수 있지만, 그 자체가 범죄의 구성요건이 되지 않는다는 것이다. 즉, 비행의 개념을 좁게 해석하면 범죄를 제외한 일탈적 행동들을 일컫는 것이지만 포괄적으로 해석한다면 범죄를 포함한 모든 일탈적 행동을 지칭한다고 볼 수 있다.

우리나라 법에서는 비행청소년을 크게 3가지로 구분하고 있다. 우리나라 소년법 제4조에 의하면 청소년비행이란 10세 이상 19세 미만의 청소년에 의한 범죄행위, 촉법행위 및 우범 상태를 말하며, 이러한 행위를 하거나 상태에 놓인 청소년을 각각 범죄소년, 촉법소년, 우범소년이라 분류하여 칭하고 있다.

〈표 13-1〉 비행청소년의 개념

용어	용어설명
범죄소년	14세 이상 19세 미만의 소년으로서 형법에 위배되는 행위를 한 자로 형사책임이 있다.
촉법소년	10세 이상 14세 미만의 소년으로서 형법에 위배되는 행위를 한 자로 형사책임은 없지만 보호처분을 받는다.
우범소년	10세 이상 19세 미만의 소년으로서 ①집단적으로 몰려다니며 주위 사람들에게 불안감을 조성하는 성벽이 있거나, ②정당한 이유 없이 가출하거나, ③술을 마시고 소란을 피우거나 유해환경에 접하는 성벽이 있는 자로서 본인의 성격 또는 환경에 비추어서 장래에 형벌 법령에 저촉되는 행위를 할 우려가 있는 자를 말한다.

청소년비행은 소년범죄보다 더욱 큰 의미를 가지는데, 사회적인 의미에서 청소년비행의 영역을 구분해 보면 다음과 같이 나누어 볼 수 있다(김윤재 외, 2005).

첫째, 청소년들에 의하여 벌어지는 범법 행위들의 예로는 살인, 강도, 강간, 폭행 등의 강력범죄와 주거침입, 절도 등과 일부의 재산범죄가 포함된다.

둘째, 경미한 비행으로서 빈도상으로 볼 때 중한 범죄보다는 좀 더 많이 나타나는 형법 위반행위이다. 이러한 행위를 한 청소년은 거의 체포되지 않으며 체포되어도 집으로 보내는 경우가 많다. 예를 들면 사소한 절도, 폭행, 기타 법위반 행위들이다.

셋째, 청소년 지위비행이다. 청소년들에게만 해당하는 위반행위로서, 성인이 했을 때는 문제가 되지 않으나 청소년이 했을 때는 청소년이라는 사회적 지위 때문에 일탈행위로 간주되는 것이다. 예를 들면 음주, 흡연, 음란물 접촉, 사소한 싸움, 부모에 대한 반항, 가출 등이 있다.

2) 최근 청소년 비행유형의 변화

청소년들의 비행양상들은 시간의 흐름에 따라 도출된 개념들을 벗어나 최근에 와서는 훨씬 넓은 범주의 문제행동까지 포괄하여 다양한 형태로 비행문제를 야기하고 있다. 최근 발생하는 청소년비행 문제들의 특징을 보면 다음과 같다(이은주, 2005).

첫째, 청소년 상해와 폭행 외 마음대로 차량·건물·공공기구 등을 손상시키는 조직폭력범이 증가하고 있다는 점, 둘째, 성추행·강간·윤간 등의 청소년 성범죄가 증가하고 있다는 점, 셋째, 단독범죄보다는 집단으로 행하는 범죄가 많고, 친구집단끼리의 범죄가 많아지는 집단비행이 증가추세에 있다는 점, 넷째, 중류 이상 가정출신의 청소년범죄가 증가하고 있다는 점, 다섯째, 알코올·환각약품·마약 등 약품 관련 범죄가 증가하고 있다는 점, 여섯째, 청소년들의 범죄에 있어 기존에 환경적인 혹은 사회적인 이유로 인한 범죄성향보다 이유 없는 범죄가 증가하고 있다는 점 등을 들 수 있다.

2 청소년 비행 관련이론

1) 사회해체론

집단은 목표·행동양식·가치기준·지위역할·자원 등을 기본적 구성요소로 하는데, 이들 요소가 사회적 기준에 비추어 볼 때 저마다 정상적인 표준 상태에 있고, 또 서로 조화·균형 잡힌 상태에 있는 경우에는, 집단이 조직화되어 있다고 하지만, 반대로 이들 요소가 사회적 기준에 비추어 볼 때 이상·일탈 상태에 있고, 또 서로 부조화·불균형 상태에 있는 경우에는 해체라고 한다.

이러한 상황에서는 여러 형태의 긴장이 생기고, 그것이 사태를 더욱 악화시킨다. 그 결과로 집단기능에 장애가 일어나, 병리(病理) 현상이 발생하게 되는데, 이러한 관점에서 사회병리에 접근하려는 것이 사회해체론이다.

2) 아노미론

사회적 규범의 동요·이완·붕괴 등에 의하여 일어나는 혼돈상태 또는 구성원의 욕구나 행위의 무규제 상태를 말한다. Durkheim에 의하면, 사회적 분업의 발달은 사회의 유기적 연대를 강화하지만, 이상(異常)상태에 있어서는 사회의 전체적 의존관계가 교란되어, 무규제·무통제의 분업이 사회적 아노미 상황의 원인이 된다고 한다.

3) 비행 하위문화론

인간이 하는 행위의 대부분이 그가 속한 집단의 문화라고 본다면, 일탈행위 역시 그가 속해 있는 문화권 속에서 배워서 행동하는 것이라고 볼 수 있다. 하위문화란 전체문화의 하위부분으로서 소속되어 있는 성원들을 통합하도록 하는 것이며 그 성원들은 학습을 통하여 그 내용을 배워서 그것을 자기들의 행동 기준으로 삼는 생활양식의 총체가 되는 것을 말한다. 하층에는 중산층과는 다른 문화(하위문화)가 존재하며 그중 어느 특수한 부분이 하층 청소년들로 하여금 비행을 저지르기 쉽게 한다는 것이다.

4) 접촉차이 이론

이 이론의 요지는 사람이 범죄자나 비행자가 되는 것은 법위반에 대하여 우호적인 생각이 많기 때문이라는 것이다. 이것은 정상적인 학습과정에서 배워지며 그 학습내용은 범죄의 기술과 동기, 태도 등이며 학습과정은 친밀한 타인과의 접촉에서 발생한다는 것이다. 이러한 관점에 따르자면, 비행지역은 해체된 것이 아니라 나름대로의 내적 통합성을 가지고 있는 것이며 그 안에서는 비행의 학습화가 마치 법과 규범의 준수처럼 여겨지는 것이다.

그러나 이 이론은 전문적 절도의 경우에는 설명이 가능하지만 우발적 폭력이나 범죄에 대해서는 설명력이 약하다. 또한 사회의 발달은 대인관계에 의한 학습보다 대중매체에 의한 학습의 비율을 증가시키기 때문에 비행의 학습은 친밀한 관계보다 대중매체에 의해 이루어지는 경우가 많다는 점을 간과하고 있다(최일섭 외, 1995).

5) 사회통제론

범죄 혹은 비행의 원인을 사회구조적인 측면에서 설명하는 이론으로 사회통제이론에 따르면 인간의 행동은 사회조직의 정상적인 조건하에서는 사회규범에 의해 규제되어 일탈이 극소화되지만 어떤 이유로든 사회조직이 와해되면 규범의 통제력이 약화되거나 붕괴되어 인간은 일탈을 억제할 수 없는 상태로 된다는 것이다.

6) 낙인이론

사회 구성원 다수가 일탈행동이라고 규정한 것을 어떤 사람이 행한 경우에 다른 사람들이 그를 일탈행위자로 낙인찍는 경향이 있기 때문에 그의 일탈행동이 강화된다고 보는 견해이다. 또한 구성원들이 일탈행위자였던 사람의 과거를 캐내어 앞으로도 일탈행동을 할 가능성이 있다고 단정하면 본인 스스로도 일탈행위자라는 낙인을 당연히 받아들여 계속해서 일탈행동을 한다는 것이다.

3 청소년비행의 원인

복잡하고 다원화되어 가는 현대 사회에서 청소년들의 비행은 날로 증가하고 점점 심각해지는 추세에 있다. 심각해져 가는 청소년 비행의 근본원인으로는 가정환경의 문제, 유해한 사회 환경의 문제, 학교교육제도 및 입시제도의 문제, 청소년 개인성향의 문제, 또래집단 사이에서의 문제 등 무수히 많은 문제들이 있지만 이들 하나의 요인만이 아닌 다양한 내적, 외부적 요소들이 섞여서 청소년들의 비행을 야기하는 원인으로 제시되고 있다.

이처럼 기존에 제기된 이유 외에도 최근 청소년비행을 심화시키는 요인으로 인터넷이 등장하고 있다. 또한, 최근에는 인터넷에서 더 나아가 핸드폰 매체까지 깊숙이 침투하면서 비행청소년 집단이 실시간으로 정보를 주고받을 수 있도록 매개체 기능을 수행함과 동시에, 비행에 대한 정보를 쉽게 접할 수 있도록 해줌으로써 청소년비행 문제를 심화시키는 또 하나의 요인으로 등장하고 있다. 이러한 청소년 비행을 유발하는 다양한 원인들에 대해 정리해 보면 다음과 같다.

1) 가정환경의 문제

가족들의 무관심과 결손가정의 환경을 들 수 있다. 가정 내의 불화는 예민한 청소년 시기에 악영향을 미치는 요소가 되며, 특히 부모의 무관심은 청소년들로 하여금 애정결핍과 낮은 자존감으로 내몰아 때로는 극단적인 사고와 행동을 유발하는 원인이 되기도 한다.

2) 유해한 사회 환경의 문제

청소년들에게 부정적인 영향을 미치는 사회적 환경의 혼탁함을 지적할 수 있다. Bloom은 청소년들은 아직 심리적으로나 사회적으로 성장단계에 있어 환경의 상호작용에서 환경의 영향을 성인들보다 많이 받는다고 이야기하고 있다. 즉, 청소년들이 쉽게 목격할 수 있는 유해업소 혹은 출입을 허가하는 퇴폐업소, 욕설이 난무하는 대중매체, 쉽게 구할 수 있는 흉기물품 등 이 밖에도 사치, 낭비와 허영, 물질 만능주의, 퇴폐적인 사회의 비리와 폭력 등도 청소년 비행의 한 원인으로 작용하고 있다.

3) 학교교육제도의 문제

학교교육은 학생들의 전인적인 발달을 도모하는 여러 경험을 조직적으로 제공해 주는 곳이다. 그럼에도 불구하고 우리나라의 학교교육제도는 입시 준비에 치우쳐 교과서 중심 교육, 지식 편중 교육, 입시 과목에 치중하는 교육을 위주로 교육제도가 운영되고 있다. 결국 학교 내의 많은 청소년들이 정서적 안정을 찾지 못하고 개성을 신장시킬 기회마저 박탈당해 청소년들에게 탈선 행동을 저지르는 원인으로 작용하고 있다.

4) 청소년 개인성향의 문제

문제를 일으키거나 탈선 행동을 하는 청소년들의 경우 심리적, 내면적 결함을 지니고 있는 경우가 있다. 다시 말해, 청소년 자신들의 정신 내적 결함 등으로 인해 문제 행동을 일으키고 비행을 저지르게 된다. 그러나 이러한 청소년들의 정신적 장애 중 상당 부분은 가족과 주변 환경에 영향을 받아 발생하는 것이다.

5) 또래집단 사이에서의 문제

청소년들이 사회적으로 눈을 뜨며 제일 먼저 접하는 것이 친구이다. 친구는 같은 동년배로서 관심이 같으며 같은 위치에 있으므로 공감대도 잘 형성된다는 것을 본능적으로 느끼게 된다. 그래서 그들은 부모에게서 보기 힘든 많은 위로와 동조 그리고 지지를 친구들로부터 발견한다. 이 시기에는 학업활동 및 다양한 사회적 활동으로 인해 가족보다 또래집단과 많은 시간을 보내게 된다. 따라서 또래집단이 비행의 성향을 지닌다면 자연히 비행에 노출될 가능성이 더 높아지게 되는 것이다.

또한, 또래집단은 집단 내의 공감대를 중요시하기 때문에 단독행동으로 집단 내에서 소외당하지 않을까 하는 우려에 일탈행동임을 자각하면서도 비행을 저지르게 되는 경우가 발생되기도 한다.

6) 인터넷-사이버환경

오늘날 인터넷은 청소년들에게 보이지 않는 가상의 공간을 제공하여 청소년들이 사회적 지위에서 만들어지는 제약들을 탈피하여 자유롭고 편안하게 휴식을 즐길 수 있는 공간으로서의 역할을 수행하고 있다. 인터넷이 제공하는 무한한 사이버 공간은 과중한 학교공부와 스트레스에 지쳐 있는 청소년들의 관심을 집중시키는 데 부족함이 없으며, 사춘기의 욕구불만을 해소하는 해방구로서의 방편이 되고 있다.

인터넷이 지식과 정보의 공유, 시간과 공간의 한계를 초월한 상호 의사소통 등의 긍정적인 기능을 가지고 있는 반면, 이를 잘못 활용하여 사이버 공간을 매개로 한 범죄와 폭력 등을 일으켜 새로운 청소년비행문제로 제기되고 있다.

7) 핸드폰-무선인터넷

휴대하지 않은 사람이 없을 정도로 핸드폰은 없어서는 안 될 현대인의 필수품이 되었다. 이러한 현상은 청소년들에게도 예외는 아니다. 청소년들 중

열의 아홉은 핸드폰을 보유하고 있으며, 핸드폰 내에는 무선인터넷 기능까지 탑재되어 있어 컴퓨터 없이도 핸드폰으로 인터넷을 할 수 있게 되었다.

그러나 핸드폰의 편리성과 정보접근의 유용성은 청소년들로 하여금 유해매체를 손쉽게 접할 수 있는 통로가 되고 있어 비행의 원인이 되고 있다. 최근 나타나는 청소년비행과 범죄를 살펴보면 범죄에 대한 공모를 핸드폰으로 은밀히 나누어 실행한다든가, 핸드폰으로 범죄와 관련한 내용을 지시하여 실행하도록 하게 하는 등의 모습이 나타난다. 결국 핸드폰은 청소년비행을 위한 주요매체가 되고 있어 청소년 비행의 심각성을 더하고 있다.

4 복지적 개입

1) 정책 및 제도적 측면

청소년의 선도, 보호, 육성을 위한 정책과 제도의 개선책으로 첫째, 시대적 조류, 사회풍조 및 청소년 가치관 등을 충분히 고려하여 현실에 맞고 최대한 실현 가능한 각종 법규와 법령의 개선, 보완 및 신규 제정의 재검토가 요구된다. 시대적 흐름과 사회적 변동에 따라 청소년의 가치관은 크게 변화되고 있는데 규범은 제자리에 있어 그 실효성이 의문시되는 경우가 많다. 또한 그동안 청소년에 대한 각종 법규나 제도가 청소년을 진정으로 이해하고 그들을 보호, 육성하는 측면보다는 청소년을 통제하고 억압하는 차원에서 주로 만들어진 것이 많다고 볼 수 있다. 이러한 이유로 국가적 차원에서 각종 법규의 재검토가 시급하다.

둘째, 선도, 보호, 육성을 위한 법규와 법령을 구체적으로 실현화시킬 수 있는 각종 청소년 단체를 신설하고 확장하여 그 기능을 최대화시켜야 한다. 아무리 법률의 구조나 골격이 잘되었다 하더라도 그 법을 어떻게 준수하고 적용하는가에 따라 그 결과에는 큰 차이가 있다.

셋째, 청소년 선도, 보호 및 육성의 기능을 최대화하기 위해서는 국가기관은 물론 각종 청소년 단체까지도 청소년에 대해서 가장 많이 알고 이해할 수 있는 전문가들이 직접 참여하는 것이 바람직하다. 예를 들어, 소년교도소, 소년원, 갱생보호소 등의 기관에 순수 행정을 수행하는 비전문가들이 너무 많은 것은 상대적으로 전문가가 부족하거나 채용제도에 문제가 있다고 본다. 전문지식이 부족한 비전문가들의 참여가 많을수록 집단목표 달성에 어려움이 많다. 형사처분과 보호처분을 받은 상당수가 교정교육을 받고도 재범행을 저지르는 비율이 높다는 점도 간과해서는 안 된다.

2) 사회적 측면

첫째, 청소년 유해환경을 제거해야 한다. 우리의 사회 환경은 감수성이 강한 청소년들에게 불법, 퇴폐, 변태영업을 그대로 노출시키고 있다. 청소년에게 주류판매 행위, 만화가게, 소극장 등에서 음란비디오 상영행위, 숙박업소, 유흥접객업소에서 미성년자 출입묵인행위 등 청소년들의 비행과 범죄를 유발하는 사회의 유해환경이 만연한 현실에서 청소년범죄예방을 기대하기는 사실상 불가능한 실정이다. 이와 같은 사회적 환경문제는 정부의 강력한 단속 차원에만 의존하는 것보다도 사회 각계각층, 소비자보호단체, 여성단체, 청소년단체 등의 거국적 참여와 국민 한 사람 한 사람이 유해업소에 대한 감시자로서 기능을 해야 한다.

둘째, 매스미디어의 교육적 기능을 강화해야 한다. 일부 매스미디어는 청소년의 교육적인 면은 외면한 채 저속하고도 선정적인 내용을 제작, 출판,

방영함으로써 청소년들의 호기심, 모험심, 모방심을 자극하고 범죄의 수단과 기술을 가르쳐 주거나 범죄를 촉진시키는 기능을 하고 있다. 따라서 선정적인 음란물, 폭력물에 대한 과감한 단속과 병행하여 각 자율적인 자정 노력이 필요하다고 하겠다.

셋째, 불우청소년에 대한 보호 지원활동을 전개해야 한다. 소년, 소녀가장, 생활보호대상자 등 소외감을 갖기 쉬운 불우청소년에 대한 정부와 사회 각계 단체는 이들에게 삶에 대한 의욕과 긍지를 갖도록 재정적으로 지원하고 인간애가 넘치는 애정으로 감싸주어야 할 것이다.

3) 문화적 측면

청소년의 비행이란 국가, 문화권, 사회변동 및 시대에 따라 그 개념이나 정의가 달라질 수 있다. 그러나 어느 시대를 막론하고 그 당대가 규정할 수 있는 바람직한 청소년상이 있다. 바람직하지 못한 청소년이 생기는 이유는 각종 규범 외에도 당시의 사회구성원의 상호작용에 의한 시대적 풍조가 큰 영향을 줄 수 있기 때문이다. 한 예로는 8.15 해방 이후 서구 문화의 무작정 수용은 인륜을 근거로 한 전통적 가치관을 크게 뒤흔들어 놓아 도덕적, 윤리적 측면에서의 질서를 망치는 원인이 되었다. 불건전한 퇴폐풍조와 쾌락추구적인 사회적 측면은 한 시대를 공존해 가는 청소년의 가치관을 병들게 하는 주요 요인이다. 각 연령층 간에 갈등이 크다 할지라도 국가적, 정책적 측면에서 사회적 흐름을 올바로 유도하고 아울러 청소년에 대한 사회 구성원들의 적극적인 관심과 내 민족, 내 후손을 내가 사랑하는 생각으로 청소년을 대해야 할 것이다. 사회가 청소년의 비행에 미치는 영향이 크다는 점을 감안한다면 성인들은 청소년의 모델이 되어 청소년 선도에 앞장서야 할 것이다.

4) 교육적 측면

지금까지의 교육 장면은 대부분이 미국의 교육방식을 모방 내지 답습해 나간다고 보아도 과언이 아닐 것이다. 이러한 교육방식은 지나친 개인주의를 발전시키는 반면, 동료 간의 사랑과 협동, 양보와는 거리가 멀다. 어느 나라든지 그 나라 고유의 문화적 전통과 민족의 특성이 있다. 우리의 것을 바탕으로 서구적인 방식의 좋은 점을 접목해 나가는 방식으로 변화가 필요하다. 학교장면의 중요한 기능 중의 하나가 학업성취임에는 틀림없으나 학업이 완성된 인간을 대표하는 요인이라고 볼 수 없다. 입시 위주의 학업 방식은 인간의 정서적, 윤리적, 도덕적 측면의 인간교육을 병들게 하고 있다.

따라서 전인교육을 위해서는 청소년을 위한 정서함양, 도덕적 발달, 윤리적 측면의 인간교육을 철저하게 병행하는 것이 바람직하다. 사회 구성원들 간의 사랑과 관용은 직장, 단체, 동료, 또래들 간의 따뜻한 인정을 피울 수 있는 근원이 될 수 있다. 이러한 역할은 교육장면에서 대범하고 당연하게 수용하고 적극적으로 실천해 나갈 때 가장 효과적이다.

5) 심리적 측면

청소년들의 아직 성숙되지 않은 정체감은 심리적 갈등을 유발시킨다. 청소년의 심리적 갈등을 해소 또는 경감시키기 위해서는 첫째, 기성세대는 자신이 지낸 청소년 시절의 사고방식이나 행동양식에 준하여 오늘날의 청소년을 대하는 어리석음을 범해서는 안 된다. 부모와 자녀를 포함한 모든 기성세대와 젊은이들은 서로의 입장을 바꾸어서 격의 없이 대화를 나눌 수 있어야 하고, 이러한 대화를 통하여 젊은이는 올바른 가치관을 정립하기 위하여 노력해야 한다.

둘째, 고도의 산업사회가 몰고 온 물질 위주의 이기주의로부터 청소년을 보호해야 한다. “나와는 관계없다”라는 식의 청소년에 대한 무관심과 방관은 청소년 비행을 증가시키는 요인이 된다. 따라서 사랑과 관심을 가지고 그들을 지도하고 격려해 주어야 한다. 그들의 생태를 이해하는 것은 원만한 관계를 발전시키는 지름길이다. 따라서 무리한 요구보다는 합리적이고 타당한 요구와 선도를 해야 한다.

셋째, 가능한 한 청소년에게 긍정적인 사회참여의 기회를 단계적으로 제공해야 한다. 독서, 음악, 미술, 운동, 레크리에이션 등의 청소년 활동은 현실을 이해하고 바람직한 인간관계를 배울 수 있으며 스트레스 해소와 여가 선용의 좋은 기회가 될 수 있다.

청소년문제와 복지개입 (학업중퇴)[13] 제14장

1 학업중퇴의 개념

1) 학업중퇴 청소년의 정의

중퇴청소년이란 정규학교를 다니다가 비행, 질병, 가사 또는 다른 이유로 졸업 전에 학업을 중단하는 청소년을 의미한다. 중퇴는 자퇴(권고퇴학), 제적(명령퇴학) 등을 포함하는데, 자퇴와 제적은 본인의 의사에 따른 것인가, 아니면 학교의 명령으로 퇴학당한 것인가에 따른 구분이다. 현재 본인의 의사에 따라 자퇴한 경우는 형식상으로나마 복학이 가능하지만 제적을 당한 경우에는 복학이 불가능하다.

또한 여러 연구에서 잠재적 중도 탈락과 학업의욕상실자도 중퇴의 개념에 포함시켜야 된다는 주장도 있다. 조한혜정(1997)은 '학업의욕상실자'라고 불릴 수 있는 학생들을 학업중퇴자 연구 대상으로 포함시켜야 하며 학교에 가

13) 본 장의 상당 부분은 부산광역시 청소년종합지원센터. 2009. '위기청소년의 이해와 지원방안'보고서 중 노혁의 "학교 밖 청소년"부문을 재정리하였음.

지만 실질적으로 학업을 그만둔 상태로 몸만 교실에 앉아 있는 경우가 적지 않을 것이라고 지적했다. 또한 이숙영 외(1997) 연구에서도 중퇴의 범위에 외형적으로는 학교를 그만두지 않았어도 실질적으로 학업을 포기한 상태까지도 중퇴의 맥락에서 바라보아야 할 현상으로 밝히고 있다. 학교중도탈락 청소년의 개념에 내포된 대상은 현재 학교를 떠나 있는 실제 중도탈락 청소년, 무단결석·학교부적응 등의 이유로 중도탈락의 위험이 있는 잠재적 학교중도탈락 청소년, 학교를 떠났다가 다시 복학한 복학 청소년으로 구분된다. 이 중 세 번째 대상인 복학생은 잠재적 학교중도탈락 청소년의 개념에 포함될 수도 있다. 복학생의 경우 한번 학교를 떠났다가 다시 복학했기 때문에 재중도 탈락의 위험은 언제든지 있을 수 있기 때문이다. 따라서 학교중도탈락이란 학생이 학교라는 제도권을 이탈한 상태이며 학생이 학교를 그만둔 동기에 따라 자발적 학교중도탈락과 비자발적 학교중도탈락으로 구분할 수 있다(김혜영, 2001).

이처럼 현재 중퇴는 다양한 개념으로 정리되고 있으며, 더욱이 자발적 중도탈락자에 대한 관심의 증가는 주목할 만하다. 이러한 관점에서 학교 중퇴를 규정짓는 용어 또한 중도탈락의 동기 등에 따라서 다양하게 사용하고 있다.

실제 학교 중퇴는 등교거부와 관련이 있다. 학교 부적응 등으로 인한 등교거부를 오늘날 '부등교(不登校)'라는 용어로도 사용한다. 이 용어는 학교에 가야 하는 당위성을 전제로 학교에 가지 않는 부적응적인 청소년을 지칭하여 낙인찍는 것이 아니라, 학교가 지향하는 목표와 교육과정과 적합하지 않아 학교를 피하는 청소년을 말한다. 따라서 학교와 학교에 가지 않는 청소년과의 대등한 관계를 나타내는 용어이다. 이렇듯 학교체제에 따라 청소년들의 학교거부양상으로 다르게 나타날 수 있다. 우리나라 청소년들의 학교거부와 관련하여 나타나는 행동과 용어들에 대해 살펴보면 다음과 같다.

- **학교공포증**(school phobia) : 학교에서 경험한 불안이 심해서 학교에 가는 것을 싫어하거나 아예 가지 않으려고 하는 행동을 말한다.

- **등교거부**(non-attendance at school) : 본인의 심리적 이유 때문에 등교를 거부하는 상태를 말한다.
- **학교거절증**(school refusal) : 학교 가기를 꺼리거나 거부하는 상태를 말한다.
- **중도포기**(drop out, school failure) : 학생이 수업에 계속 참여할 의사의 여부와 상관없이 유급, 성적저하 등의 이유로 도중에 중퇴하는 것을 말한다.
- **무단결석**(truancy) : 부모가 모르거나 부모의 동의 없이 정당하지 못한 이유로 학교를 빠지게 되는 것을 말한다.
- **학교회피**(school withdrawal) : 계급적 적대감이나 종교적 이유 등으로 인해 자녀가 학교 가지 않는 것을 부모가 적극적으로 지지하는 경우를 의미한다.
- **부등교**(不登校) : 학교의 교육 전체를 부질없다고 생각하며, 학생 자신이 학교가기를 적극적 혹은 자발적으로 중단하는 것은 아니지만, 이런 판단을 내리지 않는 상태에서 아침에 학교 가기가 싫어 집에 있는 경우를 의미한다.

2) 학업 중퇴 청소년의 유형

Morrow(1986)는 중퇴 청소년의 유형을 다섯 가지로 보았다. 첫째, 바람직하지 않은 학생으로 판단되어 학교에서 떠밀리는 학생(pushouts), 둘째, 학교와 관련되기를 원하지 않은 비제휴형 학생(the unaffiliated), 셋째, 학교의 프로그램을 수행하지 못하는 교육적 사망자(educational mortalities), 넷째, 가정에서 사회화가 학교의 요구와 일치하지 않지만 능력이 있는 중퇴자(capable droupouts), 다섯째, 학교로 다시 복귀하는 중퇴자(stopouts) 등으로 분류하고 있다.

한준상(1998)은 청소년의 중퇴유형을 다음 세 가지로 나누고 있다. 첫째, 학교생활에 정서적으로나 지적으로 부적절한 학생, 둘째, 학교를 다녀야 할 이유가 전혀 없다고 생각하는 학생, 셋째, 학교교육을 받는 도중 학교생활에 적응할 수 없게 된 학생이다.

조한혜정(1997)은 학교를 거부하는 형태로 학교의 교육 전체를 부질없다고 판단하고 학생 자신이 학교 가기를 적극적이고 자발적으로 중단하는 경우와 그런 판단을 아직 내리지 않은 상태에서 아침에 학교에 가기 싫어서 집에 있는 부등교의 경우도 있다고 했다. 김경식(1997)은 중퇴자가 학생들의 자유의지의 반영 정도에 따라 크게 사고형 중퇴자와 자발적 중퇴자로 구분된다고 했다. 사고형 중퇴자는 학교에 다니던 중에 청소년 비행에 해당하는 사고를 일으켜 학교로부터 제적당하거나 다니던 학교에 더 이상 다닐 수 없어 자퇴하는 학생이고, 자발적 중퇴자는 일찍 자신의 진로를 찾아 학교를 스스로 그만두는 학생이다.

한편, 송광성 외(1992)는 중퇴를 결심하는 동기에 따라 능동형, 도피형, 불가피형으로 구분하고 있다. 첫째, 능동형이란 취업 및 기술 습득, 검정고시 등의 원인으로, 재학생이 자신이 처한 상황에서 제기되는 문제를 적극적으로 해결하기 위해 중퇴하는 경우이다. 둘째, 도피형은 학교기피, 교칙위반, 성적불량, 교사기피, 불량교우, 학업태만, 급우로부터의 소외 등이 원인이 되어 학교 상황에서 탈출하기 위하여 뚜렷한 대안 없이 학교를 그만두는 경우로서 자신이 부딪힌 문제를 적극적으로 해결하기 위해 중퇴한 것이 아니라 더 이상 학교에 다니기 싫어서 학교를 빠져나가 흥미로운 생활을 하고 싶어서 막연히 학교를 중퇴하는 경우이다. 셋째, 불가피형은 가정빈곤 및 결손가정, 강제퇴학(교칙위반, 수업시수 미달)의 원인으로 중퇴한 것으로, 학교를 이탈할 수밖에 없는 상황에서 중퇴한 경우로 집안형편상 계속 학업에 전념할 수 없는 경우, 심각한 비행으로 학교에서 제적을 당한 경우 등이 이에 해당된다. 따라서 불가피형은 능동형이나 도피형 중퇴청소년보다 개인외적 상황에 크게 구속된다. 능동적인 원인으로 중퇴한 청소년은 중퇴 이후 자신의 진로개척에 적극적인 태도를 보일 것이나, 반면에 소극적 원인으로 중퇴한 청소년의 경우 자신의 계획이나 장래에 대한 의지가 불투명하여 진로를 선택하는 과정에서 오랫동안 방황할 것으로 예상되고 이렇게 방황하다가 문제행동을 유발할 가능성도 상대적으로 높을 것이다.

이를 종합하여 <표 14-1>과 같이 임의로 구분한다면 우리나라 현실에 비추어 크게 두 가지 유형 그리고 각 유형별 두 가지의 하위유형으로 제시할 수 있을 것이다.

〈표 14-1〉 학업중퇴 청소년 유형

유형	세부유형	특징
자발형	탈학교형	원천적으로 학교제도 자체가 맞지 않아서 중퇴하는 청소년
	초학업형	학업성취 기대 수준이 학교에서의 학업수준보다 높아서 새로운 진로를 모색하는 중퇴청소년
비자발형	개인부적응형	학업, 비행, 심리, 정서, 교우 및 교사와의 관계 등의 문제 때문에 학교정책과 학업에 적응하지 못해 중퇴하는 청소년
	환경불가피형	가정의 경제적 곤란과 부정적인 사회환경에 영향을 받아 중퇴하는 청소년

2 관련 이론

1) 사회유대이론

사회유대이론은 Hurschi(1969)의 사회통제이론으로부터 그 유래를 찾을 수 있다. 그에 따르면 사람들의 사회적 결속은 일탈의 정도를 조정할 수 있다고 한다. 사람들은 천성적으로 일탈행위를 하려고 한다. 일탈행위는 정상적인 행동이며 규범을 준수하는 행위가 비정상적인 행동이라 주장한다. 인간의 본성을 악하다고 가정하였을 때, 모든 사람은 항상 규범을 위반할 수 있다. 사회통제이론은 사회에 대한 개인의 유대가 약해졌거나 끊어졌을 때, 위반행위가 발생한다고 가정한다. 모든 사람은 동조행위보다는 일탈행위를 할 가능성이 높으며 규범을 어기고 싶은 충동은 항상 있으나 사회통제의 결과로 사회와 유대를 갖고 있어 위반하지 못한다고 주장한다(김준호, 1992). 따라서 학생의 경우 유대가 약해지거나 깨지면 비행이나 학업중퇴 등이 발생한다. 학교 내에서 친구나 교사와의 관계 형성에 어려움을 느끼게 되면 이러한 것을 해결하기 위해 문제행동을 하고 학업 등을 포기하기도 한다. 또한 가정과 학교에서의 유대보다는 친구관계에서의 유대가 더 강할 때, 친구들의 영향은 절대적이다. 이처럼 친구관계는 청소년들에게 학교에 대한 결속력을 가지게 하는 긍정적인 요인일 수도 있지만, 학교에서의 소외감이나 가정에서 문제를 해소하는 수단으로 학업중단과 관련한 또래 친구들과 관계를 맺을 때, 이들은 그들 친구들처럼 학업을 중퇴하고 학교를 떠날 수 있다는 것이다.

2) 사회해체이론

중퇴를 설명하는 직접적인 이론은 아니나, 비행을 설명하는 이론에서 그 틀을 빌려온다면 대표적인 것이 사회해체이론이 될 수 있다. 사회해체이론 중의 하나가 아노미-긴장이론이다. 아노미-긴장모델은 문화적 목표와 제도화된 수단 간의 괴리에서 착안한 이론이다(Merton, 1968). 즉, 사회적, 문화적 목표를 수용하면서 이 목표를 달성하는 데 사용할 수 있는 적법한 수단을 이용할 수 있는 사람은 규범에 동조할 것이다. 문화적 목표를 달성하는 데 필요한 수단에 접근할 구조적 제약이 많은 계층은 목표와 수단 간의 괴리로 인한 심리적 긴장 및 소외감이 누적되어 규범을 위반할 가능성이 크다는 것이다. 이러한 시각에 의하면 학교는 중간계급 중심의 제도로서 하류계급의 청소년들이 성공적으로 학업을 수행하기 어렵고, 이와 같은 청소년들이 지위좌절, 실패, 낮은 자아존중감 등으로 인해 중퇴를 하게 된다고 설명한다. 이는 비자발적인 중퇴를 설명하기는 하지만 최근 나타나고 있는 자발적 중퇴를 설명하는 데는 한계를 갖고 있다.

3) 낙인이론

사회 구성원 다수가 일탈행동이라고 규정한 것을 어떤 사람이 행한 경우에 다른 사람들이 그를 일탈행위자로 낙인찍는 경향이 있기 때문에 그의 일탈행동이 강화된다고 보는 견해이다. 또한 구성원들이 일탈행위자였던 사람의 과거를 캐내어 앞으로도 일탈행동을 할 가능성이 있다고 단정하면 본인 스스로도 일탈행위자라는 낙인을 당연히 받아들여 계속해서 일탈행동을 한다는 것이다.

즉, 학교 내에서 규정한 행동을 어기거나 벗어난 행동을 하는 학생에게 다른 학생들이나 선생님들이 그를 일탈 행위자(문제 학생)로 낙인찍는 경향이 있기 때문에 이런 낙인이 찍힌 학생들은 일탈 행동을 더 저지르게 된다고 보는 견해이다.

4) 생태체계론

체계이론에서는 한 개인의 문제를 개인과 그를 둘러싼 환경 간의 상호작용의 결과로 이해한다. 이때 청소년 개인도 하나의 체계로 간주되며, 그를 둘러싸고 있는 가족, 학교, 지역사회 등의 사회 환경들도 각각 서로 다른 체계가 된다. 또한 이들 모든 체계는 상호 의존적인 관계를 맺고 있으며 역동적인 상호작용을 나눈다.

이러한 관점을 보다 심화시킨 것이 생태체계적 관점이다. 생태체계적 관점은 인간과 그들 환경과의 적합성과 그로 인해 발생하는 인간의 다양성을 이해하는 것이다.

이 관점은 인간행동에 대한 다양한 이론, 특히 생태학과 일반체계이론으로부터 도출된 개념들의 강점들을 통합하였으며 사물들이 어떻게 상호적응 상태를 이루고 그들이 어떻게 상호 적응해 가는가에 초점을 둔다. 또한 생태체계적 관점은 인간과 그들의 물리적, 사회적 환경 간의 상호교류를 강조하고, 하나의 상황이나 한 체계, 한 가지 특징에만 관심을 두지 않는다. 생태학적 관점은 환경의 변화과정과 인간발달 영역, 인간의 다양성, 그리고 사회체계이론을 포함한다. 인간의 반응과 환경 사이에 불균형이 발생할 때 욕구는 충족되지 않는다. 인간이 이용할 수 있는 자원이 불충분하거나 또는 환경과 부적합한 상태가 되는 것은 사람과 환경 사이에 동의와 조화가 결여되기 때문이다.

생태체계적 관점은 인간과 환경은 서로 분리되어 있는 것이 아니라 지속적인 상호교류(transaction) 안에서 존재하는 하나의 체계로서 본다. Siporin(1980)은 이러한 관계를 인간과 물리적-사회적-문화적 환경의 상호작용(mutual reciprocity) 과정, 자원의 상호 보충적인 교환과정으로 이해해야 한다고 제시한다. 따라서 생태체계 관점은 인간과 환경이 어떻게 서로 영향을 주고받는지를 보는 준거 틀을 제공해 준다(김동배·권중돈, 1998에서 재인용). 다시 말해서 청소년의 학교 부적응과 그로 인한 중퇴과정은 일방적인 것이 아니라 체계 간의 상호작용의 산물이다. 따라서 한 개인의 문제는 그 자신만의 문제가 아니라 그 개인에게 영향을 미치는 중요한 타자들과의 관계에 의한 것이라는 것이다. 즉, 부적응은 개인과 환경 간의 상호적응에 균형 상태를 이루지 못해 깨어진 개인적 수준에서의 시각이다. 때로는 개인의 기대에 환경이 따라가지 못해 개인, 즉 청소년이 받는 스트레스가 학업중퇴를 일으키게 된다. 이것은 자발적 중퇴든 비자발적 중퇴든 모두에 해당될 수 있을 것이다.

3 학업중퇴의 원인

'중퇴'의 원인은 다양하다. 개인, 가정, 학교, 지역사회 등이 주요 요인으로 나타나 있지만, 그 요인들이 상호 복합적으로 연결되어 일어나는 원인이 더욱 많을 것이다. 앞서 제시한 학업중퇴 유형에 따라 크게 자발적 학업중퇴와 비자발적 학업중퇴에서 제기되는 요인을 구분하여 제시한다.

1) 비자발형

(1) 개인적 요인

학업중퇴의 원인으로서 청소년 개인과 관련된 요인은 개인의 심리적·사회적·발달적 특성과 관련된 것들을 말한다. 개인의 발달적·심리적 특성으로는 낮은 자아존중감, 통제력 부족, 문제해결능력의 미비 등을 들 수 있다. 청소년중퇴와 관련하여 개인요인으로 상당수의 학자들이 언급하고 있는 것이 낮은 자아존중감을 들고 있으며, 자아효능감 기대수준도 높지 않은 것으로 제시하고 있다(황정숙, 1999). 자아존중감은 자신에 대한 긍정적인 태도를 반영하는 것이다. 자아존중감이 낮은 청소년의 경우 자신이 열등하며 쓸모없고 사랑받지 못할 존재라고 느끼고 자신감도 낮다. 자신을 귀하게 여기지 못하며 긍정적이고 성숙한 성인으로 성장할 수 있다는 기대를 가지지도 못한다. 또한 학교중퇴자들은 자신의 삶에 대한 통제권을 느끼지 못한다고 느끼고 있는 경향이 강하다. 생리적 특성이나 정서적 불안정으로 인하여 주의가 쉽게 흐트러져 집중력이 부족하고 때로는 과잉 활동적이 되고, 쉽게 흥분하는 모습을 보인다. 그리고 자신의 행동이 자신에게 어떤 영향을 미칠지를 생각하고 그에 따라 행동을 조절하는 능력도 부족하다. 이는 Erikson(1968)이 아동기의 핵심적 발달과업으로 제시한 근면성(industry)이 형성되지 못한 것으로도 볼 수 있다. 아울러 이들은 가정, 학교, 또래관계, 이성 관계 등 다양한 영역에서 보다 많은 문제를 경험한다. 가정에서도 생활규칙, 귀가시간, 예절, 형제 간 비교 등의 영역에서 보다 많은 갈등을 경험하며, 학교에서도 학습, 교사와의 관계, 친구들과의 경쟁, 교칙문제, 차별문제 등으로 스트레스를 심하게 받는다. 일반 청소년들에 비해 문제를 많이 경험하므로 학교 상황에서 문제 학생으로 낙인찍힐 가능성이 많으며 긍정적인 문제해결 능력이 부족해서 문제를 복잡하게 만들 뿐 아니라 학생 자신을 학교 밖으로 몰아내는 역할을 하게 된다. 또한 성인과의 유대감이 약한 성격적 특징을 갖고 있다. 그리고 부에 대한 높은 기대와 자신이 살고 있는 나라를 떠나는 것을 희망하고 있는 특징이 있다(송복 외, 1996; 황정숙, 1999; Fime, 1991).

또한 학교에서의 경험과 관련하여 학교에서 거부되었다고 느끼거나 학교에 대해 부정적인 태도를 가지고 있다. 또한 학교생활과 자신을 일치시키지 못하고 학교에서 배우는 것이 개인의 욕구와 관련이 없다고 느끼고 있다. 그리고 학교생활 성취에 대한 동기가 부족하여 의지가 없고 자포자기적이며 사회적으로 고립되어 있고 감정적으로 불안하다(유성경·이소래, 1998). 아울러 반사회적(anti-social) 성향을 가지며 자신의 정체성에 대해서 명확하지 않은 태도를 취하고 있다.

(2) 가정적 요인

가족 관련요인이 학교중퇴를 전적으로 유발하는 것은 아니라 해도 가족환경의 여러 가지 특성이 학교중퇴의 가능성을 증가시킬 수 있다. 김준호 외(1993)는 가족이 중퇴에 미치는 영향을 알아본 결과 부모의 양육태도, 부모 간의 불화, 부모의 편애 등이 자녀의 중퇴에 큰 영향을 미치는 것을 발견하였다.

부모의 사망·이혼·별거나 계부 또는 계모와 같은 가족구조상의 결손이 있을 때 학교 중도탈락률이 높은 것으로 보고되고 있다(유성경 외, 1998; 이경림, 2000; 이숙영 외, 1997). 즉, 가족결손이 가족체계의 긴장을 초래하고 가족의 기능을 약화시켜 가족이 수행해야 할 다양한 역할을 상실하게 함으로써 청소년으로 하여금 학업중퇴와 같은 부적응 문제를 경험하게 한다(오승환, 2001; 유성경 외, 1998; Dupper, 1993).

사회경제적 수준인 가족소득의 경우 일반적으로 청소년의 적응과 부적관계를 가지고 있어 가족의 소득을 보충하기 위해 학업을 중단하고 일을 하거나(오승환, 2001; 유성경 외, 1998), 낮은 소득으로 인한 부모들의 심리적 어려움이 자녀에 대한 양육태도를 변화시켜 청소년 적응에 부정적 영향을 미치게 된다(오승환, 2001). 또한 가정의 경제상황이 어려운 청소년들이 그렇지 않은 청소년보다 2배의 중도 탈락 확률을 보이고 있다(Franklin, 1992).

중퇴자 가정 특성을 분류한 Rumberger 등(1990)은 중퇴자의 부모들은 세 가지의 특징을 지니고 있다고 본다. 첫째, 허용적인 양육태도, 둘째, 자녀의 학업성적에 대해 부정적인 제재나 감정표출의 과다, 셋째, 자녀의 학교생활에 적극적으로 관여하지 않는 것으로 나타났다. 그들은 이러한 요인들이 학교에서의 열등한 성취로 이어지고 중퇴라는 결과로 나타나게 된다고 보고 있다.

부모의 교육수준에서도 부모들의 교육수준이 낮을 경우 부모의 직업과 연결되어 빈곤에 영향을 미치고 이것이 청소년의 적응에 부정적 영향을 줄 수 있으며, 또한 교육수준이 낮은 부모는 자녀의 학업중퇴에 무관심하여 청소년의 학업중퇴에 영향을 줄 수 있다(구자경, 2003; 김순규, 2004; Carter, 1998; Dupper, 1993).

(3) 학교요인

학교와 관련되는 요인으로는 학업에 대한 부적응, 즉 학업부진이 가장 일차적인 원인이다. 학업성취가 낮은 학생들은 소외되거나 교사의 입장에서 보면 바람직하지 않은 행동을 자주 하며, 숙제를 잘 안 하는 등의 특성을 보인다. 이를 통하여 학생들은 반학교적인 모습으로 변해간다. 이들은 학교에 대해서 부정적인 태도를 가지게 되고 학교생활과 자신을 일치시키지 못하게 된다. 이들은 학업성취도를 높이고, 교사의 인정을 받기보다는 다른 중퇴생들과 어울리며 장기결석 등을 보이며 결국은 중퇴에 이르게 된다. 또한 학교 자체의 특성인 학교 구조적 요인들도 무시할 수 없는 요소이다. 일반적으로 학교구조적인 요인에 대한 관심이 부족한데 이는 학생들은 그들이 동기화가 되어 있지 않거나 학교와 문제가 있거나, 소외되었거나, 교육적인 기대를 갖고 있지 않다는 등의 개인적인 수준에 그 원인을 돌리고자 하는 의도를 포함하고 있다. 학교 자체의 특성이 중퇴의 결정요인이기도 한데, 학교 분위기, 즉 학업의 지나친 강조, 학교의 질, 직업교육여부, 교사의 질 등이 학교 구조적 요인 중의 하나이다(황창순, 1996).

2) 자발형

(1) 개인 요인

조아미(2002)의 연구에 의하면 학교 중퇴의도에 충동성이나 자기효능감과 같은 개인적인 요인은 아무런 영향을 미치지 않는 것으로 나타났다. 또한 자발적 중퇴자들은 전통적인 중퇴자(비자발적 중퇴자)들과 달리 낮은 자아존중감, 강한 공격성, 장래에 대한 비관적 기대감 등과 같은 개인의 부정적 성격이나 장애특성으로 인해 학교를 중도 탈락하는 것이 아닌 것으로 나타났다(김민, 2001). 오히려 개인적인 요인으로는 학교에서의 학업성취기대 수준이 자신이 생각한 것보다 낮은 경우도 있다. 이는 학교를 떠나서 검정고시 또는 유학 등을 준비하는 청소년으로부터 볼 수 있는 현상일 것이다. 또한 자아 정체감이 확고하여 부모의 동의 아래, 또는 자신의 의지에 따라서 학교를 거부하기도 한다. 일정한 시간에 일어나서 등교하고 정해진 시간에 하교하는 등 정형화된 학교 스케줄과 규칙, 그리고 학교 문화 등을 거부하거나 회피하는 경우이다. 이들을 학교 부적응이라는 범주에 넣기에는 어렵다. 왜냐하면 '부등교'라는 용어에서 보듯이 학교와 대등한 관계 속에서 학교를 거부하는 성향을 나타내기 때문이다. 오히려 다원화된 사회와 직업 환경 등의 변화로부터 오는 일정한 소수의 청소년들이라고 이해하고 인정하는 것이 더욱 바람직할 것이다.

(2) 가정요인

학교중도탈락의 요인 중 가정과 관련하여서는 많은 연구에서 가정의 경제적 빈곤, 부모의 낮은 교육수준 그리고 이혼, 결손, 별거 등 해체된 가족구조가 학교중도탈락의 중요한 원인으로 나열하고 있다. 아직 자발적 중퇴청소년에 비해서 비자발적 중퇴청소년이 절대적으로 많은 상황을 고려한다면 기존 연구결과에서 제시된 가정요인은 타당할 수 있다. 그러나 자발적 중퇴청소년 중 적지 않은 경우가 부모의 동의 아래 학교에서 이루어지는 학업성취 수준 이상의 학업 및 학력 기대수준을 갖고 중퇴하는 것이라면, 오히려 부모의 비교적 높은 사회경제적 수준이 긍정적인 영향을 줄 것으로 짐작할 수 있다. 또한 학교와 맞지 않는 학생의 특성에 의해 중퇴하는 청소년의 경우에도 가정에서의 부모의 허용적 태도가 비자발적 중도탈락 청소년에게서 보이는 방임에 가까운 허용적 태도라기보다는 청소년의 삶과 생애과정을 존중하는 측면에서의 허용적 태도라고 볼 때 또 다른 형태의 가정적 요인을 발견할 수 있을 것이다. 따라서 자발적 중퇴청소년에 대한 가정적 요인에 관한 연구도 점차적으로 활발히 진행되어야 할 것이다.

(3) 학교요인

원론적 입장에서 본다면 학교는 검증된 교육의 제도화된 구조이다. 학교가 갖는 청소년의 교육과 보호 그리고 사회화의 기능은 사회에 미치는 영향과 기여가 크다고 볼 수 있다. 사회의 우려와 비판에도 불구하고 여전히 학교는 많은 부모와 청소년에게 청소년기를 순조롭게 이행하는 과정에서 필수적이며 중요한 기관으로 인식되고 있다. 그럼에도 불구하고 우리 사회에 존재하는 소수집단에 대해 관심을 기울인다면, 학교가 완벽한 제도와 장치가 아닌 이상 학교에 맞지 않거나 학교에서의 생활과 학업 등 교육적 효과에 만족하지 못하는 청소년과 부모는 생길 수 있다. 이들에게 학교는 자신들의 기대를 충족시키지 못하는 장소일 수 있다. 따라서 학교에서의 교육·생활·교우 및 교사와의 관계 등 다양한 요인이 자발적으로 학교를 떠나는 청소년에게 영향을 미치고 있다고 볼 수 있다. 그렇지만 학교 내 교육의 직간접적 여건이 변화하더라도 여전히 학교에 대한 제도에 거부감을 갖는 청소년과 계층은 존재한다는 이해부터 선행되어야 할 것이다. 그리고 이에 대한 관심도 제기되어야 할 것이다.

(4) 지역사회 요인

오늘날 급격히 증가하는 대중문화는 청소년에게 매우 큰 영향을 미친다. 대중문화 지향적인 청소년 중에는 자기가 좋아하는 음악, 영화, 그림, 만화 등의 활동에 몰두하기 위하여 자신에게 의미가 없다고 생각되는 학교공부를 중단하고 자발적으로 학교를 떠나는 경우도 있다. 또 다른 요인으로는 정보화가 학생들을 학교 밖으로 끌어내는 힘으로 작용한다. 사이버 공간이 계속 확대되는 미래 사회에서는 언제 어디서나 필요로 하는 학습이 가능하게 되어 학교 이외의 다양한 학습 공간이 등장함으로써 학교가 학습 조직으로서의 독점적 지위를 상실하게 될 것이다. 이는 사이버 세계에 친화적인 신세대 청소년들 사이에 학교교육을 중시하지 않는 가치관을 유포시킬 가능성이 크다(이혜영, 2001).

앞서 살펴본 비자발적 중퇴와 자발적 중퇴 원인은 여러 가지 요인들이 서로 맞물려 있기 때문에 요인 간에 독립된 것이라기보다는 밀접하게 관련되어 있는 것으로 이해해야 할 것이다.

오히려 일반적으로 중퇴는 개인보다 학교나 가정의 요인이 더 크다고 본다. 중퇴청소년들이 학교에서 긍정적인 경험을 한다고 보기 어려우며, 학생들이 더 많은 긍정적 경험을 할 수 있도록 학교의 생활과 진로지도 등이 필요하다는 점을 나타낸다. 또한 자발적으로 학교를 떠나는 청소년들을 위한 대안적 장치의 마련이 필요하며, 학교가 현실적으로 존재하는 이상 보다 많은 청소년들에게 교육과 관련된 교우 및 교사와의 관계·심리·사회적으로 결손된 부분의 욕구를 충족시켜 줄 수 있도록 보완책이 마련되어야 할 것이다.

4 복지적 개입

중퇴 청소년 문제는 청소년 개인을 둘러싼 환경에 많은 영향을 받기 때문에 단순히 청소년만의 문제로 간주하기는 어렵다. 자발적인 중퇴이든 비자발적으로 학교를 떠났든 간에 이러한 환경을 조성한 사회의 책임이 크다고 볼 수 있다. 더구나 중퇴 청소년이 안정적이고 지속적인 보호와 안전 그리고 교육의 틀을 갖고 있는 학교 밖으로 나와서 편안하게 자신이나 가족의 요구에 따라서 학업 또는 취업 그리고 진로지도와 미래를 위한 교육을 받을 수 있는 공간과 프로그램이 부족한 실정이다.

사실 이들을 위한 대책은 1990년대부터 확산되기 시작한 직업학교와 대안학교· 대안교육프로그램 등 그동안 상당 부분 중퇴의 문제를 비행의 시각에서 보던 인식이 전환되어 중퇴청소년을 위한 사회적 대책이 수립·실행되어 왔다. 또한 2000년대 들어오면서 국가 정책적으로 학교 밖 청소년에 대한 사회적 관심이 높아지고 그에 따른 정책적 프로그램이 개발 및 시행되고 있다.

그럼에도 불구하고 여전히 중퇴 청소년들이 쉽게 접근할 수 있는 체계의 개발과 공공정책과 청소년 및 청소년복지 관련 단체 간의 협조체계는 미흡한 현실이다. 또한 청소년 개인 및 그들이 속한 가정과 학교 등에 대한 지원방안도 개선되어야 할 부분이 적지 않다.

여기서는 중퇴 청소년을 위한 지원방안을 개인·가정·학교·사회 및 국가적 측면에서의 복지적 개입 방안을 중심으로 나누어 제안한다.

1) 영역별 복지개입 방안

(1) 개인 영역

중퇴 청소년을 위한 개인적 측면의 개입이 필요한지에 대한 논란이 있을 것이다. 그것은 학교 안에 있는 청소년과의 형평성 문제와도 상관이 있다. 그러나 자발적이든 비자발적이든 학교라는 제도를 떠나서 학교 밖에서 생활하는 청소년들에게 학생의 신분으로 인해 지원받는 혜택 이상의 관심과 지원이 뒤따라야 한다.

① 청소년카드제

현재는 학교 밖에 있는 청소년을 위해 각종의 할인혜택을 지원해 주는 청소년복지지원법에 따른 '청소년증'을 발급하고 있다. 청소년증 발급에 따른 학생과 비학생이 구분됨으로써 하나의 낙인이 될 수 있다는 우려와 청소년증에 대한 실질적인 실효성에 대한 문제는 지속적으로 제기되고 있다.

이에 대한 대안으로 몇 년 전부터 논의되어 오던 중 여러 이유로 중단된 청소년카드제에 대한 심도 있는 고민을 할 필요가 있을 것이다. 청소년카드는 청소년들에게 보다 저렴한 가격으로 생활용품과 편의시설을 이용할 수 있도록 도와주자는 취지에서 프랑스에서 등장하였고, 프랑스에서는 26세 이하를 청소년으로 간주하여 다양한 할인제도가 존재한다(노혁, 1998). 이러한 청소년카드제도는 학교 밖의 청소년뿐만 아니라 학생 청소년들에게도 적용이 되며, 학교 밖의 청소년에게 보다 많은 지원으로 접근하게 될 때 실효성이 높아질 것이다.

② 청소년수당

학교 밖의 청소년에 대한 지원이 청소년이 겪는 문제와 현실을 개선하는 방향에 우선적 관심을 두는 비교적 소극적 정책으로 제시되고 있다. 소극적 차원의 혜택에서 벗어나 저출산 고령화 사회에서 인력개발 차원에서 학교 밖 청소년에 대한 진전된 지원방안이 필요하다. 학교 밖 청소년의 형편과 실태를 고려하여 '청소년수당'을 지급하는 것도 하나의 방법이 될 것이다. 청소년수당은 아동수당과는 달리 가정에 대한 보완적 장치라기보다는 청소년이 아동에 비해 가정으로부터 보다 독립적이라는 면에서 청소년에게 직접 지급하는 방식을 고려해야 할 것이다.

③ 직업활동과 진로개발에 대한 인센티브 제공

현실적으로 중퇴 청소년 중 상당수는 일을 해야 한다. 또한 일을 하지 못하면 그들은 비행 등의 현상으로 이어질 가능성이 높다. 그러나 숙련된 기술을 갖고 있지 못하며 일정한 교육과정을 수행하지 못한 그들의 일자리는 거의 단순 노동과 시간제 일로 채워지고 있다.

따라서 그들이 일과 직업훈련을 병행할 수 있는 다양한 제도의 마련이 필요하다. 지금까지의 학교교육과 유사한 직업훈련교육 못지않게 소규모의 도제식 훈련 프로그램도 고려해 보아야 할 것이다. 이는 여타의 고용훈련을 받지 못하여 적당한 노동시장 정책 프로그램에 참여할 수 없는 청소년을 대상으로 하는 고용훈련의 현장적응 프로그램이라 할 수 있다. 이것의 목적은 청소년들에게 현장실습과 직장체험을 마련해 주는 것이다(이병렬, 2002). 이와 함께 노동의 의미와 지속성을 격려하기 위한 노동연계 인센티브 제도를 마련하는 것도 하나의 방안이 될 수 있다.

(2) 가정 영역

우선 중퇴를 하나의 일탈현상으로 이해하는 우리 사회문화로 볼 때 일탈의 원인을 가정에서 찾는다. 가정에서의 적절한 사회화과정에 실패했거나 통제력이 부족하다고 보기 때문이다. 더구나 아직 소수이지만 가정이 학생의 자발적 중퇴에 환경적 요인으로 등장하면서 가정과 중퇴는 불가분한 관계에 있다고 볼 수 있다.

① 가정복지의 강화

아직도 중퇴 청소년의 주요한 중퇴 요인은 가정환경이다. 가족의 구조적·기능적 결손은 청소년을 힘들게 한다. 따라서 가정결손을 예방하고 자녀와 부모 간의 관계를 강화하며 부모의 양육능력을 키워나갈 수 있도록 가정복지 서비스 또는 가족상담 프로그램을 제공하는 것이 필요하다. 또한 가족이 일시적으로 기능을 상실하고 있다면 상담과 후견인 제도 등을 통해서 가족을 보완해주는 사회복지적 개입이 요구된다.

② 빈곤가정에 대한 지원 확대

빈곤은 여전히 부정적인 문제를 많이 유발할 수 있는 강력한 요인이다. 가정의 경제적 곤란과 궁핍은 바람직하지 않은 가정생활 환경의 문제, 가족관계의 문제를 유발하고 그러한 가정에 속한 학생이 겪는 경제적·사회적·정서적인 압박은 학교와 학업 적응까지 영향을 미친다. 이와 같은 빈곤가정 학생을 위한 학자금 지원 등 국가 및 사회적 차원의 지원이 이루어지고 있지만, 단순한 학자금 면제만으로 그들의 학교생활 적응을 꾀하기 쉽지 않다. 따라서 보다 적극적인 관점에서 후원 및 결연사업이 이루어져야 한다. 또한 빈곤가정 학생들이 생활 관리를 잘 할 수 있도록 청소년상담사나 사회복지전담공무원 등이 방문 상담을 통해 지속적으로 관리, 지도할 수 있도록 해야 한다. 또한 이를 위한 전문인력의 확충이 요구된다.

③ 부모교육 프로그램의 강조

청소년에게 기초적인 역할 모델(role-model)로서의 부모교육뿐만 아니라, 시대 변화에 따라 다양해지는 청소년의 욕구와 청소년을 둘러싼 또래, 학교, 사회환경의 흐름을 이해하고 자녀의 관심과 목표를 조망할 수 있는 프로그램이 있어야 한다. 또한 청소년의 미래에 대하여 부모의 입장만을 반영한 진단으로 자발적 중퇴를 조장하지 않도록 부모와 청소년 자신에 대한 자기 이해 및 관리 프로그램도 부모교육 내용에 포함되어야 한다.

또한 맞벌이 부부의 증가로 부모교육 프로그램에 접근하기 어려운 부모들을 위하여 정부와 직장과 연계하여 부모교육 프로그램을 함께 추진해 나가야 실질적인 효과를 이룰 수 있을 것이다. 아울러 중퇴 후 복학을 원하는 청소년의 부모들이 자녀와 함께 학교와 학업의 재적응 문제를 심도 있게 나눌 수 있는 장을 마련하는 것도 중요한 일이다.

(3) 학교영역

① 학교사회복지제도의 활성화

여전히 학교에서의 중퇴 이유가 학업의 곤란이나 학교생활의 부적응이므로 잘 적응할 수 있는 지원 방안이 우선적으로 필요하다. 전통적으로 학교에서의 상담실을 통하여 이런 문제들에 대해서 접근하였지만, 학생의 심리정서적 변화와 학생들을 둘러싼 사회환경 변화에 적극적으로 대처하는 데는 한계가 있다. 이제 학교도 교사만 아니라 다양한 직종이 모여서 학생들의 생활과 학업 편의를 위한 팀(team) 접근을 해야 할 때다. 또한 교사들의 업무과중 등으로 인해 부적응 학생을 관리할 수 있는 여건 자체가 불충분한 실정이다. 이러한 관점에서 그동안 여러 형태로 시범사업 중심으로 시행되어 왔던 학교사회복지사 제도를 정착시켜야 할 단계이다. 사실 교사의 경우 수업의 부담이나 업무의 과다 때문에 실질적인 지도가 어려우며 특히 현재 학교에서 상담을 맡고 있는 진로상담교사의 경우도 일정한 수업시간이 있으므로 학생들이 와서 상담을 원할 경우 수업시간 후의 나머지 시간을 이용해야 하기 때문에 효과적인 상담이 이루어지지 않고 있다. 특히 학생들의 문제가 복합적인 원인으로 비롯되는 경우가 많으므로 비행성향과 심리적 부적응 상태에 있는 학생의 관리를 학교의 규정과 편의적 측면에서 징계에 초점을 맞추는 것은 바람직하지 않다. 따라서 실질적으로 학생과 근접하여 생활지도를 하는 교사들의 업무가 경감되어야 할 것이다. 더불어 문제를 가진 학생을 도와 학생으로서 정상적인 역할과 기능을 할 수 있도록 학교사회복지사 제도를 도입하여 학교사회복지사를 적극 활용해야 할 것이다. 더구나 학교사회복지는 중퇴청소년의 학교부적응문제를 효율적으로 해결할 수 있을 뿐만 아니라 학생 가정의 전문적 개입을 가능하게 하며 학교발전에도 크게 기여할 수 있을 것이다. 또한 학교를 둘러싸고 있는 지역사회와의 연계 등에도 상당한 역할을 할 수 있을 것이다.

② 학생징계제도의 개선

퇴학이라는 학생처벌은 중퇴를 발생시키는 주요한 원인이 된다. 교육에서 처벌이 가지는 순기능도 있지만, 처벌 위주의 교육은 정당화되기 어렵다. 학생들이 발달과정상 청소년기에 있다는 현실을 고려할 때 많은 시행착오를 담을 수 있는 교육공간이 마련되어야 한다. 한편 순간적으로 사소한 실수로 인해 너무 과도한 처벌을 받거나 부당한 벌을 받는 경우는 더 큰 상처로 남을 것이다. 따라서 퇴학의 수순을 밟을 때는 해당 청소년에 대한 합리적이고 세심한 배려가 필요하다. 또한 특별활동 등의 과정을 통하여 학생들의 자아를 이해하고 심성을 개발할 수 있는 훈련프로그램이 제공되어야 하며, 문제학생에 대한 개인뿐만 아닌 가족상담을 활성화하는 여건을 마련해야 할 것이다. 특히 교칙위반의 정도가 높아서 학교에서 담당하기 어려운 학생의 경우 학교사회복지사 등을 통하여 지역사회 상담센터, 지역사회복지관, 교육청 등과 연계한 특별교육 프로그램의 실시도 이루어져야 할 것이다.

③ 중퇴청소년의 학교 복귀 사업의 활성화

중퇴한 청소년들 중에서도 복학을 원하는 청소년에 한하여 지방자치단체와 교육청이 연계하여 일정한 시기 동안 복교를 위한 프로그램 등을 실시하고 복교의 기회를 주는 것이 바람직하다. 또한 학교 복귀를 위한 일정 기간 적응훈련을 할 수 있는 대안교육 프로그램 등을 활성화하는 것도 효과적인 방안이 될 수 있을 것이다. 이와 함께 복교생들이 학교에 재적응하는 데 어려움이 없도록 추수(follow-up)관리가 철저히 이루어져야 한다.

(4) 사회 영역

① 취업지원

학교 중퇴청소년의 일에 대한 욕구는 적지 않지만, 이들에 대한 충족방식은 제한적이다. 청소년보호법, 근로기준법 등 법적 제어 장치뿐만 아니라 그들이 접근할 수 있는 노동시장이 좁기 때문이다. 따라서 이들은 주로 노래방, PC방, 주유소, 커피숍 등 고용구조가 불안정한 곳에 취업하며, 이러한 취업장소는 청소년의 장기적인 진로개척을 어렵게 한다(이숙영 외, 1997). 또한 이런 곳에서 부당한 대우를 받아도 쉽게 항의하지 못한다. 많은 청소년들이 고용노동부에서 제시하는 표준근로계약서를 작성하지 않고 시간제 일을 하고 있으며, 최저임금에도 미치지 못하는 시간 수당을 받고 일하는 청소년이 대부분이다. 따라서 이들을 위한 현실적이고 실제적인 노동복지 대책이 마련되어야 한다. 이와 아울러 일자리에 대한 신뢰 있는 정보를 제공할 수 있는 체계를 확대하고 취업과 진로지도가 병행할 수 있도록 취업에 대한 종합적인 대책 마련이 시급하다.

② 대안학교 및 교육프로그램 지원

현재 다양한 형태의 대안교육프로그램과 대안학교가 전국적으로 운영되고 있다. 초기 대안학교는 학교부적응이나 비행을 저지른 청소년에 대한 새로운 교육프로그램 제공에 초점을 맞추었으나 점차 자발적 중퇴 청소년을 위한 교육의 장으로 확산되는 것으로 보인다. 따라서 다양한 종류의 대안적 학교를 개발하는 것이 필요하다. 마치 지체장애아들이 선천적이고 후천적인 장애로 특수한 보호와 시설이 필요한 것처럼 학교생활에 적응하는 데 실패한 학생들을 위해 대안적 학교가 필요하다. 직업에 강조를 두는 학교, 자연환경에서의 삶을 영위하는 기술을 가르치는 학교, 그리고 학업중퇴자에게 재기의 기회를 주는 학교 등 다양한 형태의 대안학교가 필요하다(황창순, 1996). 현재 지방교육청 등을 중심으로 폐교 등을 활용하여 중퇴생 및 학교부적응학생을 위한 한시적 대안교육프로그램이 운영되고 있으나, 학교의 재적응을 위한 프로그램이 주류를 이루고 있어, 학교에 맞지 않는 비자발적 중퇴자를 위한 지원에는 소홀한 실정이다. 따라서 대안교육이 획일화되지 않도록 다양한 형태의 대안학교에 대한 정책적 지원과 함께 청소년교육과 생활을 위한 갖가지 통로를 개발해야 할 것이다. 또한 환경, 미디어, 복지 등 특화된 대안교육프로그램의 개발과 제공도 고려되어야 할 것이다.

③ 민간 지원체계의 역할 강화

중퇴청소년을 위한 기본적인 대책은 국가(중앙정부와 지방정부) 차원에서 이루어져야 마땅하다. 그러나 공적 영역이 담당할 수 있는 한계가 있기 때문에 청소년 관련 단체가 자발적으로 연계해서 사회적 지원체제를 확립하는 것이 필요하다. 여기에 종교단체까지 연계해서 활동을 한다면 효과가 배가될 것이고, 연계과정에서 상호 역할분담과 전문화를 이룰 수 있을 것이다. 또한 국가와 민간청소년 관련 단체 간의 재정 및 서비스 부문에서 상호 역할을 파악하여 담당하는 것도 중요한 과제 중의 하나이다.

④ 유기적인 사회적 지원체계 활성화

중퇴청소년이나 중퇴를 경험한 청소년들은 생애 과정에서의 자립의지 상실, 자포자기, 방황, 불안과 갈등, 자신감의 상실과 열등감 등 많은 심리·정서·사회적 문제를 안고 있다. 또한 중퇴청소년을 둔 가정에서도 좌절감과 갈등에 휩싸일 가능성이 높다. 중퇴청소년이 되는 원인도 복합적이지만, 중퇴청소년이 되고 난 후에 발생하는 문제도 여러 형태로 나타난다. 따라서 이들을 위한 지원도 종합적이고 복합적으로 이루어져야 한다. 실천적으로는 학교와 사법기관, 상담기관 등이 중퇴청소년 문제를 유기적으로 협조하여 접근하는 동시에 청소년 관련 민간단체 및 공공기관은 효과적인 청소년 정책이 수립되고 시행할 수 있도록 상호 간의 연결망을 조직하고 가동시켜야 할 것이다. 지금도 협력체계는 구축되어 있지만, 중퇴청소년이 학생의 신분이 아닌 청소년의 위치라는 이유 때문에 보다 강력하고 추진력 있는 차원에서의 방안과 연계체계가 많이 미흡한 상태이다. 따라서 국가인적자원개발 수준에서 낙오되는 청소년을 긍정적이고 친사회적 자원으로 발굴하고 육성한다는 새로운 패러다임 속에서 중퇴청소년의 문제를 단순히 청소년문제로 인식하기보다는 사회발전의 도전으로 이해하고 협력해 나가는 방안이 모색되어야 한다.

2) 유형별 대처방안

박창남(2001)은 중퇴생의 상태와 욕구에 따라 다섯 가지 유형으로 구분하여 차별화된 서비스를 제공해야 한다고 보았다.

첫째, 진학형으로 학교는 나왔지만 학업은 계속 하고 싶어 하는 유형으로서 대안학교로 보내거나 검정고시를 준비할 수 있도록 지원한다. 본인이 중퇴를 후회하고 학교로 가기를 희망하는 경우 절차를 거쳐서 복교시킨다.

둘째, 중퇴 후 취업을 원하는 유형으로 취업을 알선하는 한편, 대인관계의 문제를 해결하기 위한 상담서비스 그리고 장기적으로 자신의 진로를 설계할 수 있도록 진로지도가 필요하다.

셋째, 직업훈련을 희망하는 유형으로 직업훈련기관을 안내하여 훈련과정에 참여하도록 한다. 이때 훈련과정에서도 부적응하여 중도에 포기하지 않도록 지속적인 상담과 진로지도가 필요하다.

넷째, 범죄행위에 따른 처벌을 받아 강제로 시설에 수용되어 있는 유형으로 직업교육이나 진학을 희망할 수 있다. 직업교육이나 교과교육의 실시뿐만 아니라 실시하는 교육에 대한 학력인정과 자격증 수요가 필요하며 역시 범죄를 경험한 집단이므로 지속적이고 전문적인 상담이 필요하다.

다섯째, 가출을 동반하여 중도탈락한 유형으로 주로 청소년쉼터나 선도보호시설에 머무르고 있는 청소년을 대상으로 한다. 또한 가출 경험이 있고 비행성향이 있는 집단이므로 전문적인 상담의 지속적인 실시가 필요하다(한상철 외, 2003).

이에 더하여 순수하게 자발적으로 중퇴를 하였지만 학교로 복귀를 원하지 않는 청소년과 그 가족을 위해 다양한 대안 교육프로그램과 사회적 지원체계를 마련해야 한다. 예를 들어 Home-School을 지원하거나, 청소년기 다양한 체험을 할 수 있는 방안 등이 그들의 요구를 최대한 반영하여 마련되어야 할 것이다.

청소년문제와 복지개입 (사이버공간) 제 15 장

현재 우리나라는 초고속 인터넷 국가 1위라는 칭호가 아깝지 않을 정도로 인터넷이 생활의 일부분으로 깊숙이 자리 잡혀 있으며, 이와 더불어 급변하는 시대의 중심에 서있는 청소년들도 자연스럽게 인터넷과 함께 생활하고 변화해 가고 있다. 이제는 인터넷 없는 생활은 꿈도 꾸기 어려우며, 문화도 사이버 중심으로 많은 변화가 생기고 있다.

새로운 문화에 적응하기 위해 많은 변화와 노력이 있어야 할 이 시점에서 사이버문화 중심에 서 있는 청소년들에 대한 우려의 목소리가 높아지고 있다. 이는 우리나라 청소년들이 학교에서의 성적·친구 문제·부모님들의 과잉기대·학벌주의 사회의 사회적 풍토에 대해 스트레스를 받으며 생활을 하고 있기 때문에 각종 스트레스와 자기 자신의 정체성을 확실히 확보하지 못한 청소년들은 방황을 하게 되고, 이러한 때에 인터넷이라는 사이버 공간은 그들에게 달콤한 휴식처이자 안식처로서 다가와 다양한 문제들을 야기하기 때문이다.

더욱이 인터넷은 익명성 보장 및 편리한 의사소통의 통로 제시, 무궁무진한 정보 검색이 가능, 다양한 오락 프로그램도 제공, 비밀스런 자기만의 공간을 확보, 학생이라는 지위를 벗어나 내가 하고 싶은 것, 하기 싫은 것들을 마음껏 정해서 할 수 있기 때문에 인터넷은 청소년들의 흥미와 관심을 불러일으키기에 충분한 매체가 된다.

그렇기에 청소년들의 많은 문화 중에서도 앞으로는 컴퓨터를 통한 사이버 공간에서의 문화가 크게 대두될 것으로 보이며, 이에 따라 청소년들은 올바른 가치를 갖고 인터넷을 받아들이고 이해하는 과정이 필요할 것으로 보인다.

1 사이버공간의 개념

1) 사이버공간에 대한 이해

사이버 공간의 개념을 파악하기 위해서는 'Cyber'라는 용어가 Wiener에 의해 고안된 사이버네틱스(Cybernetics)에서 유래되었다는 것과 그러한 사이버네틱스의 의미를 이해하는 것으로부터 시작해야 한다. Wiener는 기계 사이에서 행해지는 것이든 동물 사이에서 행해지는 것이든 통제와 소통이론의 모든 영역을 가리키기 위해 그리스어에서 유래된 키잡이를 뜻하는 '사이버네틱스'라는 용어를 사용하였다. 이에 대해 Leary는 자유로운 항해자라는 의미를 지닌 그리스적인 의미의 'Kuvernetes[14)]'를 사용할 것을 주장하면서 사이버 공간을 그 어떤 것으로부터도 조정되거나 통제되지 않는 자유로운 항해자의 공간으로 규정하고자 하였다(Leary, 1994).

원래 사이버 공간은 Gibson의 SF소설 '뉴로맨서(Neuromancer)'에서 소개된 용어이다. Gibson은 Wiener의 사이버네틱스라는 용어의 접두사 '사이버'와 공간이란 단어를 합성하여 사이버 공간이란 용어를 만들어 냈다. 사이버 공간을 Gibson처럼 커뮤니케이션 자체로 보기보다는 컴퓨터 매개 커뮤니케

14) 'Kuvernetes'란 그리스어로 '사이버(cyber)' 어원의 유래가 되며, '키잡이'라는 의미를 갖는다.

이션을 통한 관계 형성이 이루어지는 사회적인 공간으로 보아야 한다고 주장하였다. 또한 Rheingold는 사이버 공간을 "수많은 사람들이 컴퓨터 게시판과 네트워크를 매개로 하여 말과 생각을 교환하는 '가상공동체'"로서 정의하였다.

김왕석과 라도삼(1997)의 연구에서는 사이버 공간을 7가지로 정의하고 있는데, 이에 대해 살펴보면 다음과 같다. 첫째, 사이버 공간은 컴퓨터와 네트워크를 통한 커뮤니케이션 공간이다. 둘째, 사이버 공간은 시간, 거리, 국가, 영토, 현실과 같은 물리적 구조로는 존재하지 않는, 컴퓨터와의 인터페이스가 영역에만 존재하는 공간이다. 셋째, 사이버 공간은 비트와 네트가 만나서 형성되는 공간이다. 넷째, 사이버 공간은 컴퓨터 매체를 통한 의사소통 자체가 아니라, 그것이 만들어 내는 상황이다. 다섯째, 사이버 공간은 CMC(computer-mediated communication) 기술을 이용하는 사람들에 의해 언어와 인간관계, 자료와 부와 권력이 현재화되는 개념적 공간이다. 여섯째, 사이버 공간은 수많은 사람들이 컴퓨터 게시판과 네트워크를 매개로 하여 말과 생각을 교환하는 가상의 공동체이다. 일곱째, 사이버 공간은 컴퓨터 기술이 만들어 내는 매체 공간이며, 바로 그 기술을 매개로 한 사회적 공간이라고 정의하고 있다.

2) 사이버공간과 청소년

현대사회를 일컬어 정보화 사회라고 하고 이 시대의 청소년들을 N세대[15](Net generation)라고 한다. 우리나라의 청소년들은 학업 위주로 짜여진 생활과 답답하고 통제되어 있는 현실에서 친구들과의 부족한 상호작용을 가능

15) 1977년부터 1997년 사이에 태어난 세대로 디지털 기술과 함께 성장해서 디지털 기기를 능숙하게 다룰 줄 아는 디지털 문명세대를 말한다. N세대 주위의 모든 공간에는 컴퓨터가 설치되어 있어, 이들은 디지털 시대의 새로운 미디어인 인터넷을 활용해 일방향이 아닌 쌍방향의 의사소통을 한다.

하게 하고 자신의 욕구를 풀 수 있는 분출구로서 인터넷을 하는 경우가 많다고 한다(한국정보문화진흥원, 2005).

사이버공간은 이러한 청소년들에게 새로운 경험의 장을 열어 주고 있으며 청소년들은 이를 빠르게 흡수하여 인터넷을 자신들만의 문화로 만들고 있다. 청소년들은 가상의 세계에서 각양 각층의 사람들을 만나고 정보를 획득하고 놀이하는 것을 자연스런 생활의 일부로 받아들이게 되었다. 청소년들이 인터넷을 생활의 일부로 흡수하게 된 이유는 인터넷이 인지적, 사회적, 심리적 문제의 다양한 압력과 공격성, 충동성을 적절히 표현할 줄 모르는 성장단계에 놓인 청소년들에게 다양한 경험과 좌절감을 표현할 수 있는 공간이기 때문이다.

청소년들이 인터넷에 급속히 빠져드는 원인을 Suler(1988)는 사이버 공간이 청소년이 원하는 것을 현실에서보다 손쉽게 충족시키는 공간이기 때문이라고 보았다. 즉 사이버공간이 자아정체감을 탐색하기에 좋다는 것, 사이버공간에서 친밀감, 소속감을 느낀다는 것, 가족이나 부모로부터 분리되려는 욕구를 충족시키는 공간이 되어준다는 것, 스트레스를 해소할 수 있기 때문으로 본다.

2 관련 이론

1) 행동주의 접근

행동주의에서는 어떤 행동이 반복적으로 일어나는 이유는 그 행동을 통해서 보상(강화)을 받기 때문인 것으로 본다. 사이버공간에서의 문제인 인터넷 중독을 행동주의적으로 접근한다면 청소년들이 인터넷을 통하여 무엇인가를 보상받기 때문에 반복해서 접속을 한다고 볼 수 있다. 이는 첫째, 인터넷의 속성에서 그 특성을 찾을 수 있다. 인터넷은 사람들에게 무궁무진한 재미와 자극과 정보를 제공한다. 특히 인터넷 게임에서는 실생활에서 일어나는 것보다 더 흥미진진한 상황 속에 자신이 직접 참여하여 수많은 행동을 취할 수 있으며, 시간과 노력을 투자한 만큼 보상물을 얻을 수 있다.

둘째, 시·공간 초월의 특성이다. 인터넷상에서는 시간과 공간을 뛰어넘어 사람을 만나고 사귈 수 있다. 게임이나 채팅 등에 정기적으로 참여하게 되면 빠른 시간 내에 다른 구성원들과 유대감과 친밀감을 형성하게 된다. 따라서 현실세계의 어느 집단에도 심리적으로 소속되지 못하여 외로움과 이질감을 느끼던 사람들은 비로소 공동체에 속한 것 같은 느낌을 받게 된다.

2) 사회학습이론 접근

사회학습이론에서는 인간은 관찰을 통해서 많은 것을 습득하고 행하게 된다는 것이다. 우선적으로 관찰의 모델을 찾게 되는데 이때 모델은 주로 사회에서 높이 평가하는 것이 대상이 된다. 현대 사회에서 컴퓨터와 인터넷의 긍정적인 기능을 부각시키며 이것을 능숙하게 다루는 것은 현대인으로서 갖추어야 할 필수 요소라고 강조한다. 사회 전반적으로 컴퓨터와 거리가 먼 사람은 원시인 취급당하는 분위기가 형성되어 있다. 특히 청소년기에는 동년 집단에게 인정받고 수용되기를 강하게 원한다. 많은 청소년들이 친구들과 밖에서 만나는 것보다는 컴퓨터 게임을 하거나 웹상에서 만나고 학교에서 만나면 게임 이야기로 대부분의 대화를 이어간다. 이것이 청소년들의 문화이다. 사회학습이론적 접근으로 비추어 보았을 때 결국 청소년들은 동년 집단에게 인정받고 수용되기 위해 인터넷에 많은 시간을 사용하게 된다. 연구결과에 따르면 인터넷 사용 시간이 많을수록 인터넷 중독에 걸릴 확률이 상대적으로 높다고 한다.

3) 사회통제이론 접근

사회통제이론에서는 인간을 어느 정도 일탈의 가능성이 있는 존재로 파악한다. 그럼에도 대부분 사람들이 사회에서 일탈을 하지 않는 이유는 사회의 통제와 사회적 유대감 때문이라고 한다. 즉, 사회는 감시체계로 유지되고 움직여지는 것이라고 보는 입장이다. 하지만 인터넷상에서는 익명성이 보장되고 감시체계로부터 자유롭기 때문에 일탈의 가능성이 높아지는 것이다.

청소년기에는 자아정체성과 도덕적 가치관이 확립되어 있지 못하기 때문에 청소년들이 통제가 없는 환경 가운데 중독되고 일탈 행동을 할 가능성이 높아진다.

이는 현실세계와 달리 인터넷 세계는 문자에 기반하고 있기 때문에 사회경제 상태나 성, 나이, 그리고 인종 등이 중요하지 않으며 현실에서의 무기력함, 분노 등을 유능함, 공격성으로 표출할 수가 있다. 따라서 현실의 자기 모습에 불만과 열등감을 느끼는 사람일수록 인터넷에서 빠져나오기 힘들다. 또한 인터넷의 익명성은 사람들로 하여금 삶의 조건인 구속과 억제와 통제에서 해방될 수 있다고 느끼게 한다.

4) 성격이론 접근

사이버공간에서 문제가 되는 인터넷 중독의 원인 중에는 개인의 성격적 특성이 많은 부분을 차지한다고 보는 입장이다.

인터넷을 자주 사용하는 모든 사람이 인터넷 중독이 되지는 않는다. 인터넷에 빠지는 사람들을 대개 일상생활에 적응하지 못하고 현실에서 이루지 못한 것을 인터넷에서 추구하려는 사람들이라고 볼 수 있다. 또 약물 남용과 기타 비행과 마찬가지로 자아존중감이 낮은 청소년이 인터넷 중독이 쉽게 된다. 자기 통제력이 낮은 청소년은 인터넷상의 즉각적인 만족에 계속 집착하게 되고, 결국 자신의 적응에 도움이 되지 못하는 인터넷의 중독적 사용에 이른다고 본다(송원영, 1998). 인터넷 중독수준이 높은 집단이 낮은 집단에 비해 부정적인 대인관계 성향을 가지며, 이러한 부정적 대인관계는 심리적 우울이나 불안, 초조, 외로움을 만들 수 있고, 그 해결방안으로 인터넷을 이용한다(한국청소년문화연구소, 1998). 한 연구에 의하면 인터넷 중독자는 비중독자보다 친구가 없다고 했다(안정임, 2000). 또 공격 충동을 적절하게 표출하지 못하는 사람일수록 중독이 되기 쉽다. 이들에게 익명성이 보장되는 사이버공간이 그들의 내면의 공격성을 마음껏 발산할 수 있는 공간이 되어준다(Suler, 1998).

3 사이버공간에서의 문제 원인 및 긍정·부정적 측면

1) 사이버공간에서의 문제 원인

사이버공간에서 발생하는 청소년문제 원인은 사이버공간의 특징을 통해 살펴볼 수 있다.

현실 세계와 달리 사이버상에서 개인을 식별하게 해주는 단서로는 사용자 계정, 일명 아이디(user id) 이외는 없다.[16] 개인이 굳이 밝히지 않는 한 성, 나이, 모습, 학력, 가정 배경 등에 관하여 알 수가 없다. 심지어 밝힌다고 하더라도 그것이 현실과 부합하는지도 미지수이다. 또한 사이버상에서의 상호작용은 시간과 공간으로부터 자유롭다. 상호작용을 위하여 반드시 같은 장소,

16) 아이디(user id)는 사용자 계정을 말하는 일상적인 용어로 이후 본문에서는 이 일상적인 용어를 사용한다.

같은 시간을 공유할 필요가 없는 것이다. 이러한 사이버공간이 가지는 특징과 그에 따른 사이버공간에서 나타나는 문제의 원인을 몇 가지로 살펴보면 다음과 같다.

(1) 익명성

사이버공간상에서 개인은 아이디로 대변된다. 이 아이디는 현실 공간에서 별명과 비슷해 보이기도 한다. 특정 개인을 지칭 혹은 호칭한다는 점에서 그러하다. 별명은 그것 이외에 상대를 호칭할 수 있는 이름이 있다는 것을 전제하는 것임에 반하여 아이디는 상대를 지칭할 수 있는 유일한 것이며, 개인을 대변하는 전체라는 점에서 다른 의미를 지닌다. 현실 세계의 이름이나 별명과는 달리 아이디는 개인이 스스로 작명하거나 선택한다. 개인이 원하면 여러 가지의 아이디를 가질 수도 있다.

아이디가 있되 그것이 현실 세계에서와 같이 어떤 단서도 제공하지 못하기 때문에 익명과 마찬가지의 효과를 지닌다. 즉, 사이버상에서는 누구의 형, 누구의 딸, 학생 등에서 자유롭다. 이러한 자유로움으로 사용자들은 현실 세계와는 달리 여러 실험을 하기도 한다. 자신이 가지고 있는 여러 속성, 예컨대 성, 외모, 스타일 등을 마음대로 바꾸어 볼 수 있다. 또한, 컴퓨터에서는 상호작용하는 누구라도 아이디로 만날 수 있다는 점에서 현실 세계보다 동등하고 자유롭게 만날 수 있다.

그러나 사이버상의 상호작용은 아이디 이외의 다른 단서가 지니는 명시적 혹은 가려진 의미를 파악하기 어렵다는 점에서 긍정적인 측면과 더불어 부정적인 측면을 수반한다. 즉, 오직 상대방의 아이디와 소통하는 내용으로서만 상호작용하게 된다는 것과 텍스트에만 더욱 집중하게 되는 경향이 나타난다는 것이다.

이렇듯 사이버공간에서는 아이디로만 만나기 때문에 개인의 감정과 자아의식이 배제된 것 같은 느낌, 즉, 탈인격적 상황에 빠지게 되며, 컴퓨터로 전달되는 의미와 신호들을 개인적인 요소들과 결부시켜 생각하게 되면서 상대방에 대한 연민, 죄의식, 사회적인 비교의식, 수치심을 적게 가지게 되며, 보복이나 거절에 대한 두려움도 감소하게 된다. 이처럼 현실 세계의 자아와 다소 떨어져서 평소에 억압되었던 감정을 분출하기도 하고 심지어는 사이버 폭력이라고 일컬어지는 범죄행위조차 죄의식 없이 행하게 하는 원인이 되고 있다.

(2) 평등성

사이버상의 개인들은 사회적 지위, 연령 등 상하관계를 규정하는 특성들이 드러나지 않은 채 만나기 때문에 대면의 상황에 비하여 상호 대등하게 만날 수 있다. 또한, 위계질서를 전제로 하고 있지 않기 때문에 사이버상에서는 평등화된 상호작용을 할 수 있는 것이다. 이처럼 많은 실험 연구들에서는 대면 상황에 비해 사이버상의 의사소통이 더 평등하다고 보고하고 있다.

하지만 사이버상에서도 의사소통이 비교적 장기간 이루어지면, 상대방이 작성하는 텍스트가 시사하는 정보들로 인하여 위계 관계를 의식할 수 있는 측면이 드러나기도 한다. 그러나 대면(對面)에 비해서는 훨씬 대등한 관계라고 볼 수 있을 것이다.

이처럼 사이버 공간이 대면(對面) 상황에서보다 평등성을 보장할 수 있다는 점에서 이 공간이 갖는 정치적 함의는 크다고 볼 수 있다(강명신, 1996; 오연주, 1995). 이 말은 곧, 사이버공간을 통해 모든 국민이 저마다 자신의 의견을 제시하고, 권리를 주장하게 되면서 사이버공간 안에서는 모든 사람이 참여할 수 있는 평등성이 곧 민주성과 결부되어 나타나게 된다는 점에서 큰 의미를 갖는다고 할 수 있다. 최근 초·중·고 청소년들이 학교에서 행해지는 불합리한 관행들에 대하여 학교에서는 할 수 없는 문제제기를 사이버상에서 거침없이 토로하는 것도 이러한 맥락에서 살펴볼 수 있을 것이다.

(3) 개방성

사이버상에서 상호작용의 참여 여부, 공동체 가입과 탈퇴에 대한 의사결정이 자유롭다. 이는 개방성이라는 특징에서 살펴볼 수 있는데, 사이버상에서의 개인은 전적으로 자유의사에 의하여 상호작용 참여 여부, 공동체 활동 여부를 자신이 원하는 결정하에 실행할 수 있다. 가령, 어느 활동에 어떤 방식으로 참여할 것인가, 언제 탈퇴할 것인가, 언제 대화를 그만둘 것인가 그 시점을 정하는 일 등 자신의 자유의사에 따라 결정 및 실행을 할 수 있다는 것이다.

그러나 개방성은 때로 사이버상에서 이루어지는 상호작용의 안정성, 진지함을 보장하기 어렵다는 측면에서 부정적인 요인으로도 작용하기도 한다.

(4) 문자를 통한 의사소통

말로 의사소통하는 대면(對面)상황에서는 말의 내용뿐만 아니라 음성의 크기, 고저와 장단, 표정 등 여러 맥락에서 의사전달이 풍부하게 상대방에게 전달된다. 따라서 의사소통을 하는 데 다양한 감각 채널들이 동원되게 마련이다.

그러나 사이버상에서는 대면(對面)상황에서 다양한 맥락단서를 이해하기 위해 분산되었던 다면적 사고가 문자로 된 텍스트에 집중하게 만든다. 즉, 상대방이 의사소통하고자 하는 참다운 의미보다 그가 작성한 글자단위의 텍스트에만 집중하게 되어 진중한 의사소통을 하지 못하게 된다는 것이다.

그러나 청소년들이 자주 이용하는 채팅방에서는 이메일, 문서작성 등과 같은 전통적인 텍스트와 달리 논리성, 합리성, 이야기(서사)구조가 견지되어 있지 않기 때문에 자신의 생각, 느낌, 감각 등을 전하기 위해 다양한 표현방식을 사용하게 되면서 상호작용에 참여하는 성원들 간에 생생하고 친밀한 의사소통이 이루어질 수 있게 해주고 있다. 또한, 기호로 감정이 표현되는 (*^.^*, F-_-F, -_-v) 이모티콘과 (하하, 퍼억!, 헐!) 등과 같은 다양한 의성어, 의태어 사용은 비언어적 단서를 담기 어려운 의사소통의 한계를 해결해 주는 주요한 방법으로 등장하고 있다.

(5) 탈억제성

많은 연구결과에 따르면 컴퓨터는 의사소통에 있어서 사회적 단서들이 결핍되어 의사소통을 하는 데 조정과 피드백이 어렵고 개인에 대한 사회적, 규범적 영향력이 약화되며, 의사소통을 하는 상대방을 시청각적 측면에서 파악하기 어렵다는 점을 부정적인 측면으로 지적하고 있다(김유정, 1996).

이러한 조건은 자유로운 사이버공간 안에서 정상적인 행위 규범을 약화시킴으로써 일탈적 행위를 자극할 수 있는 요인이 되기도 한다. 즉, 현실적인 일상생활 속에서는 잘 드러나지 않았던 탈억제적 행동(uninhibited behavior)이 자유로운 사이버 공간 안에서 표출하게 되는 요인으로 작용한다는 것이다. 이러한 탈억제적인 행위에는 자신의 의견이나 감정 상태를 과장하여 표현하기(flaming), 다자간 동시에 수행하는 게임에서 다른 사용자의 캐릭터를 죽이기(player killing), 긴 문장을 의도적으로 반복하기(spamming) 등이 있다.

이처럼 이용자들은 자신의 감정 상태를 과장되게 표현하는 과정에서 쉽사리 욕설과 폭언을 사용하는 성향이 나타나게 되며, 대면(對面) 상황에서보다 쉽게 욕을 하거나 타인에 대하여 공격적인 의사 표현 및 한 구성원이 완전히 항복·기권하기 전까지 의사결정을 방해하는 등의 부적절한 행위를 하게 된다. 사이버 공간 안에서의 탈억제적 행위는 그에 대한 징계 혹은 보복이 없다는 점에서 더욱 심각해지고 있다.

그러나 탈억제성이 이처럼 부정적인 측면만을 초래하는 것은 아니다. 긍정적인 측면으로도 나타나는데 가령, 대면 상황에 낯선 사람과 친밀하게 대할 수도 있고(newbie), 적극적으로 애정 표현(whuggle)을 할 수도 있으며, 사용자를 편안하게 그리고 솔직하게 하는 효과도 가지고 있다(한규석·황상민, 1999). 문성원(1999)

에 의하면, 조사자가 있는 질문지 조사보다 컴퓨터를 통한 조사가 예민한 주제(성, 약물)들과 관련하여 자신의 생각을 솔직하게 나타낸다고 이야기하고 있다.

이렇듯 탈억제성은 익명성, 사회적 맥락 단서의 결여와 결합되어 사용하는 방식에 따라 상호작용을 더욱 부드럽게 혹은 친밀하게 만들기도 하며, 반대로 억눌린 욕구를 분출하는 방향으로 행사되기도 한다.

2) 청소년 사이버공간의 긍정·부정적 측면

(1) 청소년 사이버공간의 긍정적 측면

청소년들은 획일화된 입시 위주의 교육, 과다한 경쟁, 학교와 집을 오가는 반복되고 지루한 생활, 부모의 지나친 간섭, 심신을 달래 줄 여가생활의 부족 등으로 고되고 힘든 나날들을 보내고 있다. 이러한 가운데 인터넷과 사이버공간은 청소년들에게 자유의 공간이자 해방구가 된다.

이와 같이 청소년들에게 사이버공간은 현실에서 구속되었던 청소년들로 하여금 자유를 만끽하도록 돕는 것뿐만이 아니라, 청소년들에게 긍정적인 측면까지 제시한다.

첫째, 사이버공간 안에서는 모든 사람이 차별 없이 평등하다는 위치에서 출발하기 때문에 타인에 대해서 우호적이고, 협동을 잘 하는 경향을 보인다.

둘째, 동료들로부터 기술적인 도움을 쉽게 받을 수 있고, 정보교환이 용이하다.

셋째, 온라인상에서는 오락 및 여가생활을 함께 즐기고 공유할 수 있다는 점에서 온라인 커뮤니티는 청소년들의 생산적인 놀이문화를 형성한다.

넷째, 사이버공간은 선물경제(present-economy)방식으로 운영되기 때문에 자유로운 정보교환의 흐름을 형성하며, 개인주의가 강한 청소년들로 하여금 구성원 간에 공동체 정신이 존재하도록 돕는다.

다섯째, 사이버공간 안에서는 개인 간의 상호작용을 방해하는 개인의 사회적 조건이나 제약들에 대한 정보가 제한되기 때문에 친밀한 관계로 발전할 가능성이 높다. 예를 들어, 각종 동호회나 전문가들의 뉴스그룹의 경우에는 공통된 목적과 관심사로 인해 보다 친밀한 관계가 유지된다는 것을 예로 들 수 있다.

여섯째, 네트워크를 통한 커뮤니케이션은 수만 명의 사람들과 의견을 나누고 교환하는 것이 가능하기 때문에 다양한 관계성을 확립할 수 있다.

일곱째, 사이버 공간은 전화·라디오·TV 등의 매체와는 달리 인터넷에서의 컴퓨터를 매개로 의사소통을 하기 때문에 대화의 내용·대상·시간 등을 기록할 수 있으며, 이를 영구 보존할 수 있다는 점에서 유용하다.

(2) 청소년 사이버공간의 부정적 측면

① 자아정체성 확립이라는 과정

사이버 공간에서는 다양한 모습과 활동, 역할로 자신을 가변적으로 표현해 가면서 자신의 모습을 새롭게 만들어 낼 수 있다. 즉, 자신의 욕구에 따라 특정한 역할을 수행해 봄으로써 다른 인물로 자신을 드러낼 수가 있다는 것이다. 이처럼 자신의 모습을 계속적으로 변화시킴으로 다양한 사람들과의 채팅을 통해 현실세계에서 억제해 온 욕구와 갈등을 표출하며, 다양한 공동체 활동에 참여함으로써 현실공간에서 추구하고 싶었던 자신의 변화된 모습을 체험하기도 한다. 이 과정에서 청소년들은 비록 현실의 정체성과 유사한 심리적 속성과 기능을 가졌지만, 현실과는 다른 다양한 자기 모습을 형성하기도 한다.

그러나 사이버 공간 속의 정체성은 관심과 활동에 의해 만들어지기 때문에 매우 가변적이고 쉽게 사라져 버리는 경향이 있다. 더욱이 사이버공간과 현실의 차이는 너무 크기 때문에 청소년들로 하여금 자신이 경험한 두 공간을 두고 심리적 혼란을 야기하는 요인이 된다.

② 기존체제를 거부한다는 측면

청소년기의 큰 특징으로 문명화 거부를 들 수 있다. 문명화 거부란 기존의 문명을 거부하는 것으로 이 현상은 청소년 자신들만이 공감하는 세계를 만들고자 하는 심리에서 기인한다고 할 수 있다.

이처럼 사이버 공간에서의 청소년들은 평소 억제된 자신의 감정과 욕구를 분출하려고 하는데, 이것은 익명성이라는 무기와 함께, 탈억제의 현상으로 나타나게 된다. 즉, 청소년들은 자신의 의견이나 감정상태를 과장되게 표현하고, 충동적이고 공격적인 행동을 보이며, 상대방에 대한 무례한 언행, 거친 표현, 사이버상에서 지나친 음란성 등의 문제 행동을 보인다는 것이다. 이러한 거칠고 음란한 표현들은 억압해 놓았던 자신의 모습을 이 공간상의 어떤 대상에게 표출하는 것이라고 보는 시각도 있다.

특히, 사이버공간에서는 원하면 필요한 정보나 지식, 즐거움을 즉시 얻을 수 있어서 자신의 욕구를 지연시키거나 절제할 필요가 별로 없다. 이런 습성에 길들여지면, 현실세계에서도 자신의 욕구나 충동을 절제하지 못하고 즉흥적이고 충동적인 행동을 할 가능성이 높아진다.

③ 원만한 인간관계를 위한 상대방을 이해하고 공감하는 능력의 저하

현실세계에서는 인간관계가 타인 지향적이다. 사람들은 원만한 인간관계를 위해 상대방의 입장과 반응을 고려하게 된다. 그래서 상대방을 이해하고 공감하는 능력이 크게 발달하게 되는데, 이것은 사회활동의 실재감을 체득하는 데 큰 도움이 된다. 하지만 사이버공간에서는 인간관계가 자기-지향적이다. 이유는 사람들이 사이버공간을 통해서 억눌리고 잠재되어 있던 욕구를 해소하려고 하기 때문이다. 그래서 사람들은 사이버공간에서 다양한 방식으로 자신의 생각과 감정을 표현하게 된다. 이것은 상대방을 이해하려 하지 않고 자신만을 생각하는 인간관계를 만들게 되며, 이로 인해 사이버 공간에서는 사람들이 상대방을 이해하고 공감하는 능력이 크게 저하된다.

④ 현실 세계에서 일탈해버리고 사이버공간으로 도피하려는 현상

현실세계에서 원만한 인간관계를 맺지 못하던 사람도 자신의 생각과 감정을 비교적 자유롭게 표현할 수 있기 때문에 소극적인 사람도 사이버 공간에서 많은 인간관계를 맺을 수 있다.

그러나 사이버공간 안에서의 인간관계는 일시적이고 단편적으로 흐르게 되는 경우가 많기 때문에 현실에서 인간관계 맺는 것을 더욱 힘들어하게 된다. 이러한 현상이 지속될 경우, 현실세계에서의 원만한 인간관계를 맺지 못하고 사이버 세계로 자꾸 도피하려는 현상이 생겨나게 된다.

⑤ 자신의 감정과 행동 조절의 저하

현실공간에서는 지속적이고 안정된 관계를 필요로 하기 때문에 대인관계가 깨어지지 않게 일정한 규범이나 규칙으로 자신의 감정이나 행동을 조절하지만, 사이버 공간 안에서는 익명성이라는 특징 때문에 자신의 감정과 행동을 조절하기보다 충동적으로 행동하려는 경향을 보이게 된다.

사이버공간을 통해 이러한 충동적 경향이 지속될 경우, 현실에서도 자신을 조절하지 못하고 우발적으로 행동할 가능성이 커지기 때문에 청소년들의 비행·범죄로 이어질 수 있다.

⑥ 인터넷 중독

일상에서의 소외감과 무력감은 현실 도피를 부추기게 되고, 이는 곧 사이버공간으로의 도피로 이어지게 된다. 자신이 원하는 대로 행동해도 규제할 사람이 없다는 사이버공간의 특징과 익명성이 보장되기 때문에 다양한 사람들과 마음 편히 접촉할 수 있다는 점이 이들에게 매력으로 다가오기 때문이다.

이러한 매력은 장시간의 인터넷 사용을 불러오고, 이에 강박적인 집착과 지나친 몰입으로 이어져 망상이나 환상에 빠져 자아의 혼란을 겪게 만드는 병적 증상으로 이어지게 된다.

4 복지적 개입

청소년들이 사이버공간에서 나타내는 문제의 특징들을 다양하게 제시하고 있다. 그중 심각성이 가장 높고 사이버공간 문제의 근원이라고도 할 수 있는 인터넷 과다사용을 중심으로 사이버공간에서의 복지적 개입을 살펴보고자 한다.

1) 가정적 차원

(1) 부모-자녀 간 가족 구성원의 의사소통 관계 형성이다.

대부분의 청소년들이 가정에서 인터넷을 이용하고 있음에도 부모 및 형제들은 이들의 무분별한 인터넷 이용에 대하여 상관하지 않는 등 방임과 무관심한 태도로 청소년들의 인터넷 중독을 방관하고 있다. 이러한 사실은 가정에서 가족구성원의 역할이 매우 중요함을 말해 주고 있다. 부모는 자녀와 평소 대화를 통해 친밀하고 신뢰 있는 가족관계를 형성하여 자녀의 인터넷 활용 및 이용시간에 대해서 가족 구성원끼리 서로 의견을 교환하는 등 가족구성원의 참여가 효과적으로 이루어져야 한다.

부모-자녀 간 가족구성원의 의사소통 관계 형성을 위해 인터넷을 매개로 한 가족관계 향상 프로그램 운영이 가능하다. 예를 들면 자녀가 부모 대상으로 인터넷 활용법 알려주기, 부모가 자녀를 위해 필요한 정보 및 자료를 제공하기, 인터넷 쇼핑 함께 하기 등을 할 수 있으며 이는 자녀의 인터넷 이용 특성에 대한 올바른 이해와 인터넷 중독을 예방하고 관심분야 및 주제에 대한 공감대 형성 및 비판, 토론 능력을 향상시키며 폭넓고 속 깊은 가족 간 대화 기회 확대, 소비자 권리의식 및 절약 태도의 함양 등의 기대효과를 거둘 수 있다(원형숙, 2005).

(2) 부모교육 및 상담 실시이다.

인터넷 과다사용 청소년을 위한 개입에 있어서 부모상담은 필수이다. 대개 부모들은 인터넷 과다사용의 문제로 자녀와 오랜 시름과 갈등 끝에 상담을 의뢰하는 경우가 많기 때문에 자녀와 부모의 관계가 극도로 악화되어 있기 쉽고 부모의 경우 심한 좌절감과 무기력, 분노, 불안 등의 감정에 압도되어 있다. 따라서 부모와의 상담에서는 이와 같은 부정적인 감정을 다루고 부모와 청소년이 함께 이 문제를 해결할 수 있도록 해야 한다. 특히 자녀가 컴퓨터를 사용할 때 나타나는 문제와 부정적인 영향에만 집착하지 말고 자녀가 컴퓨터에 집착하게 된 이유와 사이버공간에서 해결하고자 하는 욕구를 공감적으로 이해할 수 있도록 도와주어야 한다(홍봉선·남미애, 2007).

2) 학교적 차원

(1) 청소년을 위한 인터넷 교육 활성화이다.

정보사회는 그 어느 시대보다 청소년을 비도덕적인 행동을 하도록 유혹하는 여러 가지 요인들을 지니고 있고, 인터넷상의 불법·청소년유해 정보 등을 접촉할 때 특별한 조치를 취하지 않고 그대로 노출되는 경우가 많다. 따라서 현재 초·중·고교에서 학교재량으로 실시하고 있는 '정보통신 윤리교육'이 더 강화되어야 한다.

정보통신 윤리교육에서 유의해야 할 점은 첫째, 정보통신 윤리의식이 몸에 습관화되도록 지도하고 네티켓을 준수하는 것이 일상생활화되도록 교육시켜야 하며, 둘째, 정보통신 윤리교육은 건전한 정보사회를 살아가는 데 반드시 필요한 가치관 및 양심교육이기 때문에 모든 정보화(인터넷) 교육활동에 포함시켜야 한다는 점이다(원형숙, 2005).

(2) 학교사회복지의 활성화이다.

청소년들은 하루 일과 중 학교에서 많은 시간을 보낸다. 따라서 학교 안에서 청소년들에게 인터넷 중독 및 비행 예방 치료에 관한 이용정보, 이용방법 등을 적극 교육해야 한다. 또한 청소년문제를 전문적으로 다루는 기관과 단체에 대해 홍보함으로써 예방과 치료 효과에 대한 기대와 희망을 갖고 용기 있게 적극 참여하고 이용할 수 있는 방안이 마련되어야 한다. 예컨대 학교적 차원에서 비전문가집단(담임교사, 보건교사)과 전문가집단(상담교사, 학교사회복지사)의 협력적 노력이 요구된다(원형숙, 2005).

3) 사회적 차원

(1) 정부 차원에서의 제도적 지원이다.

정부는 국민들에게 인터넷 과다사용의 심각성을 알리고 건전한 인터넷 문화가 정착될 수 있도록 홍보, 계몽해야 한다. 또한 불건전한 유해사이트들로부터 청소년을 보호하고 청소년들이 재미있게 흥미를 가지고 접촉할 수 있는 유익한 사이트(예컨대 그린사이트)를 개발함으로써 인터넷이 초래할 위험을 최소화하고 청소년의 삶의 질에 긍정적인 영향을 미칠 수 있도록 인터넷환경을 개선하고 정비해야 한다. 또한 인터넷 과다사용의 위험에 있는 청소년들을 예방하고 치료하는 데 필요한 법적, 제도적, 재정적 지원을 해야 한다(홍봉선·남미애, 2007).

(2) 치료기관 설치 및 전문인력 양성이다.

이미 선행연구에서도 나타났듯이 인터넷 과다사용의 유형에 따라 특성이 다르고 또한 하나의 유형에 몰입하는 집단 외에도 여러 가지 유형을 동시에 포함하는 청소년들이 있을 수 있다. 뿐만 아니라 인터넷 과다사용으로 인해 중독적 경향을 가지고 있는 청소년의 수도 적지 않음을 고려해 볼 때, 고위험 청소년에 대한 전문적 치료기관 및 전문 인력 양성이 필요하다. 또한 교사, 사회복지사, 자원봉사자들에게 인터넷 과다사용 관련 교육 및 훈련을 제공하여 고위험 청소년에 대해 조기에 개입할 수 있도록 하고 해당 청소년이 발견되었을 때 지역사회 자원과 연결하여 신속한 개입이 될 수 있는 네트워크 시스템이 마련되어야 한다(홍봉선·남미애, 2007).

(3) 예방사업의 강화이다.

인터넷 과다사용에 대한 예방사업은 인터넷에 대한 애착이 형성되기 전에 일반집단에게 위험성을 알리는 1차 예방과 고위험 집단이 중독에 빠지기 전에 이를 보호하는 2차 예방이 동시에 이루어져야 한다. 사회복지 현장에서 보면 인터넷 과다사용 청소년들은 문제의 심각성을 인식하지 못하는 경우가 많아 자발적으로 찾아오기 어렵고 설사 부모나 교사의 추천에 의해 마지못해 온다고 해도 강한 저항으로 인해 긍정적인 관계형성이 어렵다. 따라서 무엇보다 중독단계 이전에 예방교육을 행하는 것이 가장 중요하다. 이를 위해 학급단위에서 청소년들이 적극적으로 참여하는 집단 상담 형식의 인터넷 예방교육을 실시하는 것이 필요하며 인터넷 몰입의 위험이 있는 청소년을 조기에 발견할 수 있는 프로그램이 행해져야 한다. 또한 농어촌 지역 청소년이나 접근성이 떨어지는 지역을 위해서는 인터넷 과다사용 관련 시청각 교육프로그램의 개발과 보급이 필요하며 학교홈페이지에 인터넷 중독 자가진단표나 인터넷 중독에 대한 안내문을 초기화면에 배치해 인터넷 중독에 대한 경각심을 불러일으키는 것이 필요하다(홍봉선·남미애, 2007).

(4) 전문적 프로그램의 개발 및 보급이다.

성장과정에 있는 청소년의 경우 인터넷 과다사용으로 인해 정신적, 정서적 발달과 정체성 확립에 장애가 발생하거나 성인보다 후유증이 크기도 하지만 반면에 적절한 개입을 한다면 효과성도 매우 높다. 따라서 게임중독, 인터넷 섹스중독 등 유형별로 프로그램이 개발, 보급되어야 한다. 앞서 제시하였듯이 하위유형에 따라 공통적인 요인들도 있지만 각 유형에 따라 상이하게 나타나는 요인들에 주목해야 하며 유형에 따라 차별적인 개입이 필요하다. 또한 인터넷 과다사용의 원인 중 개인의 심리내적 요인이 중요하게 작용한다면 다양한 활동과 상담을 통해 억압된 감정과 내적 분노를 표출할 수 있는 기회를 제공하는 것이 필요하며 시간관리와 자기조절 능력이 어려운 청소년의 경우 시간관리 및 자기통제력을 강화시키는 개입이 필요하다.

더 나아가 새로운 접근의 중독치료 프로그램이 개발되어야 한다. 지금까지의 전통적 중독 상담이 금단증상 제거와 같은 중독현상의 부정적인 면에만 초점을 맞춰 증상 제거 쪽에 관심을 가졌다면 몰입감 모델에 따른 중독 상담은 중독보다 강력한 새로운 의미의 중독, 즉 건전한 몰입감 경험을 통해 자연스럽게 부정적 현상으로부터 벗어나도록 하는 접근방법이 시도되어야 한다. 이것은 어떤 일에 몰입한다는 것이 부정적인 측면만 있는 것이 아니라 의식적, 자율적 선택에 의해 몰입감을 적절하게 통제할 수만 있다면 긍정적인 효과를 거둘 수 있다는 관점이다. 예를 들면 예술가나 체육인들이 자신의 활동에 몰입함으로써 창조적인 결과를 만들어 내는 것을 볼 수 있다(홍봉선·남미애, 2007).

(5) 인터넷 관련 연구 및 조사이다.

우리나라 청소년의 인터넷 사용 및 과다사용 실태에 대한 전국적인 조사가 행해져야 한다. 또한 잠재적 인터넷 중독군의 심리적 특성이나 컴퓨터 사용 패턴에 대한 연구가 수행되어야 하며 인터넷 중독의 위험징후를 인식하고 조기발견을 위해 사용할 수 있는 척도 개발 및 보급 등 노력이 행해져야 한다(홍봉선·남미애, 2007).

(6) 청소년문화복지 확대이다.

지금까지 청소년은 공부하는 존재로만 인정되었지 문화적 존재라는 측면은 덜 강조되었다. 문화는 삶의 총체인 동시에 정체감 형성에 필수적이다.

이제 문화는 중요한 사회적 수단인 동시에 경제적 수단으로 활용되고 있기 때문에 문화격차 문제는 단순히 문화의 접근과 활용만의 문제가 아니라 교육, 경제, 사회참여 등 생활 전반에 걸친 불평등 문제로 연결되고 결국에는 또 다른 문화격차를 초래하여 사회적 갈등을 야기할 수 있다. 현재 청소년세대는 문화세대로서 문화적 자율성을 펼칠 수 있는 가장 능동적인 주체이자 문화적 검열을 가장 많이 받는 억압적인 주체이다. 또한 소비문화의 중심주체이면서 비주류문화를 생성하는 주체이며 결국에는 21세기 지식기반 사회의 주역이기도 하다. 사이버공간은 청소년들에게 있어서 다양한 여가활동과 오락, 인간관계 및 교제, 그리고 상대방과의 대화와 토론 등의 기회를 제공해 주고 있다. 특히 오늘날 청소년들에게 적당하고 충분한 문화생활 및 여가활동의 기회가 제한되어 있는 우리 사회의 상황에서 본다면 매우 흥미롭고 다양한 세계를 제공해 주는 사이버공간은 청소년들에게 매우 매력적인 활동과 놀이의 장이 될 수 있으며 실제로 청소년들의 가치관, 의식구조 및 생활 전반에 걸쳐 직·간접적인 영향을 미칠 것으로 나타나고 있다(홍봉선·남미애, 2007).

●●● 참고문헌

강명신. 1996. "여론형성 장으로서 PC통신에 관한 연구". 한국외국어대학교. 석사학위논문.

강성도. 1997. **종교다원주의와 구원**. 대한기독교서회.

강순희·이병희·최강식. 1999. **지식경제와 직업훈련**. 한국노동연구원.
http://www.won-buddhism.com/wonnews/text/1208/120814.html

강순희 외. 1999. **지식경제와 인력수요 전망**. 한국노동연구원.

고미영. 2009. **구성주의 사회복지실천기술론**. 집문당.

고성혜. 1995. **청소년 비행의 개념 규정에 관한 연구**. 한국청소년개발원 연구보고서.

교육부. 2000. "평생교육법·평생교육법시행령·평생교육법시행규칙 해설자료". **평생교육백서.** 제4호. 교육부.

구자경. 2003. "청소년의 심리사회적 특성이 학교자퇴생각에 미치는 영향". **청소년학연구,** 10(3). 309-330.

국가청소년위원회. 2006. **청소년백서**.

권육상 외. 2003. **최신가족복지론**. 유풍출판사

김경식. 1997. "중·고교 중퇴생의 문제고찰". **교육사회학연구,** 7(1). 1-4.

김경준. 2005. **장애청소년의 실태 및 지원정책 개발-발달장애청소년을 중심으로**. 문화관광부.

김계현. 1997. **카운슬링의 실제**. 학지사.

김동배·권중돈. 1998. **인간행동과 사회복지실천론**. 학지사.

김동일. 1996. "비행청소년의 실태와 문제- 한국특수교육의 발전과제 비행청소년을 위한 특수교육적 접근-".

김민. 2001. **자발적 학업중도탈락현상 발생요인에 대한 분석 연구**. 한국청소년개발원.

김비환. 2002. **맘몬의 지배**. 성균관대학교출판부.

김성이·김상균. 1997. **사회과학과 사회복지**. 나남.

김성이·조학래·노충래. 2003. **청소년복지학**. 집문당.

김성이 외. 2005. **청소년복지학**. 서울 : 집문당.

김성이. 1993. "청소년복지의 개념과 의의". **청소년복지론**. 한국청소년개발원. 3-20.

김소야자. 2004. **청소년의 성장발달과 간호**. 수문사.

김순규. 2004. "가족환경 요인이 청소년의 학업중퇴에 미치는 영향-농촌지역을 중심으로-". **청소년학연구,** 11(3). 43-63.

김신일. 1994. 한국교육의 불평등현황. **현대사회문제론**. 사회복지정책연구소.

김여옥. 1986. **心性開発프로그램 I, II**. 배영사.

김영지 외. 2001. **청소년권리신장 정책프로그램 활성화 방안연구**. 한국청소년개발원.

김영지. 1998. "외국의 청소년참여 동향과 우리의 과제". **청소년정책과 청소년 참여**. 한국청소년개발원.

김왕석·라도삼. 1997. "인터넷과 가상공간(cyberspace), 그리고 주체(subject)". **언론연구논집, 24**. 중앙대학교 출판부. 41-67.

김유정 외. 1996. "사이버스페이스와 인간 커뮤니케이션: 대안적 커뮤니케이션 양식으로서의 컴퓨터 매개 커뮤니케이션". **언론 사회 문화, 5.** 연세대학교언론연구소.

김윤재 외. 2005. **최신사회문제**. 유풍출판사.

김융일·조흥식·김연옥. 1999. **사회사업실천론**. 나남.

김종일·엄명용·최경구. 2004. **사회문제론**. 청목출판사.

김준호·노성호. 1993. **학교가 청소년비행에 미치는 영향에 관한 연구**. 한국형사정책연구원.

김준호 외. 2003. **청소년비행론**. 서울 : 청목출판사.

김준호. 1992. "청소년 비행의 원인과 교정". **청소년문제론**. 한국청소년연구원.

김준호. 2009. **청소년비행론**. 청목출판사.

김형식. 1993. "외국 청소년복지의 현황과 전망". **청소년복지론**. 한국청소년개발원. 279-292.

김혜영. 2002. "학교중도탈락 청소년의 삶에 대한 문화기술적 연구". 숙명여자대학교 박사학위논문.

김희성. 2004. "빈곤가정 청소년의 자립준비에 대한 임파워먼트 매개효과연구". **한국사회복지학,** 56. 135-157.

남세진·조흥식. 1998. **집단지도방법론**. 서울대학교출판부.

노혁. 1998. **빈곤계층 청소년의 자립능력 개발을 위한 복지지원방안**. 한국청소년개발원.

노혁. 2002. "사회복지의 재해석". **기독교와 인간복지**. 나사렛대학교출판사. 157-177.

大橋謙策, 한국지역복지연구소 감역. 2007. **지역복지와 복지교육**. 푸른북.

대한가족계획협회 편. 1997. **청소년성문제 대처방안에 대한 세미나자료집**. 대한가족계획협회.

대한특수교육학회편. 2000. **특수교육용어사전**. 대구대학교출판부.

望月彰. 2004. **自立支援の児童養護論**. ミネルヴァ書房.

문성원. 1999. "컴퓨터에 의해 매개되는 의사소통을 활용한 심리학적 서비스 모형의 개발". **한국심리학회지**, 11(1). 한국심리학회. 63-78.
문화관광부. 1998. **청소년백서**.
문화관광부. 2003. **청소년백서**.
박구연. 2001. 가족기능과 자아개념이 고등학생의 컴퓨터 게임 중독에 미치는 영향. 서울여자대학교 석사학위논문.
박시종. 2001. "사회복지실천에서의 권력주체화 이론의 방법론적 통합가능성 연구". **한국가족복지학**, 7. 89-112.
박영균 외. 1999. **장애청소년의 실태 및 지원정책개발**. 한국청소년개발원.
박영균. 2001. "장애청소년 복지·문화의 현상 및 증진방안". **장애인고용**, 여름호. 한국장애인고용촉진공단.
박원우. 1995. "임파워먼트와 기업문화". **기업문화의 새로운 방향모색을 위한 심포지움 자료집**. 삼성정신문화연구소.
박재항 외. 1993. **청소년상담교육과정 개발연구**. 청소년대화의 광장.
박창남. 2001. **중도탈락 청소년 예방 및 사회적응을 위한 종합대책연구**. 교육인적자원부·한국청소년개발원.
박창남. 2003. "청소년노동에서 인권의 의미와 인권침해법령에 관한 연구". 한국청소년복지학회 추계학술대회 발표자료.
보건복지가족부. 2009. **아동청소년백서**.
三浦文夫 외. 1982. 社会福祉政策 有斐閣.
성민선 외. 2004. **학교사회복지의 이론과 실제**. 학지사.
小川利夫·高橋正教 編. 2001. 教育福祉論入門. 光生館.
송광성 외. 1992. **정학·퇴학 청소년선도방안연구**. 한국청소년개발원.
송복 외. 1996. **학업중퇴자 연구 -실태와 대책-**. 연세대학교 사회발전연구소.
송원영. 1998. "자기효능감과 자기통제력이 인터넷의 중독적 사용에 미치는 영향". 연세대학교 석사학위 논문.
송주미. 2003. "청소년과 청소년의 권리보호를 위한 국가이념의 방향과 과제". **청소년학연구**. 10(2). 한국청소년학회. 172-194.
안정임·김동규. 2000. "청소년 인터넷 중독증후군 및 음란물 접촉 행위에 관한 연구". 한국 여성 민우회 미디어 운동본부.
안치민. 2003. "복지권의 구성과 성격". **한국사회복지**학, 55. 한국사회복지학회. 5-26.
양만우. 2003. **청소년비행학입문**. 신지성사.
어윤배. 1994. **복지국가와 중소기업**. 책세상.

어윤배. 1996. **사회정책의 이론과 과제**. 숭실대 출판부.

연문희, 강진령. 2002. **학교상담**. 양서원.

오승환. 2001. "결손가족 청소년의 적응 결정요인에 관한 연구: 부모 이혼· 별거가족과 사망가족을 중심으로". **사회복지연구**, 17, 99-125.

오연주. 1995. "컴퓨터 매개 커뮤니케이션의 '공공영역' 형성에 관한 연구; '대구 지하철 가스폭발 사건'(on-line) 토론을 중심으로". 성균관대학교 석사학위논문.

오영재. 2001. **청소년복지론.** 양지출판사.

원치용. 2001. "장애청소년의 생산적 복지의 미래와 과제". **장애인고용,** 여름호. 한국장애인고용촉진공단.

원형숙. 2005. "인터넷 중독이 청소년 비행에 미치는 영향에 대한 사회복지적 개입방안 연구 -원주지역 고등학생을 중심으로-". 상지대학교 석사학위논문.

원호택. 1990. **청소년 범죄행동 유발 요인에 대한 심리학적 연구**. 한국형사정책연구원.

유성경 외. 1998. **잠재적 중도탈락 학생에 대한 개입체제 개발연구**. 청소년대화의 광장.

유혜경. 2002. "한국 장애인교육의 현황과 나아갈 방향의 모색". **특수교육연구,** 9(2). 국립특수교육원.

윤철수· 진혜경· 안정선. 2006. **학교교육과 복지**. 학지사.

이경림. 2000. "실업계고등학생의 중퇴와 관련된 환경적 특성에 관한 연구 : 체계론적 접근을 중심으로". 서울여자대학교 석사학위논문.

이계원. 2001. "청소년의 인터넷 중독에 관한 연구". 이화여자대학교 석사학위논문.

이광호. 2000. "청소년 문화 읽기와 수련활동의 새로운 전략 모색." 광주대학교 청소년문화포럼자료집. 1-15.

이광호. 2010. "사회변화에 따른 청소년정책의 재조명 : 청소년사업정책에서 청소년정책으로 확장-" 한국청소년복지학회춘계공동학술대회 자료집. 1-27.

이기범. 1997. "유엔 어린이· 청소년 권리조약의 원리와 이해방안". **청소년권리청연구**, 창간호. 한국청소년권리학회. 23-55.

이동원. 2006. **한국의 청소년비행 : 동향과 요인**. 한국학술정보.

이법승. 2005. "고등학생의 인터넷 중독과 사회복지적 개입 방안에 관한 연구 -군산지역 고등학생을 중심으로-". 한일장신대학교 석사학위논문.

이병렬. 2002. **스웨덴 · 영국 · 미국의 빈곤정책**. 양지사.

이봉철. 1991. "인권, 청소년, 그리고 청소년권". **한국청소년연구**, 2(4). 한국청소년학연구. 5-29.

이상오. 2000. "평생학습 사회구축을 위한 교육복지 체제의 모형개발". *Andragogy Today*,

3(2). 1-49.

이성진. 1996. “청소년상담 발전의 방향과 과제”. 제3회 청소년상담학세미나 자료집.

이숙영·남상인·이재규. 1997. **중도탈락학생의 사회적응 상담정책개발연구**. 한국청소년대화의 광장.

이순형 외. 2003. **청소년복지-이론과 실천**. 학지사.

이용교 외. 1999. **청소년권익증진을 위한 국내외 활동 동향 연구**. 한국청소년개발원.

이원숙. 2008. **사회복지실천론**. 학지사.

이은주. 1995. “빈곤층 아동의 또래역량”. 숙명여자대학교 석사학위논문.

이은주. 2005. “청소년 비행에 대한 자아개념과 사회적 지지의 상호작용 효과”. **청소년학연구**, 7(1). 한국청소년학회. 149-193.

이장호·김정희. 1997. **집단상담의 원리와 실제**. 박영사.

이장호. 1998. **상담심리학**. 박영사.

이재연. 1997. “각 나라의 청소년권리협약 실천 상황”. **청소년권리연구**, 1(2). 한국청소년권리학회. 5-20.

이정균. 1987. **정신의학**. 일조각.

이정환 외. 2002. **장애인복지론.** 그린출판사.

이종만. 1992. **청소년지도론**. 한국청소년연구원.

이채식·김상욱. 2010. “청소년수련활동의 정책과 운영의 미래적 방향”. 한국청소년시설환경학회춘계학술대회 자료집. 11-24.

이채식·김상욱. 2010. “청소년수련활동정책과 운영의 미래적 방향”. 한국청소년시설환경학회학술대회발표자료. 11-24.

이채식. 2008. “청소년에 대한 새로운 관점 : 긍정적 청소년개발”. 천정웅·이용교 편. **적극적 관점의 청소년개발**. 인간과 복지. 29-50.

이채식 · 김상욱. 2010. “청소년수련활도정책과 운영의 미래적 방향”. **한국청소년시설환경학회 춘계학술발표대회**. 11-24.

이혁구. 2000. “권력장치로서의 사회복지 : 푸코의 권력이론에 입각한 ‘권한부여’비판”. **한국사회복지학,** 43. 328-357.

이혜영. 2001. “학업중도탈락의 실태와 학교에서의 대처방안”. 한국청소년복지학회 추계학술대회 자료집. 7-23.

이혜원. 2006. **아동권리와 아동복지**. 집문당.

장인협·이정호. 1998. **사회복지행정**. 서울대출판부.

장인협. 1998. **사회사업실천방법론(상)**. 서울대학교출판부.

장인협. 1998. **사회사업실천방법론(하)**. 서울대학교출판부.

장인협. 1999. "한국청소년복지의 미래". **한국청소년복지학,** 창간호. 한국청소년복지학회. 240-251.

장혁표. 1996. "복지사회 실현을 위한 교육". **교육학연구,** 34(2). 1-19.

정원식·박성수. 1983. **카운슬링의 원리**. 교육과학사.

조아미. 2002. "청소년의 학교중퇴 의도 결정요인". **청소년학연구**. 9(2). 1-22.

조영승. 2002. "청소년육성정책의 탄생과 의의에 관한 연구", **경기대학교 논문집**. 경기대학교.

조한혜정. 1997. **학교를 거부하는 아이, 아이를 거부하는 사회**. 또 하나의 문화.

체육청소년부. 1990. **청소년백서**.

체육청소년부. 1993. **청소년백서**.

최선희·김희수 공저. 2004. **빈곤 아동 청소년 실태 파악 및 정책방안 연구**.

최성재·남기민. 1993. **사회복지행정론**. 나남출판사.

최원기. 2003. "청소년인권과 시민적 권리", 한국청소년복지학회 추계학술대회 발표자료.

최일섭·최성재. 1995. **사회문제와 사회복지**. 나남출판사.

최일섭. 2000. **사회문제와 사회복지**. 나남출판사. pp. 93.

한국정보문화진흥원. 2005. **2005년 인터넷 중독 실태조사**.

한국청소년개발원. 1993. **청소년활동론**. 한국청소년개발원.

한국청소년개발원. 1994. **집단지도론**. 한국청소년개발원.

한국청소년개발원. 2004. **청소년상담론**. 교육과학사.

한국청소년개발원. 2005. **청소년문화론**. 교육과학사.

한국청소년문화연구소. 1998. **정보사회와 청소년 : 통신중독증**.

한상철 외. 2003. **청소년문제행동-심리학적 접근-**. 학지사.

한승희·구창모. 1994. **청소년 수련거리개발기본계획(Ⅰ)**. 한국청소년개발원.

한준상. 1992. **청소년문제와 학교교육**. 연세대학교 출판부.

한준상. 1998. **청소년학연구**. 연세대학교출판부.

홍봉선·남미애. 2007. **청소년복지론**. 공동체.

황상민·한규석. 1999. **사이버 공간의 심리 : 인간적 정보화 사회를 향해서**. 박영사.

황정숙. 1999. "중퇴경험생과 일반재학생의 자아정체감 및 성격특성 비교 연구". 강원대 석사학위논문.

황창순. 1996. "청소년 학업중퇴의 현황과 사회복지적 대책". 순천향대학교 사회과학연구소, 2(1), 109-133.

Araque, J. C. 2005. Positive Youth Development : impact of youth-adult connectedness on Early Adolescents. Unpublished Ph. D., University of Southern California. USA.

Archard, D. 1993. *Children-Rights and childhood.* Routledge.

Barber, J. G. 1991. *Beyond Casework*. Palgrave McMillan.

Benard, B. 1995. *Fostering resiliency in children*(Report No. EDO-PS-95-0). ERIC Clearinghouse on Elementary and Childhood Education.

Brammer, L. 1973. *The helping relationship*. Prentice-Hall.

Carter, J. C. 1998. *The relationship between at-risk students resilience and dropout behavior*. The University of North Carolina at chapel hill.

Coleman, J. C. & Hendry, L. B., 강영배 외 역. 2006. **청소년과 사회**. 성안당.

Conger, J. A. and R.N. Kanungo. 1988. The empowerment process : Integrating Theory and Practice. *Academy of Management Review, 3,* 639-652.

Cortada, J.W.(ed.). 1998. *Rise of Knowledge Worker.* Boston : Butterworth- Heinemann.

Dupper, D. R. 1993. Preventing School Dropouts ; Guidelines for School Social Work Practive. **Social Work in Education,** 87(3). 141-149.

Easchach, H. 2007. Bridging in school and out-of-school learning ; Formal, non-formal, and informal education. *Journal of Science Education and Technology* 16(2). 171-190.

Egan, G. 1998. *The Skilled Helper*. 6th ed. Monterey, CA: Brooks/Cole.

Egan, G., 제석봉 외 역, 1999. **유능한 상담자**. 학지사.

Elder, G Liker Cross, C P. Baltes O. 1984. BRIM Eds Parent-children behavior in the Great Depression Life course and intefrgenerational influences Life-span development and behavior FL : Academic press Vol, 6 Orlando.

Erikson, E. H. 1963. *Childhood and society*. W. W. Norton.

Eschach. H, 2007. Bridging in-school and out-school learning : Formal, non-formal, and informal education. *Journal of Science Education and Technology,* 16(2). 171-190.

Evans, D. R et al. 성숙진 역. 2000. **상담의 필수기술**. 나남.

Franklin, C. 1992. Family and Individual Patterns in a Group of Middle-class Dropout Youth. **Social Work,** 37(4). 338-343.

Garmezy, N. 1996. *Stress, Risk, and Resilience in Children and Adolescents: Processes, Mechanisms, and Interventions*. Cambridge University Press.

George, R. L., & Cristiani, T.,S. 1995. *Counseling : Theory and Practice*(4th ed.). Allyn and Bacon.

Gutierrez, L. M. 1994. Beyond coping : An empowerment perspective on stressful life event. *Journal of Sociology and Social Welfare*, 21. pp.201-219.

Hart, R. A. 1997. *Children's Participation : The Theory and Practice of Involving Young Citizens in Community Development and Enviromental Care*. UNICEF.

Hart, R. A. 1997. *Children's Participation : The Theory of Involving Young Citizens in Community Development and Environmental Care*. UNICEF.

Hirschi, T. 1969 . *Causes of Delinquency*. University of California Press.

Hogan, R.A. 1964. "Issues and approaches in supervision," *Psychotherapy : theory, research, and practice*, 1. 139-141.

Ife, J., 김형식·여지영 공역. 2001. **인권과 사회복지실천**. 인간과 복지.

Johnson, D. W., & Johnson, F. P. 2000. *Joining Together : Group Theory and Group Skill.* Allyn And Bacon.

Kadushin. A. & Martin, J. A. 1980. *Child welfare services*(4th ed.). New York : Macmillan

Kieffer, C. 1984. Citizen Empowerment : A developmental perspective. J. Rappaport, C. Swift & R, Hess. (eds.). *Studies in empowerment toward understanding and action.* Haworth.

Larson, R. 2000. Toward a psychology of positive youth development. *American Psychologist*, 55. 170-183.

Leary, Timothy. 1994. *Chaos and Cyberculture*. Ronin Publishing, Inc.

Lee. J. A. B. 2001. *The empowerment approach to social work practice.*(2nd ed.). Columbia University Press.

Lerman, R. I. 2000. *Improving Career Outcomes for Youth : Lessons from the U.S. and OECD Experience.* OECD.

Lerner, R. M., Fischer, C. B., & Weinberg, R. A. 2000. Toward a science for and of the people : Promoting the civil society through the application of developmental science. *Child Development*, 71. 11-20.

Losoncy, L. 1977. *Turning People On*. Prentice-Hall.

Marshall, T. H. 1975. *Social Policy - in the Twentieth Century -* . Hutchinson Co. Ltd.

McWhirter, E. H. 1994. *Counseling for Empowerment*. ACA.

Merton, R. K. 1968. *Social Theory and Social Structure*. New York : Free Press.

Meyer. 1985. "The Institutional Context of Child Welfare." *Handbook of Child Welfare*. The Free Press. pp.100-103.

Miley, K., O'Melia, M., & DuBois, B. 2007. *Generalist Social Work Practice : An Empowering Approach* (5th eds). Pearson Education, Inc.

Morrow, G. P. 1986. Standardizing Practice in the Analysis of Dropouts. *Teachers College Record,* 87. 342-355.

Muss, R. E. 송종두 역. 1981. **청소년이론**. 계명대학교출판부.

NASW. 1965. Encyclopedia of social work.

NASW. 1999. *The Foundations of Social Work Practice*. (2th ed). House of Sharing Press.

Parsons, R. 1999. Assess Helping Process and Client Outcomes in Empowerment Practice. *Empower Practice in Social Work.* W. Shera and L. M. Wells(eds.). Canadean Scholars Press Inc.

Patterson, G., & Capaldi, D. 1990. A mediational model for boy's depressed mood In J. Rolf, A. etl.(eds). *Risk and protective factors in the development of psychopathology*. 141-163.

Perkins, D. F., & Lerner, R.M.1995. Single and multiple indicators of physical attractiveness and psychosocial behaviors among young adolescents. *Journal of Early Adolescence,* 15(3). 269-298.

Pincus, A. & Minahan, A 1973. *Social Work Practice : Model and Method.* F. E. Peacock.

Pinderhughes, E. B. 1983. "Empowerment for our clients and for ourselves". *Social Casework*, 64. 331-338.

Pittman, K. J. 1995. *Preventing problems or promoting development : Competing priorities or inseparable goals?.* Paper presented at the 17th Annual Gisela Konopka Lecture. International Youth Foundation.

Pittman, K. J. 1996. What is Youth Development :*Preventing problems or promoting development Competing priorities or inseparable goals?.* International Youth Foundation.

Pittman, K.J., Irby, M., Tolman, J., Yohalem, N., & Feber, T. 2003. *Preventing problems, promoting development, encouraging engagement; Competing priorities or inseparable goals?*, Based upon

Pittman, K.L., Irby, M., Ferber, T. 2000. Unfinished business; Further reflections on a decade of promoting youth development. *The Forum for Youth Investment*. Impact Strategies, Inc.

Ramonet, I, etc. 최연구 역. 2001. **프리바토피아를 넘어서**. 백의.

Rees, S. 1998. Empowerment of Youth, in Gutierrez, L. M., Parsons, R. J., & Cox, E. O., *Empowerment in Social Work Practice: A Source Book*. Brooks/Cole.

Rogers, C. R. 김기석 역. 1986. **상담과 심리치료**. 중앙적성연구소.

Rumberger, R. et al. 1990. Family Influences or Dropout Behavior. *One California High School Sociology of Education*, 63. 283-299.

Scott. T. M, 이동렬· 유성경. 2003. 상담의 디딤돌. 시그마프레스.

Sheafor, B., & Horejsi, C. R. 2006. *Techniques and Guidelines for Social Work Practice* (7th eds.). Pearson Education, Inc.

Shertzer, B. & Stone, S. C. 1980. *Fundamentals of Counseling*, Houghton Mifflin Co.

Siporin. 1980. Ecological systems theory in social work. *Journal of Sociology and Social Welfare.*

Smith, M. 1988. Developing youth work. Milton Keynes, PA : Open University.

Solomon, B. B. 1976. *Black empowerment : Social work in oppressed communities.* Columbia University Press.

Suler, J. 1998. Adolescents in cyberspace. Psychology of cyberspace.

Suler, J. 1999. To Get What You Need: Healthy and Pathological Internet Use. *Cyber Psychology and Behavior*, 2.

Titmuss, R. M. 1962. *Income Distribution and Social Change.* George Allen & Unwin, Ltd.

Titmuss, R. M. 1974. *Social Policy.* George Allen & Unwin.

Townsend, P. 1979. Poverty in the United Kingdom: A Survey of Household Resources and standards of Living, London: Penguin.

Townsend, P. et. al. 1979. *The Fifth Social Service.* Fabian Society.

Trecker, H. B. 1972. *Social Group Work-Principles and Practice.* Association Press.

Turner, B. S., 서용석· 박철현 공역. 1997. **시민권과 자본주의**. 일신사.

U.S. Department of Health and Human Service. 1997. *Understanding Youth Development : Promoting Positive Pathways of Growth.* Author.

Wilson, G., & Ryland. 1959. *Social Group Work Practice*. Houghton Miffin.

Zastrow, C. 2000. *Social Work and Social Welfare(7th)*. Brooks/Cole.

Zeldin, S. and Charter, I. 1996. *School-to-Work Opportunities Through the Lens of Youth Development*. Academy for Educational Development.

Zimmerman, M. A. 1995. Psychological empowerment : Issues and illustrations. *American Journal of Community Psychology,* 23. 581-589.

●●● 찾아보기

[인명]

[주제]

• 지은이 •

노 혁

〈학력 및 경력〉
- 숭실대학교 대학원 사회사업학과 전공
- 사랑의 전화복지재단 상담간사 역임
- 한국청소년개발원(현 한국청소년정책연구원) 연구원·선임연구원·연구위원 역임
- 한국청소년복지학회장
- 현재 나사렛대학교 사회복지학부 교수

〈저서 및 논문〉
- 「전화상담론」, 「사회복지학개론」(공저), 「청소년상담론」(공저), 「청소년수련활동론」(공저)
- "청소년 복지의 성격과 방향 재검토" 외

-제3판- 청소년 복지론

2007년 2월 28일 개정판 1쇄 발행
2010년 2월 25일 개정판 5쇄 발행
2010년 8월 31일 제 3 판 1쇄 발행
2021년 1월 15일 제 3 판 11쇄 발행

저 자 : 노 혁
발행인 : 한 정 주
발행처 : 교 육 과 학 사

저자와의 협의하에 인지생략

경기도 파주시 광인사길 71
전화(031)955-6956~8/팩스(031)955-6037
Home-page : www.kyoyookbook.co.kr
E-mail : kyoyook@chol.com
등록 : 1970년 5월 18일 제2-73호

낙장·파본은 교환해 드립니다.
Printed in Korea.

정가 17,000 원
ISBN 978-89-254-0414-1